HUMAN RESOURCE MANAGEMENT

인적자원관리 제2판

이용탁 저

pnc
publishing and culture
피앤씨미디어

머리말

4차 산업혁명의 시대가 도래하여 개인 뿐만 아니라 기업에도 많은 변화를 가져오게 만드는 시기가 되었다. 이러한 변화를 선도하기 위한 기업들의 혁신도 가속화 될 것이다. 새로운 변화에 적응하기 위하여 기업이 보유한 인적자원의 역량도 변화를 요구할 것이다.

기업의 경쟁력 강화를 위하여 기업이 보유한 인적자원에게 요구되어지는 중요한 몇 가지 역량을 제시하면 다음과 같다. 첫 번째, 인적자원의 글로벌 역량이다. 기업이 주력하고 있는 시장의 범위를 내수시장에 국한하지 않고, 글로벌 시장으로 나아가기 위해서는 국내에서만 역량을 발휘하는 인적자원이 아닌 다양한 국가에서 일할 수 있는 글로벌 역량을 갖춘 인적자원이 필요하다. 두 번째, 창의적인 사고 역량이다. 기업에 영향을 미치는 환경적 변화는 한치 앞을 예측할 수 없으며 다양한 많은 변수들이 기업경영에 영향을 미친다. 이러한 변화에 적응을 위해서는 창의적인 사고를 가진 인적자원이 필요한 것이다. 세 번째, 디지털 비즈니스 이해 역량이다. 디지털화가 기본인 4차 산업혁명시기에 적응하기 위해서는 디지털 비즈니스를 이해하고, 그에 적합한 사업모델을 발굴하고, 가상 조직에서 적합하게 일할 수 있는 역량을 지닌 인적자원이 필요한 것이다. 마지막으로, 지식공유 역량이다. 소수 전문가의 두뇌에 의해 많은 사람들을 먹여 살릴 수 있는 시대는 더 이상 오지 않을 것이다. 이제는 여러 명의 전문가가 한데 모여 서로의 생각을 융합하여 새로운 솔루션을 창출하는 시기가 되었다. 따라서 기업의 경쟁력 강화를 위해 팀원들과 새로운 아이디어를 창출하고 공유할 수 있는 역량이 필요한 것이다.

기업이 보유한 인적자원이 이러한 변화된 역량을 갖추기 위해서는 기업에서도 효과적인 인적자원관리를 수행하여야 한다. 기업에서 요구되어지는 역량을 지닌 인적자원에 대한 효과적인 관리는 상당히 어렵고 복잡한 일이다. 인적자원이라는 고유한 특성이 있기 때문에 조직 내 구성원들은 출신배경, 학력, 성격 그리고 욕구 등에서 모두 다른 특성을 가진다. 각기 다른 다양성으로 상호 역동적인 관련성을 가진 인적자원의 집단으로 조직을 이루고 있어 효과적인 인적자원관리의 필요성이 있는 것이다.

경영학이라는 학문의 하위영역이라 할 수 있는 인적자원관리는 기업이 보유한 물적자원을 활용하여 부가가치창출의 주체라 할 수 있는 인적자원에 대한 효율적인 관리를 위한 학문적 영역이다. 기업이 보유한 인적자원의 역량에 따라 기업의 경쟁력이 좌우되기 때문에 기업이 보유한 인적자원의 확보·개발·유지에 대한 효과적인 관리방법이 중요하다. 따라서 인적자원관리는 기업의 경쟁력 강화를 위한 인적자원의 효율적인 관리를 의미하는 것이다.

본서에서는 경영학을 전공하는 학생들에게 인적자원의 효과적인 관리방법에 대한 이해를 돕기 위하여 먼저, 인적자원관리의 기초적인 영역으로 인적자원관리의 본질과 인적자원관리의 발전과정에 대하여 서술하였다. 다음으로 인적자원관리를 위한 직무관리 영역으로 직무분석과 직무평가, 그리고 직무설계에 대한 내용을 구성하였다. 그리고 인적자원의 고용관리 영역으로 인적자원계획, 모집·선발·배치활동인 채용관리, 그리고 인적자원의 개발관리 영역으로 교육훈련을, 평가관리 영역으로 인사고과관리에 대한 내용을 구성하였다. 다음으로 인적자원의 보상관리 영역으로 임금관리와 복리후생관리, 노사관계관리에 대하여 구성하였고, 마지막으로 인적자원의 유지관리 영역으로 인간관계론을 전개하였다.

1990년대 초 석사과정 시절에 부산대학교 경영학과 오종석 지도교수님의 저서인 인사관리에 대한 교정작업을 도와주었던 시기를 지나, 박사과정 진학 이후부터 대학에서 인적자원관리 강의를 시작한지도 벌써 30년이 넘었다. 2018년도에 인적자원관리를 어렵게 저술하고 난 후 6년 정도가 지나 인적자원관리의 새로운 경향을 반영하여 개정을 하게 되었다. 초판을 만드는 과정에서도 힘들었지만, 개정 작업도 어려운 것은 마찬가지임을 깨닫게 되었다. 새로운 경향을 반영하기 위해 많은 내용을 수정하려 했지만 학부 학생들에게 기본이 되는 내용을 변경하기는 힘들어 최신 사례를 중심으로 새로운 내용을 반영하기에 집중하였다. 초판도 마찬가지지만 많이 부족하다고 생각한다. 그러나 인적자원관리의 기본적인 내용은 나름대로 충실하게 반영되어 있어, 학부 수업에 필요한 내용 중심으로 서술된 것으로 여겨진다.

본서를 출판하는데 있어 물심양면으로 도움을 주신 피앤씨미디어의 박노일 대표님, 최준규 전무님과 편집부의 직원 선생님들에게 마음으로부터 감사의 마음을 전합니다.

2023년 12월

연구실에서....

차례

제 1 장 인적자원관리의 이해

제 2 장 인적자원관리의 발전과정

제 4 장 인적자원계획

제 5 장 채용관리

제 6 장 인사이동관리와 이직관리

제 7 장 교육훈련관리

제 9 장 인사고과관리

제 13 장 인간관계관리

제1장

인적자원관리의 이해

학습목표

- ▶ 경영환경변화의 흐름을 이해한다.
- ▶ 환경변화와 HRM과의 관련성을 이해한다.
- ▶ Management System에 대하여 이해한다.
- ▶ Management와 HRM과의 관련성에 대하여 이해한다.
- ▶ 경영자기술과 경영자역할에 대하여 이해한다.
- ▶ 인적자원관리자의 기능과 역할에 대하여 이해한다.
- ▶ 인적자원의 고유한 특성에 대하여 이해한다.
- ▶ 경영성과지표인 효율성과 유효성에 대하여 이해한다.

제1절 경영환경변화와 인적자원관리

1. 경영환경변화와 인적자원의 중요성

유기적 조직체인 기업은 빠르게 변화하는 환경에 능동적으로 대처하지 않으면 생존 자체도 유지하기 힘든 시기이다. 조직이 살아남기 위해서는 이러한 환경변화를 수용하여 상황에 적합할 수 있는 방향으로 혁신하지 않으면 안되는 것이다. 조직의 지속가능성을 유지하면서 경쟁우위를 달성하기 위해서는 변화하는 환경의 적응뿐만 아니라 기업이 보유한 자원을 최적화된 방법으로 활용하여 수익성 제고를 위한 노력을 경주하여야 한다.

기업을 경영하는데 있어서 중요한 자원으로서 물적자원과 인적자원이 있다. 이러한 물적자원을 인적자원이 어떻게 활용하느냐에 따라 기업에서 설정한 목표달성 여부가 결정된다. 따라서 기업이 보유한 인적자원의 경쟁력에 따라 기업의 경쟁력이 달라진다는 것은 자명한 일이다. 따라서 기업은 보유한 인적자원의 경쟁력을 향상시키기 위한 다각적인 노력을 하게 된다. 기업에 유능한 인적자원의 확보부터 시작하여 인적자원의 육성과 개발 및 유지를 위한 관리방법을 개발하고 개선시키기 위한 혁신적인 기법을 도입하고 있는 추세이다.

인적자원의 경쟁력을 갖추기 위해 기업은 인적자원을 육성하고 개발하기 위한 노력을 경주하고 있는데, 이는 현재 기업의 경쟁력이 환경변화에 의해 그 경쟁력이 상실될 수 있기 때문이다. 즉, 환경변화에 의해 소비자의 욕구가 급속도로 변화하고 있고, 제품의 라이프사이클이 짧아지는 등 환경변화에 의해 10년 전의 초우량기업이 지금은 사라지고 없는 많은 기업들의 사례를 볼 수 있다. 혁신적인 사고로 새로운 제품의 출시로 인하여 생활방식을 변화시키고 있는 시기이다. 휴대폰이 스마트폰으로 대체되고, 스마트폰은 개인의 생활 뿐만 아니라 사회적으로 엄청난 변화를 가져오고 있다. 스마트폰이라는 하나의 제품에 카메라, TV, 전화기, Mp3, 컴퓨터, 네비게이션, 게임, 메신저 등의 제품영역이 모두 들어있다. 따라서 스마트폰에 들어있는 기능의 제품을 생산하는 기업들에게는 기업의 생존까지도 위협받게 되는 변화를 가져오는 것이다. 예를 들면 Mp3나 카메라를 개발하는 기업이나 관련 부품을 만드는 업체까지도 붕괴시키는 결과를 가져오게 만드는 것이다. 따라서 기업경영에 영향을 미치는 환경변화에 적응하지 못하는 기업은 그 생존을 보장받지 못하는 시대가 도래한 것이다.

기업경영에 영향을 미치는 환경변화의 흐름에 대하여 학자들마다 다양하게 제시되고 있지만, 크게 보면 지식·정보화 사회, 다원주의 사회, 글로벌 경쟁의 사회로 집약될 수 있다. 세부적으로 살펴보면 다음과 같다.

첫째, 지식·정보화 사회(knowledge & information society)의 진전이다. 지식·정보화 사회란 무형의 자산인 지식과 정보의 보유 여부에 따라 개인과 기업 조직의 가치가 결정되며, 새로운 지식과 정보의 습득을 위해 끊임없는 변화와 혁신을 요구하는 사회인 것이다. 아울러 4차 산업혁명의 시대가 도래하여 기존의 패러다임을 바꾸어야 하는 시기가 되었다. 기업들은 정보의 효율적인 처리, 새로운 지식과 정보를 지속적으로 창조하는 것 뿐만 아니라 융합(fusion)에 의한 부가가치의 창출이 더욱 중요한 과제가 되는 사회적 지각변동을 경험하고 있다. 드러커(P. F. Drucker)는 『자본주의 이후의 사회』라는 저서에서 "지식은 경제의 가장 중요한 자원이며 가장 지배적인 경쟁우위의 요소가 될 것이다"라고 지식의 중요성을 강조하였고, 물리적인 형태를 갖는 부의 가치와 중요성이 줄어드는 대신 인간 두뇌의 힘, 즉 지식과 정보가 가치의 우위를 점하게 되었다는 점을 지적하고 있다.

둘째, 다원주의 사회(pluralistic society)의 진전이다. 오늘날의 사회는 어느 한 조직이나 집단에 사회의 권력이 집중되지 않고 다양한 조직과 집단에 분산되어 있다. 이전의 사회에서는 국가 및 정치권력을 가진 집단, 대기업이나 언론 등 권력이나 부에 의해 전반적인 사회적 영향력을 가지고 있었지만, 자본주의의 발전 뿐만 아니라 소비자라 할 수 있는 대중들의 생각을 모바일이라는 영역으로 수렴시킴으로써 다양한 권력이 다양한 조직이나 집단들에 의해 분산되고 있는 것이다. 그만큼 일반 소비자들의 사고가 중요성을 가지게 되는 시기가 된 것이다. 따라서 기업의 경영자들은 제품의 생산과 판매에 있어서 이러한 다양한 조직과 집단들의 욕구를 충족시킬 수 있는 제품을 개발하지 않으면 안되는 것이다.

셋째, 글로벌 경쟁의 사회(global competition society)가 되었다. 정보기술의 발전이 이루어지기 전 많은 기업들은 내수시장의 경쟁력만으로도 충분하게 기업의 경쟁력을 갖추는 시기가 있었다. 그러나 글로벌화는 무역장벽의 지속적인 축소와 규모의 경제, 인터넷을 포함한 정보기술의 발전, 운송수단의 발달 그리고 소비자 수요의 동질화 등으로 기업은 시장의 글로벌화와 제품의 생산과 판매의 글로벌화를 통해서 기업이 글로벌화를 하지 않으면 안되는 시기가 된 것이다. 오늘날 글로벌 무한경쟁 속에서는 가상 네트워크(virtual network)를 구축할 수 있는 기업, 끊임없는 기술혁신과 전략적 제휴를 할 수 있는 기업 그리고 강한 글로벌 역량을 가진 기업만이 생존할 수 있는 것이다.

2. 인적자원관리의 본질과 중요성

인적자원관리(human resource management)는 기업이 보유한 인간(인적자원)에 대하여 합리적 관리를 하는 것이다. 인간을 관리한다는 것은 노동의 능률을 추구하면서도 인간의 개성을 존중해 주어야 하고, 부여된 직무를 수행하기 위한 능력개발도 필요하며, 직무수행과 그 보상에 대한 결과에 대한 만족감도 부여해야 하는 일반적인 경영관리기능과는 다른 특성을 지니고 있다.

인적자원관리에 있어 종업원을 기계나 장비처럼 능률적 이용의 대상물로 간주하여서는 안된다. 인간은 물적자원과는 근본적으로 다른 특성을 지니고 있다. 인간은 감정을 가지고 있으며, 도덕적·사회적·인격적인 존재이다. 따라서 종업원은 노동에 대한 댓가로서 임금이라는 경제적인 보상을 받는 존재일 뿐만 아니라 인간이라는 주체성을 가진 노동의 주체로서 정당하게 인식되고 처우받아야 한다.

따라서 인적자원관리는 경영목적을 효율적으로 달성하기 위하여 노동력을 소유하고 있는 인간을 확보하고, 육성·개발하고, 유지함과 동시에 협력체제를 확립하여 개인의 능력을 최대한으로 발휘시키는 조직적 관리라고 할 수 있다. 즉, 인적자원관리는 첫째, 경영목적을 달성하기 위한 관리활동이며, 둘째, 경영에 필요한 인적자원을 확보·육성개발, 유지하기 위한 관리활동이며, 셋째, 협력체제를 확립하고 노동력의 최적활용을 목표로 하는 관리활동인 것이다.

기업의 인적자원관리는 조직구성원에 대한 효율적 관리를 통하여 기업에서 설정한 목표를 달성하기 위한 중요한 관리활동의 하나이다. 따라서 기업이 효율적으로 인적자원관리를 함으로써 개별 종업원의 성과를 향상시킨다면 이는 조직의 성과향상으로 연결될 것이다. 또한 기업에서의 효율적인 인적자원관리는 기업의 조직구성원에게 안정된 생활을 보장해 줄 수 있는 직장을 제공하고, 직무수행을 통하여 일하는 보람을 가지게 만들며, 자신의 능력을 향상시켜 기업의 발전과 개인의 경제적·사회적 지위향상에 공헌하게 만든다. 따라서 기업의 인적자원관리는 기업 자체의 목적달성 뿐만 아니라 개별 종업원의 개인적인 목적도 달성하게 만드는 중요한 수단으로 작용하게 된다.

현대의 대부분의 사람들은 직장생활에서 많은 시간을 보내고 있다. 어떠한 직장에서 근무하고 있느냐에 따라서 그들의 사고와 행동, 그리고 생활방식에까지 영향을 받고 있다. 그만큼 개인에게 있어서 직장생활이 중요하게 영향을 미치고 있는 것이다. 직장생활에 대한 만족도가 그들의 삶의 방식까지 영향을 미치게 되어 있다. 이러한 직장생활에 대한 만족도는 기업의 인적자원관리가 합리적이고 공정하게 이루어지는가에 따라 달라지게 된다. 기업의 인적자원관리가 합리적이고 공정하게 이루어질 때 소속된 조직구성원들의 직장생활에 대한 만족감은 올라갈 것이다.

오늘날 기업의 인적자원관리의 방향성은 개인의 목적과 조직의 목적을 통합화시키는데 있다. 개인이 수행하고 있는 직무에 대한 만족감을 통하여 성취감을 달성하고, 이러한 성취감의 달성은 조직에서 설정한 목표달성에 대한 공헌으로 연결되어 개인의 직무향상이 기업의 발전으로 이어지는 선순환 구조가 되어야 한다. 이러한 선순환 구조가 되기 위해서는 기업의 경영효율성이 향상되어야 하고, 조직 내 이해관계가 합리적으로 조정되어야 하며, 그리고 인적자원에 대한 인간적 측면을 강조하는 시스템이 확립되어야 한다.

이러한 시스템을 구축하기 위해서 인적자원관리에 대한 중요성을 충분히 인식하여야 한다. 인적자원관리를 통하여 인적자원이라는 노동력에 대한 인간적 측면에 대한 중요성을 가져야 하고, 인적자원의 협력을 유도하기 위하여 개별 종업원들의 경제적·심리적 욕구를 만족시켜 주어야 하며, 기업에서 설정한 목표달성에 자발적으로 참여하고 공헌하게 만들기 위한 인적자원의 육성과 개발, 유지에 인적자원관리의 목표를 두어야 할 것이다.

3. 인적자원관리의 역할

인적자원관리는 조직구성원을 조직목표 달성을 위하여 하나의 자원으로 인식하여 그들의 공헌도를 이끌어내는 하나의 변환과정이다. 즉, 조직목표 달성 과정에서 인적자원을 투입(input)하고, 다른 여타의 조직 자원과 결합하여 변환시키고(throughput), 달성하고자 하는 양적·질적 산출물(output)을 만들어내는 일련의 관리활동으로 구성된 시스템이다.

이러한 관점에서 인적자원관리의 역할을 몇 가지 관점에서 조명할 수 있다.

첫째, 기업은 자본과 사람의 결합이라는 것이다. 일반적으로 인적자원의 중요성을 언급할 때, 그 출발점이 기업은 자본의 집합이자 사람의 집합이라는데 있다. 즉, 기업의 가치창출은 자본과 사람의 결합에 의해 이루어진다. 이때 자본과 사람은 투입요소로서 작용하게 된다. 자본주의 초기에 인적자원은 하나의 노동력으로서 생산활동에 투입되었다. 노동력의 보유자인 조직구성원은 자신의 지식과 기능을 향상시켜 생산과정에 적합하도록 요구받았고 그 대가로 임금을 받게 되었다. 그리하여 노동은 표준화되어 생산설비에 투입되었다. 오늘날의 인적자원은 경영전략과 부합될 수 있는 관점에서 하나의 자원으로서 부가가치를 창출할 수 있는 무한한 가능성을 가진 투입요소로 작용되는 시기로 접어들게 되었다. 즉, 인적자원이 가지고 있는 아이디어에 의해서 기업의 부가가치가 무한하게 창출될 수 있는 시기가 된 것이다.

둘째, 지식과 역량의 보유자로서 인적자원에 대한 관리이다. 글로벌 시장경쟁의 형태가 점차적으로 생산성 위주에서 창조성과 혁신 위주로 전환되고 있기 때문에 인적자원의 중요성이 더욱 부각되고 있어, 창조적 인적자원에 대한 중요성이 증가되고 있다. 따라서 인적자원관리는 더 이상 단순 노동의 보유자를 효율적으로 관리하는 것이 아닌, 창의와 자율을 통한 혁신적 가치를 구현하는 관리

활동이 된 것이다. 오늘날에는 지식근로자가 보유한 전문적 지식과 기술, 전문가적 가치와 신념 등의 총체적 표현으로서 역량(competency)이라는 개념이 부각되고 있다. 따라서 높은 수준의 역량을 보유한 인적자원을 확보하고 육성하여 고부가가치의 생산활동에 활용하는 역량기반의 인적자원관리가 중요한 시기가 되었다.

셋째, 투입요소 뿐만 아니라 산출요소로서 인적자원에 대한 관리이다. 전통적인 관점에서 보면 인적자원은 생산활동을 위한 투입요소로 간주되어 왔다. 그러나 지금은 인적자원을 산출요소로서 간주될 필요성이 대두되었다. 그동안 자본은 투입으로 작용하여 자본을 증가시켜야 하는 산출요소로서 여겨졌지만, 산출요소로 인적자원에 대한 고려는 없었던 것이다. 즉, 인적자원의 산출의 목표가 아닌 투입요소로서만 의미를 부여받아 왔다는 것이다. 오늘날 인적자원에 대한 관리의 방향은 단순하게 노동력에 대한 효율적 관리에만 국한하는 것이 아니라 조직 내 다양한 직무수행의 경험을 통하여 인적자원의 육성과 개발을 통한 새로운 부가가치의 창출은 이제 인적자원이 새로운 산출요로서 작용되고 있다는 인식을 하여야 할 것이다.

넷째, 인적자원관리는 기업의 가치창출을 위해 조직 내 모든 관리과정에 결합되어 있다. 조직 내 모든 경영관리 활동과 인적자원관리는 관련성을 가지고 있다. 예를 들면, 효율적 생산관리를 위해서는 생산인력에 대한 관리가 중요하고, 영업성과를 올리기 위해서는 영업인력에 대한 관리가 중요하다는 것이다. 기업의 가치창출을 위해서는 인적자원관리가 경영관리 활동의 전 분야의 고유 기능과 유기적으로 결합되어야 할 것이다. 따라서 인적자원관리는 그 자체로 독립적인 활동이 되어서는 안되고 생산 및 영업 등의 모든 전사적 현장 활동에서 유기적으로 결합되어 구현될 수 있는 인적자원관리를 통하여 기업에서 추구하는 가치창출이 이루어져야 하는 것이다.

4. 인적자원관리의 목표

기업의 경쟁력 강화를 위해서 조직은 보유한 인적자원에 대한 합리적이고 공정한 관리를 수행하여야 한다. 일반적으로 기업에서 인적자원관리의 목표는 우수한 인적자원을 확보하고 유지시키며 경쟁력을 가질 수 있도록 육성과 개발을 위한 노력을 하여야 한다. 이를 세부적으로 구분하여 살펴보면 다음과 같다.

첫째, 조직이 전략적, 운영적 목표를 달성하기 위한 적절한 인원과 유형의 인적자원을 확보할 수 있도록 지원하여야 한다. 둘째, 근로자들이 자신의 기술을 최대한 개발하고 활용할 수 있도록 장려하고 인력의 기술과 능력을 효율적으로 활용할 수 있기 위한 조직 분위기를 조성하여야 한다. 셋째, 효과적인 직무설계를 통해 성과 기준을 유지하고 생산성을 높이는 데 도움을 주고, 적절한 오리엔테이션, 교육 및 개발을 제공하며, 성과 관련 피드백을 제공하며, 효과적인 양방향 커뮤니케이션을 보장하여야 한다. 넷째, 사용자와 근로자 간의 조화로운 관계를 구축하고 유지 지원을 하여야 한다. 다섯째, 안전하고 건강한 작업환경 조성 및 유지관리가 되어야 한다. 여섯째, 근로자의 경제적, 심리적, 사회적 요구를 충족시킬 수 있는 프로그램 개발 및 생산적인 근로자를 유지할 수 있도록 지원하여야 한다. 일곱째, 조직이 작업장에 영향을 미치는 관련 법(인권, 고용 형평성, 산업 보건 및 안전, 고용 기준, 노동 관계 법령 등)을 준수하고 보장함으로써 조직이 목표에 도달할 수 있도록 도와야 한다. 여덟째, 근로자들에 대한 동기부여를 통해 만족도 향상과 자아실현을 향상시켜야 한다. 아홉째, 근로생활의 질(Quality of Working Life: QWL)을 발전시키고 유지시켜야 한다. 마지막으로 모든 근로자들에게 인사 정책을 잘 전달하고, 기업의 윤리적인 정책을 수행하는데 지원하여야 한다.

제2절 매니지먼트와 인적자원관리

1. 매니지먼트와 경영자

자본주의 기업에 있어서 인적자원관리는 기업의 주체인 경영자가 기업이윤의 극대화를 가능하게 하기 위한 일환으로 기업에 필요한 노동력을 조달하고, 노동질서의 안정과 근로자의 효율적 이용 및 욕구충족을 도모하는 것을 목적으로 고용근로자를 대상으로 행하는 일련의 계획적·조직적·총합적 제 시책이다. 그리고 그 구체적인 방법은 기업을 둘러싼 사회적·경제적·기술적 그 외의 제 환경조건의 역사적 변천에 대응해서 발전·변화한다. 이 개념규정에 포함된 내용은 다음과 같다.

1) 매니지먼트 시스템과 인적자원관리

경영학이란 조직체의 경영활동을 합리적으로 수행하기 위한 제반 원리들을 연구하는 학문이다. 여기에서 조직체란 기업 뿐만 아니라 정부, 학교, 군대, 병원 등 다양한 조직체들이 그들의 목적 달성을 위하여 다양한 사람들로 구성되어 집합체를 이루고 있다. 이러한 다양한 조직체는 추구하는 목적달성을 위하여 그들이 동원할 수 있는 자원을 효율적으로 활용하여야 한다. 조직의 목적달성을 위한 자원의 효율적 활용을 위해서 매니지먼트가 필요한 것이다. 따라서 매니지먼트(management)란 변화하는 환경조건 속에서 조직의 목적을 효율적으로 달성하기 위하여 자원을 계획하고, 조직화하고, 지휘하고, 조정 및 통제하는 활동으로 정의되고 있다. 여기서 조직이란 2인 이상이 모여 공통의 목적을 지닌 영구적인 형태의 집합체를 의미하며, 목적이란 그 조직이 달성하고자 하는 미래의 바람직한 결과이고, 자원이란 인적 자원 뿐만 아니라 기계, 원료, 정보, 기술, 자본 등을 의미한다.

경영학의 주 연구대상이라 할 수 있는 기업은 이윤창출에 목표를 둔 조직체이다. 따라서 기업은 고객이 원하는 재화나 서비스의 제공을 통하여 그들의 목표를 달성하기 위해 인적자원과 물적자원의 효율적인 결합을 추구하게 된다. 기업은 경영활동을 통하여 그들이 추구하고자 하는 목표를 달성하고자 한다. 기업에서 달성한 목표는 조직의 성과(organizational performance)라는 지표로 나타난다. 조직의 성과를 측정하기 위해서는 효율성(efficiency)과 유효성(effectiveness)으로 구분된다. 효율성은 기업이 동원할 수 있는 자원을 투입하여 얼마만큼의 산출이 나타났는가를 통하여 측정할 수 있다. 유효성은 소기의 목표달성정도를 통하여 측정할 수 있다. 따라서 기업은 자원을 활용하여 효율성과 유효성이라는 조직성과를 추구하기 위하여 합리적인 매니지먼트를 수행하여야 한다.

매니지먼트에 대한 개념 규정이나 원칙을 최초로 체계화한 사람은 프랑스의 학자 페이욜(H. Fayol)이었다. 페이욜은 1916년에 『산업 및 일반관리론』이라는 저서를 통하여 관리적 활동과 관리의 일반원칙을 제시하였다. 그는 어떠한 기업경영이든 경영의 활동에는 기술적 활동(생산·제조·가공), 상업적 활동(구매·판매·교환), 재무적 활동(자본의 조달과 운용), 보전적 활동(재화와 종업원의 유지), 회계적 활동(재산관리, 원가관리 등), 관리적 활동이 있다고 하였다. 이를 도식화하면 다음 [그림 1-1]과 같다.

그림 1-1 H. Fayol의 경영관리활동

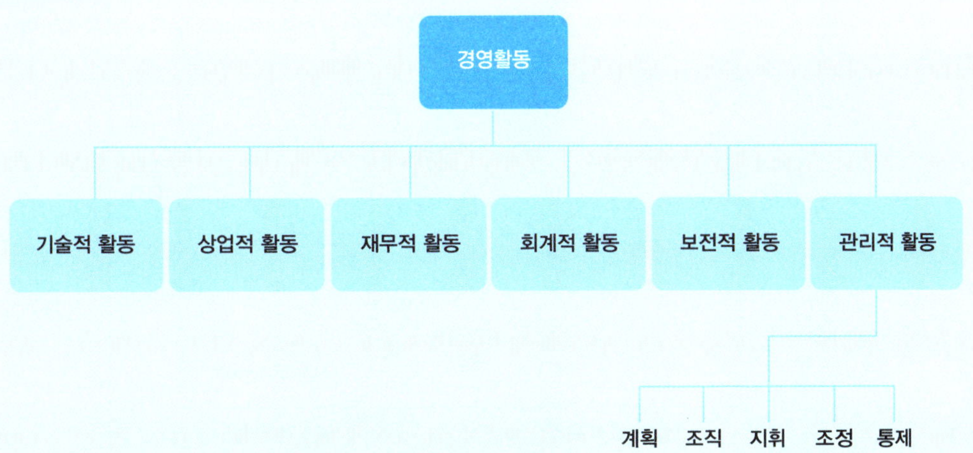

매니지먼트가 조직의 목표를 효율적으로 달성하기 위하여 조직의 다양한 업무적 활동을 어떻게 잘 계획하고, 조직화하고, 지휘하고, 조정하여 통제할 것인가가 결국 여러 가지 업무적 활동이 어떻게 관리적 활동과 잘 결합되어야 할 것인가를 설명해주고 있다. 여기서 관리적 활동의 세부적인 내용을 살펴보면, 먼저 계획(planning)이란 조직의 목표를 설정하는 기능을 의미하고, 조직(organizing)이란 자원의 체계화와 최적 분배를 의미하고, 지휘(directing)는 조직목표달성을 위하여 조직구성원에게 영향력을 행사하는 과정을 의미하고, 조정(coordinating)이란 설정된 목표를 수정하는 것을 의미하며, 마지막으로 통제(controlling)란 설정된 목표의 달성여부를 검토하는 기능을 의미한다.

따라서 기업이라는 매니지먼트 시스템은 재무, 인사, 마케팅, 정보시스템, 회계라는 업무적 활동의 하위 시스템으로 구성되어 있으며, 이러한 하위 시스템은 조직목표달성을 위하여 관리적 활동으로 통합적으로 운영된다. 이를 도식화하면 다음 [그림 1-2]와 같다.

그림 1-2 매니지먼트와 인적자원관리

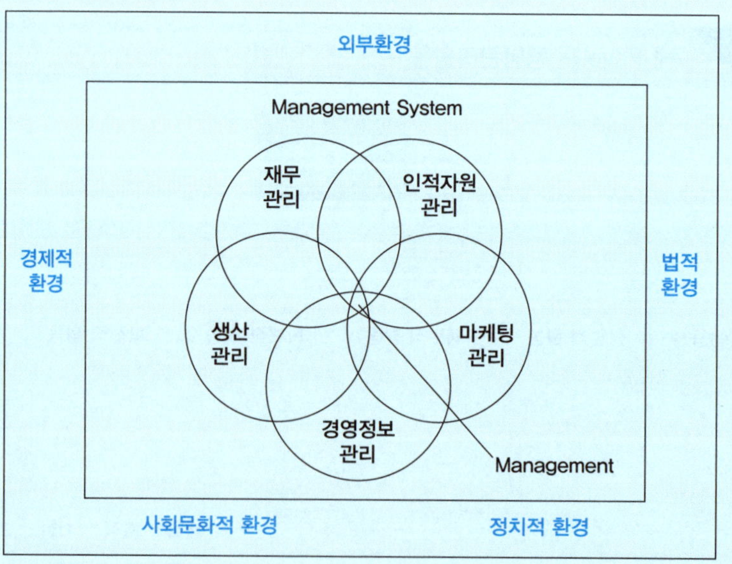

인적자원관리 역시 기업이라는 시스템의 하위 시스템으로 구성되어 있는 것이다. 즉, 인적자원관리는 조직목표달성을 위한 매니지먼트의 한 영역으로 구분된다. 물적 자원과 재무적 자원·정보자원에 대한 관리와는 다르게 인적자원에 대한 관리는 효율성의 달성은 물론이고 공정성을 가지고 인격체로서 존중을 하면서 노동력을 요구하여야 한다.

모든 조직은 인적자원으로 결합된 협력을 통하여 물적자원을 활용하여 외부환경과의 상호작용을 통하여 기업에서 설정한 목표를 달성하기 위해 노력하게 된다. 기업에서의 경영활동의 중심은 인적자원관리라는 사람으로부터 시작이 된다고 해도 과언이 아니다.

따라서 인적자원관리는 조직의 자원을 활용하여 조직의 목표달성을 위한 경영활동의 핵심 기능을 수행하게 된다. 따라서 인적자원관리는 조직의 목표달성을 위하여 인적자원을 계획하고, 조직하고, 지휘하고, 조정하고, 통제하는 활동으로 정의내릴 수 있으며, 매니지먼트 시스템에서 경제적·법적·사회문화적·정치적 환경과의 상호작용을 통하여 인적자원의 확보, 유지, 육성과 개발, 평가와 보상 등을 통하여 인적자원의 최대한의 역량을 유도해 내는 것이다.

2) 경영조직과 경영자의 역할

기업체라는 경영조직은 환경과의 상호작용을 통하여 조직목표 달성을 위하여 한정된 자원을 합리적으로 관리하기 위한 체계적인 노력을 하고 있다. 기업의 업무적인 영역과 관리적인 영역을 효과적으로 결합시켜 조직에서 설정한 목표달성을 위해 인적자원을 활용하여야 하는 것이다. 기업의 목표달성을 위하여 조직 내 모든 조직구성원의 역할이 필요하겠지만, 매니지먼트를 효과적으로 수행하기 위해서는 경영자의 역할이 무엇보다도 중요하다. 대부분의 경영관리활동의 주체는 경영자일 것이다. 따라서 경영자의 역할에 따라서 기업의 업무적 영역과 관리적 영역의 효과적 결합이 가능하게 될 것이다.

기업의 목표달성을 위하여 기업의 경영자는 기업에서 주력하고 있는 사업분야의 전문성 뿐만 아니라 매니지먼트 시스템의 업무적 영역에 대한 전문성과 관리적 활동에 대한 체계적인 프로세스에 대한 전문성도 확보하여야 한다. 이러한 경영자의 전문성에 따라 기업에서 설정한 목표달성이 가능할 것이다. 그만큼 기업의 목표달성을 위해서는 기업의 경영자의 기능이나 역할이 중요한 것이다.

경영관리활동의 주체로서 경영자의 유형에 대한 분류는 소유와 경영의 분리 관점에 의한 분류, 조직 내 계층에 의한 분류 등이 활용되고 있다. 경영자의 기능이나 역할에 대한 분류를 시도한 여러 학자들이 있지만, 카츠의 경영자 기술론(management skills)과 민쯔버그의 경영자 역할론(management roles)에 대해 서술하고자 한다.

카츠(R. L. Katz)는 경영자가 갖추어야 할 기술로 전문적 기술(technical skill), 인간적 기술(human skill), 그리고 개념적 기술(conceptual skill)이 필요하다고 제시하며, 이 세 가지 기술은 서로 밀접한 관계가 있다고 주장하였다. 첫째, 전문적 기술은 기업의 목표달성을 위하여 경영자에게 주어진 업무에 대한 전문성을 의미한다. 경영자는 자신에게 주어진 업무를 수행하기 위한 특정한 방법이나 절차, 과정에 대한 전문성을 가져야 하는 것이다. 여기에는 기업에서 주력하고 있는 사업분야에 대한 전문성 뿐만 아니라 경영자에게 주어진 직위와 관련된 전문성을 포함한다. 예를 들면, 자동차회사의 마케팅 부장은 기업의 주력사업인 자동차에 대해서도 전문성을 지녀야 하고, 마케팅과 관련된 전문적 지식과 기술을 가져야 하는 것이다. 둘째, 인간적 기술은 조직의 목표달성을 위하여 조직구성원들간의 인간관계를 촉진할 수 있는 전문성을 지녀야 하는 것이다. 부서의 장으로서 부하들을 이끄는 리더십, 동료들간의 협력을 이끌어낼 수 있는 기술, 상사로부터 자발적인 협조를 얻을 수 있는 기술, 조직 내 상·하위자들간의 연계를 촉진할 수 있는 기술 등이 포함된다. 셋째, 개념적 기술은 기업이 처한 문제에 대한 통찰력과 새로운 대안을 제시할 수 있는 기술로서, 상황에 대한 진단과 조직의 변화를 주도할 수 있는 전문성을 의미한다. 이는 기업에 영향을 미치는 많은 상황요인들에 대한 정확한 분석과 예측을 통하여 기업이 나아가야 할 방향성을 정확하게 설정하는 기술이다.

카츠가 제시한 세 가지 경영자 기술은 대부분의 경영자 계층에 있어서 모두 중요한 기술이지만, 개념적 기술은 최고경영자 계층에게, 인간적 기술은 중간경영자 계층에게, 그리고 전문적 기술은 하위경영자 계층에게 상대적으로 더 중요하게 작용되고 있다.

경영자 역할론을 제시한 민쯔버그(H. Mintzberg)는 경영자가 갖추어야 할 역할로서 크게 대인적 역할(interpersonal roles), 정보처리 역할(information roles), 그리고 의사결정 역할(decision making roles)을 제시하였다. 민쯔버그의 경영자 역할에 대한 세부적인 내용을 기술하면 다음 〈표 1-1〉과 같다.

표 1-1 Mintzberg의 경영자역할

구분	역할	내용
대인적 역할	대표자 역할	기업의 상징적 대표자 역할
	리더 역할	부하 동기부여, 리더십 발휘 역할
	연결자 역할	기업과 외부기관과의 네트웍 유지 역할
정보처리 역할	정보탐색자 역할	조직 내·외부 정보수집 역할
	정보보급자 역할	조직 외부의 정보를 조직 내부에 파급하는 역할
	대변인 역할	조직 내부의 정보를 조직 외부에 전달하는 역할
의사결정 역할	기업가 역할	환경변화에 대한 진단에 따른 조직변화 추진능력
	문제해결자 역할	조직의 주요 문제를 해결할 수 있는 역할
	자원분배자 역할	조직 내 한정된 자원을 효과적으로 분배하는 역할
	중재자 역할	조직 내·외부의 협상에서 조직을 대표하는 역할

3) 인적자원관리 부서와 인적자원 관리자

전통적으로 인적자원관리는 고용관리, 교육훈련관리, 임금과 복리후생관리 등의 인적자원관리 부서의 책임과 역할을 통하여 조직 전체 사업의 활동을 강화하고 지원하는 것으로서 조직목표달성을 위한 수단의 하나로 간주되어 왔다. 그러나 조직의 환경이 글로벌화로 진행되고 인적자원의 다양성 등으로 변화함에 따라 기업은 경쟁력 강화를 위하여 인적자원관리 부서의 성격도 변화를 가져오게 만들었다. 즉, 인적자원관리 부서의 책임과 역할이 관리적(managerial) 차원에서 전략적(strategic) 차원으로, 안정의 차원에서 변화의 차원으로 그 역할이 바뀌어가고 있다. 노어(R. A. Noe) 등의 연구에 의하면 인적자원관리 부서의 역할을 다음의 네 가지로 분류하고 있다.

첫째, 관리전문가로서의 역할이다. 이 역할은 기업목표달성을 위하여 효율적인 인적자원관리 시스템의 구축과 인적자원관리의 하위 기능들, 즉 고용관리, 인사이동관리, 인사고과관리, 교육훈련관리, 임금관리 등에 대하여 전문적인 관리기능을 수행하는 역할이다.

둘째, 종업원 대변인으로서의 역할이다. 이 역할은 종업원의 노력과 공헌도를 정확하게 평가하여 관리하는 역할로서, 조직에 대하여 종업원을 대변하고, 종업원에 대하여 조직을 대변하여 조직과 종업원간의 상호신뢰감을 증진시키는 역할이다. 이러한 역할을 통하여 유능한 종업원을 조직에 장기간 보유하여 인적자원을 통한 기업의 경쟁우위를 확보하는데 있어 중요한 역할이다.

셋째, 변화담당자로서의 역할이다. 이 역할은 빠르게 변화되고 있는 글로벌 환경에서 기업은 지속적으로 변화를 추구하여야 하고, 이러한 변화에 적응하기 위하여 인적자원의 역량을 지속적으로 개발시켜야 한다. 따라서 인적자원관리 부서는 변화하는 환경에 대한 분석과 더불어 변화하는 환경에 적응할 수 있는 인적자원의 교육훈련과 개발을 추진하여야 할 것이다.

마지막으로 전략적 파트너로서의 역할이다. 이 역할은 인적자원관리가 경영전략과의 통합을 추구하는 전략적 인적자원관리의 방향으로 전개됨에 따라 기업에서 추구하는 사업전략의 구축과 실행을 인적자원관리 방침이나 전략과의 통합과 조정을 추구하여야 하는 역할이다.

이러한 인적자원관리부서의 역할과 책임은 주로 인적자원 관리자에 의해 수행되어지는데, 인적자원 관리자(human resource manager)란 흔히 인사담당자로 불리며 기업의 인적자원관리의 기능과 역할을 전담하는 관리자를 의미한다. 따라서 이러한 인적자원관리 관리자 역시, 관리전문가, 종업원 대변인, 변화담당자, 전략적 파트너로서의 기능과 역할을 수행할 수 있는 전문가적 역량을 지녀야 할 것이다.

2. 인적자원관리의 특성

1) 인사관리와 인적자원관리의 차이점

일반적으로 기업경영에 있어서 물적자원과 인적자원의 유기적인 결합이 중요하기 때문에 기업이 보유한 인적자원에 대한 합리적인 관리가 필요한 것이다. 이러한 조직 내 인적자원에 대한 합리적인 관리를 위한 기법으로 크게 1960년대의 전통적인 인사관리(personnel management)에서 1980년대 이후의 인적자원관리(human resource management)로의 변화를 거쳐왔다.

전통적인 인사관리기법으로부터 인적자원관리로 변화하는 과정에서 가장 중요하게 작용한 요인은 기업이 처한 환경변화에 대한 관점이다. 인사관리가 기업이 보유한 종업원에 대한 관리에 초점을 두고 이루어졌던 1960년대에는 '불확실성'보다는 '확실성'이 많은 시대였다. 한 기업이 어떤 산업에 속해 있는가에 따라서 인사관리의 부분도 종업원의 채용, 보상, 교육 등의 부분에 한정되어 있었다. 그러나 기술개발의 사이클이 점점 짧아지고, 시장의 경쟁이 심화되면서 기업은 예전의 환경변화에 비해 상당한 정도의 불확실성을 안게 되었고, 이에 따라 인사관리 또한 빠른 환경변화에 따른 불확실성에 대한 유연하면서도 체계적인 대응이 요구되어진 것이다. 이러한 배경 하에서 기존의 인사관리에 비해 기업에서 추구하는 경영전략과의 통합을 중시하는 인적자원관리가 등장하게 되었다. 경영전략이란 기업을 둘러싼 환경변화에 적응하기 위해 그 기본이 되는 경영정책과 그 수립과정으로서, 경영자원을 사업이나 시장에 어떻게 최적 분배하느냐 하는 것이 과제가 된다. 기업 내에서는 물적자원, 인적자원, 금전적 자원, 정보자원 등 많은 자원이 존재하지만 그 가운데서도 가장 중심에 위치하는 것이 인적자원이다.

미국을 위시하여 1980년대 후반부터 인사관리라는 표현 대신에 인적자원관리라는 표현으로 바뀌어 지금은 인적자원관리란 표현으로 일반화되고 있다. 그것은 매니지먼트의 하부시스템으로서의 인사관리라는 차원에서 벗어나 경영전략적 관점에서 인적자원을 고려해야 한다는 것이다. 인사관리와 인적자원관리와의 차이점은 다음과 같이 정리할 수 있다.

첫째, 인적자원관리는 경영전략과의 통합적인 관점에서 보아야 한다는 것이다. 인사관리는 단순하게 기업이 보유한 종업원들의 노력에 대한 보상을 통하여 직무수행의 효율성을 달성하기 위한 인사관리 부서만의 노력에 의해 합리적인 관리를 추구하였지만, 인적자원관리는 기업에서 추구하는 경영전략과의 통합적인 관점에서 종업원의 확보, 유지, 개발 등을 조직 내 다른 부서들과의 협력 아래 경영자원의 최적 활용이라는 관점에서 합리적인 관리를 행하는 것이다. 기존의 인사관리가 주로 제도적 측면을 연구대상으로 한 것에 대하여 인적자원관리는 그들 제반 제도가 기업경영 전체에서 어떠한 역할을 하여 경영전략과 어떻게 결부되어 있는가에 대하여 주목한다. 예를 들면, 인적자원관리에서는 단지 몇 사람을 어떻게 확보할 것인가라는 문제보다는 인적자원을 확보하여 경영전략을 추구하는데 있어서, 어떻게 활용하여 효율적으로 기업에서 설정한 목표를 달성하는데 유기적인 관련성을 가지게 만드는 것이 중요하다는 것이다. 따라서 인적자원관리를 하나의 시스템으로 파악했을 때, 매니지먼트의 하위 시스템임과 동시에 경영전략의 하위 시스템으로서의 기능을 동시에 수행하는 것이다.

둘째, 조직구조와 적합한 인적자원의 효율적인 관리의 대상이라는 것이다. 인사관리 시기에는 조직의 구조와는 관계없이 조직이 보유한 종업원에 대한 관리에만 치중하였다. 그러나 오늘날에는 다양한 조직구조의 형태가 존재하고 있다. 예를 들면 기능적 조직, 사업부제 조직, 팀형 조직, 네트워크형 조직 등이다. 이러한 다양한 조직구조의 형태는 기업에 영향을 미치는 환경적인 변화에 따라 기업에서 추구하는 경영전략에 부합하기 위한 목적으로 설계되기 때문이다. 따라서 기업의 인적자원에게 요구되는 기능과 역할은 그들 기업이 설계한 조직구조의 형태에 따라서 달라지게 되는 것이다. 예를 들면, 관료제 조직과 같은 고층구조의 조직에서는 표준화된 작업을 상사의 지시에 따라 일관성있는 작업성과를 내도록 요구하게 된다. 그러나 프로젝트팀 조직과 같은 유연성을 가진 조직에서는 종업원에게 부여된 직무를 수행하는 문제와 경영자원의 활용이라는 관점을 전략적인 방향성에 따라 유연하게 나아가서 창조적으로 대응할 것을 요구하게 되는 것이다. 따라서 기업이 어떠한 조직형태를 선택하느냐에 따라 직무내용이나 기대되는 직무행동이 달라지게 되며, 거기에 대응한 교육·훈련, 개발이나 보상제도를 유연하게 선택할 필요성이 있게 된다.

셋째, 인사관리에 있어서는 직무에 적합한 능력을 가진 종업원을 어떻게 능률적으로 선발할 것인가가 중요한 과제였지만, 인적자원관리에서는 경영전략의 방향성에 적합한 환경조건의 변화에 적응을 위한 종업원의 육성과 개발에 초점을 두고 있다. 이는 인사관리가 과거에서 현재지향적인 관점에서의 효율적인 관리라고 했을 때, 인적자원관리는 현재에서 미래지향적인 관점에서의 효율적인 관리에 초점을 두고 있다는 것이다. 따라서 인적자원에 대한 육성과 개발에 초점을 두고 경영환경의 변화 및 그에 따른 조직구조의 변화에 적합할 수 있는 방향으로 경영전략의 추진이나 신제품개발과 같은 역량을 배양할 수 있도록 만드는 것이 인적자원관리의 방향이다. 따라서 전통적인 관점에서 기업에서 요구하는 직무요건이나 직무수행의 능력을 향상시키기 위한 대응이 아니라, 인적자원의 잠재적 능력을 최대한 발휘하게 만들어 경영환경변화에 대한 유연한 적응능력을 높이게 만드는 것이 인적자원관리의 전략적 방향성인 것이다.

2) 인적자원관리에 있어서의 인적자원의 특성

인적자원관리의 목표는 기업이 보유한 인적자원에 대한 합리적인 관리를 통하여 기업의 목표달성에 공헌하는 것이다. 따라서 인적자원관리는 기업이 보유한 인적자원을 대상으로 하여 효율적인 관리를 통하여 현재적 능력 뿐만 아니라 잠재적 능력까지 개발하여 기업의 경영전략적 방향성에 부합시켜야 한다. 일반적으로 물적자원에 대한 관리는 단순하게 확보 및 유지, 활용 등에 대한 최적의 활용이 표준화되어 있지만, 인적자원에 대한 관리는 표준화되지 못하는 다양성을 지니고 있는 자원의 한 형태이다. 따라서 인적자원관리를 하는데 있어서 기업이 보유한 인적자원의 특성에 대한 이해를 통해서 인적자원에 대한 효율적인 관리가 이루어질 수 있다. 인적자원의 고유한 특성을 제시하면 다음과 같다.

첫째, 인적자원은 기업의 목표달성을 위한 재화와 서비스를 산출하기 위한 '노동력'의 원천으로 작용한다. 노동력이라는 관점에서 인적자원을 효율적으로 활용하는데 초점을 둔 인적자원관리의 한 영역으로 효율성을 추구해야 하는 관점이다. 노동력이라는 관점으로 인적자원을 보는 것은 그들의 최대한의 역량을 발휘하도록 만드는데 초점을 둔 관리활동이 되어야 한다는 것이다. 따라서 노동력의 관점으로 인적자원을 효율적으로 관리하기 위한 활동으로는 노동력 관리활동에 기초가 되는 직무분석·직무평가·직무설계 등의 직무관리 활동, 모집·선발·배치와 같은 고용관리, 승진·배치전환과 같은 인사이동관리, 종업원의 지식과 기능을 개발하기 위한 교육훈련관리, 종업원의 성과를 평가하기 위한 인사고과관리 등의 관리활동을 통하여 노동력의 활용을 최대화시키는데 관리활동의 초점을 두게 된다.

둘째, 인적자원은 그들의 노동력에 대한 댓가로 임금을 받고 생활을 하는 '임금노동자'로서의 특성을 지닌다. 따라서 인적자원을 임금노동자의 측면으로 보는 것은 기업에서 인적자원의 활용에 대한 근로조건의 관리라는 영역으로 효율적인 관리를 수행하여야 한다. 기업에서 인적자원을 활용한 댓가로서의 근로조건은 인적자원이 자신들의 노력에 대한 합리적인 댓가를 원하고 있기 때문에 그들의 노력을 최대한 이끌어내기 위한 동기부여를 위한 중요한 요인으로 작용한다. 인적자원은 자신들이 소속된 기업의 임금이 어느 정도 수준인지, 기업의 복리후생 수준이 어느 정도인지 등에 대한 근로조건에 대한 만족은 인적자원의 유지 및 개발에 중요한 작용을 하게 된다. 임금노동자로서 인적자원은 임금을 포함한 근로조건이 열악하면 불만을 갖게 되고 기업의 목표달성은 어려워질 수 있다. 인적자원으로서 임금노동자는 경영자와 대등한 입장에서 임금을 포함한 근로조건에 대한 협상을 위한 조직으로 노동조합을 만들기도 한다. 따라서 인적자원을 임금노동자로 보는 관점은 근로조건의 관리영역으로서 임금관리, 복리후생관리, 노사관계관리 등의 영역이 포함된다.

셋째, 인적자원관리를 위한 인적자원은 '인격체'를 가진 존재로써, 물적자원과는 다르게 인격을 존중하면서 최대한의 노동력을 이끌어 내어야 한다. 따라서 인격을 존중하면서 노동력의 최대한 발휘를 위해서는 근로의욕에 대한 관리를 효율적으로 하기 위한 인적자원관리가 되어야 한다. 인적자원은 자신의 직무나 소속된 기업에 만족감을 통하여 자발적으로 직무수행을 위한 노력을 경주하거나, 자신의 직무나 소속된 기업에 불만족을 가져 직무수행을 의욕적으로 못하는 경우가 있을 수 있다. 이는 물적자원과는 다르게 인적자원은 욕구나 감정을 가진 심리적인 존재이기 때문이며, 또 작업환경 속에서 다른 동료나 상사와의 관계에서 직무태도가 달라지는 사회적인 존재이기 때문이다. 인간본성에 대한 이해를 바탕으로 한 인간행동에 대한 이해와 원만한 인간관계를 통한 동기의 부여가 근로의욕의 증진에 매우 중요한 과제이기 때문에 인간관계관리에 대한 영역이 인적자원관리의 중요한 영역으로 작용하게 된다.

종합적으로 기업은 노동력이라는 인적자원을 최대한 활용하여야 한다. 그러나 인적자원에게서 노동력만으로 고려할 수 없고, 인격적 측면을 무시한 인적자원관리를 하게 되면 생산성은 저하할 것이며, 임금노동자의 측면을 무시하게 되면 기업 내 노사관계도 불안정해질 수 있는 것이다. 따라서 인적자원관리를 합리적이고 효율적으로 수행하기 위해서는 인적자원의 고유한 특성을 종합적으로 고려하여야 할 것이다.

사 례 삼양홀딩스 HR 디지털 트랜스포메이션 가속화

아무리 세상이 예측 불가능하다고 해도 HR이 존재하는 이유나 목적 자체는 변하지 않는다. 좋은 인재를 모이게 하고, 조직의 구성원이 업무에 집중하여 최선의 성과를 낼 수 있는 기반을 마련하며, 경영진이 합리적인 의사결정을 내릴 수 있도록 경영진의 비즈니스 파트너가 되는 것은 시대가 변하더라도 지속되는 HR의 역할인 것이다. 변화하는 환경에 발맞추면서도 HR의 목적 자체를 흔들림 없이 유지하는 것, 그것이 지난 96년을 이어온 삼양그룹 HR의 현재이다.

이를 위해 첫째, 삼양그룹은 일관성 있는 HR정책을 유지하고자 노력하고 있다. 지난 2002년에 도입한 직무중심(Job-based)의 인사제도를 지속적으로 고도화하기 위해 직무프로파일을 업데이트하고, 직무재평가를 통해 직무등급을 조정하는 등 일련의 활동을 매년 꾸준히 진행하고 있다. 이러한 일관된 HR정책을 통해 구성원의 예측 가능성을 높이고, 신뢰를 얻을 수 있도록 노력하고 있다.

둘째, 이와 동시에 삼양그룹은 사내외 환경변화에 맞추어 혁신을 추구하고 있다. HR의 디지털 트랜스포메이션, 스마트워크 시스템 도입 등 경영진의 의사결정과 구성원들의 업무몰입도를 향상시킬 수 있는 혁신과제를 발굴하고 사내에 정착시키려는 노력을 기울이고 있다. 이처럼 HR정책의 일관성과 지속적인 혁신을 위해서 삼양그룹은 전문성 기반의 직무운영, 워크스마트, HR 디지털 트랜스포메이션이라는 세 가지 키워드를 HR의 중장기 전략으로 추진해 나가고 있다.

전문성 기반의 직무 운영

2002년부터 2020년 지금까지 삼양그룹 인사관리의 기본 단위는 사람이 아닌 직무(Job)이다. 직무분류 체계에 따라 직군·직렬·직종이 명확히 구분되어 있고, 각각의 직무에 대한 직무목표, 주요 업무내용, 요구역량 및 필요지식 등이 포함된 직무프로파일을 지속적으로 업데이트 하고 있다.

또한 직무평가를 통해 직무의 상대적 가치를 산정하고, 이를 기반으로 한 직급체계를 설계·운영하고 있으며, 매년 직무재평가를 통해 조직 내 직무에 대한 상대적 가치를 재조정하고 있다. 인력계획 및 채용·보상 역시 직무를 중심으로 운영한다.

삼양그룹은 여기에 그치지 않고, 구성원의 전문성 향상을 위한 일환으로 직무별로 요구되는 역량과 전문성을 체계적으로 관리하고자 변화를 준비하고 있다. 이는 빠르게 변화하는 환경에 적응하기 위해서는 회사의 중심 세대로 부상하고 있는 밀레니얼 세내의 성장에 내한 니즈와 방향을 회사의 경쟁력 강화와 연계하기 위해서다.

이를 위해 역량구조를 명확화하고 업무행동과 태도 중심으로 구체화하는 한편 디지털, 글로벌, 밀레니얼 소통 등 최신 트렌드를 반영하여 현재의 역량체계를 고도화하고 있다. 삼양인으로서 일하는 방식에 초점을 맞춘 세 가지 영역의 여섯 가지 공통역량을 도출하고, Business Leadership 및 People Leadership 영역의 8개의 리더십 역량과 사고, 대인·실행 관점의 30개 역량 Pool을 마련하고 있다.(그림 참조)

또한 기존 업적 및 역량평가 외에 개인별 업무경험, 자격증·어학, 전문역량 보유수준 등을 종합적으로 고려하여 업무전문성 수준을 진단하는 전문성 지수(Samyang Expert Index)를 신설하여 구성원의 전문성 수준을 명확히 판단하고, 자발적인 경력개발 및 업무·직무전문성 향상을 꾀하고자 한다.

[그림] 삼양그룹 공통역량

Ownership	회사와 업무의 주인으로	책임의식(Responsibility)
		변화실천(Implementing Changes)
Teamwork	개인이 아닌 팀워크를 통해	수평적 소통(Horizontal Communication)
		적극 협력(Active Collaboration)
Professionalism	전문가로서 업무수행	글로벌 최고 지향(Global Top-orientation)
		데이터 기 반 사고(Data-based Thinking)

워크스마트(Work Smart)

삼양그룹은 코로나19 이전부터 시차출퇴근제도·자율근무제도 등의 유연근무제를 도입, 시행하였고, 코로나19로 인한 영향이 본격화된 2월부터는 재택근무제도를 본격적으로 시행하였다. 이러한 다양한 근무제도를 시행하고 구성원들의 경험에 기반한 목소리를 들어본 결과 HR은 두 가지 결론에 도달할 수 있었다.

첫째는 구성원들이 업무에 몰입하여 최대의 성과를 낼 수 있는 업무 환경과 일하는 방식은 개개인별로 차이가 있다는 점이다. 실제 재택근무를 경험한 구성원 500여 명을 대상으로 설문조사한 결과, 재택근무로 인한 업무효율성 측면에서 응답인원의 31%가 '사무실 출근 대비 좋아졌다'는 응답을, 47%가 '사무실 출근과 차이가 없다'고 응답하였다. '사무실 출근 대비 낮아졌다'는 의견을 낸 인원은 응답인원의 22%였으며, 응답인원의 15%에 해당하는 인원은 재택근무로 인한 업무몰입도 저하에 대한 개선이 필요하다고 응답하여, 재택근무에 대해 긍정적 혹은 별 차이가 없는 구성원이 대다수이지만, 일부 구성원에게는 재택근무가 업무에 몰입하고 최대의 성과를 낼 수 있는 일하는 방식이 아닌 것을 확인할 수 있었다.

둘째는 재택근무 시 구성원의 소통과 협업을 위한 방법이 아직은 다소 부족하다는 점이다. 재택근무가 보편화될수록 회사 내에서의 우연한 만남과 소통을 통해 아이디어를 얻을 수 있는 기회가 줄어들기 마련이다. 미시건(Michigan) 대학의 오웬 스미스(Owen-Smith) 교수는 그의 논문을 통해 같은 공간에 있는 연구원들이 서로 다른 공간에 있는 연구원들에 비해 새로운 협업 기회가 33% 증가한다고 밝혔고, 또한 사무실 내의 거리가 100feet(약 3m) 가까워질수록 협업은 20% 증가한다고 밝힌 바 있다.

이와 같은 결론을 바탕으로 삼양그룹은 일하는 방식의 혁신을 하나씩 단계를 밟아가며 추구하고 있다. 2019년에는 RPA(로봇프로세스자동 화)를 시범 도입하여 연간 1만 시간의 절감효과를 보았고, 2020년에는 연간 4만 시간 이상의 시간감축을 목표로 전사에 확산하고 있다.

여기에서 더 나아가 2021년부터는 Office-free Day에 대한 파일럿 테스트를 목표로 IT 인프라와 인사제도, 그리고 구성원의 마인드셋 변화를 차근차근 밟아가고 있다. 이러한 변화를 통해 궁극적으로는 구성원이 언제, 어디서든지 몰입해서 일하고 최고의 성과를 낼 수 있는 환경을 조성하고자 한다.

HR Digital Transformation

삼양그룹은 불확실성이 가중되는 시대에 데이터에 기반하여 미래를 예측하고 의사결정 해야 하며, 이를 위한 프로세스·데이터·시스템을 완전히 바꾸는 디지털 트랜스포메이션의 일환으로 2020년 5월부터 'New ERP 프로젝트'를 진행하고 있다. 이렇게 ERP 프로젝트를 진행하는 것처럼, HR과 관련한 데이터를 축적하기 위해 HR 또한 디지털 트랜스포메이션을 준비하고 있다.

이를 위해 HR Core, 평가·보상, 채용, 급여·근태, 교육, 업무전문성 등 구성원의 HR과 관련한 활동을 전부 담을 수 있는 HR 시스템 아키텍처를, 그리고 단계적으로 HR 시스템을 구체화하고자 준비 중이다. 무엇보다 글로벌 기준에 부합하는 HR 제도 및 프로세스를 적용하고자 하는 것이 궁극적인 목표이다.

앞으로도 삼양의 HR은 이러한 일관성을 유지하되 비즈니스 파트너로서 외부 환경, 내부 사업변화에 따라 '비전 2025'를 달성할 수 있도록 인적 기반을 마련함으로써 최대한 이를 지원하고자 앞으로도 지속적으로 노력할 것이다.

〈자료: 한국인사관리협회, HR Best Practice 100, 2022년 6월〉

참고문헌

전상길(2020), 창조경영을 위한 인적자원관리, 길을 묻다, 창명.

오종석·김종관(2014), 인적자원관리(3판), 탑북스.

유규창·박우성(2017), 리더를 위한 인적자원관리, 창민사.

김성수(2019), 제4차 산업혁명시대 신인적자원관리(2판), 탑북스.

임창희(2020), 인적자원관리, 비앤엠북스.

피터 드러커(2002), 자본주의 이후의 사회(이재규 역), 한국경제신문사.

한인수·정범구(2020), 현대 인적자원관리(4판), 명경사.

정재훈·김진욱·김현정(2019), 인적자원관리, 북넷.

신철우·최찬기·윤정현·김대수(2018), 인적자원관리, 탑북스.

D. A. DeCenzo & S. P. Robbins(2010), Human Resource Management(6th ed.), Wiley.

G. Dessler(2015), Human Resource Management(16th ed), Generic.

G. Dessler(2017), Human Resource Management(15th ed.), Pearson.

H. Mintzberg(1973), The Nature of Managerial Work, Harper & Row.

R. A. Noe, J. R. Hollenbeck, B. Gerhart & P.M. Wright(2022), Human Resource Management: Gaining a Competitive Advantage(13th ed.), McGraw Hill.

R. L.Katz(1974), "Skills of An Effective Administrator," Harvard Business Review, Sep-Oct, 90-102.

R. N. Lussier & J. R. Hendon(2018), Human Resource Management: Functions, Applications, and Skill Development(4th ed.), SAGE Publications, Inc.

S. P. Robbins & D. A. DeCenzo(2008), Fundamental of Management(6th ed.), Prentice-Hall.

S. R. Valentine, P. Meglich, R. L. Mathis & J. H. Jackson(2019), Human Resource Management(16th ed.), Cengage Learning.

S. Snell & S. Morris(2022), Managing Human Resources(19th ed.), Cengage Learning.

W. L. French(1987), The Personnel Management Process(6th ed.), Houghton Mifflin Co.

제2장

인적자원관리의 발전과정

학습목표

- ▶ 경영이론의 발전과 HRM 발전과정과의 연계성을 이해한다.
- ▶ 전제적 인사관리와 온정적 인사관리의 차이점에 대하여 이해한다.
- ▶ 근대적 인사관리의 특성에 대하여 이해한다.
- ▶ 현대적 인사관리의 특성에 대하여 이해한다.
- ▶ 경영자기술과 경영자역할에 대하여 이해한다.
- ▶ 인적자원관리 시기의 특성에 대하여 이해한다.
- ▶ 인적자원관리 패러다임의 전환에 대하여 이해한다.

인적자원관리는 산업사회에서 자본가가 공장을 만들어 제품을 대량생산하기 위한 목적으로 임금근로자를 활용하면서 등장하기 시작하였다. 조직에 있어서 인적자원의 문제는 18세기 후반 영국에서 일어난 산업혁명 이후에 공장제공업의 발전과 함께 기업규모가 확대되고, 근로자의 수가 증가하여 경영관리기능이 복잡해짐에 따라 기업의 생산성 향상을 효율적 경영의 일환으로서 근로자의 생산성과 노동의 질에 대한 관심이 고조되면서 인적자원관리 기능이 발전하였다. 따라서 인적자원관리의 역사는 산업사회의 발전과정에 따라 기업경영에 있어서 조직성과의 향상이라는 차원에서 인적자원을 보는 관점에 따라 역사적으로 발전해 왔다.

인적자원관리의 발전과정은 크게 인사관리의 시대와 인적자원관리의 시대로 나누어 고찰할 수 있다. 1980년대 이후 인적자원을 하나의 자원으로서 기업경쟁력의 원천으로 작용함에 따라 경영전략과 부합될 수 있는 인적자원에 대한 체계적인 관리의 필요성으로 인하여 인적자원관리의 시대라 명명하고, 그 이전의 시기를 인사관리의 시대로 명명하고 있다. 인사관리의 시대 구분은 전근대적 인사관리, 근대적 인사관리, 현대적 인사관리로 구분한다. 전근대적 인사관리는 전제적 인사관리와 온정적 인사관리로 구분되어 진다. 근대적 인사관리

그림 2-1 인적자원관리의 발전과정

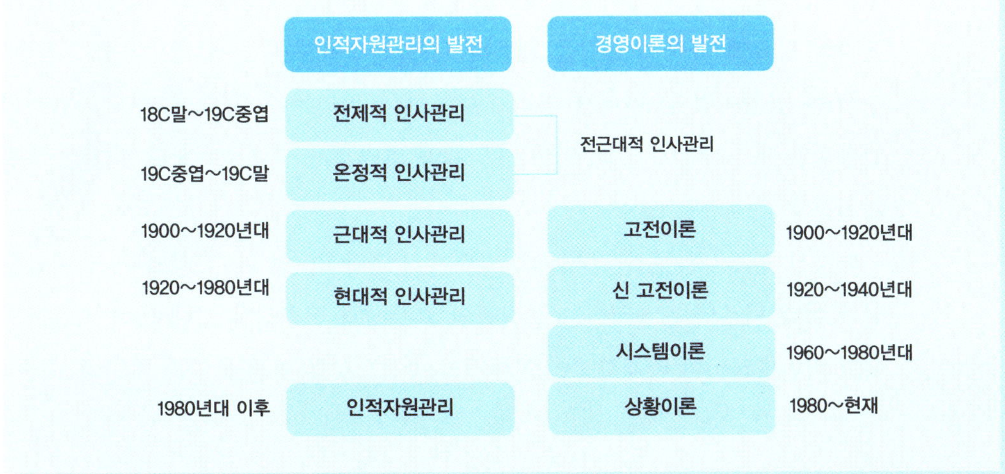

이후는 경영이론이 발전하면서 경영이론의 전개와 시대를 같이 하면서 발전하게 된다. 경영이론의 발전과 비교하여 나타내면 앞 페이지의 [그림 2-1]과 같다.

제1절 전근대적 인사관리

1. 전제적 인사관리

전제적 인사관리는 권위주의적 인사관리, 독재적 인사관리로도 불리운다. 영국을 중심으로 18세가 후반부터 시작된 산업혁명은 과거의 가내수공업 생산방식을 기계화하고 근대적 공장제 방식으로 전환하는 등 산업화의 진전이 가속화 되었다. 이에 따라 기업에서는 많은 노동력이 필요하게 되었고, 많은 미숙련 노동자들이 임금을 받고 노동력을 제공하는 임금근로자의 생활을 시작하게 만든다. 대부분의 이러한 미숙련 노동자들은 농민, 도시의 하위계층, 미성년자, 부녀자 등으로 구성되어 고용계약에 있어서 실질적으로 불리한 입장에서 저임금, 장시간 노동, 열악한 근로조건을 감수할 수밖에 없는 상황이었다. 따라서 이러한 노동자들의 근로조건을 향상시킬 수 있는 노동조합을 만들 수도 없는 상황이었으며, 완전하게 구매자 중심시장(buyer's market)의 특성을 가지고 있었다. 자본가의 필요에 따라 노동력을 채용하고, 불필요하게 되면 언제든지 해고를 할 수 있는 상황이었다. 따라서 인적자원에 대한 관리는 그 필요에 따라 기업주의 일방적인 의사결정에 달려 있어 근로자와 기업주가 지배종속적인 관계로 특징지워진다.

따라서 인적자원을 관리하는데 필요한 취업규칙, 업무지도방법, 임금지급방식 등이 기업주의 경험적이고 상식적인 수준에서 이루질 수밖에 없어 비과학적이고 비인도적이며 비계획적인 인사관리 방식으로 운영된 특징을 지닌다.

2. 온정적 인사관리

온정적 인사관리는 친권적 인사관리, 가부장적 인사관리라고도 불리운다. 온정적 인사관리는 기업발전을 위해서 기업주가 근로자들에 대한 노동착취를 억제하고 근로자에 대한 권익향상을 위해 기업주가 근로자의 보호 및 후견인이 되어야 한다는 인식을 가지게 되는 시기이다. 19세기 중엽으로 넘어가면서 산업노동자들은 자신들의 기술도 향상되고, 자신들의 권익향상을 위하여 조직화에 대한 열망으로 노동조합을 만들기 시작하였는데, 이때 만들어진 노동조합이 직종별 노동조합(craft union)이다. 직종별 노동조합은 산업이나 기업에 관계없이 동일한 직종에 있는 노동자들이 그들의 권익향상을 위한 목적으로 주로 인쇄공, 제화공, 선반공, 목공조합 등과 같이 숙련 노동자가 중심이 되어 만든 노동조합이다.

온정적 인사관리를 주장한 영국의 로버트 오웬(Robert Owen)은 미성년자와 부녀자들에 대한 비인도적인 근로조건에 대하여 비난하고, 자신이 경영하는 방직공장에서 종업원들에게 온정적 관리방식을 실현하고, 공장 내에 공제조합을 만들어 노동자의 생활수준 향상에 노력하였다. 그의 인도주의는 영국을 비롯한 유럽 여러 나라에 전파되어 노동자에 대한 인식의 변화와 합리적인 인사관리 발전에 크게 기여하게 되었다. 이러한 인도주의적 경향은 영국에 있어서 공장법(1833)과 노동조합법(1871) 제정에 영향을 주었는데, 공장법에서는 미성년자의 고용금지, 부녀자 및 연소자의 노동시간 제한을 규정하였고, 노동조합법에서는 노동자의 기본권 보호를 제정하는 계기로 작용하였다.

온정적 인사관리 방식은 기업주 스스로가 근로조건의 향상과 복리시설의 개선 등을 통하여 노동자들의 근로의욕을 고치시키고 충성심을 유도함으로써 생산성의 향상을 목적으로 하고 있다. 즉, 자본가와 노동자의 관계를 가장과 가족의 관계를 표방하고, 자본가는 가족인 종업원을 온정으로 대우하며, 근로조건과 복리시설의 개선을 통하여 노동문제를 해결할 수 있다는 것이었다.

제2절 근대적 인사관리

근대적 인사관리는 경영학의 이론이 정립되기 시작한 20세기 이후에 전개된 인사관리 방식이다. 20세기로 넘어가면서 공업화가 급속히 전개되면서 노동력의 효율적 활용을 위하여 분업(division of labor)에 의한 전문화가 도입되고, 작업방법과 작업도구의 표준화, 종업원의 선발과 훈련 등 작업능률의 향상을 위한 과학적 합리주의 이념이 등장하게 되고, 근로자와 사용자가 대등한 입장을 가지게 되는 산업민주주의 이념이 등장하게 된다.

이러한 과학적 합리주의 이념과 산업민주화의 이념의 등장은 종래의 전근대적 인사관리 방식을 근대화하는데 큰 기여를 하게 된다. 근대적 인사관리 시기에는 경영이론의 고전이론에 해당되는 과학적 관리론, 일반관리이론, 그리고 관료제 이론이 인사관리의 근대화에 기여한 대표적인 이론들이다.

1. 과학적 관리론

1) 테일러의 과학적 관리론

테일러(F. W. Taylor)의 과학적 관리론(scientific management)은 미국 경영학 이론의 탄생을 가져오게 되는 계기로 작용하여 근대적 관리이론이 등장하게 되고, 그것이 그를 과학적 관리론의 아버지로 부르게 하였다. 그는 변호사의 아들로 태어나 하버드 대학에 합격을 하였으나 시력이 나빠져 대학을 포기하고, 이후 어느 정도 시력이 회복되어 미드베일(Midvale) 철강회사에 입사하여 기계공에서 출발하여 수석기사로, 이후 제조투자회사를 거쳐 베들레헴(Bethelehem) 철강공장으로 옮기게 된다. 그러한 과정에서 과학적 관리와 관련된 여러 실험을 통해 과학적 관리론을 완성하게 된다.

테일러는 그때 당시의 경영방식을 표류관리(drift management)나 주먹구구식(rule of thumb) 경영방식으로 보고 이러한 경영문제들을 해결하기 위한 방법으로 과학적인 관리가 필요함을 역설하였다. 그가 주장한 과학적 관리론의 핵심은 '과학적 관리법의 네 가지 원리'에 담겨있다. 관리자들을 위한 가이드라인이라고 할 수 있는 네 가지 원리는 다음과 같다.

첫째, 작업자 개인의 작업 요소를 과학화하여야 한다.

둘째, 작업자를 과학적으로 선발·훈련·교육 그리고 개발시켜야 한다.

셋째, 모든 작업이 개발된 과학적 방식에 따라 수행되도록 관리자와 작업자가 협력하여야 한다.

넷째, 관리자나 작업자 사이에 작업과 책임을 거의 동일하게 분담하여야 한다.

이러한 네 가지를 기본 원리로 삼고, 테일러는 경영관리의 과학화를 위해 구체적으로 과학적인 방법을 활용하여 작업능률을 높이고 경영관리를 혁신하고자 하였다. 그의 과학적 관리법의 핵심적 기법들은 다음과 같다.

(1) 시간 및 동작연구(time and motion study)

작업자들의 작업동작에 소요되는 시간을 스톱워치(stopwatch)로 측정하여 작업수행에 있어서 잘못된 동작, 불필요한 동작 등을 모두 제거하고 가장 좋은 작업방법을 추출하여 이를 기준으로 표준시간과 표준동작을 설계한다.

(2) 과업관리(task amanagement)

시간과 동작연구를 통해서 매일의 과업을 정밀하게 계산한 표준과업량[일류 작업자(first-class)가 수행할 수 있는 일일 업무량]을 부여하여 작업자에게 완성하도록 요구하고, 이 과업을 실행한 작업자에 대해서는 충분한 금전적인 보상을 해준다.

(3) 차별적 성과급제(differential piece-rate system)

표준과업량 이상을 달성한 작업자에게는 고임률을 적용한 성과급을 지급하고 달성하지 못한 작업자에게는 저임률을 적용한 임금지급을 하는 방법이다. 이러한 차별적 성과급제가 작업자들에게 직접적이고 신속한 동기부여를 시킨다고 주장하였다. 이를 그림으로 나타내면 다음 [그림 2-2]와 같다.

그림 2-2 차별적 성과급제

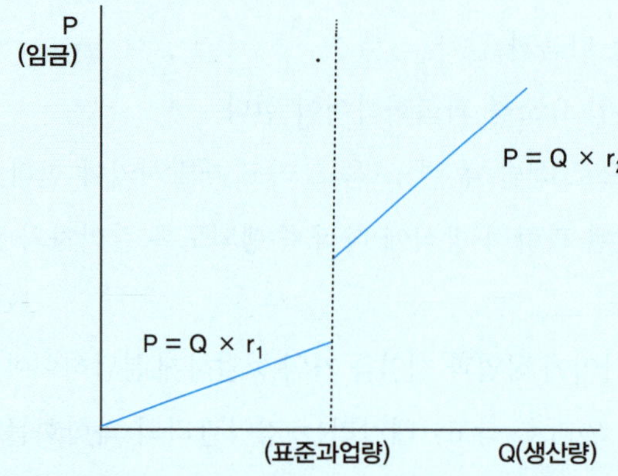

[그림 2-2]에서 보면 표준과업량 이하를 수행한 작업량에 대한 임금률이 r1이지만, 표준과업량을 초과 수행한 작업량에 대해서는 전 작업량의 임금율이 r2로 바뀌게 된다(r1<r2). 따라서 전체임금은 표준과업량을 채우지 못한 작업자의 경우에는 임금이 Q×r1이며, 표준과업량을 초과하여 작업량을 채운 경우에는 Q×r2로 변하게 되는 것이다. 따라서 표준과업량 이하와 이상인 경우에 있어서 임금격차가 많이 나타나게 된다.

(4) 기능식 직장제도(functional foreman system)

테일러는 공장의 생산성을 올리기 위하여 조직의 편제에도 관심을 기울였다. 그는 일선감독자에게 주어진 임무가 너무 많기 때문에 효율적이지 못하며 이것이 생산성을 저하시키는 요인이 된다고 여겼다. 그는 일선감독자의 직무에 분업의 원리를 적용하여 일선감독자들은 부하들의 생산성만 감독하도록 하고, 나머지 관리업무는 8명의 전문적인 감독자(검사담당자, 준비담당자, 속도담당자, 지도담당자, 수선담당자, 시간담당자, 순서담당자, 훈련담당자)들에게 업무를 맡기는 기능식 직장제도로의 개편을 주장하였다. 전문적인 감독자들은 작업자들의 작업을 지원해주고, 작업방법을 개선해 주는데 그들의 역할이 주어졌다.

테일러의 과학적 관리법은 경영관리방식에 있어서 작업의 능률개선과 임금관리에 크게 기여하였다. 기업 관점에서 생산비용의 절감을 가져오게 하였고, 근로자 관점에서 높은 임금을 받음으로써 기업주나 근로자 모두에게 긍정적인 결과를 가져다 주는 계기가 되었다. 그러나 과학적 관리법은 인간노동을 기계화하였다는 인간관에 대한 부정적인 시각을 가지게 만들었고, 작업자의 주체성이나 인간성이 무시되는 결과를 가져온다고 노동조합을 중심으로 많은 비판과 반대운동을 불러일으키기도 하였다.

2) 테일러 이후의 과학적 관리

테일러의 과학적 관리법의 뛰어난 추종자로 길브레스 부부(Frank and Lillian Gilbreth)와 간트(H. C. Gantt)가 있다. 길브레스 부부는 동작연구에 의한 작업방법의 개선을 위한 많은 연구결과를 산출하였는데, 그들의 업적은 벽돌쌓는 작업에 있어서 가장 효과적으로 쌓을 수 있으면서 작업피로를 줄이는 방법으로 최적의 18가지 동작(잡는다, 운반한다, 놓는다 등)으로 서블릭(therblig) 기호를 개발하였으며, 작업자들의 작업동작을 측정하는데 있어서 카메라를 이용한 동작사진기술을 활용하여 작업자들의 동작연구를 통해 테일러의 이론을 더욱 확대시키는데 공헌을 하였다.

간트는 미드베일 철강회사와 베들레헴 철강회사에서 테일러와 같이 근무했던 가장 가까운 동료중의 한 사람으로 간트 챠트(Gantt chart)를 고안하였다. 간트 챠트는 계획과 통제간의 관계를 그래프로 나타내 줌으로써 작업관리의 과학화에 공헌을 하였다. 또한 주어진 시간에 정해진 작업을 초과달성한 작업자에게 인센티브를 주는 방식의 하나인 간트상여제를 고안하여 새로운 임금방식으로 작업자들의 능률향상에 크게 기여하였다.

2. 일반관리이론

미국에서 테일러의 과학적 관리법이 경영방법에 대한 혁신적인 계기를 맞이하는 동안, 유럽에서는 헨리 페이욜(Henry Fayol)에 의한 관리이론이 등장하였다. 페이욜은 그의 저서 『산업 및 일반관리』를 통하여 테일러가 중시한 작업현장의 능률보다는 조직 전체의 관리방법에 초점을 두었다. 그는 기업에는 공통적으로 기술, 상업, 재무, 보전, 회계 그리고 관리활동이 있으며, 그 중에서 관리활동은 계획, 조직, 지휘, 조정, 통제 활동으로 구성되어 있다고 주장하였다. 그는 이러한 관리활동을 합리적으로 수행하는데 필요한 14가지의 일반 원칙을 제시하였는데, 이러한 원칙은 보편적인 모든 조직에 적용가능한 원칙이라고 주장하였다. 14가지 원칙으로 분업의 원칙, 권한·책임의 원칙, 규율의 원칙, 명령일원화의 원칙, 지휘통일의 원칙, 전체 이익 우선의 원칙, 보상의 원칙, 권한집중화의 원칙, 위계서열의 원칙, 질서의 원칙, 공정성의 원칙, 정년보장의 원칙, 자발성의 원칙, 단결의 원칙이다. 이러한 원칙들은 기업 뿐만 아니라 어떠한 조직체에도 활용가능하다고 주장하였다. 페이욜의 관리원칙은 보편적인 조직의 관리원칙을 주장한 것으로, 테일러가 현장의 작업자에게 초점을 둔 것과는 다르게 관리자에게 초점을 두고 조직의 합리적 운영을 위한 원칙들을 제시한 것이었다.

3. 관료제론

독일에서는 막스 베버(Max Weber)가 관료제론을 주장하였는데, 합리적인 경영을 위해서 보다 거시적인 관점에서 접근한 이상적인 조직구조의 설계에 대한 이론이다. 그는 가장 이상적인 조직구조의 형태로 관료제(bureaucracy)론을 제시하였는데, 관료제적인 조직은 합리적인 의사결정을 내리며 관료제의 형태를 갖춘 조직이 많을수록 사회는 보다 발전할 것으로 주장하였다.

그는 관료제의 특징으로 분업에 의한 전문화, 명확한 권한체계화, 작업자들의 과학적인 선발, 공식적인 규칙과 규정의 제정, 목표달성에 대한 전체 이익 우선, 경력지향성 등을 제시하였다. 이러한 관료제는 전문화, 구조화, 예측가능성과 안정성, 합리성과 민주성 등의 장점을 지닌 반면, 형식주의, 권한 축적, 책임의 분산, 의사결정의 지연, 변화에 대한 저항 등의 단점을 지닌다.

제3절 현대적 인사관리

테일러의 과학적 관리법, 페이욜의 일반관리이론, 베버의 관료제론과 같은 경영이론의 고전이론에 의하여 산업 전반에 걸쳐서 작업능률의 향상 뿐만 아니라 조직의 관리 또한 합리적인 방법에 의하여 생산성이 크게 증대되었으나, 인간성의 상실을 가져오게 되었다. 따라서 1920년대로 넘어가면서 이러한 인간성이나 개성을 살린 새로운 합리주의 이념에 대한 요구가 나타나기 시작하였다. 이러한 시대적 요청에 따라 경영학 고전이론의 한계를 극복하기 위해 제창된 이론이 인간관계론(human relations approach)으로서 경영학의 신고전이론으로 분류된다. 고전이론은 공식적인 조직에 대한 이론이며 합리적이고 경제적인 인간모형을 가정하고 있는 반면 인간관계론은 비공식적이고 비합리적이며 감정적인 인간모형을 가정하고 있다. 따라서 고정이론의 명제는 능률의 논리(logic of efficiency)라고 한다면 신고전이론은 감정의 논리(logic of emotion)로서 인간(작업자)의 중요성을 부각시킨 이론이다.

인사관리의 발전에 인간관계론의 탄생으로 인사관리의 현대화가 이루어지기 시작한 것이다. 따라서 현대적 인사관리는 인간관계론에 의해 시작되었고, 인간관계론을 계승한 행동과학에 의해서 과학적인 인사관리가 가능하게 된 것이다. 현대적 인사관리에는 1920년대의 인간관계론, 1940년대의 행동과학 뿐만 아니라 1960년대 시스템 이론, 1980년대 상황이론까지 포함하고 있다.

1. 인간관계론

경영학의 신고전이론인 인간관계론은 하버드 대학교 엘튼 메이요(Elton Mayo)를 중심으로 미국 서부전기회사(Western Electric Company)의 호손공장에서 이루어진 호손실험(Hawthorne Experiment)에 의해 탄생된 이론이다.

이 실험은 1924년부터 1932년까지 4차에 걸친 실험으로서 여기에는 조명실험, 계전기조립실험, 면접조사, 배전기권선실험 등으로 이루어졌다. 메이요를 포함한 하버드 대학교 연구팀은 1927년부터 실험을 하기 시작하는데, 연구팀이 개입하기 이전에 공장의 관리자들은 조명이 작업자의 생산성에 미치는 영향을 여러 차례 연구하였다. 작업자들을 두 집단으로 나누어 하나의 집단에는 조명의 변화를 주었고, 다른 집단의 조명에는 변화를 주지 않았다. 그러나 두 집단 모두 생산성이 향상되었고, 어떠한 변화를 주어도 집단간에 생산성 차이를 발견할 수 없었다. 이후 하버드 연구팀에게 요구하여 이루어진 실험으로 계전기조립실험에서는 작업조건의 변화가 생산성에 미치는 효과를 관찰하기 위해 많은 작업조건(휴식시간의 길이와 빈도, 감독방법, 근무시간 및 주간 근무일수 등)의 변화가 시도되었다. 작업조건의 변화에 따른 생산성의 변화를 관찰한 결과 생산성이 지속적으로 상승하였으나, 작업조건을 원래의 상태로 회복시켰을 때도 예외없이 생상성이 증가하는 것으로 나타나 작업조건과 생산성간에는 관련성이 없는 것으로 결론지었다. 따라서 이러한 결과는 생산성에 영향을 미치는 요인이 작업조건의 향상이 아닌 근로자들의 감정이나 태도에 따라 영향을 받는다는 사실을 파악하게 되었다.

이후 면접조사에서는 작업자와 관리자들 사이에서 발생하는 문제를 파악하였는데, 관리자들은 비용과 능률의 논리(logic of cost anf efficienc)를 강조하고 작업자들은 감정의 논리(logic of emotion)에 따라 행동한다고 결론지웠다. 배전기권선실험에서는 기업에서 요구하는 생산성을 달성하는데 있어서 근로자들에게 영향을 미치는 요인은 공식적 경영방침이 아닌 작업자들의 비공식적 행동규범이 더 중요하다는 것을 파악하고 기업내 비공식조직에 대한 중요성을 파악하는 계기로 작용하였다.

호손실험을 통해 새롭게 파악된 두 가지 결론은 첫 번째, 생산성에 영향을 미치는 요인은 작업자의 감정에 좌우된다는 것이다. 따라서 근로자들의 심리적인 감정이 생산성에 영향을 미치는 것이다. 두 번째, 기업 내 공식조직 뿐만 아니라 비공식조직이 있다는 것이다. 작업환경에서 형성되는 비공식조직에서 그들만의 행동양식과 규범을 만들어 실행한다는 것이다.

인간관계론은 경영학적 사고의 변화에 큰 영향을 주게 되었고, 나아가서 기업의 운영과 목표달성에 인적 요인의 중요성을 강조한 새로운 접근방법을 가져오게 만들었다.

2. 행동과학

인간관계론은 조직에서 인적 요인에 대한 중요성을 파악하게 만들었고, 경영학 이론의 큰 흐름을 가져오게 만들었지만, 연구방법에 있어서 이론적 근거의 부족과 체계의 미비로 인하여 그 타당성이 많이 부족하였다. 따라서 경영관리에 있어서 인간의 중요성이 부각되고 관심이 높아갈수록 인간관계와 인간의 행동에 대한 과학적인 접근이 보다 절실히 필요하게 되었다. 그 결과로 심리학과 사회학 등에서 이루어진 개념과 방법을 이용하여 인간행동을 체계적으로 연구하고자 하는 행동과학(behavior science)이 태동되었다. 행동과학은 인간의 행동을 과학적으로 규명하기 위한 학문이다. 인간의 행동에 영향을 미치거나 인간행동을 결정하는 요인들을 과학적으로 규명한 연구결과들을 기업이라는 조직에 적용하여 근로자들의 잠재능력을 최대한 발휘할 수 있는 방안을 모색하는데 적용하였다. 따라서 행동과학의 많은 연구결과들을 통해 기업의 생산성 향상을 위한 인적자원의 특성에 대한 과학적인 규명이 이루어지게 되었다.

대표적인 행동과학의 업적으로는 맥그리거(D. McGregor)의 X-Y이론, 아지리스(C. Argyris)의 미성숙-성숙이론, 매슬로우(A. Maslow)의 욕구계층이론, 허쯔버그(F. Herzberg)의 이요인이론 등이 있다. 이러한 많은 행동과학의 연구결과들은 인간 욕구에 대한 파악, 조직 내 인간행동에 대한 이해를 통하여 동기부여 이론과 리더십 이론에 대한 발전을 가져오게 만들었고, 조직 내 인간에 대한 합리적인 규명을 통하여 인적 요인에 대한 중요성을 강조함으로써 인사관리의 현대화에 커다란 공헌을 하게 되었다.

3. 시스템 이론

경영학 이론의 고전이론과 신고전이론은 기업의 경쟁력 강화를 위하여 조직 내부에 초점을 두고 이론들이 전개되었다. 고전이론에서는 생산현장의 능률을 강조하거나 조직관리나 조직구조의 설계에 초점을 두었고, 신고전이론에서는 종업원의 심리적 감정과 비공식조직에 대한 중요성을 제시하고 조직성과와의 관련성을 규명한 것이다.

1960년대로 넘어가면서 생물학에서 제시된 시스템(system)이라는 개념을 경영학에 접목하여 시스템이론(system theory)이 등장하면서 조직성과 향상을 위해 조직 외부인 환경에 대한 중요성이 새롭게 대두되기 시작하였다. 시스템이란 '조직목표 달성을 위하여 상호관련되어 상호작용하는 부분들의 집합'을 의미한다. 즉, 조직을 하나의 시스템으로 보면서 조직을 외부 환경과 상호작용하는 유기체로 보기 시작한 것이다.

시스템의 유형에는 개방체계(open system)와 폐쇄체계(closed system)가 있다. 폐쇄체계는 외부환경과 상호작용하지 않는 자기완결적인 시스템이고, 개방체계는 외부환경과 상호작용을 하는 시스템이다. 기업은 전형적인 오픈 시스템이다.

기업은 외부환경과 상호작용을 어떻게 하느냐에 따라 기업의 성공과 실패가 달라지게 된 것이다. 오픈 시스템의 기본적인 모형을 나타내면 다음 [그림 2-3]과 같다.

오픈 시스템으로서 조직의 특성으로, ① 에너지의 투입(목표달성을 위해 원료, 자본, 그리고 노동의 투입), ② 변환(투입물을 처리하여 새로운 산출물을 만들어 내는 변환과정), ③ 산출(기업이 목표로 하는 재화와 서비스 산출), ④ 순환과정(투입과, 변형, 그리고 산출의 순환과정을 거침), ⑤ 네가티브 엔트로피: negative entropy(엔트로피란 외부로부터 에너지를 공급받지 못하기 때문에 해체되거나 쇠퇴해 가는 열역학

그림 2-3 오픈 시스템의 모형

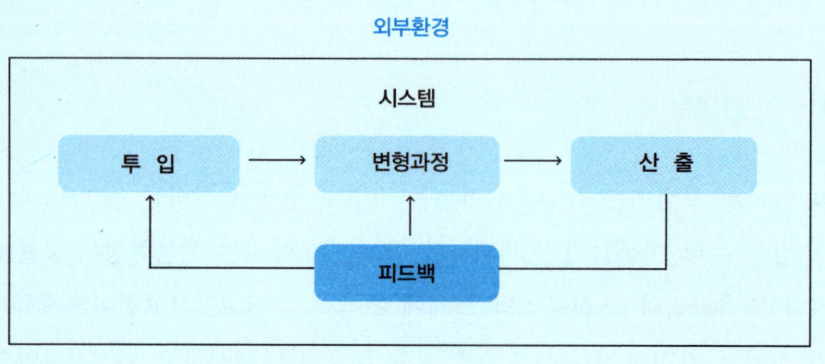

법칙으로서, 기업은 배출되는 에너지 보다 환경으로부터 유입되는 에너지가 많을 때 엔트로피 수준이 감소함으로써 지속가능성을 유지할 수 있음), ⑥ 피드백(재화와 서비스의 산출에 대한 결과는 다시 투입으로 피드백 됨으로써 수정과 보완이 가능해짐), ⑦ 동태적 항상성(기업은 자기규제적 능력에 의하여 안정적인 상태를 유지하려는 경향을 가짐), ⑧ 분화와 통합(시스템의 세분화된 부분들은 각기 전문성을 지니며, 조직목표 달성을 위해서는 통합이 필요함), ⑨ 이인동과성(최종 목표가 동일하다 할지라도 이러한 목표를 달성하기 위한 수단과 방법은 다양함)이 제시되고 있다.

조직의 특수성에 따라 개방성의 정도가 달라질 수는 있어도 외부 환경과 상호작용을 하지 않는 기업은 거의 없다고 볼 수 있다. 따라서 기업의 성과향상을 위해서 외부환경과의 상호작용에 대한 중요성은 시스템이론이 대두하고 난 이후 강조되기 시작한 것이다. 인사관리 역시 오픈 시스템에 적응적인 관리방법의 전환을 가져오게 되었다. 인적자원 역시 하나의 자원으로서 기업 입장에서 인적자원의 확보 및 활용 그리고 개발에 영향을 미치는 외부환경에 대한 중요성을 인식하게 된 것이다.

4. 상황이론

1980년대로 들어오면서 경영학의 새로운 방법론으로 제시된 이론이 상황이론(contingency theory)이다. 이 이론은 기업에 영향을 미치는 여러 상황적인 조건과 기업의 조직관리나 조직구조를 어떻게 적합하게 만드는 가에 따라서 기업의 성과가 달라지게 된다는 이론이다. 즉, 기업의 상황적인 조건에 적합할 수 있는 방향으로 조직관리를 적용하거나 조직구조를 설계하여야 기업의 성과를 제고시킬 수 있다는 것이다. 이를 다르게 말하면, 기업성과를 달성하기 위한 유일최선의 방법은 있을 수 없다는 것이다. 자기 기업이 처한 상황적인 조건에 적합할 수 있게 조직관리나 조직구조를 설계해야 한다는 것이고, 모든 기업에 보편적으로 적용할 수 있는 기업성과의 제고방법은 있을 수 없다는 것이다.

따라서 상황이론의 기본적인 논리는 기업이라는 조직과 기업이 처한 상황적인 조건과의 적합성에 따른 기업성과의 창출이라는 것이다. 상황이론의 모형을

그림 2-4 상황이론의 모형

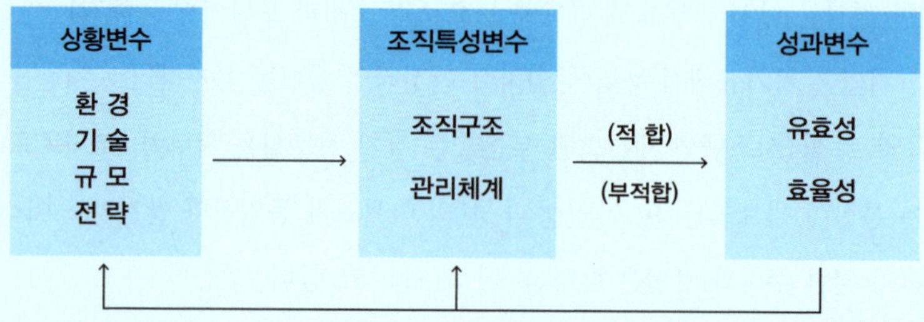

그림으로 나타내면 다음 [그림 2-4]와 같다.

상황이론을 설명하는 변수로는 조직변수, 상황변수 그리고 성과변수가 있다. 첫째, 상황변수는 조직을 둘러싼 환경의 특성을 나타내는 변수로서, 조직변수에 영향을 미칠 수 있는 변수들이다. 가장 대표적인 것으로는 조직 외부환경의 불확실성을 들 수 있다. 그리고 기업의 규모, 기술 유형 등과 같은 변수들도 중요한 상황변수이다. 둘째, 조직변수는 조직의 제반 특성을 나타내는 변수로서, 기업성과 제고를 위하여 상황변수에 적합성을 가져야 하는 변수들이다. 여기에는 기업에서 추구하는 경영전략, 조직구조의 설계, 조직관리 등이 중요한 조직변수이다. 마지막으로 성과변수는 경영을 통하여 성취하고자 하는 성과를 나타내는 변수로, 거시적인 측면에서는 조직의 성과를 나타내는 효율성과 유효성 등이며, 미시적인 측면에서는 조직구성원의 직무만족, 조직몰입, 성장감 등이 있다.

상황이론은 전형적으로 기업의 조직변수와 상황변수와의 적합성에 따라 성과가 달라진다는 것이다. 만약, 상황변수와 조직변수가 조화를 이룬다면 성과는 높아지게 되며, 조화를 이루지 못하면 성과는 낮아지게 된다는 것이다. 따라서 조직의 성과는 조직변수와 상황변수와의 적합성의 함수로 볼 수 있는 것이다.

이러한 상황적합적 접근방법의 성립은 인적자원관리에도 상황조건 적합적이어야 함을 의미한다. 인적자원의 규모가 기업에서 감당할 수 있는 비용보다 상회한다면 기업에서는 구조조정과 같은 인력을 줄이는 작업을 하여야 할 것이고, 업무를 수행하는 과정에서 있어서 기술수준과 정보기술의 발전에 따라 종업원의 교육훈련을 통한 능력개발을 강화해야 될 것이며, 외부환경의 상황적인 요구에 따라 조직개편과 같은 작업도 필요할 것이다.

제4절 인적자원관리 시대

경영학 이론에서 상황이론이 등장하고 난 이후, 기업은 기업경쟁력 강화를 위하여 기업이 처한 상황에 적합한 경영방식을 채택하게 된다. 그 중에서 환경에 적합할 수 있는 경영전략을 추구하는데 있어서 기업에 보유한 인적자원을 하나의 자원으로 보기 시작한다. 즉, 기업이 보유한 인적자원을 기업전략과 어떻게 통합시킬 수 있을 것인가라는 전략적 접근방법에 대한 중요성을 강조하게 되는 시기로 전환하게 된다. 기업이 경쟁우위(competitive advantage)를 달성하는데 있어서 조직문화에 대한 중요성과 시장경제에 대한 적응이 중요하게 된 것이다. 따라서 기업이 성과를 달성하는데 있어 기업이 보유한 인적자원을 단순하게 비용지급하면서 이용하는 단순한 노동력으로 간주하는 것이 아니라, 기업에서 추구하는 전략적인 방향성에 부합할 수 있는 인적자원의 경쟁력이 기업성과를 제고할 수 있다는 관점으로 전환하게 만든 것이다.

1990년대 세계 경제의 글로벌화의 진전에 따라 기업은 글로벌 역량강화를 위한 노력을 경주하게 된다. 새로운 환경조건의 변화는 기업으로 하여금 조직구조를 슬림화(slim)하고, 유연성을 갖추고, 계층이 적은 플랫화(flat)를 강력히 요구하기에 이른다. 이러한 과정에서 평생직장이라는 개념은 사라지고 세계시장에 경쟁력을 지닐 수 있는 인적자원에 대한 필요성을 가지게 된다. 따라서 기업이 보유한 인적자원에 대해서는 글로벌 역량을 개발시키기 위한 노력을 하게 되고, 새롭게 고용되는 신입사원에 대해서도 글로벌 마인드를 갖춘 창의적인 역량을 요구하게 된 것이다.

인사관리 시기와 다른 인적자원관리 시기에 새롭게 등장한 주요 개념들로서,

개인과 조직이 같이 성장하고 발전하는 조직관의 강조, 동기부여의 일환으로 성과주의의 강조, 창의적인 조직문화의 정립, 지식경영시스템의 구축, 팀웍이나 임파워먼트(empowerment)의 강조 등이다. 이러한 방식들은 기업이 목표를 달성하기 위해 노력하는 과정에 기업이 보유한 인적자원을 경영전략의 추진과 통합된 방향으로 인적자원을 관리하기 위한 방법으로 파생된 것이다. 따라서 기업경쟁력 강화를 위한 인적자원에 대한 전략적 어프로치가 중요하게 작용하는 시기로 도래한 것이다.

제5절 전략적 인적자원관리 시대 - 21세기

21세기 기업에 영향을 미치는 환경적인 변화의 특징으로 글로벌화의 가속화, 인터넷과 같은 정보기술의 발달, 조직 내 직무성격의 변화 및 인적자원의 변화 등을 들 수 있다. 전반적인 산업기술의 발전은 기업경영에 있어 비용절감을 통한 새로운 방식의 경쟁을 촉진하였고, 하이테크 산업이 기존의 직무를 대체하게 됨에 따라 조직 내 직무의 특성도 변화하여 제조업에 종사하는 직무에서 서비스업의 직무로 전환이 늘어나게 되었다. 산업의 노동력 또한 노령화 추세에 있고, 글로벌화로 다양성이 증가하고 있으며, 다양한 노동력의 능력을 최대한 발휘하도록 개발하고 관리하는 것이 인적자원관리의 새로운 과제가 되었다.

글로벌화의 가속화와 기업의 핵심사업 추진을 위한 조직규모의 개선전략인 다운사이징(downsizing)의 도입, 생산성을 향상시키면서 조직의 지속적인 개선을 지향하는 프로그램의 도입 및 인터넷의 활용을 통한 업무추진 등은 조직을 플랫(flat)화 하고, 권한 위양적인 자율적인 팀으로 전환하게 만들며, 고객지향적인 조직구조로의 변화를 가져오게 하였다. 이러한 조직의 변화로 의사결정에 있어서도 경계가 없어져 종업원들은 부서나 직위상호간에 자신들이 필요한 정보를 제한 없이 자유롭게 주고받을 수 있고, 의사결정에 참여할 수 있으며, 조직 내 성과제고를 위한 지식을 공유하게 되는 시기로 접어들게 되었다.

기업의 조직구조의 플랫화, 조직규모의 다운사이징에 따른 고성과의 추진 등을 특징으로 하는 현재의 기업에서는 잘 훈련되고 헌신적이며, 창의적인 인적자원이 기업경쟁력의 강화를 위한 핵심요소로 작용한다. 따라서 기업의 경쟁우위의 원천으로서 기업이 보유한 인적자원에 대한 관리의 중요성으로 경영전략 추진의 관점에서 전략적 인적자원관리(strategic human resource management: SHRM)라는 개념으로 진화하게 되었다. 전략적 인적자원관리는 혁신과 유연성을 촉진하여 사업성과를 개선하고, 조직문화를 개발하기 위하여 전략적 목표(goals) 및 목적(objectives)과 인적자원관리를 연계하는 활동을 의미한다.

또한 정보기술의 발전에 따라 조직 내 다양한 직무수행을 위하여 컴퓨터를 기반으로 하는 체계적인 시스템이 도입되게 되었고, 조직이 성장함에 따라 인적자원을 관리하기 위한 제반 정보들을 인적자원정보시스템(human resource information systems: HRIS)으로 통합되게 되었다. 인적자원정보시스템은 조직의 인적자원관리 활동과 관련된 제반 의사결정, 조정, 통제, 지원 및 분석을 지원하기 위하여 인적자원과 관련된 정보의 수집, 처리, 저장 및 보급을 통합하여 수행할 수 있게 만든 시스템을 의미한다. HRIS는 기업에서 전략을 추진하는데 있어서 기업이 활용할 수 있는 인적자원에 대한 정보를 지원해주는 시스템이다. 인적자원과 관련된 정보를 통합하여 관리함으로써 기업의 성과향상 뿐만 아니라 인적자원에 대한 체계적인 관리를 가능하게 만든다.

오늘날 대부분의 조직들에 있어서 경영자들은 조직의 성과제고를 위해 필요한 인적자원의 확보, 유지, 개발이라는 세 가지 기본적인 목표를 가지고 있다. 따라서 전략적 인적자원관리의 시대에는 인적자원관리를 담당하는 부서가 최고경영자의 전략적 파트너가 되어야 하고, 기업의 목표달성을 위한 지원적인 역할을 수행하는 스텝으로서의 역할이 아닌, 경영성과와 직결될 수 있는 인적자원관리 활동을 수행하는 사업수행 담당부서로서의 역할에 대한 강조가 요구되는 시기이다.

제6절 인적자원관리 패러다임의 전환

급변하는 환경변화에 기업이 적응하기 위한 전략적 인적자원관리의 시대에는 새로운 인적자원관리 패러다임이 요구된다. 4차 산업혁명시대의 도래, 서비스 산업의 가속화, 네트워크 경제시스템, SNS의 활성화 등 전반적으로 산업의 구조나 노동력의 특성이 크게 변화되고 있다. 이러한 변화에 기업이 효과적으로 대응하기 위해서는 인적자원관리의 패러다임이 [그림 2-5]와 같이 전환되어야 할 것이다.

첫째, 내부 노동시장 중심에서 외부 노동시장 중심으로 전환되어야 한다. 외부 노동시장을 근간으로 하는 기업의 인적자원관리는 근로자들이 기업간에 이동하면서 자신의 경력을 발전시켜 나가는 특성, 직무에 따른 표준화, 노동시장의 세분화가 이루어져 인력 수급이 직무 중심의 수시채용 형태로 변화되어지고 있다. 사용자는 직무의 변화에 따라 근로자를 비교적 자유롭게 해고할 수 있으며, 근로자들도 보다 나은 근로조건을 제시하는 직장을 선택하여 언제든지 이직

그림 2-5 인적자원관리 패러다임의 전환

내부 노동시장 중심	→	외부 노동시장 중심
집단, 연공 중심	→	개인, 성과 중심
사람 중심	→	일 중심
비용 관점	→	수익 관점
국내 중심	→	글로벌 중심
수직적 구조	→	수평적 구조
표준형 인재 중심	→	전문형 인재 중심

을 하고 있다.

급변하는 환경에서 내부 노동시장 중심의 인적자원관리체제 유지는 외부환경에 대한 적응을 어렵게 할 뿐 아니라 고정적 인건비 비율을 높여 경영의 효율성 저하를 초래하기 때문에 내부 노동시장 중심에서 급속하게 외부 노동시장 중심의 체제로 이동하고 있다.

둘째, 집단, 연공 중심에서 개인, 성과 중심으로 전환되어야 한다. 학력과 근속에 따른 연공주의가 기업들의 인적자원관리를 지배해 온 또 다른 특성이 집단주의의 성향인데 집단주의도 잘 관리하면 팀워크가 높아져 큰 성과로 이어질 수 있으나, 우수한 사람이 그렇지 못하는 사람을 따라가게 되어 기업 성과는 낮아지게 되는 것이 일반적이다.

최근 기업들은 사람들의 욕구구조와 가치관이 다양해지고 조직의 구성원에 대한 통제력이 점점 약해질 것으로 예상되는 연공과 집단주의를 과감히 청산하고, 성과급 제도와 능력에 의한 승진 등을 통해 기업의 경쟁력을 높이려는 개인 중심의 인적자원관리 전략을 받아들인다.

셋째, 사람 중심에서 일 중심으로 전환되어야 한다. 기업의 규모가 커지면서 직무와 인적자원의 구성도 다양해져 사람 중심의 인적자원관리 시스템으로는 한계를 느끼게 되었다. 따라서 21세기에 기업의 성패를 좌우할 인적자원의 효율적인 관리를 위해 사람의 특성과 직무의 특성을 함께 고려하는 인적자원에 대한 활용이 있어야 한다. 따라서 많은 기업들이 사람 중심의 인사관행을 보완하는 차원에서 직무를 중심으로 한 미국식 인적자원관리 기법들을 활발하게 받아들이고 있다.

넷째, 비용관점의 인사관리가 수익관점의 인적자원관리로 전환되어야 한다. 인사관리는 인력을 최소로 하고, 인건비와 인사비용을 축소하여 효율성을 높이려 하였으나, 인적자원관리 특히 전략적 인적자원관리의 관점에서는 경영성과를 향상시키기 위해서는 인적자원관리 비용을 투자의 관점에서 수익과 연계시키는 관점을 추구한다. 성과급과 연봉의 불균형이 발생하더라도 능력주의의 관점에서 경영성과 창출에 초점을 둔다.

다섯째, 국내 중심에서 글로벌 중심으로 전환되어야 한다. 우리나라 기업들이 외국에 진출할 때 필요한 글로벌 인적자원의 부족이 더 이상 걸림돌이 되지 않도록 노력해야 할 시기이다. 영어를 중심으로 한 외국어 구사능력은 물론 외국인의 사고방식과 그들 문화를 이해하는 것은 기본이며, 글로벌 인적자원의 확보를 통해 기업의 경쟁력을 키우기 위한 노력이 요구되는 시기이다.

여섯째, 수직적 구조에서 수평적 구조로 전환되어야 한다. 최근 기업들이 조직의 효율성을 높이기 위해 조직을 슬림화하는 현상은 크게 보면 조직이 수직적 구조에서 수평적인 구조로 바뀌고 있음을 의미한다. 수평적 구조화는 결재 단계가 단순해지고 조직 내 커뮤니케이션 원활화와 권한과 책임이 현장관리자에게 대폭 위임됨에 따라 외부환경 변화에 신속하게 대응할 수 있어 조직의 효율성을 높일 수 있다. 또한 직급체계 단순화로 능력과 성과 기준의 임금관리도 직급수가 많은 수직적 조직보다 더 강력하게 활용되고 있다.

마지막으로 표준형 인재 중심에서 전문형 인재 중심으로 전환되어야 한다. 과거는 공급자가 좌우하는 판매자 주도 시장에서 이제는 제품시장이 소비자가 선택권을 가지는 수요자가 주도하는 시장으로 바뀌었을 뿐만 아니라 제품의 수준도 다양한 기술과 능력을 가진 창의적인 인적자원을 필요로 하고 있다. 따라서 인적자원에게 요구되어지는 역량이 여러 분야의 직무경험을 가진 사람보다는 특정한 분야에 대해 깊이 있고 우수한 전문성을 지닌 인적자원을 필요로 한다.

사례 New Talent War 상황에서의 HR전략화

근래 들어 기업 경영자를 비롯한 인사담당자가 고민하고 있는 영역 중 하나로 새로운 인재확보 및 육성을 꼽을 수 있다. 인력 확보와 육성은 늘 고민의 영역으로, 그 고민의 양태 및 만들어내야 하는 해결책의 내용은 과거와는 사뭇 다르다. 예를 들어 국내 한 자동차 기업은 이와 같은 시대적 요구사항을 반영하여 회사의 전략방향을 '소프트 웨어 기반의 플랫폼 기업'으로 설정하였다.

이러한 전략적 방향은 주력 제품군의 변화 및 그에 따른 필요인력의 변화가 자연스럽게 뒤따라 줘야 하는 상황에 직면하게 되었다. 그러나 이 기업의 고민은 그 필요한 인력을 대규모로 운영해 본 경험이 전혀 없다는 것이다. 즉, 개략적으로 어떤 인력이 필요한지는 알겠으나 그 인력이 구체적으로 어떤 기술과 경험을 보유하고 있어야 하는 지, 그 인력의 특성은 무엇인지, 그 특성에 따른 동기부여 요소는 무엇인지, 이들은 어떻게 평가·보상해야 성과를 나타낼 수 있는지 등에 대한 회사 내부의 관리역량이 제대로 축적되지 않았다는 것이다.

특히 '디지털' 영역에서는 이러한 현상이 매우 강하게 나타나고 있다. 코로나 19 영향으로 디지털라이제이션의 속도는 더욱 가속화되었고, 관련된 변화의 모습은 업종을 불문하고 나타나고 있기에 '디지털 인재'를 모셔가기 위한 전쟁은 산업간 경계를 뛰어 넘어 나타나고 있다. 과연 이러한 과제는 어떤 관점을 가지고 풀어가야 할까?

보상의 다원화: 최적의 조합 찾기

지금 당장 사업수행을 위해 필요한 인재를 수급하기 위해서는 지극히 현실적인 영역인 '보상'영역을 일차적으로 고민할 수 밖에 없다. 주요 테크 기업이 개발자에게 제시한 파격적인 처우개선안은 사회적으로 많은 파장을 일으켰고, 이로 인해 대기업까지도 현재의 보상방식을 고민하지 않을 수 없게 만들었다. 이로 인해 실제 많은 기업이 기존의 보상방식에서 벗어나 새로운 방식을 시도하고 있기는 하지만, 한 가지 아쉬운 점은 조금 더 전략적이고 차별적인 자사만의 경쟁력 있는 보상이 무엇인지에 대한 고민이 부족하다는 것이다.

일반적으로 보상의 경쟁력이라고 할 때 보상의 수준만을 생각하는 경우가 많다. 물론 보상의 수준이 중요한 것은 사실이다. 그러나 무분별한 경쟁사 따라하기식의 보상 수준 인상은 나중에 큰 부메랑으로 돌아올 수 있음을 간과해서는 안된다.

사실 최근의 인재경쟁은 산업군을 넘나 들면서 일어나고 있기 때문에 전통적인 경쟁사의 정책을 모방하는 것은 큰 의미가 없다. 이보다는 자사만의 경쟁력 있는 매력적인 보상프로그램을 고민하는 것이 필요하다. 일부 테크 & 게임 업체가 보상수준의 경쟁을 벌일 때 이에 동참하지 않은 일부 플랫폼 기업은 '주식보상'이라는 카드를 꺼내 들었으며, 일부 대기업은 성과급의 수준 및 투명성 제고라는 카드, 또 일부에서는 선도적으로 보상수단(현금 vs 주식)을 직원 스스로 선택할 수 있는 프로그램을 내놓았다. 여기에 더하여 과거에는 주목받지 못한 보상프로그램이었던 '즉시 보상(Spot Bonus)' 제도가 다시금 그 활용의 빈도가 높아지는 것도 주목된다.

이처럼 보상프로그램 및 운영방식의 다원화를 통하여 조직이 타깃팅하는 인력군이 보상을 매력적으로 느낄 수 있도록 최적의 조합을 찾아내는 것이 중요해지고 있다.

Agile Assessment & Development

인재전쟁에서 승리하기 위한 또 다른 하나의 중요한 요소로 생각해야 하는 것이 구성원의 '시장가치'이다. 궁극적으로 구성원의 입장에서는 특정 회사의 구성원으로 있을 때 본인의 시장가치가 높아진다면 그 회사를 선택하여 계속해서 그 회사에 머무를 가능성이 높다.

회사는 바로 이러한 점에 주목할 필요가 있다. 구성원의 시장가치를 높여 줄 수 있는 방법이 무엇일까? 그 한 가지는 바로 구성원의 전문성의 깊이와 폭을 넓혀주는 것이다. 이를 위한 효과적인 방법으로 '육성형 성과관리'를 들 수 있다.

이미 많은 기업이 육성형 성과관리의 중요성을 인식하고 기존의 '개인 경쟁형 성과 관리' 방식에서 벗어나고자 오랫동안 노력하고 있다. 이러한 육성형 성과

관리에서 가장 중요한 것은 리더와 구성원 간의 커뮤니케이션과 코칭을 확대하는 것이다.

이러한 과정을 통해 구성원의 전문성을 강화시키고, 강화된 전문성은 구성원 개인의 시장가치를 증대시킴은 물론 이를 통해 업무에 더 몰입하고 궁극적인 성과창출을 이루게 함으로써 개인과 조직이 서로 상생 할 수 있는 시스템을 만들어 낼 수 있다.

최근에는 이러한 과정을 통해 육성해야 하는 영역을 보다 구체화시키고 현재의 수준을 명확하게 커뮤니케이션하기 위한 '전문성 진단' 프로그램이 일부 대기업 및 IT기업을 중심으로 이루어지고 있는 상황이다.

성과관리 영역뿐만 아니라 조직운영의 다양한 영역에서 조직상황에 맞춰 시의 적절한 육성 시도가 함께 이루어져야 할 필요가 있다. 즉, 개인 차원의 노력을 자연스럽게 기울이게 할 수 있는 프로그램은 물론 조직 간 협업체계, 리더의 노력 등 다차원적인 방안을 생각해 보고 자사에 적합한 방식을 실행해 볼 필요가 있을 것이다.

탄력적 Talent Ecosystem의 구축

이와 같은 과정을 통해 개개인이 확대, 심화된 전문성은 하나의 인사정보로서 관리되어야 한다. 그래야만 이러한 정보를 기준으로 보다 적절한 인력운영이 가능하기 때문이다. 즉, 특정한 업무(직무)에 가장 적합한 인력을 기용하기 위해서는 직무정보 뿐만 아니라 개인의 전문성 정보가 시의 적절하게 업데이트되고 이를 기준으로 탄력적으로 인력을 운영할 수 있는 HR 생태계(Ecosystem)가 구축되어야 하는 것이다.

여기서 한 가지 중요한 것은 이러한 생태계가 살아 움직이기 위해서는 그 정보가 시의 적절하게 업데이트되어야 한다는 것이다. 그런데 각 개인이 취득했거나 취득해야 할 전문성 정보는, 예를 들어 인사팀에서 도맡아 업데이트하는 것은 이제 불가능하다. 필요한 기술요소 자체의 변화속도가 매우 빨라지고 있고 특정 직무가 요구하는 기술변화도 많아지기 때문이다.

이에 자신의 프로파일을 손쉽게 업데이트하고 주변 인력이 이를 검증해 주는 시스템을 고민해야 할 것이다. 글로벌 선도 제약기업 로쉬(Roche)는 클라우드 HR시스템을 활용하고 있는데 이 시스템의 'Talent Marketplace'란 기능을 활용하여 이를 구현, 활용하고 있다.

사실 작금의 인재전쟁에서 승리하기 위해서는 위에서 언급한 세 가지 이외에도 다양한 방안을 생각해 볼 수 있으며 관련된 선도 기업의 사례에서도 찾아 볼 수는 있다. 하지만 무엇보다 중요한 것은 미래 사업을 위해 요구되는 역량·기술에 대한 분명한 정보를 기반으로 해당 기술을 가진 인력(Talent)을 고객 관점에서 바라보면서 그 인재의 동기를 최대한 충족시켜 업무에 몰입하게 함으로써 개인과 조직이 상생할 수 있는 탄력적인 생태계를 갖추어야 할 것이다. 이러한 생태계는 단일한 모델이 있을 수 없으며, 회사의 상황에 따라 혹은 전략적인 방향에 따라 차별적으로 자사만의 경쟁력있는 모델로 구축되어야 한다.

〈한국인사관리협회, 월간 인사관리, 2022년 8월호〉

참고문헌

오석홍·손태원·하태권(2000), 조직학의 주요이론(2판), 법문사.

전상길(2020), 창조경영을 위한 인적자원관리, 길을 묻다, 창명.

오종석·김종관(2014), 인적자원관리(3판), 탑북스.

유규창·박우성(2017), 리더를 위한 인적자원관리, 창민사.

김성수(2019), 제4차 산업혁명시대 신인적자원관리(2판), 탑북스.

임창희(2020), 인적자원관리, 비앤엠북스.

피터 드러커(2002), 자본주의 이후의 사회(이재규 역), 한국경제신문사.

한인수·정범구(2020), 현대 인적자원관리(4판), 명경사.

정재훈·김진욱·김현정(2019), 인적자원관리, 북넷.

신철우·최찬기·윤정현·김대수(2018), 인적자원관리, 탑북스.

A. D. Szilaggi, Jr. & M. J. Wallace, Jr(1987), Organizational Behavior and Performance, Scott Foresman and Company.

D. A. DeCenzo & S. P. Robbins(2010), Human Resource Management(6th ed.), Wiley.

G. Dessler(2017), Human Resource Management(15th ed.), Pearson.

H. Mintzberg(1973), The Nature of Managerial Work, Harper & Row.

R. A. Noe, J. R. Hollenbeck, B. Gerhart & P.M. Wright(2022), Human Resource Management: Gaining a Competitive Advantage(13th ed.), McGraw Hill.

R. N. Lussier & J. R. Hendon(2018), Human Resource Management: Functions, Applications, and Skill Development(4th ed.), SAGE Publications, Inc.

S. P. Robbins & D. A. DeCenzo(2008), Fundamental of Management(6th ed.), Prentice-Hall.

S. R. Valentine, P. Meglich, R. L. Mathis & J. H. Jackson(2019), Human Resource Management(16th ed.), Cengage Learning.

S. Snell & S. Morris(2022), Managing Human Resources(19th ed.), Cengage Learning.

W. L. French(1987), The Personnel Management Process(6th ed.), Houghton Mifflin Co.Central Broekhuis.

제3장

인적자원관리를 위한 직무관리

학습목표

- ▶ 직무분석의 중요성에 대하여 이해한다.
- ▶ 직무분석의 절차와 방법에 대하여 이해한다.
- ▶ 직무기술서와 직무명세서의 차이점에 대하여 이해한다.
- ▶ 직무분석과 직무평가의 관련성에 대하여 이해한다.
- ▶ 직무평가의 요소와 방법에 대하여 이해한다.
- ▶ 직무평가와 직무급과의 관련성에 대하여 이해한다.
- ▶ 직무설계의 유형에 대하여 이해한다.
- ▶ 직무충실화의 이론적 근거에 대하여 이해한다.
- ▶ 직무특성모형에 있어 직무특성과 중요 심리상태에 대하여 이해한다.

제1절 직무분석

1. 직무분석의 개념

직무분석(job analysis)이란 20세기 초 미국에서 처음으로 시작하여 그 후에 많은 연구자 및 학자들에 의해 발달되어 왔다. 개인은 직무를 효과적으로 수행하기 위하여 직무를 명확히 인식하고 직무수행에 필요한 지식과 기술을 갖추어야 한다. 또한 조직은 이들에게 직무에 대한 요건을 분명히 제시할 필요가 있으며, 이를 위해서 직무와 관련된 정보를 수집하고 분석하여 문서화하는 과정이 필요한 것이다.

직무분석의 일차적인 분석 대상은 직무 그 자체이다 전통적으로 직무분석은 직무에 관한 정보를 얻는 과정이며, 특정 직무가 지니는 기본요건을 조사하는 방법을 의미한다. 직무분석은 그 결과를 어디에 사용할 것인가에 따라 여러 가지로 정의할 수 있지만 인간과 노동력을 과학적이고 합리적으로 관리하기 위한 기초 작업으로서 직무의 내용을 조사하는 것이다.

직무분석에 관한 제 학자들의 정의를 정리하면 다음과 같다.

플리포(E. B. Flippo)는 "직무분석은 특정한 직무에 대한 의무와 책임과 관련된 정보들을 조사하고 수집하는 과정이다"라고 하였으며, 와일(H. L. Wylie)은 "직무분석은 직무의 구조를 다루는 것이다. 이것은 조직의 성과를 창출하기 위한 직무의 의무와 책임, 과업의 본질, 과업수행을 위한 작업자의 역량 등을 조사하는 것이다"라고 하였다. 레빈(E. L. Levine)은 "직무와 관련된 정보를 직무의 구성요소, 특성, 직무요건으로 구체화하였으며, 직무분석은 이들 정보를 수집, 분석, 구조화하는 프로세스"로 정의하였다.

이와 같은 제 학자들의 정의를 종합해 보면, 직무분석은 조직의 성과창출을 위한 관점에서 직무와 관련된 의무나 책임, 그리고 구조에 대한 모든 정보를 수집하는 과정으로 정의내릴 수 있다. 따라서 직무분석 이후에 직무 자체와 관련된 정보인 직무기술서, 그 직무를 수행하기 위해 직무담당자의 자격요건과 관련된 정보인 직무명세서를 작성할 수 있다.

2. 직무분석 연구의 접근방법

직무분석은 인적자원의 관리활동 가운데 주로 어느 활동에 치중되어 연구되어 왔느냐에 따라 과거부터 현재까지의 연구흐름을 다음과 같이 3가지 접근방법에 의해 분류되어질 수 있다.

첫 번째는 직무분석을 주로 '생산관리' 또는 '산업공학'과 관련시켜 연구가 진행되어 온 접근방법이다. 이는 직무분석을 통하여 작업방법의 개선이나 직무의 표준화를 통한 성과창출, 표준작업량의 결정에 대한 필요한 자료를 얻기 위한 목적으로 이루어진다는 것이다. 이러한 접근방법은 시간연구(time study)와 동작연구(motion study)를 통해 직무에 대한 분석이 이루어졌는데, 현재와 같은 과학적인 직무분석이라기 보다는 오히려 성과창출을 위한 작업분석 또는 작업연구가 중심이 되었다고 볼 수 있다. 이러한 접근방법은 테일러의 과학적 관리법에서 주로 행해졌다.

두 번째는 직무분석을 통하여 주로 '고용관리'에 활용하기 위한 접근방법이다. 고용관리의 중심 활동이 되는 채용, 배치, 승진, 배치전환에 활용하기 위하여 직무분석이라는 기초자료를 활용하기 위해 연구가 이루어진 접근방법이다. 고용관리를 위한 관점에서 이루어진 직무분석 접근방법은 1930년대 산업심리학에 바탕을 두고 직무분석에 대한 연구의 발전에 기여하게 되었다.

세 번째 접근방법은 직무분석을 주로 '직무평가'와 관련시켜 연구한 접근방법이다. 직무평가는 조직 내 각 직무의 상대적 가치를 결정하는 과정으로 직무에 대한 상대적 중요도를 결정하기 위해서는 조직 내 직무들에 대한 과학적인 조사가 이루어져야 한다는 접근방법이다. 따라서 직무분석 자료를 바탕으로 직무평가를 통하여 공정하고 합리적인 임금률의 결정을 가능하게 만들 수 있다. 현재의 많은 기업들이 직무분석을 실시하여 그 자료들을 활용하는 목적의 접근방법인 것이다.

3. 직무분석의 목적

인적자원관리 시스템을 구축하기 위한 기반을 제공할 수 있는 직무분석은 그 목적과 범위에 따라 상당한 기간과 비용이 투입되는 만큼 직무분석을 실시할 때에는 그 목적을 명확히 할 필요가 있다.

첫째, 조직의 합리적 운용을 들 수 있다. 업무배분을 적절하게 하고, 책임, 권한, 의무를 명확하게 하여, 각 직무의 상호관계를 합리적으로 편성한 업무분장 및 경제적 관계를 명확하게 함으로써 불평불만을 해소할 수 있다. 또한 목표달성을 위한 합리적인 조직을 검토하여 지금까지의 추상적이며 일반적인 조직형태에서 벗어날 수 있다.

둘째, 직무의 표준화와 정원관리가 가능하다. 직무단위 및 업무처리방법을 표준화하여 관리자의 즉흥적이고 주관적인 판단에 의한 업무처리를 미연에 방지하고 부서간 또는 동료간에 생기기 쉬운 업무마찰을 막을 수 있다. 따라서 특정 조직체 내에 존재하는 직무의 종류, 질과 양, 빈도, 작업방법 등을 파악하여 직무별로 그 직무에 적합한 인력의 요건과 소요인력을 산정할 수 있다.

셋째, 채용과 배치전환에 유용하게 활용할 수 있다. 채용 시 막연하게 좋은 사람을 선발하는 것이 아니고 해당 직무에 적합한, 즉 성별, 최적 연령, 교육수준, 소요 자질, 외국어 수준, 경력, 숙련기간 등의 요건에 맞는 인력을 선발하여 개인으로 보나 조직으로 보나 서로 낭비가 없도록 할 수 있다. 또한 배치된 인력이 직무의 요구조건과 맞지 않을 때는 개인의 능력에 적합한 직무를 찾아 배치함으로써 불만을 최소화할 수 있다.

넷째, 인사고과와 승진에 반영할 수 있다. 인간은 개인차가 있을 수 있다. 그러나 그 정도가 어느 정도인지를 파악하기 위해서는 직무와 결부시켜 평가하는 것이 가장 바람직하다고 할 수 있다. 따라서 직무를 맡고 있는 각 개인이 어느 정도의 능력을 발휘하는 지에 대한 평가가 인사고과이다. 종래의 인사고과제도는 직무와 결부된 객관적인 평가기준에 의하지 않고 일반적인 기준에 의해서 평가하기 때문에 객관성이 없고 평가에 대한 불신이 집중되고 있다. 반면 직무수행과 관련된 평가를 바탕으로 평가결과를 집계하여 승진에 반영하면 상호간에 누적된 불만도 해소할 수 있으며 개인이 추구하고자 하는 자기목표도 분명해질 수 있다.

다섯째, 교육훈련의 기준이 된다. 교육훈련의 목적은 생산성 제고를 위해 개인이 맡고 있는 직무를 보다 완벽하게 수행할 수 있도록 능력을 배양해 주는데 있다. 따라서 무엇을 어떠한 방법으로 어느 정도 교육할 것인가 하는 문제는 각 직무별로 각 개인의 직무수행에 필요한 지식과 숙련, 기능의 종류와 정도를 명확하게 할 필요가 있다. 이러한 필요성은 직무분석의 결과를 활용함으로써 보다 합리적으로 충족되어질 수 있다.

여섯째, 업무개선을 들 수 있다. 어떠한 경우에도 현재의 작업방법이나 조직이 완전하다고는 볼 수 없으며 항상 개선의 여지가 있다. 직무편성에 대한 논리적 근거를 조사 분석하고, 그 결과를 제시함으로써 작업방법, 공정, 설비, 조직, 환경조건 등의 개선에 필요한 자료를 얻을 수 있다.

일곱째, 직무급 등 임금관리의 기초자료가 될 수 있다. 이는 동일 노동에 대한 동일 임금의 원칙에 따라 직무에 대한 상대적인 가치를 부여하고 그에 상응하는 임금을 결정하는 방식으로, 이에 대한 객관적인 자료는 직무분석을 통해서만이 가능하다.

4. 직무분석의 절차

직무분석의 절차는 다음 [그림 3-1]과 같다.

1) 직무분석 목적 설정

이 단계에서는 직무분석의 결과로 직무평가를 통한 효과적인 임금관리를 적용하기 위함인지, 직무에 대한 내용을 파악하여 종업원의 역량개발을 위한 훈련개발의 목적인지, 조직성과 향상을 위하여 업무흐름의 중복을 방지하기 위한 목적인지, 조직진단을 통하여 조직의 문제점을 파악하여 조직성과를 향상시키기 위한 새로운 방법을 모색할지, 직무의 양과 인적자원의 규모와의 비교를 통한 적정인원의 산정인지 등에 대한 목적을 결정하는 단계이다.

그림 3-1 직무분석의 절차

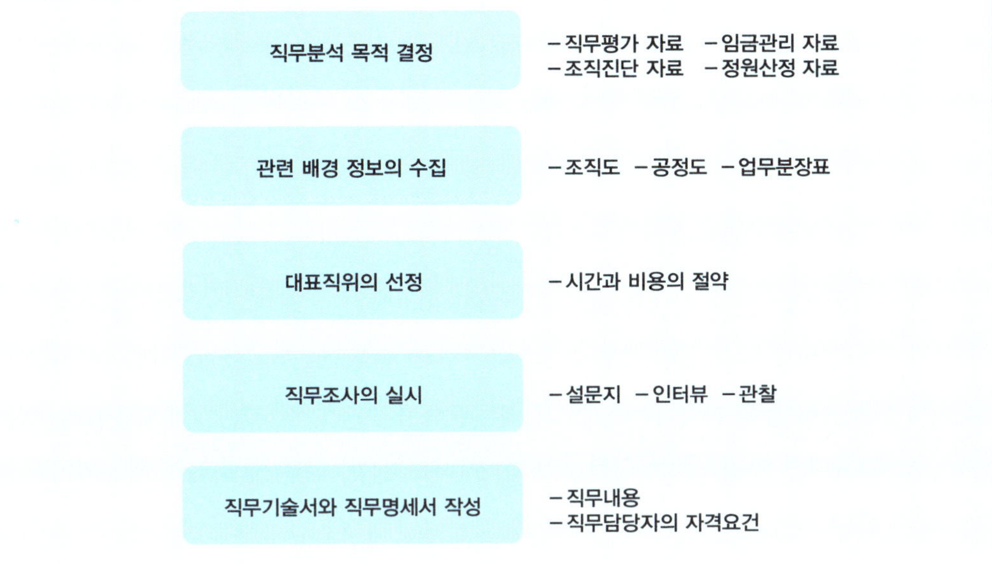

2) 관련 배경정보의 수집

이 단계에서는 조직에서 구비하고 있는 기존 자료들을 먼저 검토하는 단계이다. 기업이 기존에 구비하고 있는 자료들로서는 조직도(organizational chart), 공정도(process chart), 업무분장표 등이 있다.

조직도는 조직의 어느 부서에서 어떠한 직무들이 구성되어 있는 지를 보여주는 도표이다. 따라서 조직 내 모든 직위를 나타내고 각 직위별로 수행하는 직무들을 표시하여 조직 내에 부서별로 감독과 피감독간의 관련성을 보여준다. 공정도는 조직 내 작업의 흐름을 보여주는 도표이다. 업무분장표는 기업에서 각각의 부서별 특성에 따라 세부 내용으로 나누어 업무를 작성한 표를 의미한다. 이러한 직무분석을 실시하기에 앞서 조직의 업무분장표에 대한 분석은 직무분석을 보다 과학적으로 실시하기 위한 기초자료로서 활용가치가 높다고 볼 수 있다.

3) 대표직위의 선정

직무분석을 통하여 조직 내 전체 직무를 분석하기에는 너무 많은 유사한 직무가 있으므로 전체 직무를 분석하지 않고 일반적으로 그 직무를 대표하는 직위를 선정하여 그것을 중점적으로 분석하게 된다. 예를 들면, 인사부장과 인사과장의 직무는 한 사람씩 직무를 수행하고 있지만 총무과의 동일한 직무를 사원 3명이 수행하고 있다면 총무과의 사원 모두의 직무를 조사하지 않고 사원 한 사람의 직무만 파악하면 되는 것이다.

4) 직무조사의 실시

조직 내 모든 직무를 파악하기 위한 직무관련 정보를 수집하는 단계이다. 직무의 기본사항, 해당 직무의 목적, 주요 역할과 책임, 직무를 수행하기 위한 제반 요건 등을 파악하는 것이다. 직무관련 정보를 수집하기 위해 활용될 수 있는 대표적인 방법으로는 설문지 방법, 인터뷰 방법, 관찰 방법 등이 활용되어질 수 있다.

5) 직무기술서와 직무명세서의 작성

이 단계에서는 직무조사를 통하여 수집된 직무관련 정보를 토대로 직무의 내용을 기술한 직무기술서와 직무담당자의 자격요건을 명시한 직무명세서를 작성하는 단계이다. 따라서 직무기술서에는 직무의 목적, 직무의 주요 활동, 책임 및 의무 등을 중점적으로 작성한다. 직무명세서에는 직무를 수행하기 위한 지식, 기능, 능력 등을 중심으로 직무수행을 위한 기술적인 요건과 물리적인 요건 등을 작성한다.

5. 직무분석의 방법

직무분석은 직무수행에 요구되어지는 능력과 지식, 기능 등의 요건과 직무를 수행하는 직무담당자가 갖추어야 하는 요건 등 직무 전반에 관한 정보를 수집하는 체계적이고 과학적인 조사 프로세스이다. 직무와 관련된 정보를 수집하기 위한 대표적인 방법으로 설문지 방식(questionnaire method), 면접 방식(interview method), 관찰 방식(observation method)이 있다.

표 3-1 직무분석 설문지

1. 인적사항

성 명		성 별	남 ( ), 여 ( )
연 령	만 세	학 력	만 세
근속년수	( )년 ( )개월	현 직위 담당년수	( )년 ( )개월

2. 직무내용

직무개요						
과업내용		발생 빈도	건당 소요시간	처리 규정	전결 권자	비중
일상 업무						
수시 업무						

3. 직무관련 특성

지식 및 기능	지식의 요구정도	상( ) 중( ) 하( )
	기능의 숙련도	상( ) 중( ) 하( )
책임	설비 및 공구	높음( ) 보통( ) 낮음( )
	현금	높음( ) 보통( ) 낮음( )
	작업방법	높음( ) 보통( ) 낮음( )
감독	감독정도	많음( ) 보통( ) 적음( )
	감독내용	계획( ) 조직( ) 지휘( ) 통제( )
작업 환경	신체적 노력강도	높음( ) 보통( ) 낮음( )
	위험	높음( ) 보통( ) 낮음( )
	근로시간	일당( )시간 주당( )시간 월( )시간
	물리적 환경	쾌적함( ) 보통( ) 열악함( )
직무수행 요건	필요경험	( )년 정도 요구경험( )
	숙련도달기간	( )년 정도 주요 교육훈련내용( )

1) 설문지 방식

설문지(questionnaire) 방식은 직무담당자로 하여금 자신이 수행하는 직무에 관련된 내용이나 사실을 〈표 3-1〉과 같은 설문지에 응답하도록 함으로써 직무분석에 필요한 정보를 수집하는 방법이다. 설문지 방식에서는 직무분석을 실시하는 목적에 따라 그 기업의 특수성을 반영하여 설문지를 어떠한 방식으로 작성할 것인지, 어떠한 내용을 포함시킬 것인지를 결정하게 된다. 설문지를 작성할 때에는 너무 정형화된 체크리스트의 형태로 작성되어서도 안되고, 아울러 너무 자유기술식으로 작성하는 것도 직무관련 정보를 정확하게 수집하는데 한계를 가질 수밖에 없다.

설문지 방식이 가지고 있는 장점으로는 일시에 전체 종업원을 대상으로 시간과 비용을 절약하면서 직무관련 정보를 많이 수집할 수 있다는 것이다. 반면 직무담당자들이 수행하는 직무 관련정보를 정확하게 제시하지 않는 부분에 대한 검증이 어렵고 직무분석의 목적과 부합될 수 있는 설문지의 개발과 검증이 어렵다는 점이 단점으로 제시되고 있다.

2) 면접 방식

면접(interview) 방식은 직무분석자가 직무담당자를 대상으로 자신이 수행하는 직무와 관련된 내용이나 직무수행요건 등을 면담을 통하여 직무관련 정보를 수집하는 방법이다. 직무분석자는 면담을 실시하기 이전에 직무담당자의 부서나 업무 등에 대한 내용을 사전에 파악하여야 한다. 면담을 실시하는 과정에 어떠한 내용 중심으로 직무 관련 정보를 수집할 것인가에 대한 결정을 하여야 하는 것이다. 이렇게 함으로써 면담을 통한 직무관련 정보수집이 용이하게 될 것이다.

면접을 실시하는 방식은 3가지 유형으로 구분되어질 수 있다. 첫째, 직무분석자가 직무담당자 각자와 개인별로 면접하는 방식, 둘째, 동일한 직무를 수행하는 직무담당자들 집단으로 면접하는 방식, 셋째, 해당 직무를 수행하고 상위직으로 이동한 해당 직무의 직속상사와 면접하는 방식이다. 해당 직무를 수행하고 상위직으로 이동한 직속상사는 그 직무를 가장 잘 알고 있기 때문이다.

면접을 통하여 직무 관련 정보를 정확하게 수집하기 위해서는 직무분석자와 직무담당자간의 협력적 분위를 조성하여야 하고 직무분석자는 어떠한 편견없이 객관적인 시각을 통하여 정보수집이 이루어져야 하며, 설문지 방식에서 파악하기 힘든 불규칙적인 직무에 대한 중요도와 빈도 등에 대한 정보수집도 가능할 수 있는 방식으로 진행되어야 한다.

면접 방식이 가지고 있는 장점으로는 직무관련 정보수집에 대한 정확성을 보장한다는 것이며, 설문지 방식으로 파악하기 힘든 직무관련 정보수집이 가능하다는 점이다. 반면, 면접 방식은 직무관련 정보수집에 시간과 비용이 많이 소요된다는 단점을 가지고 있다. 일반적으로 직무관련 정보수집을 위한 면접은 근무시간에 작업을 일시적으로 멈추고 면접이 이루어지기 때문에 작업의 흐름을 방해할 수 있다는 점도 단점으로 제시되고 있다.

3) 관찰 방식

관찰(observation) 방식은 직무분석자가 직무담당자의 작업을 현장에서 직접적으로 관찰하면서 직무관련 정보를 수집하는 방법이다. 관찰 방식에 의한 직무관련 정보수집은 작업자의 업무가 비교적 표준화되어 있고, 업무 내용이 관찰 가능한 물리적인 활동으로 구성되어 있는 경우에 효과적으로 활용할 수 있는 방법이다. 따라서 정신적인 활동으로 대부분의 작업이 이루어지는 경우에 있어서는 적용하기 힘든 방법인 것이다. 따라서 관찰 방식은 기업의 목적달성에 있어서 직무담당자의 물리적 작업에 의해서 이루어지는 직종이 많을 경우에 적합한 방식으로 적용할 수 있는 것이다.

관찰 방식이 가지고 있는 장점은 물리적 작업을 수행하는 직무 관련 정보수집이 가능할 수 있다는 점이다. 반면, 직무담당자가 작업을 수행하는 과정을 직무분석자가 관찰을 함으로써 정상적인 작업의 흐름을 방해할 수 있으며, 직무담당자가 정상적인 작업 이외에 왜곡된 작업을 수행함으로써 자신이 수행하는 직무에 대한 잘못된 정보를 제공할 수 있으며, 불규칙적인 업무의 경우 관찰을 실시하는 시점에 발생하지 않으면 어떠한 업무를 수행하는지 파악하기 힘들다는 것이 단점으로 제시되고 있다.

4) 기타 방식

일반적으로 직무분석은 앞에서 제시된 방법이 각각의 강점과 약점을 갖고 있기 때문에 한 가지 방법에만 의존하지 않고 3가지 방법을 적절하게 조합하여 직무관련 정보를 수집하게 된다. 주로 설문지 방식에 의해 직무관련 정보를 6-70% 정도 수집을 하고, 설문지 자체적으로 파악하기 힘든 업무 중심으로 2-30% 정도의 면접을 통하여 직무 정보를 수집하게 되며, 물리적인 작업이 그 기업의 목표달성에 주요한 활동이라고 한다면 관찰 방식으로 1-20%의 비중으로 직무관련 정보를 수집하는 방법으로 활용하고 있다.

앞에 제시된 3가지 방식 이외에 직무관련 정보수집의 기타 방법으로는 업무일지법(job dairy method), 실제수행법, 그리고 5W1H 방법이 있다. 업무일지 작성법은 일정한 기간을 정하여 직무담당자로 하여금 자신이 수행하는 직무활동이 발생할 때마다 직무의 내용이나 빈도, 시기 등과 관련되어 일지 형태로 기록하게 하는 방법이다. 이 방법은 직무담당자들로 하여금 관찰 불가능한 업무내용을 파악할 수 있다는 장점은 있지만 업무일지를 작성하는 과정에 대한 부담감을 줄 수 있기 때문에 작업의 흐름을 방해하거나 거짓 정보를 적으면 정확한 직무분석이 이루어질 수 없다는 단점을 지니고 있다. 실제수행법(job performance method)은 직무분석 담당자가 분석대상 직무를 직접 수행해 봄으로써 직무내용과 직무가 요구하는 특성 등을 자신의 경험을 통하여 분석하는 방법이다. 즉, 어느 정도의 육체적 능력이 요구되어 지는지를 직접 경험함으로서 직무를 정확하게 파악하는 방법이다. 특정한 직무와 관련된 과업을 직접 경험헤 봄으로써 직무의 육체적·환경적·사회적 요건 등을 정화하게 파악할 수 있다는 장점이 있는 반면, 직무를 수행하는데 복잡하고 광범위함 훈련이 필요하거나 위험이 따르는 직무에 대한 수행경험을 어렵다는 단점을 지니고 있다. 마지막으로 5W1H 방법은 직무관련 정보를 ① who(누가) ② what(무엇을), ③ why(왜), ④ where(어디서), ⑤ when(언제), 그리고 ⑥ how(어떻게)의 순서에 따라 조사하는 방법이다. 누가 수행하는가(who)는 자신이 하는 것인지, 다른 사람이나 기계가 하는 것인지를 파악하고 하는 것이다. 무슨 일을 하는가(what)는 직무담당자에게 부과된 직무의 내용과 직무를 수행하는데 있어서의 신체적, 정신적 노력을 파악하는 것이다. 왜 하는가(why)는 직무를 수행하는 목적, 다른 업무와의 관련성 등을 파악하는 것이다. 어디서 하는가(where)는 직무를 수행하는 장소 및 작업조건과 감독을 받는 정도를 파악하는 것이다. 언제 하는가(when)는 직부의 발생 정도, 즉 직무수행의 시간과 빈도 등을 파악하는 것이다. 어떠한 방법으로 하는가(how)는 직무수행에서 요구되어지는 능력, 기능이나 훈련과 경험의 종류와 정도를 파악하는 것이다.

6. 직무기술서와 직무명세서의 작성

직무분석은 인적자원관리를 합리화하기 위해서 행하는 것이므로 수집된 직무에 관한 정보자료는 인적자원관리를 합리화하는 데 유용하게 활용할 수 있도록 정리 및 기술되 어야 한다. 만약 막대한 노력과 시간을 소비해서 실시한 직무분석의 결과가 직무분석 담당자의 머릿속에만 남아 있거나 단편적인 서식으로만 보존된다면, 직무분석을 하는 본래의 의의는 상실된다.

이에 따라 직무분석의 모든 결과는 직무를 수행하거나 혹은 감독하게 될 모든 사람이 일목요연하게 직무가 지니고 있는 성격. 내용·수행방법 등을 파악할 수 있도록 간결 하고 명료하게 정리, 보존되어야 한다.

직무분석 담당자는 직무정보 수집을 위한 적절한 방법의 선택과 직무분석 기법을 동원 하여 직무를 분석하고 결과가 직무기술서(job description)와 직무명세서(job specification)로 작성되어야 한다.

직무분석의 산출물인 직무기술서와 직무명세서에 대해 좀 더 구체적으로 살펴보면 〈표 3-2〉와 같다.

표 3-2 직무기술서와 직무명세서에 포함되는 사항

직무기술서	직무명세서
• 직무명칭 • 직무의 소속직군 직종 • 직무내용의 요약(직무개요) • 수행되는 과업 • 직무수행의 방법 • 직무수행의 절차 • 사용되는 원재료·장비·도구 • 관련되는 타직무와의 관계 • 작업조건(작업의 인원수, 상호작용 정도: 요구되는 작업경험 정도, 작업환경 등)	• 직무명칭 • 직무의 소속직군 직종 • 요구되는 교육수준 • 요구되는 기능, 기술수준 • 요구되는 지식 • 요구되는 정신적 특성(창의력,판단력 등) • 요구되는 육체적 능력 • 요구되는 작업 경험 • 책임의 정도 등

1) 직무기술서

직무기술서는 직무조사에 근거하여 얻어진 특정 직무에 관한 정보를 조직적이고 체계적으로 정리한 문서를 의미한다. 따라서 직무기술서에는 특정 과업에 대한 직무내용과 책임관계, 의무사항 등이 포함되어야 한다. 즉, 직무담당자가 직무상에서 어떠한 일을 하며, 그 일들 중에서 어떠한 일들이 중요하며, 일을 수행하는 과정에 권한과 책임관계가 어떠한 지를 나타내는 문서인 것이다. 직무기술서에는 직무담당자가 수행하는 업무내용을 중심으로 기술되어야 한다. 일반적인 직무기술서에 대한 예시는 다음 〈표 3-3〉과 같다.

2) 직무명세서

직무명세서는 직무담당자가 직무를 수행하는 과정에 요구되어지는 자격요건을 정리한 문서이다. 직무명세서에는 직무를 수행하는데 요구되어지는 직무수행상의 기술적 요건(skill requirement)과 물리적 요건(physical requirement) 중심으로 기술하게 된다. 기술적 요건으로는 교육의 정도, 교육훈련 습득내용의 정도, 직무경력의 정도 등이 해당되며, 물리적 요건에는 물리적인 작업을 수행하는데 요구되어지는 숙련의 정도, 기계나 설비의 조작능력 뿐만 아니라 작업장의 위험도와 불쾌도 등을 포함한 작업조건 등이 포함된다. 일반적인 직무명세서의 예시는 다음 〈표 3-4〉와 같다.

표 3-3 직무기술서 예시

직무구분	직무번호	10131	직무명	인사관리
	소속부서	경영지원본부	팀명	인사팀
직무개요	전직원의인사업무를 경영상의 필요와 규정에 따라 공정하고 효율적으로 수행하여 경영목표달성에 기여한다.			
직무내용	업무내용		시간비중(%)	중요도
	일상업무	- 인사제도 문제점 파악, 자료분석, 개선방안 수립 - 선진 인사제도에 대한 연구 및 당사에 적용가능성 검토 - 인사이동, 승격, 병가, 휴직자관리, 인사 관련 상담	70%	상
	수시업무	- 연간 1회 근무평정 및 승격명부작성 - 자기신고서작성 및 입력, 정기 이동시 참고자료 작성 - 본부직원의 영업점 지원	30%	중
권한관계		경영지원본부 - 인사팀		
책임		법령, 인사자료		
의무사항		비밀보장		

표 3-4 직무명세서 예시

직무구분	직무번호	10131	직무명	인사관리
	소속부서	경영지원본부	팀명	인사팀
직무개요	회사의 전반적 인사관리			
직무수행요건	최저학력	대졸		
	관련 전공	상경, 법정, 기타		
	실무경험	5년 이상		
	자격면허	공인노무사		
	정신적 요건	법령, 인사실무 지식		
	기계조작능력	컴퓨터 업무작성 관련 업무		
	접촉정도	없음		
	감독방법	자율적 관리		
	작업조건	사무실 환경		

직무기술서와 직무명세서에 포함될 내용은 직무조사의 자료에 근거하여 작성하게 된다. 따라서 직무기술서와 직무명세서를 작성하기 위해서는 사전에 직무조사를 어떠한 내용 중심으로 하느냐에 따라 직무기술서와 직무명세서의 내용이 결정될 것이며, 상기에 제시된 직무기술서와 직무명세서는 절대적인 것이 아니며 개별 기업의 특성에 맞도록 개발하고 직무분석의 목적에 적합할 수 있는 방향으로 작성되어야 한다.

직무관련 정보를 수집·분석하여 직무 그 자체에 관련된 내용 중심으로 직무기술서를 작성하고, 직무담당자가 갖추어야 할 자격요건으로서 직무명세서를 작성한다. 따라서 직무기술서는 직무 그 자체의 과업, 책임, 의무를 중심으로 작성되며, 직무명세서는 직무담당자의 자격요건인 직무수행에 요구되어지는 지식, 기능, 능력 중심으로 작성된다. 그 관계를 도식화하면 다음 [그림 3-2]와 같다.

그림 3-2 직무분석과 직무기술서, 직무명세서와의 관련성

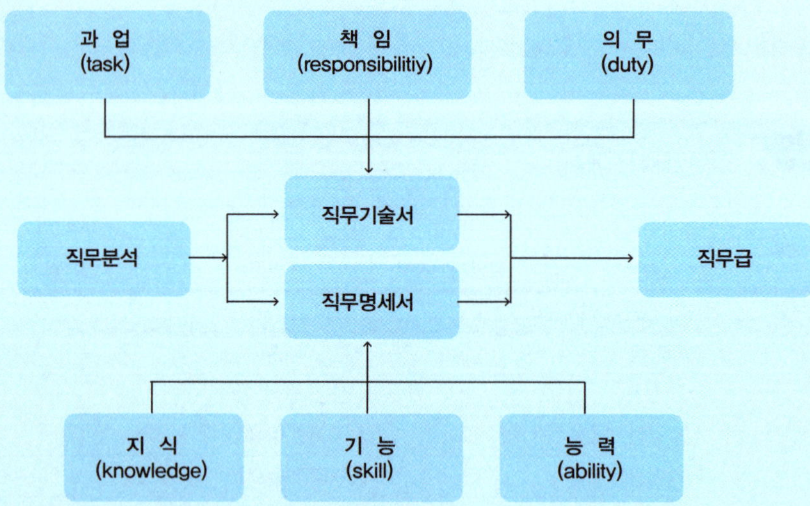

자료: R. W. Mondy & R. M. Noe(1990), Human Resource Management, Allyn & Bacon, p. 10.

7. 직무분석의 용도

직무분석의 1차적 결과는 직무내용을 기술한 직무기술서와 직무담당자의 자격요건을 기술한 직무명세서를 작성하는 것이다. 이와 같이 직무기술서와 직무명세서가 작성이 되면 직접적으로 직무평가를 위한 기초자료로 활용이 되어진다. 따라서 직무분석은 직무평가 뿐만 아니라 그 이후에 이루어지는 인적자원관리의 모든 세부적인 활동 전반에 걸쳐서 과학적이고 객관적인 기초자료로서 그 중요성을 지니고 있다. 직무분석에 의해서 작성된 직무기술서와 직무명세서를 바탕으로 인적자원관리의 전반적인 활동에 기초자료로서 활용되는 있는 용도를 도식화하면 다음 [그림 3-3]과 같다.

그림 3-3 직무분석의 용도

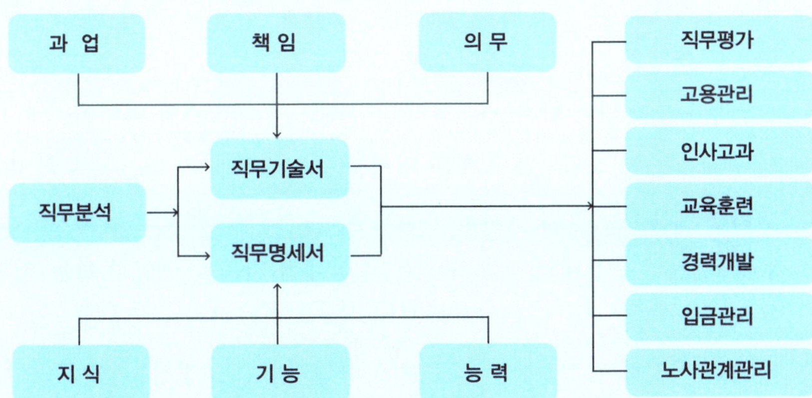

제2절 직무평가

직무분석에서 확보된 자료는 인적자원관리 전반적인 활동의 기초를 제공하는 중요한 정보로서 역할을 한다. 그 중 직무평가와의 직접적인 관계를 강조하고자 하는 것은 조직 내 공정한 임금구조의 구축이 얼마나 중요한가를 설명하고 있다. 직무평가를 통하여 공정한 임금구조를 확보하기 위한 방법이 직무급의 도입인데, 이는 합리적인 임금관리를 적용하기 위한 기초자료로서 그 의의를 지니게 된다.

1. 직무평가의 개념

직무평가(job evaluation)란 조직 내에서 직무들의 상대적 가치를 결정하는 것이다. 모든 조직이 고유한 목적을 달성하려면 다양한 기능과 역할을 담당하는 직무들이 본연의 기능과 역할을 제대로 수행하여야 한다. 조직은 각 직무에 대하여 기대하는 기능과 역할이 있고, 그 기능과 역할을 제대로 수행하면 조직의 목적달성이 가능해 질 것이고, 기대되는 기능과 역할 그리고 그에 따른 공헌도는 직무마다 다를 것이다. 조직 내에서 기대되는 기능과 역할에 따른 공헌도는 직무의 가치로 표현될 수 있다. 다시 말해 직무평가란 조직 내에서 기대되는 공헌도를 일정한 기준에 의하여 개별 직무별로 정하는 일이라고 할 수 있다.

직무평가에 대한 학자들의 정의를 살펴보면, 피고스와 마이어스(P. Pigors & C. A. Myers)는 "직무평가를 직무의 가치를 동일조직 내의 다른 직무와 비교하여 결정하는 체계적인 방법"이라고 하였으며, 디센조와 로빈스(D. A. DeCenzo & S. P. Robbins)는 "조직 내의 개개의 직무의 상대적 가치를 명확히 하는 것"이라 하였으며, 라이틀(C. W. Lytle)은 "직무평가는 직무분석의 연장이며, 직무의 상대적 가치를 결정하여 적정한 임금구조에 반영시키고 조정하는 절차"라고 정의내리고 있다.

이상의 정의를 종합하면 직무평가란 각 직무의 중요도, 복잡성, 책임의 정도, 위험도 등을 평가하여 타 직무와 비교함으로써 그 직무의 상대적 가치를 결정하는 체계적인 방법이나 과정을 의미한다. 조직 내 직무의 상대적 가치를 결정하는 방법은 직무분석에 의하여 작성된 직무기술서와 직무명세서를 기초로 하여 이루어진다. 따라서 각 직무가 지니는 기능(skill), 책임(responsibility), 노력(effort) 및 작업환경(working condition) 등의 정도가 높으면 높을수록 기업이나 조직의 목표달성에의 공헌도가 큰 것으로 평가되며 그 직무의 상대적인 가치는 크다고 할 수 있는 것이다.

일반적으로 직무분석에 따라 직무기술서와 직무명세서를 작성하고, 이를 기초로 직무평가로 조직 내 각 직무의 상대적 가치를 결정하고 나면, 직무의 가치에 따른 직무급을 도입함으로써 합리적인 임금구조를 확보할 수 있다. 직무급이란 직무의 상대적 가치(relative or comparative value)에 따라 임금이 결정되는 시스템이다.

직무평가는 조직 내 각 직무들의 상대적 중요도와 공헌도에 따른 객관적인 가치만을 결정할 뿐이고 그 직무를 수행하는 직무담당자의 역량을 평가하는 것은 아니다.

2. 직무평가의 목적

직무평가는 조직 내 각 직무들의 상대적 가치를 결정하여 그 가치에 따라 임금(기본급)을 지급하기 위한 방법으로, 임금구조를 보다 합리적으로 그리고 공평한 임금률을 확정하는데 일차적인 목적을 지닌다. 이러한 임금체계가 직무급인 것이다.

종업원이 조직목표달성을 위한 노동력의 제공에 대한 반대급부로서의 임금에 대한 공정하고 합리적인 관리는 인적자원관리에 있어서 아주 중요한 프로세스 중의 하나이다. 따라서 합리적이고 객관적인 임금구조를 확립하는 것이 중요하며, 종업원에게 요구되어지는 상이한 정도의 지식, 숙련, 책임, 작업조건 등에 따라 임금지급을 하는 것이다. 그러므로 직무평가는 직무의 상대적 가치에 따른 합리적인 임금구조를 결정하는데 목적을 지니게 된다.

직무평가는 직무급을 실시하기 위한 1차적인 목적 이외에도 다음과 같은 부가적인 목적을 지니고 있다.

① 직무의 상대적 중요성을 결정하기 위한 사실에 입각한 자료의 제공

② 공정한 임금관리 토대를 제공함으로써 근로의욕 증진, 노사관계 호전

③ 동일 노동시장 내 타 기업과의 비교가능한 임금체계 설정을 위한 자료제공

④ 노동력 대가로서 지급하는 인건비의 정확한 평가 가능

3. 직무평가의 요소

직무평가는 조직 내 각 직무들의 상대적 가치를 결정하는 것인데, 일반적으로 조직 내 모든 직무들에 대한 가치를 직무가 지니고 있는 공통적인 평가요소로 구분하여 이루어진다. 기업의 특수성에 따라 평가요소를 선정하는 것이 요구되어지지만, 일반적으로 활용하고 있는 기준으로 기능(skill), 노력(effort), 책임(responsibility) 및 작업조건(working condition)의 크게 4범주로 구분된다.

표 3-5 직무평가의 요소

평가 요소		적용 사례
기능	지적 기능	교육정도, 경험(근속년수), 직위, 전공 여부 등
	물리적 기능	경험(근속년수), 직위, 자격증 여부 등
노력	정신적 노력	창의성, 혁신추구, 디자인, 신제품개발 등
	육체적 노력	기계 및 설비의 조작능력, 물리적 동작 요구 등
책임	대인적 책임	종업원 및 고객 안전에 대한 책임
	대물적 책임	설비 및 공정에 대한 책임, 금전적 책임 등
작업조건	위험도	작업현장의 위험성, 생산요소의 위해 여부 등
	불쾌도	통풍, 습도, 작업현장의 취약성 등

직무평가를 실시할 경우, 평가요소의 선정은 일반적으로 조직 내 모든 직무들을 비교하여 직무수행에 공통적으로 존재하면서 중요한 요소들을 중심으로, 종업원들 모두가 인정하면서 모든 직무에 보편적으로 적용할 수 있는 요소들을 산정하는 것이 필요하다. 기업에서 추구하는 목표에 따라 조직 내 업무들이 다양성을 가지고 있어, 위에 제시한 평가요소의 산정은 일반적인 예에 불과하고 자기 기업의 특수성에 부합할 수 있는 방향으로 평가요소를 산정하는 것이 요구되어진다.

4. 직무평가의 방법

지금까지 전통적으로 개발되어 온 직무평가의 방법으로는 크게 두 가지 기준에 따라 정성적인 방법(qualitative method)과 정량적인 방법(quantitative method)으로 구분된다. 정성적인 방법은 직무평가자가 주관적이며 비계량적으로 평가하는 방법으로, 직무수행의 난이도를 바탕으로 포괄적 판단에 의하여 직무의 가치를 상대적으로 평가하는 방법이다. 다른 하나는 정량적인 방법으로 객관적이며 계량적으로 평가하는 방법으로, 직무분석에 따라 직무를 평가요소에 근거하여 이를 바탕으로 계량적인 분석에 의해 평가하는 방법이다. 정성적인 방법으로는 서열법(ranking method)과 분류법(job classification method)이 있으며, 정량적인 방법으로 점수법(point rating method)과 요소비교법(factor comparison method)이 있다.

1) 서열법

서열법은 직무평가 방법 중에서 가장 오래되고 간단한 방법이다. 이 방법은 일반적으로 직무평가자가 조직 내 모든 직무에 대해서 잘 알고 있는 소규모 작업장에서 사용되어지는 방법이다. 따라서 복잡하게 평가요소로 구분하지 않고, 조직 내 모든 직무들을 비교하여 가장 중요한 직무부터 가장 덜 중요한 직무들까지 단순 서열화시키는 방법이다. 일반적으로 중역 중심으로 위원회를 구성하여 조직 내 모든 직무들을 나열시키고 조직의 목표달성에 중요하거나 직무수행에 어려움이 있거나 등의 기준으로 서열화를 시키는 방법이다. 상대적으로 가장 중요한 직무부터 가장 덜 중요한 직무들로 서열화를 시키는 방법이다. 이러한 서열화가 이루어지면 조직 내 직무의 상대적 중요도에 따라 보상이 결정되는 직무급을 실시할 수 있다.

서열법의 장점으로는 간단하며, 쉬운 방법이며, 시간과 비용을 절약할 수 있는 방법으로서 직무평가자가 조직 내 모든 직무들에 대해 잘 알고 있는 소규모 기업에서 효과적으로 활용할 수 있는 점이다. 반면 단점으로는 비과학적으로 직무평가자의 주관에 의존하므로 공정성에 문제가 될 수 있다. 따라서 규모가 큰 기업에 있어서는 유사한 직무들이 많아 적용하기에 곤란하다는 점을 지니고 있다.

2) 분류법

분류법은 서열법보다는 한 단계 진일보된 방법으로서 직무분석을 기초로 한 직무기술서와 직무명세서를 기초로 중역을 중심으로 한 위원회를 구성하여 기능이나 노력, 책임, 작업조건 등을 기초로 하여 직무의 가치를 등급을 설정하여 그 등급에 따라 조직 내 모든 직무를 할당시키는 방법이다. 조직 내 직무의 상대적 가치에 따라 상, 중, 하 등급, 1등급에서 5등급 등으로 구분하고, 그 등급에 적합한 기능이나 역할, 공헌도 등을 정의하고 난 후, 조직의 직무들을 하나 하나 검토하면서 등급에 할당시키는 방법인 것이다.

분류법의 장점으로는 등급에 대한 설정을 직무기술서를 바탕으로 공정하고 객관적으로 이루어진다면 이해되기 쉬우면서 정확할 수 있다는 것이며, 아울러 등급에 따른 임금 기준을 설정하기 수월하며 새로운 직무들을 평가할 때에도 이 등급에 따라 할당할 수 있어 소규모 기업에서 유용할 수 있다는 점이다. 반면 이 방법 또한 주관적인 방법으로서 직무기술서를 기초로 등급을 설정하지 못하면 분류 등급에 대한 객관성과 신뢰성을 보장하지 못하며, 이 또한 직무의 수가 많은 대규모 사업장에는 적용하기 힘들다는 한계를 지니고 있다.

3) 점수법

점수법은 직무평가 방법 중에서 가장 많이 활용되고 있는 방법이다. 이 방법은 직무의 가치를 계량적으로 측정하여 직무의 상대적 가치를 결정하는 방법이다. 점수법은 평가의 대상이 되는 직무들을 평가요소로 분해하여 평가요소별로 점수를 분배하여 직무의 가치를 결정하는 것이다. 점수법에 의하여 직무평가를 하기 위해서는 먼저 기능, 노력, 책임, 작업조건과 같은 평가요소를 선정하고 평가요소별로 가중치에 따른 점수를 부여하고 각 직무별로 평가요소에 따른 점수를 계산하여 총점에 따른 직무의 상대적 가치를 결정하게 된다. 각 직무별로 총점이 계산되면 그에 따른 임금률을 적용하는 직무급을 실시할 수 있는 것이다.

표 3-6 점수법에 의한 직무평가 점수 배분

평가 요소 \ 등급		1등급	2등급	3등급	4등급	5등급
기능 (40%)	- 직무복잡성	22	44	66	88	110
	- 교육정도	8	16	24	32	40
	- 경험	10	20	30	40	50
노력 (30%)	- 창의적 노력	12	24	36	48	60
	- 혁신추구	11	22	33	44	55
	- 물리적 노력	7	14	21	28	35
책임 (20%)	- 대인적 책임	8	16	24	32	40
	- 대물적 책임	12	24	36	48	60
작업조건 (10%)	- 위험도	6	12	18	24	30
	- 불쾌도	4	8	12	16	20

점수법의 장점은 평가요소별로 점수를 부여하여 직무의 상대적 가치를 결정하기 때문에 객관적이며 계량적으로 계산하기 때문에 정확한 평가가 이루어지며, 동일 노동시장에서의 유사한 기업의 동일 직무에 대한 가치가 어느 정도인지를 비교평가가 가능하며, 점수를 통해 직무급을 실시할 수 있는 임금률의 결정이 용이해진다는 점이다. 반면 모든 직무에 공통적으로 적용될 수 있는 평가요소의 선정이 어려워 전문성을 요구하게 되고, 그에 따른 점수배분도 전문성이 없으면 객관적이고 공정성에 문제를 가질 수밖에 없다는 한계를 지니고 있다.

4) 요소비교법

요소비교법은 조직 내에서 가장 기준이 되는 대표직무를 먼저 선정하여 그 기준직무를 중심으로 다른 직무들과 평가요소별로 비교를 평가하면서 직무평가를 실시하는 방법이다. 이 방법을 실시하기 위한 단계로는 첫째, 평가의 표준이 될 수 있는 기준직무를 선정한다. 기준직무는 보편적으로 잘 알려져 있는 직무로 임금률이 명백한 직무를 선정하는 것이 좋다. 둘째, 평가요소를 선정한다. 일반적으로 평가요소는 기능, 노력, 책임, 작업조건 등이 활용된다. 셋째, 평가요소에 따라 기준직무 중심으로 중요도에 따라 등급을 정한다. 넷째, 등급에 따라 임금률을 배분한다. 임금률 배분은 평가요소의 비중에 따라 계산되어질 수 있다. 마지막으로 평가요소별로 배분된 임금 총액을 계산하면 시간당 임금을 배분할 수 있게 된다. 직무별로 임금을 계산하면 조직 내 모든 직무들의 상대적 가치가 임금총액으로 결정되는 것이다.

표 3-7 요소비교법에 의한 직무평가

직무	평가 요소								시간급
	기능		노력		책임		작업조건		
	등급	임률	등급	임률	등급	임률	등급	임률	
프로그래밍직무	1	$12	1	$10	1	$6	4	$1	$29
웹디자인 직무	2	$9	2	$8	3	$4	3	$2	$23
CAD 직무	3	$6	3	$6	2	$5	2	$3	$20
컴퓨터A/S직무	4	$3	4	$4	4	$3	1	$4	$14

요소비교법의 장점으로는 직무평가의 기준이 평가요소별로 구분이 되어 보다 정확하며 다른 직무들과의 비교가 가능하다는 점과 직무평가의 결과로 직무급을 바로 실시할 수 있는 금전적 단위로 직무평가를 할 수 있다는 점이다. 반면 요소비교법의 단점으로는 기준직무 선정 자체가 전문성이 요구되는 어려운 일이며, 평가요소별 등급에 따른 임금배분도 어렵다는 것이다. 여기에서도 직무평가자의 주관적 판단에 의존할 수밖에 없는 것이다. 마지막으로 현재 시점에서의 기준직무가 시간의 경과에 따라 그 중요도가 변화된다면 변화할 때마다 직무평가를 다시 해야 된다는 한계점을 지니고 있다.

제3절 직무설계

1. 직무설계의 개념

직무설계(job design)란 직무를 수행하는 종업원에게 직무수행의 의미감과 만족감을 부여하려는 목적으로 조직의 목표를 보다 효율적으로 수행할 수 있도록 직무 내용 및 작업방법을 설계하는 활동을 말한다. 따라서 직무설계는 조직의 목표달성과 개인의 욕구충족의 극대화를 달성하기 위하여 조직구조적 및 인간관계 측면을 고려하여 조직구성원의 직무관련 활동을 설계하는 과정을 말한다. 요약하면 직무담당자의 능력과 수행할 직무내용을 정확하게 합치시키는 것을 말한다.

산업화가 고도로 진전됨에 따라 노동의 소외화, 근로생활의 질의 저하, 직무불만족 등의 현상이 나타나고 있는데, 기업적 차원에서 이러한 폐해를 극복하고 종업원들의 근로생활의 질을 높이는 한 방법으로서 직무설계가 더욱 중요시되고 있다. 따라서 조직구성원의 역량에 맞추어 합리적으로 잘 설계된 직무는 조직구성원들로 하여금 동기부여를 부여시킬 뿐만 아니라 직무만족을 고양시켜 조직의 성과향상으로 이어지게 되는 것이다.

2. 직무설계의 목적

직무설계를 통하여 조직에서 추구하고자 하는 목적은 다음과 같이 정리할 수 있다.

첫째, 조직구성원의 동기부여 효과와 근로생활의 질(quality of working life)을 향상시킬 수 있다. 효과적으로 이루어진 직무설계는 조직구성원에게 의미있는 직무를 배정함으로써 근로의욕을 고양시키고 근로생활의 질을 향상시킨다.

둘째, 원가절감을 통한 생산성 향상이다. 직무설계는 재화 및 서비스의 질적·양적 개선을 통하여 원가절감을 도모하고, 그 결과로 인적자원의 효율적 활용을 통하여 생산성의 향상을 가져온다.

셋째, 이직과 훈련비용의 감소이다. 직무설계는 조직구성원에게 동기부여 및 직무만족을 고양시킴으로써 이직을 방지하고 교육훈련의 학습효과를 가져옴으로써 훈련비용의 감소를 가져오는 효과를 지닌다.

넷째, 신기술에 대한 적응이 가능해진다. 직무설계는 조직구성원에게 직무에 대하여 만족을 유도함으로써 교육훈련에 있어서 적극적인 태도를 갖게 하고, 이로 인하여 신기술에 대한 신속한 적응을 유도할 수 있다.

3. 직무설계의 유형

직무설계의 유형은 직무단순화(job simplification), 직무순환(job rotation), 직무확대(job enlargement), 직무충실화(job enrichment)로 구분되어진다.

1) 직무단순화

직무단순화(job simplification)는 직무담당자에게 소수의 업무만을 배정하여 업무수행의 효율성을 제고시키기 위한 직무설계 방법으로 직무전문화(job specialization)라고도 한다. 이 방법은 고전 경제학자 아담 스미스(A. Smith)가 18세기 분업에 의한 전문화를 주장하면서부터 그 중요성이 대두되었다. 그의 저서 『국부론』에서 제시한 분업의 원리가 직무단순화의 효율성을 극단적으로 보여주고 있다. 핀 제조공장에서 18가지의 과업으로 구성된 공정을 한 사람의 작업자가 수행하였을 경우 1일 평균 20개 정도를 생산할 수 있지만, 이를 소수의 업무만을 배정하는 분업에 의해 10명이 생산할 경우 1일 48,000개를 생산한다고 하였다. 직무단순화를 통해 1일 한 사람의 근로자에 의한 생산성이 240배 이상의 효과를 가져오게 하는 것이다. 이후 직무단순화의 본격적인 연구가 20세기 초 테일러의 과학적 관리법에 의해 진행되었는데, 직무를 단순화, 표준화, 전문화함으로써 가능하면 한 사람의 근로자가 소수의 업무만을 수행하도록 직무를 배정하는 방법을 주장한 것이다. 테일러는 업무를 과학적으로 연구하고 작은 부분으로 전문화하여 나눈 다음 업무를 수행하는 모든 직무담당자에게 표준화시켜야 한다고 주장하였다. 이러한 전문화는 대규모 조립라인을 통한 대량생산 시스템을 구축하게 만들어 생산성의 극대화를 가져오는데 큰 기여를 하게 되었다.

직무단순화의 장점은 소수의 업무만을 직무담당자에게 부여함으로써 전문화를 통하여 생산성의 극대화를 달성하기 위한 효율성의 추구에 있다. 반면, 단조로운 과업을 반복적으로 수행하면서 직무스트레스가 높아지고 일에 대한 의욕을 상실하여 직무불만족과 낮은 성취감을 유발할 수 있는 단점을 지니고 있다.

2) 직무순환

직무순환(job rotation)은 직무담당자에게 일정한 주기(2~3년)로 조직 내 업무들을 순환하면서 업무를 수행하게 만드는 직무설계 방법이다. 조직구성원이 한 직무에만 근무하지 않고 일정 기간이 지나면 다른 부서의 다른 직무를 수행하게 만드는 방법이다. 일반적으로 직무순환은 정부나 지자체와 같은 공공부문의 조직과 규모가 큰 사기업 조직의 관리직의 경우에 주로 적용하는 경향이 있다.

직무순환의 장점은 기업 전체의 목표에 대한 이해도를 높일 수 있고, 다른 부서의 업무를 수행하게 만듦으로써 다양한 기능을 개발할 기회를 가지게 되며, 보다 넓은 다양한 시각을 가지는데 있다. 반면 다른 부서로 이동하여 새로운 업무에 대한 전문성을 확보하는데 시간과 비용이 소요되어 효율성의 저하 현상이 발생할 수 있다는 단점을 지니고 있다.

3) 직무확대

직무확대(job enlargement)는 직무담당자가 수행하는 기본적인 업무의 범위를 수평적으로 늘이는 것을 말한다. 즉, 동일한 직급 상의 다른 직무들을 추가시켜 주는 방식이다. 이는 업무의 범위를 양적으로 증가시키는 직무설계 방법이다. 직무확대의 목적은 직무담당자가 반복적으로 수행하는 단조로운 업무에서 가져올 수 있는 피로감이나 권태감을 감소시켜 업무의 범위를 확대시켜 직무만족을 유도하기 위한 것이다. 직무담당자의 입장에서 다양한 기능을 개발함으로써 자신의 경쟁력을 높일 수 있도록 하는 것이다. 직무단순화와 직무확대를 비교하여 설명하면 다음 [그림 3-4]와 같다.

그림 3-4 직무단순화와 직무확대 비교

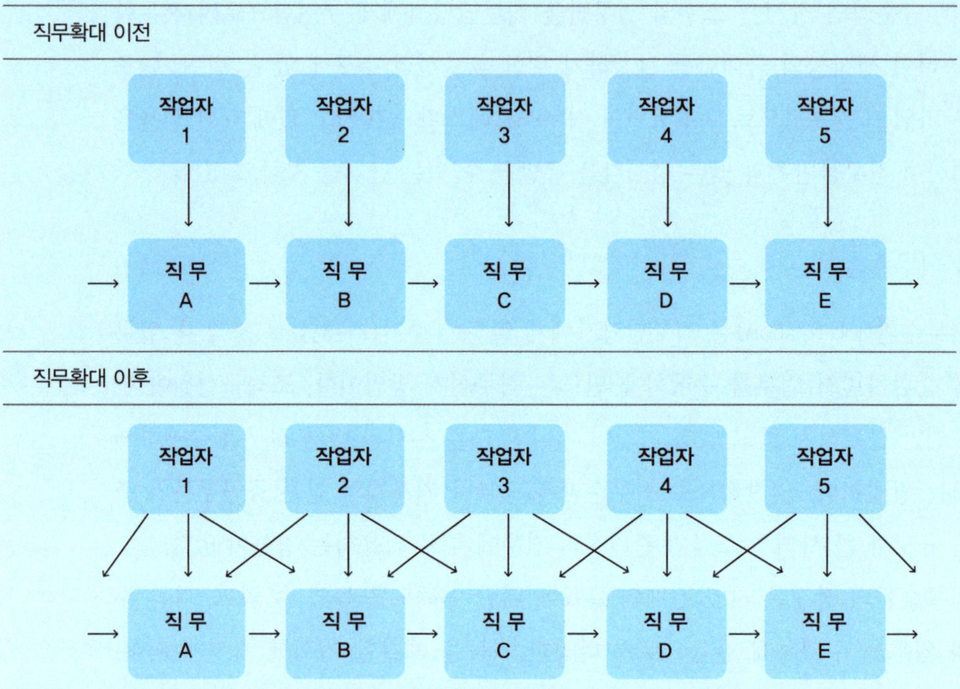

자료: M. Harris(1997), Human Resource Management: A Practical Approach, The Dryden Press, p. 340.

직무확대의 장점은 단순한 업무의 범위를 벗어나 다양한 업무를 수행하게 함으로써 직무만족도를 고양시킬 수 있고, 다양한 기능을 개발할 수 있다는 점이다. 반면, 힘든 업무의 추가로 인하여 업무부담을 가중시킬 수 있고, 작업량의 가중에 따라 구조조정을 위한 수단으로 악용될 수 있다는 단점을 가지고 있다.

4) 직무충실화

직무충실화(job enrichment)는 직무담당자가 수행하는 기본적인 업무의 범위를 수직적으로 늘이는 것을 말한다. 즉, 상이한(높은) 직급 상의 다른 직무들을 추가시켜 주는 방식이다. 이는 업무의 범위를 질적으로 증가시키는 직무설계 방법이다. 직무수행에 대한 의미감과 복잡성을 증가시켜 직무수행에 따르는 동기부여를 적절하게 시키기 위한 방법인 것이다. 직무수행에 따르는 의사결정에 대한 책임감의 증대, 보다 도전적이고 업무수행에 따르는 성취감을 부여하기 위한 직무설계 방법이다.

직무충실화에 대한 이론적 근거는 행동과학자 허쯔버그(F. Herzberg)의 이요인 이론(two-factor theory)에 의해 제시되었는데, 그는 종업원을 동기부여시키기 위해서는 과업수행에 대한 동기요인(motivator factor)으로 종업원을 동기부여시킬 수 있다고 주장하였다. 동기요인으로는 직무자체, 도전감, 책임감, 성취감, 피드백 등이 제시되었다. 그에 의하면 직무충실화는 단순히 직무구조를 그대로 하는 것이 아니라, 직무의 내용을 풍부하게 만들어 책임감을 늘리고, 능력발휘와 도전적이고 보람이 있도록 직무를 구성하는 것이라고 했다. 이러한 직무충실화는 다양한 작업내용이 포함되고 높은 수준의 지식과 기술을 필요로 하며, 직무담당자에게 자신의 성과를 관리할 수 있는 자주성과 책임감을 보다 많이 부여하고 개인적 성장과 의미있는 직무수행 경험에 대한 기회를 제공할 수 있게끔 직무를 배정하는 것이다.

직무충실화의 장점은 직무담당자들의 직무내용에 자율성과 도전감, 책임감 및 성취감을 부여하여 과업수행에 대한 동기부여적 효과에 의한 직무만족도가 가장 높다는 점이다. 반면, 종업원들의 역량이 부족할 경우 훈련비용이 소요되고 오히려 효율성이 떨어질 우려가 있다는 단점을 지니고 있다.

이상적인 직무설계를 위해서는 기업 또는 부서의 주어진 상황에 적합한 방법을 활용하는 것이 가장 이상적이지만, 일반적으로 지금까지 직무충실화가 가장 이상적인 직무설계 방법으로 많은 연구들에서 입증되고 있는 사실이다. 그에 대한 대표적인 이론적 근거로 제시되고 있는 이론이 핵크만(J. R. Hackman)과 올드햄(G. Oldham)의 직무특성모형(job characteristic model)이다.

4. 직무특성모형

직무특성모형은 경영자나 관리자가 종업원을 동기부여시켜서 직무만족에 이르도록 하기 위하여 특정 직무의 특성을 어떻게 변화시킬 수 있을까에 초점을 두고 있다. 핵크만과 올드햄이 직무특성모형에서 제시한 바에 따르면 5개의 핵심 직무특성(기술다양성, 과업정체성, 과업중요성, 자율성, 피드백)이 종업원의 주요한 심리상태에 긍정적인 영향을 미치고, 이는 종업원의 만족과 성과에 긍정적인 영향을 미친다는 것이다. 즉, 핵심 직무특성(job characteristics)이란 개인에게 직무에 대한 의미감, 책임감, 결과에 대한 인식도 등을 지각하게 하는 요소로서, 기술다양성, 과업정체성, 과업중요성, 자율성, 피드백을 그 요소로서 제시하였으며, 의미감, 책임감, 결과에 대한 인식도의 증가를 통해 개인은 직무에 대한 내재적 충실화를 경험하게 되고, 이는 직무만족과 성과에 긍정적인 영향을 미친다는 것이 직무특성모형의 이론적 틀이다.

또한 핵크만과 올드햄은 이러한 핵심직무특성과 주요 심리상태, 그리고 개인의 만족 및 성과간의 관계는 개인특성요인과 상황요인에 의해 조절될 것이라고 예측하였는데 대표적인 조절변수로 개인의 성장욕구강도로 제안하였다. 직무특성모형에서 제시된 주요변수는 다음과 같다.

1) 직무특성변수

(1) 기술 다양성

기술 다양성(skill variety)이란 "직무를 수행하는데 있어서 여러 가지 기능이나 재능을 사용하는 다양한 활동들이 요구되는 정도"를 의미한다. 직무자체가 작업자에게 그들의 기술이나 능력을 다양하게 사용하거나 발전시킬 수 있게 만들어져 있다면, 구성원들은 자신들의 과업을 의미있는 것으로 느끼게 되고, 보다 높은 수준의 기능을 사용할수록 보다 많은 의미감을 경험하게 된다.

많은 연구들에서 사람들은 대부분 자신들의 기능을 테스트하거나 사용함으로써 환경을 탐색하거나 조작하기도 하고, 또 효과에 대한 느낌을 얻기도 한다는 사실이 밝혀졌다. 따라서 직무를 수행하는데 있어서 작업자의 기능이나 자질이 충분히 활용되거나 발전될 수 있다면, 작업에 대한 의미감을 경험하는데 있어서 물질적인 내용은 크게 영향을 미치지 않는다는 것이다.

(2) 과업 정체성

과업 정체성(task identity)이란 "직무가 전체단위의 완성을 요구하는 정도를 의미하는 것으로 직무가 시작부터 끝까지 전체 작업 중에서 차지하고 있는 범위의 정도"를 말한다. 즉, 자신이 수행하는 과업의 내용이 다른 사람이 수행하는 과업의 내용과 구별되는 독자적인 정도를 의미하는 것이다. 사람들은 직무의 어느 한 부분을 책임지는 것보다는 완전한 작업단위로서 직무전체를 수행할 때 직무를 보다 의미 있는 것으로 지각하게 된다.

(3) 과업 중요성

과업 중요성(task significance)이란 "직무자체가 다른 사람의 과업수행에 실질적인 영향을 미치는 정도"를 의미한다. 직무에 대한 의미감의 경험은 보통 자신의 직무수행결과가 다른 사람들의 육체적 혹은 심리적 안정에 중요한 영향을 미친다는 사실을 알고 있을 때 증가한다. 왜냐하면 자신의 직무수행결과가 다른 사람들의 행복이나 건강 그리고 안전에 영향을 미친다는 사실을 알고 있을 때는 그렇지 못한 경우보다 자신의 직무에 대해서 더욱 관심을 갖게 되기 때문이다.

(4) 자율성

자율성(autonomy)이란 "직무계획을 세우거나 직무를 수행하는 절차를 결정하는데 있어서 작업자에게 허용된 자유, 독립, 재량권의 정도"를 의미한다. 직무수행자의 자율성이 높게 직무가 설계되어 있다면 직무성과는 상사나 작업절차의 방식에 의존하기 보다는 작업의 노력이나 창의성, 그리고 의사결정 등에 더욱 의존하고 있는 것으로 간주될 것이다. 따라서 자율성이 증가하면 작업자는 직무수행의 결과에 대해서 더 많은 개인적 책임감을 느끼게 되고, 작업결과에 대한 개인적 책임을 기꺼이 수용하게 될 것이다.

(5) 피드백

피드백(feedback)이란 "직무의 수행결과에 관하여 작업자가 그 효과성 여부에 대하여 직접적이고 명확한 정보를 얻을 수 있는 정도"를 말한다. 여기서 말하는 피드백은 직무수행 결과에 대한 자료를 수집하거나 판정을 내리는 동료나 상사들로부터 이루어지는 것이 아닌 직무수행 자체로부터 작업자 자신이 그 결과에 대한 지식을 얻는 것을 말한다.

2) 중요 심리상태

직무특성모형에 있어서 세 가지의 중요 심리상태는 다음과 같이 정의된다. 첫째, 작업의 경험된 의미감(experienced meaningfulness of work)은 "개인이 어떤 직무에서 그 일이 의미 있고 가치가 있으며 해볼 만 하다고 느끼는 정도"를 말하며, 둘째, 작업결과에 대한 책임감(responsibility for work outcome)은 "개인이 과업의 결과에 대해 개인적으로 책임을 느끼는 정도"를 말한다. 셋째, 결과에 대한 지식(knowledge of results)은 "개인이 행한 성과를 계속적으로 알고 이해하는 정도"를 말한다.

핵심직무차원은 이러한 세 가지 중요 심리상태를 유발시키는데, 즉 기술다양성, 과업정체성, 과업중요성 등이 작업의 의미감에 대한 경험을 갖게 하고, 자율성은 작업결과에 대한 책임감을 경험하게 만들며, 피드백은 작업결과에 대한 인식을 갖게 해준다. 이를 도식화하면 다음 [그림 3-5]와 같다.

그림 3-5 직무특성모형

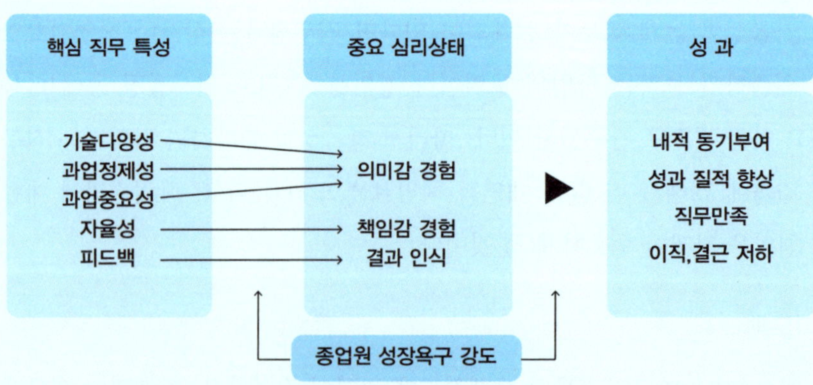

자료: J. R. Hackman & G. R. Oldham(1976), "Motivation through the Design of the Work: A Test of Theory," Organizational Behavior and Human Performance, 16, p. 259.

3) 조절변수

직무의 특성이 직무태도나 직무성과 등을 증가시키는 정도에 영향을 끼치는 요인을 직무특성모형에서 조절변인이라 볼 수 있는데, 가장 핵심적인 조절변인에 대하여 핵크만과 올드햄은 종업원의 성장욕구강도를 들고 있다. 그들은 종업원 개인의 성장욕구강도가 직무특성과 개인의 중요 심리상태간의 관계, 중요 심리상태와 직무만족간의 관계를 모두 조절한다고 제안하였다. 이들이 말하는 성장욕구는 "도전적인 일을 하고 싶어 하고, 새로운 것을 배우고 싶어하며 독립적으로 활동하고 다양한 일을 좋아하는 것이며, 개인의 능력발전, 성취감, 독립성 및 자아실현을 추구하는 욕구"라 할 수 있다. 성장욕구가 높은 사람들은 작업내용이 다양하고 높은 수준의 지식과 기술을 요하는 직무 또는 자주성이나 책임감을 보다 많이 느낄 수 있고, 개인의 성장에 도움이 되는 직무로부터 긍정적인 심리상태를 경험하게 되면 더 큰 만족을 얻고, 자기가 속한 조직을 위해 자율적이고 혁신적인 행동을 보다 많이 나타낸다는 것이다. 또한 직무특성과 직무만족간의 관계는 직접적인 인과관계로서는 밝힐 수 없고 성장욕구라는 욕구차원을 개입시켜야만 그들 간의 설명이 가능하다고 주장하였다. 직무특성에 따라 조직구성원의 성장욕구가 높은가, 낮은가에 따라 조직성과와 만족도에 차이가 발생함을 〈표 3-8〉에서 알 수 있다.

표 3-8 종업원의 성장욕구 강도의 조절효과

조절효과 / 직무특성	높은 성장욕구의 종업원	낮은 성장욕구의 종업원
기술 다양성 과업 중요성 과업 정체성 자율성 피드백	높은 내재적 동기부여 작업에 대한 높은 만족 높은 질의 과업수행 낮은 이직 및 결근율	적응에 있어서의 문제점 불량한 과업수행 높은 이직 및 결근율

자료: J. R. Hackman, G. Oldman, R. Janson & K. Purdy(1975), "A New Strategy for Job Enrichment," California Management Review, Summer, p. 62.

사 례 국내기업의 직무분석 개선방향

지금까지의 직무분석은 일상적이고 정기적인 업무 중심이거나 현재 업무 중심적이었지만 앞으로는 미래 업무 및 업무담당자에게 요구되는 요건을 파악하는 데 비중을 두어야 할 것이다. 왜냐하면 급변하는 환경변화에 따른 경쟁심화와 시장개방이 가속화되면서 새로운 산업 및 업무가 수시로 생겨나고 있기 때문이다. 이에 따라 직무분석은 다음과 같이 새로운 인식 및 추세로 개선되어야 할 것이다.

① 넓은 의미의 직무분석으로 이해하여 직무 자체 분석 뿐만 아니라 조직기구 분석과 인사제도의 분석을 포함한 접근방식이 되어야 할 것이다.

② 직무분석 행위 그 자체는 업무의 투입(Input) 문제를 계속적으로 관리하는 것이므로 이제는 직무관리(Job Management)라는 뜻으로 새롭게 인식함과 동시에, 직무상의 산출(Output) 문제를 다루는 목표관리와 연계하여 나갈 때 광의의 직무분석은 성공할 수 있다. (〈표〉 참조)

③ 기업의 직무분석은 행정조직·군조직 등 비영리조직의 직무분석과는 그 목적과 본질 등이 근본적으로 다르게 인식되어야 하며, 부가가치 경영 원칙에 입각한 고이익·고임금·고능률의 구현에 궁극적인 목적을 두고 시행되어야 한다.

④ 기존의 직무분석 방식에서는 일상적이고 정기적인 업무 중심으로 정태적으로 직무를 분석하였지만, 앞으로는 혁신활동과 같은 문제해결 업무 중심의 동태적인 방법으로 직무를 분석하여 급변하는 업무환경의 변화를 직무특성에 반영해야 한다. 최근의 기업 조직에서는 구조조정이나 경영혁신과 같은 상황이 자

[표] 최근의 인적자원관리

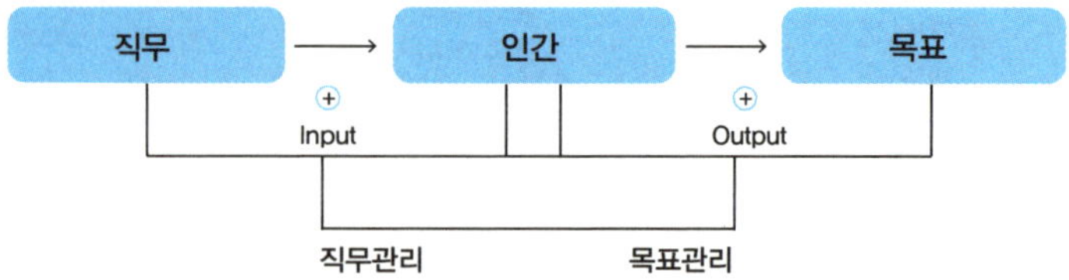

주 발생하고 있으며, 이러한 때에 일상적이고 정기업무 중심의 정태적 직무분석만으로는 문제해결에 도움을 줄 수 없다.

⑤ 단위 직무를 지나치게 세분화하기보다 유사한 직무를 묶는 이른바 '브로드밴딩(Broad Banding)' 현상이 두드러지고 있다. 보로드밴딩은 직무의 묶음(Clustering of Works)을 통해서 채용·배치·평가·육성·보상 등 제반 인사활동의 유연성을 높이는 데 목적이 있다. 기업 구조조정을 통해 과거 피라미드 조직, 관료제적 조직, 다계층 조직처럼 수직적인 긴 의사결정 체계를 가진 조직이 수평적이고 단순한, 'Flat Organization'로 변화하는 추세에 맞추어 직무의 브로드밴딩 현상이 가속화되고 있다.

⑥ 직무의 변화 속도가 빠른 현대 조직에서 직무기술서에 얽매이지 않고 직무가 변화 함에 따라 유연하게 대처함으로써 경쟁력을 높이려는 기업이 늘어나면서 이러한 추세에 부응하여 직무라는 개념보다 일의 개념을 더 중시하는 경향이 두드러지고 있다.

⑦ 직무를 과업중심에서 역할 중심으로 분석하려는 노력이 나타나고 있다. 과업 중심의 직무분석은 부서 내에서 인적구성과 수직적·수평적 관계와는 상관없이 전체 직렬이나 직무의 어떤 부분이 어디에서 수행되는지에 관심을 기울이는 것이다. 이에 반해 역할 중심의 직무분석은 부서 내 사람과 사람 간의 관계성에 초점을 두고 수직적인 상하관계, 수평적 동료관계 속에서 과업이 누구를 통해 어떻게 흘러가는가에 초점을 두고 분석하게 되어 직무분석을 통한 조직 내 구성원 간 역할관계가 규명될 수 있다는 장 점이 있다.

⑧ 글로벌 스탠더드(Global Standard)형 인적자원관리에서는 직렬·직군·직무 등 직무의 분류와 직무에 대한 가치를 정할 때나 인재를 선발하고 처우하는데 있어 시장 원리가 도입되는 경향이 강해지고 있다. 시장가치에 입각한 직무분석을 통해 한 기업의 직무와 직무요건이 동종업계 및 동일 노동시장 내에서 일의 동등한 비교가치(Comparable Worth of Work)를 지니는지를 분석하는 방향이어야 한다.

⑨ 기존 업무의 단순나열과 서베이 중심의 수집방식보다 업무프로세스 중심으로 파악하고자 하는 경향이 두드러지고 있다. 따라서 기존의 직무분석 방식을

탈피하고 업무과정 혁신 BPR(Busines Process Reengineering) 기법 중의 하나인 작업과정계획표(Process Mapping) 기법을 도입하는 것이다.

이는 조직의 직무구조와 직무수행 방법, 직무수행자의 자격요건에 대한 정보를 수집하고 업무의 흐름, 즉 프로세스에 초점을 두고 수직적·수평적 업무 프로세스가 직무수행자의 업무수행에 어떠한 영향을 미치는지를 분석하는 영향평가(Impact Assessment) 분석을 통해 직무와 직무의 연관관계 및 과업내용의 변화와 결과에 대한 체계적인 분석을 시도하려는 움직임이 나타나고 있다.

⑩ 기업이 처한 환경변화에 따라 신속하고 간편한 직무분석을 시행하기 위해서는 직무분석 결과를 어디에 활용할 것인지를 명확히 결정하여 목적에 맞는 직무분석을 시행해야 한다. 업무프로세스 혁신, 조직 재설계, 적정인력 산정 등을 위한 직무분석과 수행 평가 항목도출, 역량추출, 직무가치 평가 등을 위한 직무분석은 접근절차가 다르므로 굳이 시간과 비용이 많이 드는 다용도의 직무분석을 실시할 필요가 없다.

차후에 쓸모가 있을지 모른다는 생각에서 지금 당장은 필요하지 않은 자료까지 모두 수집·분석하는 것은 직무내용의 변화를 고려할 때 바람직하지 않다. 직무분석의 목적에 따라 접근하는 기법과 필요한 자원의 정도가 다르므로 다양한 목적을 달성하기 위해서는 그만큼 많은 시간과 비용이 소요된다.

⑪ 최신 기술을 활용할 필요가 있다. 직무수행을 자동으로 기록하는 비디오카메라나 전자 장비를 사용하여 직무정보를 수집할 때 직접 관찰의 필요성을 줄일 수 있고, 멀티미디어를 이용한 화상회의를 통해 멀리 떨어져 있는 직원과 직접 만나서 면접할 필요를 줄일 수 있다. 또한 직무정보를 얻기 위해 설문지를 사용하는 경우에도 이메일이나 인터넷을 통해 설문지를 배포, 수거하여 자료수집에 걸리는 시간과 노력을 줄일 수 있다. 하루가 다르게 발전하는 최신 기술의 접목은 시간과 노력뿐만 아니라 비용과 성과 및 전체적인 기대효과를 높일 수 있다.

⑫ 직무내용이 빠르게 변화하므로 전통적으로 수집하였던 지식·기술·능력보다는 분석의 단위를 보다 넓혀서 역량 중심으로 분석해야 한다. 역량은 유사한 지식·기술·능력을 묶어서 보다 큰 단위의 인적 특성을 나타낸 것이다. 직무에 대한 세분화된 정보는 직무가 조금만 변하여도 즉시 쓸모가 없게 되지만, 더 큰 단

위로 정리된 결과는 직무가 변화해도 그대로 적용될 가능성이 크기 때문이다.

⑬ 조직 내 유사한 직무를 묶어서 분석해야 한다. 실제 유사한 일을 조직 내 여러 부서에서 수행하는 경우가 많이 있다. 예를 들면 규모가 큰 대기업에서는 본사에 인사부서가 있으며, 생산부서나 영업조직에도 인사업무를 수행하는 인력이 배치되어 있는 때도 있다. 이러한 경우에는 이들을 하나의 직무로 묶어서 직무분석을 수행하는 것이 바람직하다. 왜냐하면 이러한 직무분석의 결과는 부서를 초월하여 공통으로 활용할 수 있기 때문이다.

⑭ 끝으로, 직무에 관한 정보를 정기적으로 최신 정보로 업데이트할 수 있는 프로세스를 구축해야 한다. 지금까지 직무분석에 많은 시간과 비용을 투자했음에도 그 효용성이 떨어졌던 이유 중의 하나는 최신 정보를 포함하고 있지 않았기 때문이다.

지속적인 업데이트를 위해 현장 관리자가 직무분석을 직접 수행할 수 있도록 직무분석 기법을 교육시키는 것도 바람직하다. 이는 직무분석을 처음 시행할 때는 외부 전문가나 컨설턴트의 도움이 필요하겠지만 업무환경의 변화로 인하여 수시로 직무분석을 시행할 필요가 있을 때는 매번 외부의 도움을 받기가 어렵기 때문이다. 또한 인터넷과 인트라넷을 활용하여 현업 담당자가 자기 직무에서의 변화를 수시로 손쉽게 입력할 수 있는 시스템을 갖추는 것도 직무정보를 간편하게 업데이트할 수 있는 유용한 방법이다.

〈자료: 주해식, 직무분석의 이론과 실제, 한국인사관리협회, 2022년 9월〉

참고문헌

권석균·이병철·양재완(2017), 지속가능 성장을 위한 인적자원관리, 시대가치.

신철우·최찬기·윤정현·김대수(2018), 인적자원관리, 탑북스.

양동훈(2022), 인적자원관리, 홍문사.

양병무(1994), 직무조사의 이론과 사례, 한국경영자총협회.

오종석·김종관(2014), 인적자원관리(3판), 탑북스.

유규창·박우성(2017), 리더를 위한 인적자원관리, 창민사.

이학종(2011), 조직행동론, 법문사.

장수용(2015), 직무분석 조사기법, 페이지북스.

정수진·고종식(2019), 실무지식을 위한 인적자원 관리(2판), 정독.

주해식(20220, 직무분석의 이론과 실제, 한국인사관리협회.

최영훈(2017), 인사 교육담당자가 꼭 알아야 하는 체계적 직무분석방법론, 플랜비디자인.

한인수·정범구(2020), 현대 인적자원관리(4판), 명경사.

A. D. Szilaggi, Jr. & M. J. Wallace, Jr(1987), Organizational Behavior and Performance, Scott Foresman and Company.

E. B. Flippo(1984), Personnel Management(6th ed.), McGraw-Hill.

E. J. McCormick(1976), "Job and Task Analysis," In M. D. Dunnette (Ed.), Handbook of Industrial and Organizational Psychology(pp. 651-696), Chicago: Rand McNally.

G. Dessler(2017), Human Resource Management(15th ed.), Pearson.

H. Precious & M. Tsitsi(2021). Principles of Human Resources Management, LAP Lambert Academic Publishing.

J. R. Hackman & G. R. Oldham(1976), "Motivation through the Design of the Work: A Test of Theory," Organizational Behavior and Human Performance, 16, 250-279.

P. Pigors & C. A. Myers, Personnel Administration(9th ed.), 1981.

R. A. Noe, J. R. Hollenbeck, B. Gerhart & P.M. Wright(2022), Human Resource Management: Gaining a Competitive Advantage(13th ed.), McGraw Hill.

R. L. Mathis, J. H. Jackson & S. R. Valentine(2015), Human Resource Management: Essential Perspectives, Cengage Learning.

R. N. Lussier & J. R. Hendon(2018), Human Resource Management: Functions, Applications, and Skill Development(4th ed.), SAGE Publications, Inc.

S. L. Verhulst & D. A. DeCenzo(2021), Fundamentals of Human Resource Management(14th ed.), John Wiley.

S. R. Valentine, P. Meglich, R. L. Mathis & J. H. Jackson(2019), Human Resource Management(16th ed.), Cengage Learning.

S. Snell & S. Morris(2022), Managing Human Resources(19th ed.), Cengage Learning.

제4장

인적자원계획

학습목표

- ▶ 인적자원계획의 중요성에 대하여 이해한다.
- ▶ 인적자원계획화 Process에 대하여 이해한다.
- ▶ 인적자원의 수요와 공급 예측기법에 대하여 이해한다.
- ▶ 인적자원의 수급예측에 따른 의사결정에 대하여 이해한다.
- ▶ 다운사이징과 아웃소싱의 효과에 대하여 이해한다.

제1절 인적자원계획의 개념

인적자원계획(human resource planning)은 기업이 설정한 목표달성을 위하여 적정 인력을 확보하거나 유지하기 위한 일련의 계획을 말한다. 몬디(R. W. Mondy) 등에 따르면 "인적자원계획은 조직에서 요구되어지는 기능이나 기술을 지닌 조직구성원의 정확한 규모를 확정하는 체계적인 분석이다"라고 주장하였다. 환경변화에 따라 기업은 업무량이 늘어나기도 하고 줄어들기도 한다. 기업이 추구하고 있는 업무량에 따라 적정한 인적자원을 보유하는 것이 필요하다. 기업은 목표를 달성하기 위해서 업무량보다 인원이 적어서도 안되고 인원보다 업무량이 적어서도 안된다. 업무량에 따라 적정 인원의 균형을 맞추듯이 현재 및 장래의 각 시점에서 기업이 필요로 하는 인적자원의 규모를 예측하고 결정하는 과업이 인적자원계획이다.

인적자원계획은 모집, 선발, 배치를 위한 고용관리를 위해서 뿐만 아니라 인사이동관리, 교육훈련, 임금관리 등과도 밀접한 관련성을 가진다. 고용관리나 인사이동관리를 계획적으로 하기 위해서는 사전에 조직 내 각 직위에 대한 인원의 필요한 규모와 현재 인원과의 변동관계를 파악하여야 하기 때문이다. 또한 임금예측은 인원 수에 의하여 영향을 받기 때문에 인적자원계획과 밀접한 관계를 가지게 된다. 이와 같은 관계는 임금예산을 줄이자면 임금수준을 낮추던가 인원 수를 줄이는 방법 밖에 없기 때문이다. 또한 조직구성원 대상의 교육훈련계획도 인적자원계획에 입각하여 수립하는 것이 일반적이다.

인적자원계획은 인적자원의 수요와 공급에 대한 예측에서 출발한다. 인적자원의 수요예측은 기업이 얼마만큼의 인력이 필요한 지를 예측하는 것이고, 공급예측은 기업 자체적으로 인적자원을 얼마나 조달가능한 지를 판단하는 것이다. 따라서 인적자원계획은 인적자원의 수요에 대한 예측과 더불어 인적자원의 공급에 대한 예측도 필요로 한다. 인적자원의 공급예측도 쉬운 작업이 아니라서 사내 인적자원의 현황과 동태를 항상 정확히 파악하고 있어야 하며, 그 부족이 예상되면 먼저 사내 인적자원의 이동에 의한 내부조정을 시도하고 난후 외부 충원계획을 세우는 것이 합리적이다.

제2절 인적자원계획 과정

인적자원계획 과정은 먼저, 인적자원의 수요를 예측하고, 다음으로 인적자원의 공급을 예측한다. 다음으로 예측된 인적자원의 수요와 공급을 비교한다. 인적자원의 수요와 예측을 비교하여 수요와 예측이 균형을 이루면 기업에서는 인적자원을 줄이거나 충원을 할 필요가 없게 된다. 인적자원의 수요와 공급을 비교하여 공급이 많은 경우는 업무량보다는 인력이 과잉이 되었기 때문에 인력을 줄이는 조치를 취하게 된다. 반대로 인적자원의 수요가 많은 경우는 인력의 규모보다는 업무량이 더 많이 필요한 경우로서 인적자원을 충원하여야 하는 조치를 취하게 된다. 따라서 인적자원계획 과정은 인적자원의 수요와 공급을 예측하

그림 4-1 인적자원계획 과정

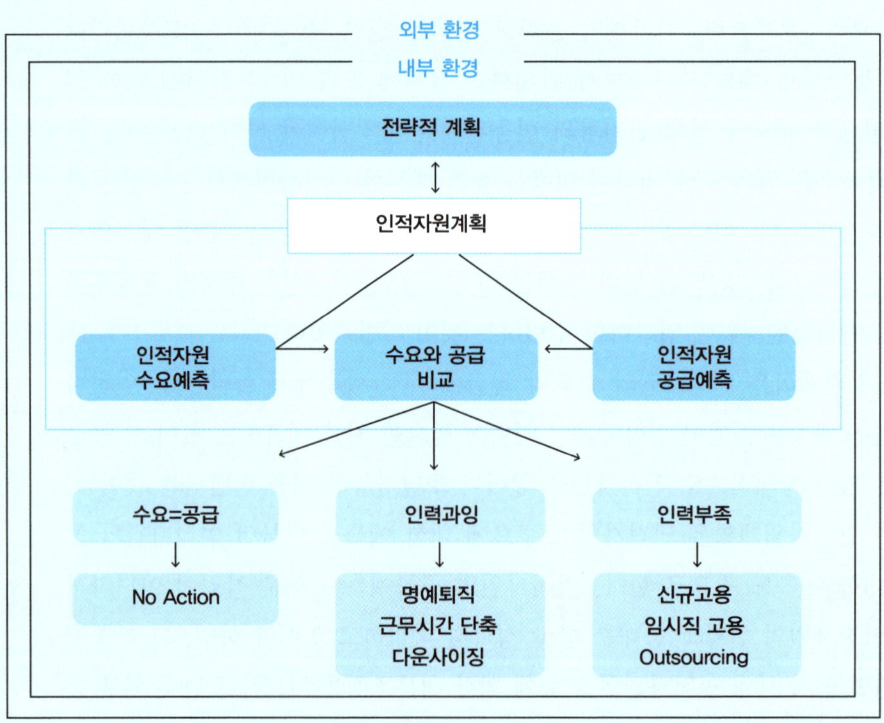

고, 수요와 공급을 비교하여 편차가 발생할 경우 인적자원을 충원을 하든지 줄이든지 행동을 취하는 과정으로 이루어진다.

제3절 인적자원의 수요와 공급예측

1. 인적자원의 수요예측 기법

1) 델파이 기법(Delphi technique)

델파이 기법은 인적자원의 수요예측에 대하여 전문성을 가지고 있는 전문가들에게 의견을 구하여 기업의 인적자원의 수요를 결정하는 기법이다. 델파이 기법은 미국의 Rand Corporation이 개발한 기법으로 미래에 실현될 중요 과제의 실현시기, 중요도 등에 대하여 다수 전문가의 직관(intuition)을 수렴하는 기술예측의 한 방법으로 사용되었다.

델파이 기법의 특징으로는 ① 익명성, ② 반복적 피드백을 통한 정보교환, ③ 통계분석으로 구분된다. 특정인의 영향력을 배제하기 위해 누가 어떤 의견을 제시하였는지를 모르게 하고, 여러 전문가가 제시한 의견을 상호 반복적인 피드백을 통해 자신의 의견을 수정할 기회를 제공하고, 마지막으로 취합된 의견을 통계적인 분석에 의해 결론을 도출하여 최종적인 의사결정에 반영시키게 된다.

2) 추세분석(trend analysis)

추세분석은 과거 인적자원의 규모에 변화를 주었던 환경요소들을 파악하고 시간에 따른 인적자원의 변화 정도를 파악하여 미래 인적자원의 수요를 예측하는 기법이다. 인적자원 규모의 양적 변화 추세를 분석하기 위해서는 인적자원의 규모에 영향을 미치는 관련된 요인들을 분석하여야 한다. 경기의 호황이나 불황, 조직의 구조조정, 사업 투자액의 변화, 종업원의 연간생산량, 노동생산성의 추이 등에 관한 과거부터 현재까지의 추세를 파악하여 미래의 인적자원의 수요를 예측하는 기법이다.

3) 생산성 비율분석(production ratio analysis)

생산성 비율분석은 과거 기업이 달성했던 생산성 변화에 대한 정보를 통해 필요한 인적자원의 수요를 예측하는 기법이다. A라는 제품을 생산하는 조직이 1일 10,000대를 생산하는데 10명의 작업자가 필요했다면, 미래에 이 기업에서 1일 20,000대를 생산하려고 한다면 총 20명의 인적자원이 필요하다고 수요예측을 할 수 있는 것이다. 이러한 인적자원의 수요예측 기법은 다른 영향변수가 없다고 한다면 필요한 인원 수가 생산량에 따라 비례적으로 증가한다는 것을 가정하고 있다.

4) 회귀분석(regression analysis)

기업의 인적자원 수요를 결정하는데 영향을 미치는 다양한 요소들을 파악하여 그 영향력을 계량적으로 계산하여 기업의 미래 인적자원의 수요를 예측하는 기법이다. 인적자원의 수요에 영향을 미치는 요소들로서는 인건비와 상관관계가 큰 직접적인 요인들로 구성되는데, 매출액, 생산량, 교육훈련비, 판매량의 부가가치액 등이다. 이러한 요인들 의 과거 데이터를 투입하여 통계적 분석을 통해 미래 인적자원의 수요를 예측하게 된다. 이를 회귀방정식으로 나타내면 다음과 같다.

회귀분석에 의하여 기업의 인적자원에 대한 수요를 예측하기 위해서는 투입된 영향요소들에 대한 과거 데이터가 충분히 확보되어 있어야 가능한 기법이다.

$$y = ax_1 + bx_2 + cx_3 + dx_4 + \epsilon$$

(y=인적자원의 수요, a=매출액, b=생산량, c=교육훈련비, d=판매량의 부가가치액, ϵ=오차항)

2. 인적자원의 공급예측 기법

1) 기능 목록표(skill inventory)

기능 목록표는 개별 종업원의 직무수행 관련 현황을 기록한 것으로 종업원이 보유한 기능이나 기술, 승진 횟수와 기간, 이직 여부, 훈련 참가 횟수와 종류 등을 의미한다. 기업에서 자체적으로 특정한 부서나 업무에 인적자원이 필요한 경우에 기능 목록표를 활용하여 공급하기 위한 방법이다. 새로운 직무나 직위에 얼마나 적합한 지를 기능 목록표를 참고하여 새롭게 배치를 하면서 인적자원의 공급을 하게 된다.

개별 종업원의 업무관련 기능에 대한 현황 뿐만 아니라, 인구통계학적 특성으로 성별, 결혼 여부, 부양가족의 수, 기초 학력수준, 특수한 기술이나 기능의 보유 여부 등을 토대로 새로운 직무에 배치여부를 결정한다. 최근에는 인적자원정보시스템(HRIS)에 종업원이 보유하고 있는 기능, 지식, 특성 등에 대한 다양한 정보를 입력하여 필요한 경우에 정보검색을 통하여 즉시적으로 활용하는 방식으로 운용하고 있다.

2) 관리자 목록표(management inventory)

관리자 목록표는 관리자들에 관한 모든 정보를 기록한 것으로 승진, 부서이동, 성과평가 등의 관리자에 대한 인사기록으로, 이 자료를 활용하여 기업에서 필요한 인적자원에 대한 공급을 자체적으로 하는 방법이다. 여기에는 관리자들의 직무경력, 업무수행의 강점과 약점 그리고 승진가능성, 인적사항 등도 포함이 되어 있다.

기업에서는 관리자 목록표를 이용하여 새로운 직무나 직위발령에 적합한 관리자를 파악할 수 있는 것이다. 관리자의 자리가 이직이나 사고 등으로 인하여 공백이 발생할 경우 관리자 목록표를 활용하여 적합한 인적자원을 확보하여 새롭게 배치를 시키는 방법인 것이다.

표 4-1 마코브 분석기법

(A)		이동확률 P	M	S	J	이직
이사 (P)		.80				.20
부장 (M)		.10	.70			.20
과장 (S)			.05	.80	.05	.10
계장 (J)				.15	.65	.20

(B)	초기인원	P	M	S	J	이직
이사	40	32				8
부장	80	8	56			16
과장	120		6	96	6	12
계장	160			24	104	32
차기계측위원		40	62	120	110	68

3) 마코브 분석기법(Markov analysis technique)

인적자원의 공급예측에 사용되는 또 다른 기법으로 마코브 분석기법이 있다. 이 방법은 과거에 일어난 종업원 및 관리자들의 인사이동에 관련된 자료들을 분석하여 미래의 인적자원에 대한 공급을 예측하는 방법이다. 예를 들어, 과거의 인사이동이 이루어진 자료를 근거로 분석한 인사이동확률 매트릭스가 〈표 4-1〉의 (A)와 같다고 하자. (A)의 자료를 보면, 이사는 80%가 그 직위를 유지하고, 20%는 이직을 하게 된다. 부장은 10%가 이사로 승진, 70%는 그 직위를 유지, 20%는 이직을 하게 된다. 과장은 5%가 부장으로 승진, 80%는 그 지위를 유지, 5%는 계장으로 강등, 10%는 이직을 하게 된다. 마지막으로 계장은 15%가 과장으로 승진, 65%가 그 지위를 유지하고, 20%는 이직을 하게 된다는 것을 나타내고 있다.

이러한 분석을 기초로 다음 기의 인적자원의 공급을 예측해 보면 〈표 6-1〉의 (B)와 같이 된다. 즉, 각 직위에 소속된 초기의 인원이 각각 40, 80, 120, 160명이었으나, 한 기가 지나게 되면, 각 직무에 소속된 인원은 40, 62, 120, 110명으로 변하게 된다. 예를 들어, 부장직의 62명은 (80명×0.7)+(120×0.05)에 의하여 산출된 것이다. 즉, 초기의 부장직 80명 가운데 10%인 8명이 승진하고, 70%인 56명은 그대로 부장 직위를 유지하며, 과장직 120명 가운데 5%인 6명이 승진하여 차기의 부장직이 62명이 되는 것이다.

제4절 인적자원의 수급예측 결과에 따른 의사결정

인적자원의 수요와 공급에 대한 예측 결과를 토대로 기업은 조직에서 수행할 업무량과 인적자원의 규모를 비교하여 인적자원의 규모보다 업무량이 많은 경우에 인적자원을 보강하여야 하며, 업무량보다 인적자원의 규모가 많은 경우에는 인적자원의 규모를 줄이는 의사결정을 하여야 한다. 인적자원의 규모만을 가지고 볼 때, 인적자원의 규모를 줄이거나 늘리거나 하는 방식도 기업이 취할 수 있는 방법이지만, 인적자원의 규모를 그대로 유지하면서 업무시간을 조정한다던지, 업무를 외부에 맡긴다든지 등의 다양한 방법도 기업에서 취할 수 있는 방법이 될 수 있다.

1. 인적자원이 과잉일 경우의 의사결정

인적자원의 과잉 현상이 발생할 경우 여러 가지 방법을 활용할 수 있겠지만 대표적인 방법으로 명예퇴직을 실시하거나 근무시간을 단축하거나, 다운사이징을 통해 인적자원의 과잉 현상에 대처할 수 있는 방법을 강구하게 된다.

1) 근무 시간 단축

기업에서 인적자원의 규모가 업무량 보다 많을 경우 기업은 인적자원의 규모를 줄이는 것이 일반적인 현상이다. 인적자원의 규모를 줄이기 위한 방법은 구조조정을 통하여 강제적으로 인적자원의 규모를 줄이거나 아니면 종업원에게 자율적으로 명예퇴직을 유도하는 등 종업원과의 고용관계 단절을 통하여 인적자원의 규모를 줄이게 된다. 그러나 종업원과의 고용관계 단절을 피하고 취할 수 있는 방법이 근무시간의 단축을 통해서 종업원과의 고용관계는 유지하면서 줄어든 업무만큼 근무시간을 단축하여 기존의 업무량을 수행하는 것이다. 이는 인적자원을 그대로 유지하면서 줄어든 만큼의 근무시간을 단축하여 수행하게 하는 방법으로 근무시간의 단축으로 인하여 기존의 임금수준은 줄어들지만 고통분담의 차원에서 기업이 취할 수 있는 방법 중의 하나이다.

2) 명예퇴직

인적자원의 과잉 현상을 줄이기 위한 하나의 방법은 종업원으로 하여금 조기퇴직 프로그램을 실시하는 것이다. 정년이 도달하기 이전에 종업원들에게 자발적으로 퇴직을 유도하는 것으로서 우리나라에서는 명예퇴직제도로 운영되고 있다. 명예퇴직이란 정년연령에 도달하지 않는 근로자들에게 근속연수나 연령 등 일정한 기준을 충족하면 그의 자발적 의사에 따라 규정상의 퇴직금 이외에 금전상 보상이나 가산퇴직금 또는 위로금을 추가로 지급하는 등 우대조치를 하여 정년 전에 사직의 형태로 근로계약관계를 종료시키는 제도를 의미한다. 명예퇴직자는 퇴직을 통하여 제2의 인생을 설계하거나 새로운 도전의 기회를 가질 수 있으며, 기업은 인건비를 절감하고 조직을 활성화시켜 경영합리화를 꾀할 수 있는 특징을 지닌다.

3) 다운사이징

다운사이징(downsizing)은 조직의 효과성을 강화하기 위하여 대규모의 인적자원을 계획적으로 감축하는 것을 말한다. 기업 전체 관점에서 사업경쟁력이 없는 사업부를 과감하게 축소시키는 방법과 맞물려 인적자원의 규모를 축소시키는 전략을 강구하게 된다. 대표적으로 GE사의 잭 웰치(Jack Welch)는 세계에서 1등 할 수 있는 사업부를 제외하고 다른 모든 사업부를 정리하는 다운사이징을 통해 초우량기업으로 도약시켰던 대표적인 사례가 될 수 있다. 따라서 성공적으로 다운사이징을 실시하기 위한 방법은 무차별적인 전면적 인력감축을 피하고,

대신 비용을 감축하는 것뿐만 아니라 기업의 경쟁력을 향상시킬 수 있는 방향으로 전략적인 감축을 실시하여야 한다.

2. 인적자원이 부족할 경우의 의사결정

인적자원이 부족할 경우 여러 가지 방법을 활용할 수 있겠지만 대표적인 방법으로 신규고용을 하거나 일시적으로 부족한 업무를 임시직 고용을 통하여 해결하거나, 조직 외부의 전문가에게 업무를 아웃소싱하는 등의 방법을 통해 인적자원의 부족 현상에 대처할 수 있는 방법을 강구하게 된다.

1) 신규고용

인적자원이 부족할 경우 기업이 취할 수 있는 가장 간단한 방법은 새롭게 신규 인적자원을 고용하는 방법이다. 신규 고용을 할 때에는 직무내용에 따라 적합한 자격요건을 갖춘 사람들을 대상으로 모집하여 적합한 사람을 선발하는 절차를 거치게 된다. 기업에서 발생하는 비용 중에서 인건비가 가장 큰 비중을 차지하는 업종에 있어서는 향후 인건비의 부담에 따라 기업이 어려움을 겪을 수 있기 때문에 신규 고용에 대한 의사결정을 내리기는 쉬운 일은 아니다. 신규 고용에 따라 기업의 경쟁력이 강화될 수 있으며, 성장 속도가 빠른 기업의 경우에는 신규 고용을 통한 조직 성과향상에 기여할 수 있게 된다.

2) 임시직 고용

임시직 고용은 기업에서 일시적으로 수행하여야 하는 업무가 발생하였을 경우에 정규직 고용이 아닌 임시적으로 인적자원을 고용하여 수행하게 하는 방법이다. 이는 주로 제품 및 서비스에 대하여 수요측면의 변동이 심할 때 인적자원을 효율적으로 운영하기 위해 필요한 노동력의 유연성을 가지기 위해 도입되었다. 임시직 고용을 통해 기업이 가질 수 있는 장점으로는 정규직 근로자에 비해 인건비의 부담이 적다는 것과 일시적으로 수행하여야 할 업무에 대해 전문성을 가지고 있는 사람을 활용함으로써 업무의 효율성을 올릴 수 있다는 장점이 있지만, 정규직 대신에 임시직 근로자만을 고용한다든지, 정규직 근로자가 되기 이전에 임시직 형태를 취한다든지 등 많이 악용되고 있는 것도 사실이다.

3) 아웃소싱

특정 직무를 임시직을 고용하여 수행하게 만들 수도 있지만, 외부의 다른 조직으로부터 보다 광범위한 서비스를 받을 수도 있다. 이러한 외주를 아웃소싱이라고 한다.

아웃소싱은 기업이 특정 전문가를 갖고 있지 않을 때, 그 전문가를 개발할 시간과 에너지를 갖고 있지 않을 때 선택할 수 있는 대안이다. 예를 들면, 특정 제조업체가 자신들의 전문영역이 아닌 부분을 전문능력을 갖고 있는 타사에 아웃소싱하여 제품의 질과 양을 높이기도 한다. 또한 기업체에서 인적자원관리의 고용관리 업무 중에서 모집과 선발기능의 일부 기능을 아웃소싱하는 경우도 볼 수 있다.

사 례 | '미래'와 '핵심직무'에 중점을 둔 전략적 인력계획

기업 조직 내에서 HR이 제 역할을 하려면 어떻게 해야 하는가? 주도적이어야 한다. 주도적 HR은 가까운 장래에 우리회사에서 필요한 역량을 정의하고 그에 맞는 인력계획(Work-force Planning)을 수립해야 하는 것이다. 그것도 전략적이어야 한다.

전략적 인력계획(SWP: Strategic Work- force Planning)이 기존의 인력계획과 차이가 있는 점은, 사업계획이 성공적으로 실행하기 위해 필요한 스킬 또는 이러한 스킬을 보유한 사람이 누구인가를 정의하는 데서 시작한다.

따라서 전사적으로 몇 명이 적정한 인력인가? 라는 현재 관점보다는 '미래를 내다보고 미리 대비하는 관점'과 '대응할 시간을 확보한다는 관점'으로 인력계획을 바라본다. 전사적 관리 측면에서는 모든 직무를 대상으로 인력계획을 수립하는 것이 효율적인 수 있지만, 기업의 경쟁우위 확보와 전략의 원활한 실행을 고려한다면 꼭 그럴 필요는 없다.

핵심직무에 집중하는 접근이 필요하다. 그렇다면 '미래'와 '핵심직무'에 초점을 두어야 한다. 특히 가까운 미래에 절실하게 필요한 역량을 규정하고 그 역량을 어떻게 확보하느냐가 전략적 인력계획의 핵심이다.

㈜한독에서의 전략적 인력계획이란?

한방향 정렬 | 복잡해지고 불확실성이 높아지고 있는 상황에서 중요한 것은 특정 시점의 숫자(인력수·인건비 등) 파악이 아니다. 인력계획의 궁극적 목적은 성공적인 사업실행의 지원이다. 이에 인력계획의 시작은 비즈니스 이해에서 출발해야 한다. 적정 인원수를 파악하고 인력계획을 수립하는 것은 그 다음이다.

먼저 회사의 사업영역·핵심기능·프로세스에 대한 깊은 이해가 필요하다. 비즈니스적 이해를 어떻게 인사적으로 해석하고 대응할 것인가(Strategic Decoding)이다. 이 부분이 전략과 HR이 만나는 접점으로, 비즈니스 차원의 인력수요를 예측하고 이에 따른 HR 차원의 공급을 고민하는 것이 전략적 인력계획의 핵심이다.

중장기 차원에서의 접근 | 전략적 인력계획은 고용계획보다 더 긴 기간을 보는 것과 인력운영상 우선순위를 수립 및 운영하는 것으로 회사에 더 큰 가치를 제공한다.

이를 위해서는 첫째, LRSP(Long Range Strategic Plan)을 작성하여야 한다. 각 사업부 문별로 1년부터 5년까지를 기점으로 현재의 제품으로 달성할 수 있는 성장과 새로운 제품이나 서비스로 5년 내 달성을 위한 성장에 필요한 인력을 받아서 취합한다.

그 다음은 과연 현업의 인력보강으로만 가능한 것인가? 아니다 비즈니스의 형태가 달라지면 지원부문도 달라진다. 이처럼 인력계획은 어떤 사업이 확장되거나 축소되는 것에 대비하여 인력을 수급하는 계획이다. 인력은 단기적인 접근이 아니라 장기적으로 접근해야 하는 대표적인 자원이기 때문에 사전에 충분히 계획하지 않으면 조직 존립에 심각한 문제가 발생한다.

둘째, 3년간의 인력계획을 작성해야 한다. 각 기능별로 인원과 인건비의 추이를 살펴보고 인원배치와 인건비 조정에 관련된 의사결정을 할 수 있도록 한다.

셋째, 연도별 예산을 수립하는 것이다. 다음해 사업목표는 무엇이고, 이를 달성하기 위한 매출과 이익은 어느 정도 되며, 이를 달성하기 위한 비용은 어떻게 되고, 필요한 인원과 인건비 등에 대한 예산을 반영해 놓는 것이다.

상당수 기업들이 인력계획시 사업부에서 요청한 인력 수를 취합하고 인건비 측면에서 조정하는 과정을 거친다. 그러나 인적자원은 단순 인건비 이상의 가치가 있기 때문에 인력계획은 인건비보다는 비즈니스 실행력 확보와 연관되어야 한다. 그렇지 않은 인력계획 활동은 비즈니스 실행에 도움을 주기 어렵다.

진정한 전략적 인력계획 정성적이어야 | 인사가 만사라고 하면서 실제 인력계획은 예산을 편성하는데 하나의 숫자로 나타내는 것에 불과해서는 전략적 인력계획이 아니라고 본다. 단순하게 인원수를 헤아리는 정량적 인력계획은 던져버리고 생산성 향상을 위한 정성적 전략적 인력 계획을 수립해야 한다.

정부 노동시장에 개입에 따른 대응안 인력계획에 포함 | 정부의 노동시장 개입에 대한 대응으로 활용할 수 있는 회사의 인력계획은 한계가 있을 수밖에 없다. 따라서 개별 기업은 첫째로 직원들의 역량을 강화시키고, 둘째로 업무몰입

도를 향상시켜 인건비 비중을 최소화하는 수 밖에 없을 것이다.

헤이그룹이나 콘페리의 전략적 인력계획의 5 Rights, 즉 전략적 인력계획은 구성원에 대해 다섯 가지의 최적화 관점으로 ① 적정 인원수(Right Size) ② 인적역량(Right Skills) ③ 인력 구조(Right Shape) ④ 인적배치(Right Site) ⑤ 인건비(Right Spend) 중 인적역량(Right Skills)이 인력계획의 가장 핵심으로 부각된다.

회시가 비즈니스 성과를 높이고 경쟁우위를 깆기 위해서는 요구되는 구성원의 적정 역량수준, 필요한 역량수준 대비 현재 구성원들이 보유 한 역량수준 차이를 분석하고, 그 차이를 줄여가는 활동·역량을 이전보다 한단계 업그레이드 하지 못하면 경직된 노동시장에서의 돌파구를 찾을 수 없게 된다.

따라서 전략적 인력계획에 직원들의 역량을 어떻게 향상시킬 것인지가 관건이며, 가까운 미래 비즈니스에 필요한 역량은 무엇인지, 그리고 그 역량을 자체 인력으로 가능한 것인지, 아니면 그 역량이 있는 노동시장은 어디인지 등이 포함 되어야 할 것이다.

〈한국인사관리협회, 월간 인사관리, 2019년 11월호〉

참고문헌

김성수(2019), 제4차 산업혁명시대 신인적자원관리(2판), 탑북스.

박성수(2020), 디지로그시대의 인적자원관리(5판), 박영사.

신철우 · 최찬기 · 윤정현 · 김대수(2018), 인적자원관리, 탑북스.

양동훈(2022), 인적자원관리, 홍문사.

오종석 · 김종관(2014), 인적자원관리(3판), 탑북스.

유규창 · 박우성(2022), 리더를 위한 인적자원관리, 창민사.

이학종 · 영혁승(2012), 전략적 인적자원 관리(개정판), 오래.

임창희(2020), 인적자원관리, 비앤엠북스.

전상길(2020), 창조경영을 위한 인적자원관리, 길을 묻다, 창명.

정수진 · 고종식(2019), 실무지식을 위한 인적자원 관리(2판), 정독.

정재훈 · 김진욱 · 김현정(2019), 인적자원관리, 북넷.

최병우(2022), 전략적 인적자원관리의 기초, 탑북스.

한인수 · 정범구(2020), 현대 인적자원관리(4판), 명경사.

G. Dessler(2015), Human Resource Management(16th ed), Generic.

H. Precious & M. Tsitsi(2021). Principles of Human Resources Management, LAP Lambert Academic Publishing.

R. A. Noe, J. R. Hollenbeck, B. Gerhart & P.M. Wright(2022), Human Resource Management: Gaining a Competitive Advantage(13th ed.), McGraw Hill.

R. L. Mathis, J. H. Jackson & S. R. Valentine(2015), Human Resource Management: Essential Perspectives, Cengage Learning.

R. N. Lussier & J. R. Hendon(2018), Human Resource Management: Functions, Applications, and Skill Development(4th ed.), SAGE Publications, Inc.

S. L. Verhulst & D. A. DeCenzo(2021), Fundamentals of Human Resource Management(14th ed.), John Wiley.

S. R. Valentine, P. Meglich, R. L. Mathis & J. H. Jackson(2019), Human Resource Management(16th ed.), Cengage Learning.

S. Snell & S. Morris(2022), Managing Human Resources(19th ed.), Cengage Learning.

제5장

채용관리

학습목표

▶ 채용관리의 절차에 대하여 이해한다.

▶ 종업원 내부모집의 원천과 방법에 대하여 이해한다.

▶ 종업원 외부모집의 원천과 방법에 대하여 이해한다.

▶ 비정규직 종업원의 유형에 대하여 이해한다.

▶ 선발절차에 대하여 이해한다.

▶ 면접의 유형과 특징에 대하여 이해한다.

▶ 선발결정방식에 대하여 이해한다.

제1절 모집관리

1. 모집관리의 개요

인적자원계획을 통해 인적자원의 수요와 공급을 예측하고 인적자원의 과부족을 판단하면 기업에서는 인적자원의 규모를 축소하거나 증대시키는 의사결정을 하게 된다. 인적자원이 부족할 경우 기업에서는 기업 외부의 인력을 채용을 통해 인적자원을 확보하게 된다. 인적자원의 채용관리는 모집, 선발, 배치 활동으로 구분되는데 우선적으로 이루어지는 관리활동이 모집관리이다. 모집(recruitment) 활동이란 적합한 자격요건을 갖춘 인적자원에게 기업에서 근무할 기회를 제공하기 위한 유인활동을 의미하는데, 디센조와 로빈스(D. A. DeCenzo & S. P. Robbins)는 모집이란 "실제의 또는 예상되는 결원에 대비하여 잠재적 후보자를 발견하는 과정"이라고 정의하였다.

인적자원계획화 과정에서 인적자원의 공급보다 인적자원의 수요가 더 많은 경우 부족한 인적자원을 확보하기 위해 모집활동이 시작된다고 볼 수 있다. 기업의 성과향상을 위하여 우수한 인적자원을 선발하기 위해서는 성공적인 모집활동이 선행되어야 할 것이다. 최근 기업에서는 모집관리에 따르는 비용을 절감하거나 전문성을 갖춘 모집활동을 실시하기 위하여 외부 전문업체에 아웃소싱하는 경우도 증가하고 있는 추세이다. 이는 노동시장 전체의 수요과 공급 관점에서 볼 때, 공급과잉이 지속적으로 발생하기 때문으로도 이해할 수 있으며, 모집 규모에 비하여 지원자 수가 워낙 많다 보니 기업이 보유한 인적자원관리 부서의 인력으로서는 모집 절차에 따르는 많은 업무부담을 줄이기 위한 방법으로도 활용되는 것이다.

기업에서는 조직성과 향상을 기하는데 있어 얼마만큼의 인적자원이 부족한지, 어떤 업무를 수행할 인적자원이 필요한지, 부족한 인적자원이 얼마동안 지속될 지에 대한 다양한 분석에 따라 충원이 필요한 경우 필요한 인적자원의 규모에 맞추어 적은 인력이 필요한 경우 주로 내부모집에 의존하고, 많은 인력이 필요한 경우 외부모집에 의존하는 경향이 있다.

2. 모집의 원천과 방법

모집에는 내부모집(internal recruiting)과 외부모집(external recruiting)이 있다. 내부모집은 기업 내부에서 현직 종업원을 대상으로 모집활동을 하는 것이며, 외부모집은 기업 내부의 현직 종업원이 아닌 기업 외부에 있는 사람들을 대상으로 모집활동을 하는 것이다. 외부모집의 경우에 정규직을 모집할 것인지, 비정규직을 모집할 것인지에 따른 의사결정도 하여야 한다.

표 5-1 모집의 원천과 방법

내부 모집		외부 모집	
원천	방법	원천	방법
- 승진 - 배치전환 - 직무순환	- 기능 목록표 - 관리자 목록표 - 사내공개모집	- 교육기관 - 고용대행기관 - 미취업자 및 실업자 - 경력자	- 광고 - 인터넷 모집 - 인턴사원제 - 현직 종업원 추천 - 자발적 응모

내부모집과 외부모집에 관련된 장·단점을 구분하면 다음 〈표 5-2〉와 같다.

표 5-2 내부모집과 외부모집의 장·단점

내부 모집		외부 모집	
원천	방법	원천	방법
- 시간과 비용절감 - 오리엔테이션 짧음 - 동기부여가 큼 - 기능/능력에 대한 정확한 평가	- 새로운 이어디어 창출에 한계 - 역량있는 후보자 pool 부족 - 인적자원 다양성부족	- 후보자 넓은 pool - 인적자원의 다양성 증대 - 새로운 아이디어 창출 가능	- 기존 인력 사기저하 - 시간과 비용증대 - 오리엔테이션 기간이 김

자료: M. Harris(1997), Human Resource Management: A Practical Approach, The Dryden Press, p. 95.

1) 내부모집

(1) 내부모집 원천

① 승진

승진(promotion)은 하위직에서 상위직으로 이동하는 것을 말하는데, 정확하게 표현하자면 권한과 책임의 수직적인 상승을 의미한다. 수직적인 상승에 따라 임금의 상승도 수반된다. 어떠한 특정 지위에 대한 결원이 발생했을 경우, 기업 내부에서 경력을 쌓고 일정한 자격요건을 갖춘 종업원들 중에서 가장 적합한 사람을 승진시켜 주는 방식이다. 기업 내부의 종업원은 조직의 다른 구성원, 절차, 방침, 특성을 더 잘 알고 있으며, 내부의 승진은 종업원들로 하여금 소속감의 증진과 성취감을 유발시킬 수 있다. 또한 내부의 승진은 종업원들의 동기유발에 크게 기여하며, 시간이나 비용면에서 경제적일 수 있다는 장점을 지니고 있다. 반면, 조직의 특성을 너무 잘 알다보니 새로운 창의적인 아이디어 도출에 한계가 있으며, 승진에 누락된 사람은 오히려 사기가 저하된다는 단점을 아울러 지니고 있다.

② 배치전환

배치전환(transfer)은 동일한 직급상의 다른 직무를 수행하도록 변경하는 것을 의미한다. 다른 직무로 변경을 주면서 기업 내부에서 필요한 인적자원의 적임자를 찾는 방법이다. 배치전환을 통해서 장기적인 관점에서 미래의 승진을 위한 준비 단계로서도 활용이 되어 진다는 장점을 가지고 있지만, 종업원의 기능과 능력에 부합되지 않는 직무를 수행할 경우 효율성이 저하될 수 있는 가능성이 있다는 단점도 가지고 있다.

③ 직무순환

직무순환을 통하여 필요한 인력을 찾을 수도 있다. 직무순환(job rotation)의 성격상 일시적이거나 단기적이기는 하나, 여러 가지 직무를 경험할 수 있기 때문에 미래의 경영자를 양성하기 위한 방법으로 널리 활용되고 있다. 이 방법의 단점으로는 직무순환에 의해 새로운 직무파악에 시간이 소요된다는 점이 있으나, 종업원으로 하여금 넓은 시야를 갖게 하는 장점이 있다.

(2) 내부모집 방법

① 기능목록 및 관리자목록

기능목록(skill inventory)과 관리자목록(management inventory)은 종업원이나 관리자들이 보유하고 있는 기능이나 지식, 능력 등에 관한 정보를 저장해 놓은 시스템이며, 기업 내부에서 필요한 인적자원을 이 시스템의 검색을 통하여 찾는 방법이다. 아직까지도 많은 기업들이 인사파일(personnel file)이라는 문서화된 형태로 종업원과 관리자의 기능관련 정보를 갖고 있었으나, 오늘날에는 이러한 자료들을 데이터베이스로 구축한 인적자원정보시스템(human resource information systems, HRIS)을 활용하는 경향이 점차 증가하고 있는 추세이다.

② 사내공개모집

기업에서 특정 프로젝트나 신규 사업, 결원이 발생한 직무 등에 대한 필요한 인적자원을 모집하기 위해 사내에 있는 인적자원을 널리 활용하는 제도로서, 사내인력공모제, 내부공모제 등으로 불리운다. 사내공개모집은 조직 내부의 종업원들에게 직무공고(job posting)를 통해 이루어지는데, 조직 내부의 종업원이나 관리자들에게 조직 내부에서 필요한 직무에 대하여 사내 홈페이지나, 게시판, 사보 등에 공고를 통하여 응모하도록 하는 방법이다. 기업에서는 프로젝트나 신규 사업, 결원된 직무 등에 적합한 인적자원을 활용할 수 있다는 측면과, 개인에게는 새로운 지식과 기능을 개발하고 성장할 수 있는 기회를 가지게 된다는 장점이 있다.

2) 외부모집

(1) 외부모집 원천

외부모집은 기업 내부에서 인적자원을 확보하는 것이 아니라 기업 외부의 노동시장에서 인적자원을 영입하는 방법이다. 기업 내부에서 적임자를 확보하지 못하는 경우 인적자원의 공급을 기업 외부에서 찾아야 하는 것이다. 특히 급성장하는 기업이든지, 고급 전문가, 숙련공, 관리직 종업원과 같은 인적자원의 수요가 큰 기업의 경우는 이러한 외부모집을 통하여 인적자원을 공급하는 것이

훨씬 효과적으로 작용한다. 외부모집은 다양한 원천에서 다양한 방법으로 모집활동이 일어난다. 이에 따라 인적자원관리 담당자는 필요로 하는 인적자원을 가장 효과적으로 확보할 수 있는 원천에서 효율적인 방법을 사용하여 모집하여야 한다.

① 교육기관

사무보조직, 생산직, 기능직 근로자들은 대개 고등학교 졸업자 대상으로, 관리직, 사무직, 전문직 근로자들은 주로 대학교 졸업자 대상으로 모집하고 충원을 하게 된다. 따라서 이 방법은 관련 교육을 받은 자격을 갖춘 사람들을 대상으로 각 학교를 통하여 그들의 졸업자 가운데서 필요한 인적자원을 공급받고자 한다. 기업들은 보다 유능한 인적자원을 확보하기 위하여 교육기관들을 대상으로 취업설명회를 실시하거나, 추천을 통하여 인적자원을 모집하기도 한다.

② 고용대행기관

기업에서 필요로 하는 인적자원을 모집하기 위해 전문적으로 고용절차를 대행해주는 업체에 의뢰하여 인적자원을 모집하는 방법이다. 이 방법은 모집절차에 대해서만 아웃소싱을 통해 인적자원을 모집하는 것이다. 일반적으로 고용대행은 정부나 공공기관(예, 고용노동부의 지역별 고용센터)에서 운영하기도 하며, 기업은 외부 인쿠르팅 업체에 주로 맡겨서 모집을 대행하기도 한다. 최근에는 인터넷을 통한 온라인 취업정보업체들(예. 잡코리아, 사람인 등)이 중요한 모집원천으로 작용하고 있다. 전문가를 대상으로 취업알선을 중개하는 헤드헌팅 사업체도 고용대행기관에 포함시킬 수 있다.

③ 미취업자 및 실업자

경제가 고도화되거나 인적자원이라는 노동력을 기계나 컴퓨터가 대체하는 등에 의하여 노동시장에 많은 미취업자가 발생할 수 있다. 그리고 기업의 구조조정 과정에서 나타나는 인적자원의 수급불균형 등으로 인하여 실업자도 발생할 수 있는 것이다. 이러한 미취업자 및 실업자 중에는 기업에서 필요로 하는 자격요건을 갖추고 근로할 의욕도 높은 사람들이 많기 때문에 기업에서는 중요한 외부모집의 원천으로 작용한다.

④ 경력자 또는 퇴직자

노동시장에서 노동력의 유연성이 높으면 한 기업에서 다른 기업으로 인적자원이 이동하는 경우를 자주 볼 수 있다. 특히 평생직장을 보장해 줄 수 없는 상황이나, 퇴직을 했으나 직장에서 충분히 일할 수 있는 사람들의 경우 그들이 지닌 전문성이 다른 기업에서 역량을 충분히 발휘할 수 있을 것이다. 특정 분야에 경력직 종사자를 모집하는 경우에 경쟁기업 또는 다른 회사에 근무한 경력을 가진 사람이나 한 분야에서 오랫동안 근무를 하고 퇴직한 사람들이 모집의 원천으로 작용할 수 있다. 최근 사회적기업(social enterprise)에서 퇴직한 고령자를 모집, 충원하는 사례가 늘고 있는 추세이다.

(2) 외부모집 방법

기업은 외부모집의 원천에 따라 유능한 사람들이 많이 지원하게 만들기 위한 유인하는 방법으로 다양한 모집방법을 활용한다.

① 광고

신문, TV, 잡지, 취업정보지 등 대중매체를 통하여 인적자원을 모집하는 방법이며 아직까지도 가장 많이 활용하는 방법 중의 하나이다. 주로 구인광고를 통해 많은 인력이 지원하도록 만드는 방법이며 특정한 직종에 국한되지 않고 다양한 업종에 있어서 모집할 수 있다는 특징을 지닌다. 이 방법은 한번에 많은 사람들에게 전달되는 효과를 가지고 있으며, 미숙련자부터 전문직에 이르기까지 모든 직종이나 계층에 적용할 수 있다는 장점을 지닌다.

② 인터넷 모집

정보통신기술의 발전에 따라 기업들이 취업 포털사이트나 자사의 홈페이지에 채용정보를 게재하여 온라인 상에서 모집하는 방법이다. 인터넷을 통한 모집은 지원자의 입장에서 보면 인터넷 상으로 쉽게 지원할 수 있으며, 기업 입장에서는 많은 지원자들을 유인할 수 있고, 소요되는 비용에 비해 유능한 지원자들을 확보할 수 있다는 장점을 지니고 있다. 인터넷을 통한 모집은 상시채용제도와 맞물려 시행하고 있는데, 상시채용제도를 시행하고 있는 기업들의 경우 대부분 인터넷을 통한 모집을 하고 있으며, 이와 같은 인터넷을 통한 온라인 채용의 증가 추세는 앞으로도 계속 이어질 전망이다.

③ 인턴사원제

인턴사원제는 기업들이 산학협력의 차원에서 대학졸업 예정인 학생을 대상으로 일정기간 동안 자사 현업부서에 배치하여 현장실습의 기회를 제공한 뒤 특별한 하자가 없는 한 정식사원으로 채용하는 제도를 말한다. 이러한 인턴사원제는 기업의 입장에서 산학협력 강화, 우수 인적자원의 조기 확보, 기업이미지 제고, 기업에 대한 친근감과 신뢰감 조성 등의 효과를 가지고 있으며, 학생의 입장에서는 인턴 기간 동안 기업관에 대한 올바른 정립, 적성과 능력 파악, 입사 후 빠르게 조직적응을 할 수 있다는 장점을 가지고 있다.

④ 현직 종업원 추천

기업의 현직 종업원을 통한 모집은 기업 내부의 종업원들을 대상으로 자신의 친구나 적합한 인물을 추천하도록 하여 기업에 지원하게 만드는 모집 방법이다. 이 방법은 현직 종업원들이 자신들의 기업 분위기, 요구되어지는 능력과 지식 수준, 기업의 처우조건 등에 대해 잘 알고 있기 때문에 적합한 사람을 보다 용이하게 모집할 수 있는 방법이다. 이 방법은 대규모의 사업장 보다는 소규모의 사업장이나 모집하는 인적자원의 수가 적을 경우에 적용할 수 있는 방법이다.

⑤ 자발적 응모

자발적 응모란 기업이 채용공고를 내어 응모자가 지원을 하는 것이 아니라, 응모자가 먼저 기업에 자신들의 이력사항을 제시하여 지원하는 방법이다. 자발적 응모란 예상하지 않았던 응모(unsolicited application)라고도 하는데, 구직자가 자기와 관련된 이력서, 자기소개서, 어학증명서 등 각종 서류를 자신이 취업을 원하는 회사를 방문하거나 우편 또는 인터넷 등을 통해 취업상담을 요청하는 것이 일반적이다. 대학교의 특정 학과에서 졸업예정자들의 이력사항들을 CD로 만들어 대기업 인사담당자들에게 일괄적으로 송부하여 기업이 원하는 인적자원을 모색하게 하는 방법도 자발적 응모의 일환이라고 볼 수 있다.

(3) 비정규직 종업원

지금까지 언급한 모집방법은 정규직 종업원을 모집하기 위한 활동이었다. 오늘날 기업이 자신들의 목표달성을 위하여 반드시 정규직 종업원에게만 의지할 필요는 없다. 기업의 여러 가지 상황적인 요인들을 감안하여 일시적이거나 한시적으로 필요한 업무에 대해서는 정규직 종업원보다는 비정규직 종업원을 활용하는 사례가 증가하고 있다. 기업이 활용할 수 있는 비정규직 종업원으로 임시직 종업원, 리스된 종업원, 컨설턴트라고 하는 독립계약자 등이 한시적 종업원으로서 기업에서 필요한 경우 직무수행을 위해 필요인력으로 대체되고 있다.

① 임시직 종업원

기업이 상시적으로 존재하기 않고 임시적으로 특정한 직무를 수행할 필요가 있는 경우가 있다. 상시적인 업무라고 한다면 정규직 종업원을 채용하여야 하지만 한시적으로 수행해야 될 직무가 있을 경우 비정규직 종업원을 모집하는 경우이다. 홍보부서가 없이 제품생산에 주력하는 기업의 경우 신제품이 출시되어 한시적으로 홍보인력이 필요한 경우, 기업의 주력 제품 및 서비스와 정보기술을 융합해야 할 프로그래머가 필요한 경우, 신제품 출시에 따른 고객 수요조사를 수행할 인력이 한시적으로 필요한 경우 등이 해당된다고 볼 수 있다. 기업 입장에서 노동력의 유연성을 가질 수 있다는 장점을 가지고 있지만, 한국 사회에서 임시직 종업원과 같은 비정규직 근로자에 대한 불공정한 처우에 대한 문제점들이 발생하고 있는 시점이다. 예를 들면, 정규직 종업원과 동일한 업무를 수행하지만 처우조건에서의 차별, 기업에서 상시적으로 존재하고 있는 업무에 대해서 계약기간을 정해놓고 임시직 종업원을 계속적으로 변경한다든가 등의 문제점들이 존재하고 있다.

② 리스된 종업원

임시직 종업원은 단기간에 특정한 직무수행을 위하여 요구되어지는 종업원인 반면에 리스된 종업원(leased employees)은 비교적 장기간에 걸쳐 기업에서 필요한 인력을 활용하는 방법이다. 기업에서 어떤 특정 직무를 수행할 인적자원이 필요한 경우, 가능한 인적자원을 보유하고 있는 인력대여기업(leasing company)

그림 5-1 리스된 종업원의 계약관계

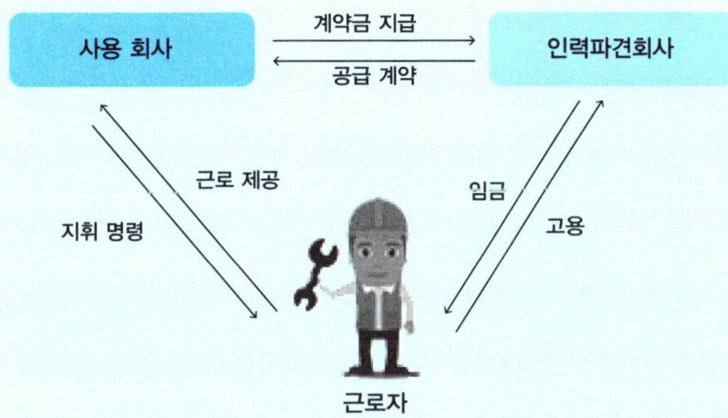

에게서 일정한 기간동안 활용할 수 있도록 계약을 통하여 인적자원을 활용하는 방법이다. 우리나라에서는 인력대여기업이 근로자 파견법에 의한 근로자 파견회사가 해당된다고볼 수 있다. 리스된 종업원을 활용하는 계약관계와 관리방법에 대하여 도식하면 다음 [그림 5-1]과 같다.

③ 독립계약자

컨설턴트(consultant)라고도 하는 독립계약자(independent contractor)에게 기업에서 특정한 업무를 계약기간을 정해 의뢰하여 업무수행이 완료되면 계약이 종료가 이루어지는 방법이다. 이 방법은 사람에 초점을 두는 것이 아니라 업무내용에 초점을 두고 계약을 하는 것이다. 이 방법은 기업에서 아웃소싱의 일환으로도 많이 활용하고 있는 추세이다. 특정한 업무를 수행할 수 있는 종업원을 채용하는 것보다는 특정한 업무를 수행할 수 있는 외부 전문가에게 의뢰하여 특정한 업무를 수행하는 것이 전략적인 관점에서 비용절감을 할 수 있는 것이다. 특히 전문가인 컨설턴트는 어느 특정한 기관에 소속되지 않고 자신의 전문분야를 다양한 집단들과 계약을 통해 자유스럽게 업무를 수행할 수 있으며, 정보통신기술의 발전에 따라 특정 공간에 제약받지 않고 자신들의 업무를 수행할 수 있다는 특징을 지닌다.

제2절 선발관리

1. 선발관리의 개요

기업에 채용을 원하는 사람들이 지원을 하게 되면, 이들 지원자들 중에서 기업에서 요구하는 직무나 직위에 가장 적합한 사람을 뽑아야 한다. 선발(selection)이란 지원한 사람들 중에서 기업에서 설정한 선발기준에 가장 적합한 사람을 고용하는 과정을 의미한다. 기업에서 선발활동이 성공하려면, 직무명세서에 명시된 직무담당자의 자격요건에 부합되는 사람을 뽑아야 한다. 선발과정에서 선발기준에 가장 적합한 사람을 뽑게 되면 이후 선발 후에도 맡겨진 직무수행에 효율성을 달성할 수 있을 것이다. 선발은 기업에서 필수적으로 요구되어지는 인적자원을 확보하는 수단이 되기 때문에 유능한 인적자원의 선택 여하에 따라 그 기업의 성패가 결정된다고도 볼 수 있는 것이다. 선발의 전형적인 기준으로는 일반적으로 교육, 경험, 신체적 조건과 개인적 특성이 널리 활용되고 있다. 기업에서 활용하는 중요한 선발기준으로 작용하는 요소로 다음과 같은 기준들이 활용되고 있다.

먼저, 기업에서는 해당 직무를 수행할 수 있는 직무수행능력과 태도를 선발기준으로 중시한다. 주어진 직무를 수행하기 위한 자격요건을 얼마나 갖추고 있느냐, 조직 내 부서에 배치되었을 경우에 조직의 목표달성을 위해 조직에 헌신할 태도를 갖고 있느냐 등의 판단기준이 된다. 따라서 직무수행능력, 조직충성도, 인간관계 등에 대한 중요성을 강조하는 것이다. 또 다른 기준으로 경험이나 과거의 업적을 중시하기도 한다. 대부분의 선발전문가들은 유사한 직무에 대한 과거의 업적이 미래 업적의 최고 예측치라고 믿고 있으며, 또 과거의 경험이 능력이나 직무관련태도의 가장 좋은 자료라고 생각하기 때문이다.

지금까지 많은 기업들이 의식적이든 무의식적이든 신체적 특성(physical characteristics)을 선발기준으로 사용해 오기도 했다. 보다 키가 큰 사람을 선호한다든가 항공사와 같이 외모를 바탕으로 선발한다든가 등의 관행이 이루어지고 있다. 외모만을 선발기준 전체로 작용하지는 않지만, 일정한 선발 단계를 통과한 지원자 대상으로 외모를 어느 정도 반영하는게 현 실정이다.

또 다른 기준으로 개인적인 특성이나 성격 유형(personality type)이 활용되고 있다. 개인적 특성이란 결혼여부, 성별, 연령 등과 같은 것으로서, 이러한 특성과 직무수행 상의 태도가 매우 밀접한 관계가 있다고 보는 관점이다. 예를 들면, 결혼한 사림이 결혼하지 않은 사람보나 이식률이 낮다는가, 반대로 해외 파견 근무는 결혼한 사람보다 결혼하지 않은 사람이 보다 선호하는 것과 같이 개인적 특성이 선발에 어느 정도 영향을 미치게 된다.

2. 선발절차

국가와 기업마다 선발절차는 각기 다른 방식으로 작용하고 있지만, 우리나라의 경우 일반적으로 입사지원서 작성, 필기시험, 면접, 경력 및 신원조회, 신체검사 등의 절차가 일반적으로 활용되고 있다. 선발절차를 도식하면 다음 [그림 5-2]와 같다.

그림 5-2 선발절차

입사지원서 접수	입사원서, 이력서, 자기소개서, 어학증명
↓ 선발시험	전공시험, 어학시험, 직무적성검사 등
↓ 면 접	정형적 면접과 비정형적 면접, 개인면접과 집단면접, 기타 면접
↓ 경력 및 신원조회	경력사항 점검, 신원 조회
↓ 신체검사	직무수행을 위한 신체 요건 검사, 질병조사 등
↓ 채용결정	최종 합격

1) 입사지원서의 접수

대부분의 기업은 지원자에 관한 다양한 정보를 얻기 위하여 교육적 배경을 비롯하여, 경력, 보유기술, 취득한 자격이나 면허, 가족사항 등을 입사지원서(application form)에 작성하도록 요구하고 있다. 입사지원서에는 기업 자체의 지원서에 이력사항을 기재하도록 요구하거나 지원서가 없는 경우에는 이력서, 그리고 자기소개서를 포함한 각종 서류를 접수하는 단계로서 서류전형의 단계이다. 서류전형에서 중시하는 항목은 지원자의 전공, 학과성적, 자기소개서, 외국어 능력, 봉사 실적, 관련 자격증 등이다. 노동시장의 공급이 과잉이 되어 있는 현실의 입장에서 일정한 기준 이상의 사람들을 대상으로 필기시험이나 면접을 실시하기 때문에 서류전형을 통과하기도 쉬운 일은 아닌게 현실이다. 현 정부의 정책적인 방향성에 따라 블라인드 채용이 증가하고 있는데, 이는 개인적 속성에 초점을 두지 않고 기업에서 요구하는 능력만을 보고자 할 때에는 필기시험이나 직무적성검사 등에 비중을 높게 두는 경향을 볼 수 있다.

2) 선발시험

선발시험(selection test)은 거의 모든 기업에서 채용을 위해 기업에서 요구하는 역량을 갖추고 있는가의 여부를 파악하기 위해 가장 효과적인 방법으로 널리 활용되고 있다. 기업에서 이루어지고 있는 선발시험의 형태로는 전공시험, 영어시험, 논술 등의 형태가 주를 이루고 있다. 한국 대기업의 경우에 있어서는 자체적으로 개발한 직무적성검사의 형태로 선발시험에 큰 비중을 두는 경향이 있다. 이외에도 적성 및 인성에 관한 심리검사들이 개발되어 선발과정의 효율을 높이고 있다.

3) 면접

면접(interview)은 선발시험과 더불어 널리 활용되고 있는 선발절차의 하나이다. 면접은 지원자를 직접 대면한 상태에서 지원자에 대한 정보를 획득하는 과정이다. 최근 면접에 대한 중요성이 증대되고 있어 수차례의 면접과정을 거치는

그림 5-3 면접의 유형

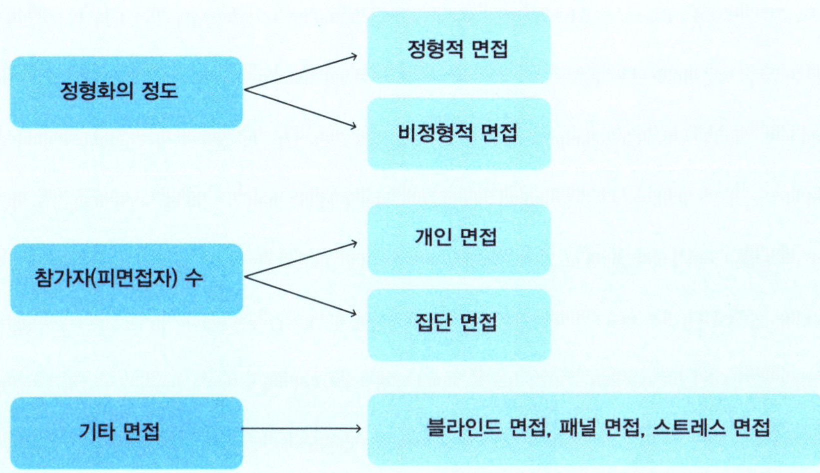

기업의 사례도 볼 수 있다. 선발시험으로 파악될 수 없는 지원자의 태도나 인성 등을 파악하거나 직무를 수행할 수 있는 실무적인 역량에 대한 내용도 면접에서 이루어지는 경우가 있다. 면접의 유형은 정형화 정도에 따라 정형적 면접과 비정형적 면접으로, 참가자(지원자)의 수에 따라 개인 면접과 집단 면접으로, 기타 면접유형으로 블라인드 면접, 패널 면접, 스트레스 면접 등으로 구분된다. 이외에도 기업에서 주력하고 있는 제품과 서비스의 특성에 따라 파워포인트 면접, 술자리 면접, 등산 면접, 선상 면접, 운동 면접 등 다양하게 개발되고 있다.

(1) 정형적 면접과 비정형적 면접

정형적 면접(patterned interview)은 구조화된(structured) 면접 질문지에 따라 면접자가 순서대로 지원자들에게 질문하면서 채점을 하는 방식이다. 이 방식은 직무명세서를 기초로 직무관련사항이나 조직에 헌신하고자 하는 태도 등에 대한 내용을 중심으로 미리 체계적으로 작성한 질문지를 이용하는 방식이다. 면접자의 개인적인 주관성이나 편견이 배제될 수 있고, 지원자들의 응답에 대한 상호비교가 가능하다는 장점을 지닌다.

비정형적 면접(nonpatterned interview)은 비구조적(unstructured) 면접으로서 면접 질문지 없이 지원자에게 최대한 의사표시의 자유를 제공하여 필요한 정보를 얻으면서 채점하는 방식이다. 지원자에게 자유롭게 표현하게 함으로써 피면접자 중심의 면접방식이 될 뿐 아니라 정형화된 방식의 결점을 극복할 수 있지만, 대화 형식으로 면접이 진행되다 보니 지원자들간의 상호비교가 쉽지 않다는 한계를 가지고 있다.

(2) 개인 면접과 집단 면접

피면접자(지원자)의 기준으로 개인으로 면접에 참가하게 되면 개인 면접, 2명 이상 집단으로 참가하게 되면 집단 면접으로 구분한다. 이는 면접자의 기준이 한 명인지 다수인지의 구분은 상관없고 피면접자의 기준으로만 보는 구분이다. 개인 면접은 지원자의 수가 적으며 심도있는 면접을 진행하고자 할 경우에 주로 활용하는 방식이고, 집단 면접은 지원자의 수가 많을 경우나 집단토론에 의한 면접을 실시하고자 할 경우에 주로 활용된다.

(3) 기타 면접

정형화의 정도, 참가자(피면접자)의 수의 기준과 관계없는 기타 면접의 형태로는 블라인드 면접, 패널 면접, 스트레스 면접 등이 있다.

블라인드 면접(blind interview)은 무자료 면접이라고 하는데, 지원자에 대하여 아무런 정보없이 오로지 능력과 성과에 적합한 사람을 선발하고자 할 때 사용하는 면접이다. 이는 성별, 연령, 학력, 경력과 같은 개인적 특성을 보지 않고 기업에서 요구하는 수준에 적합한 사람을 선발하고자 할 때 이루어지는 방법이다. 최근에는 개인적 특성에 의하여 면접자가 편견을 가질 수 있고, 개인적 특성에 의한 차별을 방지하기 위하여 공공기관 등에서 많이 활용하는 방법이다.

패널 면접(panel interview)은 피면접자가 개인이고 면접자가 2~3명의 소수인 경우에 한하여 패널 면접이라고 한다. 면접자들이 피면접자의 능력과 태도를 면접자들 간의 의사소통을 통하여 객관적인 평가를 하고자 할 때 사용하는 방법이다.

스트레스 면접(stress interview)은 면접자가 피면접자를 의도적으로 무시하거나 자존심을 상하게 하는 질문을 하거나 긴장된 상황을 연출하게 하여 스트레스를 부여한 상황에서 피면접자가 얼마나 감정의 안정성을 유지하는냐를 보고자 할 때 사용하는 방법이다. 이는 스트레스를 많이 받는 직무를 수행할 사람을 선발하고자 할 때 효과적으로 작용할 수 있는 면접 방식이다.

이외에도 특정 주제에 대하여 파워포인드로 발표를 하게 하는 프레젠테이션 발표, 면접자와 피면접자가 술을 마시면서 이루어지는 술자리 면접, 체력과 인내심이 많이 요구되어지는 직무를 담당할 사람을 선발하고자 할 때 운동 면접, 식품회사의 요리 면접 등 기존의 틀에 박힌 사무실에서 이루어지는 면접을 탈피한 방법들을 기업들의 특수성에 맞추어 다양하게 개발되고 있다. 이는 직무수행도 중요하지만 조직이라는 집단생활을 하여야 하기 때문에 보다 폭 넓게 피면접자를 관찰하기 위한 다차원적인 면접을 실시하고자 함이다.

4) 경력 및 신원조회

입사지원서에 명기된 학력 및 경력에 대하여 사실과 다르지 않는지 조회하고 검증하는 단계이다. 지원자의 과거 행적, 사상, 태도, 교육관계를 파악하는 신원조회를 하기도 한다. 한국의 경우 군사정권 하에서는 국가보안법이 있어 반정부활동에 가담한 지원자들을 조회한다거나, 노동조합 설립에 부정적인 시각을 가지고 있을 시기에는 이전 직장에서 노동조합 활동을 주도했는지 등에 관한 부정적인 관점에서 신원조회가 이루어지는 과거 사례도 있었다.

5) 신체검사

최종 선발을 위한 의사결정을 하기에 앞서서 신체적으로 기업 및 직무의 요구조건에 부합한 지를 검증하는 단계이다. 특히 물리적 활동에 의한 직무수행에 있어서 중요한 요소로 작용한다. 그리고 과거 병력에 관한 조사를 병행하기도 한다. 선발 공고가 난 직무에 대하여 지원자가 과거 병력과 관련성이 있다면 선발에 대한 의사결정이 쉬운 일이 아닌 것이다.

3. 선발도구의 신뢰성과 타당성

기업에서 선발을 하는 과정에 있어서 서류전형, 선발시험, 면접 등을 선발도구라 한다. 선발절차가가 합리적으로 이루어지기 위해서는 선발도구가 합리적이어야 하는데, 선발도구가 합리적이기 위해서는 신뢰성과 타당성을 갖추어야 한다.

1) 신뢰성

선발도구가 합리적이기 위해서는 우선 신뢰성(reliability)이 있어야 한다. 신뢰성이란 선발도구를 통해 동일한 지원자에 대해서는 누가 선발과정을 거치더라도 동일한 결과가 산출되어야 하는 일관성(consistency)을 가리킨다. 즉, A라는 지원자에 대하여 B가 평가했을 때 불합격이 되고, C가 평가했을 때 합격이 된다면 선발도구의 신뢰성이 없다고 볼 수 있다. 이는 선발절차 중에서 객관적인 기준을 적용하는 절차에는 문제가 잘 나타나지 않지만 주관이 개입되는 면접의 경우에 주로 나타나는 경향이 있다.

2) 타당성

타당성(validity)은 선발과정에서 취득한 점수와 직무수행과의 관련성을 의미하는 것으로, 선발과정에서 높은 점수를 받은 사람이 이후에 직무수행 결과도 우수하게 나타난다면 그 선발도구는 타당성이 높다고 볼 수 있다. 반대로 선발과정에서 높은 점수를 받은 사람이 이후에 직무수행 결과가 낮게 나타난다면 그 선발도구는 타당성이 낮다고 볼 수 있다. 선발절차에 있어서 타당성을 높이기 위해서는 시험이나 면접의 경우 직무수행과 높은 관련성을 지닌 기준이나 내용 중심으로 평가가 이루어져야 한다.

$$\text{선발비율(SR)} = \frac{\text{선발예정자수}}{\text{총지원자수}}$$

4. 선발비율

선발절차가 합리적이기 위해서는 선발도구의 신뢰성이나 타당성이 전제되어야 함은 물론, 적정한 선발비율(selection ratio: SR)도 고려되어야 한다. 선발비율의 개념은 기업에서 선발해야 하는 인원과 지원자간의 관계를 나타낸 것으로 총 지원자 가운데서 몇 사람을 선발할 것인가의 비율을 정하는 것으로서 다음과 같은 식으로 표시된다.

선발비율이 높으면 지원자가 합격될 확률이 높은 것이고, 선발비율이 낮으면 지원자가 합격될 확률이 낮아짐을 의미하는 것이 선발비율이다. 따라서 선발비율이 높으면 지원자가 유리해지고, 선발비율이 낮으면 기업이 유리한 상황을 가진다. 일반적으로 선발비율은 경제적으로 불황이거나 고용안정을 보장해 주는 공공부문이나 대기업 같은 경우, 노동시장의 공급이 과잉이 되는 경우 등에 선발비율이 낮은 현상을 보인다. 반대로 경제적으로 호황이거나, 비정규직이나 중소기업, 노동시장의 공급보다 수요가 많은 경우에 선발비율이 높은 경향을 보인다.

개별 기업 입장에서 합리적인 선발을 위한 관점에서 선발비율을 조명해 보면, 선발비율이 높을수록, 즉 1(응모자 전원이 선발되는 경우)에 가까워질수록 선발에 오류가 발생할 가능성이 크고, 반대로 선발비율이 낮을수록, 즉 0(응모자 전원이 불합격되는 경우)에 가까워질수록 선발에 오류가 발생할 확률이 낮아지게 된다 즉, 선발비율이 높다는 것은 기업에서 선발에 대한 노력이 많이 필요없게 되며, 선발비율이 낮다는 것은 기업의 선택 폭이 넓어 기업에 필요한 인적자원을 쉽게 확보할 수 있다는 것이다.

5. 선발의 결정

기업에 지원한 사람들을 대상으로 서류전형, 필기시험, 면접, 신체검사 등의 선발절차를 통과한 사람들을 대상으로 기업에서는 마지막 의사결정인 선발결정을 하게 된다. 이 선발결정을 어떠한 방식으로 하느냐에 따라 선발결정 방법이 달라지게 된다. 즉, 선발절차의 각 단계마다 기준이 안되는 사람들을 탈락시키는 방식이 있는가 하면, 선발절차의 모든 과정을 전부 마치고 난 후 각 과정에서 점수를 총합하여 최종적인 선발결정을 내리는 경우가 있다.

1) 단계별 결정방식

선발절차에 따라 각 단계별로 선발과정이 진행된다. 단계별 결정방식(successive hurdles approach)이란 각 단계가 하나의 허들로 작용하여, 허들을 통과해야 다음 단계의 허들로 진행하는 것과 같이 서류전형을 통과해야 필기시험을 칠 수 있고, 필기시험을 통과해야 면접에 참가할 수 있는 방식으로 진행되면서 최종적인 단계까지 통과되어야 비로소 선발이 결정되는 방식이다. 만약 선발절차의 각 단계에서 통과를 하지 못하면 그 단계에서 바로 불합격이 되는 방식이다. 주로 대기업과 같이 선발비율이 낮은 경우, 즉 선발예정 인원보다 지원자의 수가 매우 많을 경우에 주로 적용되는 방식이다.

2) 다수상관결정방식

다수상관결정방식(multiple correlation approach)은 선발절차의 각 과정을 모두 마치게 한 다음, 각 단계별에서 얻어진 점수를 종합하여 최종적으로 선발결정을 내리는 방식이다. 따라서 각 단계별로 얻은 점수가 높을 수도 있고, 낮을 수도 있는데, 선발기준과 비교하여 종합적으로 판단을 할 수 있게 함으로써 단계별 결정방식의 단점을 보완할 수 있다는 장점이 있다. 이 방식은 상대적으로 선발비율이 높은 경우, 선발 예정 인원보다 지원자의 수가 조금 높을 경우에 활용되며, 주로 유능한 인적자원을 확보하기 힘든 중소기업이나 대학 또는 대학원 입시에 주로 적용되는 방식이다.

3) 대체가능 분석방식

대체가능 분석방식(discriminate analysis approach)이란 지금 현재 기업에서 요구되는 직무수행을 담당할 인적자원을 선발하는 것이 아니고, 기업의 다각화나 사업확장 등의 이유로 향후에 담당하게 될 다른 직무로의 대체가능성까지 고려하여 선발결정을 내리는 방식이다.

제3절 배치관리

배치(placement)란 최종적으로 선발이 결정된 종업원에게 적합한 직무를 담당하게 하는 것을 의미한다. 즉, 직무내용과 직무담당자의 자격요건을 연결시키는 활동이다. 기업에서 요구되어지는 능력을 가진 유능한 종업원을 선발하였다 하더라도 그에 적합한 배치가 잘못되면 기대한 만큼 직무성과를 올릴 수 없게 된다. 따라서 선발된 인적자원을 가장 적합한 직무에 배치하는 것이 조직성과를 향상시키기 위한 필수조건으로 작용한다.

인적자원이 보유한 능력에 따라 적합한 직무를 담당하게 하는 것을 적재적소의 원칙이라고 한다. 적재적소의 원칙에 따라 이루어진 배치를 적정배치라고 한다. 적정배치가 이루어져야만 조직의 성과를 향상시킬 수 있다. 따라서 적정배치는 종업원 입장에서는 첫째, 자기의 능력을 최대한으로 발휘할 수 있게 만들며, 둘째, 보다 의욕적으로 직무수행에 매진하게 만들며, 셋째, 고능률에 따른 고임금을 실현할 수 있게 만든다. 기업 입장에서는 원만한 직장분위기가 형성되고, 종업원의 공헌이 직무성과로 연결되고 전체적으로 조직성과가 향상될 것이다.

사 례 AI 면접

AI 면접이 도입된 것은 코로나 팬데믹 상황 이전부터였다. 2018~2019년부터라고 보면 된다. 2020년 코로나 팬데믹 이후 더 확산되었다. 최근 발표된 자료에 따르면 은행·대기업·대학병원, 그리고 공공기관 등 약 600여 조직에 도입되었다.

AI 면접의 도입은 세 가지 배경을 생각해 볼 수 있다. 첫째, 공공기관의 경우 공정한 선발을 위하여 외부 면접관을 많이 활용한다. 그러나 우수한 외부 면접관 확보가 쉽지 않은 것이 현실이다. 특히 최근 '꼬리질문'으로 표현되는 역량구조화 면접이 확대되면서, 이런 질문스킬을 보유한 우수한 면접관 확보가 어렵다는 것이다.

둘째, 대학병원 등의 경우 업무특성상 면접관의 시간배정이 어렵다. 병동은 3교대 업무이고 근무시간에 환자관리 등 역할이 시간대별로 수립되어 있기 때문이다.

셋째, 면접관 교육을 통한 면접스킬 및 면접역량 향상이 필요하지만 현실적으로 면접관 교육을 실시하기 곤란하다. 면접에서 꼬리질문(탐색질문) 등 질문스킬이 중요한데, 이러한 요건을 보유한 면접관이 부족하기 때문이다. 또 내부 면접관의 경우 바쁜 업무, 외부 면접관의 경우 시간배정 등이 어려워 면접과 교육을 실시하기가 현실적으로 곤란하다.

결국 면접관 역량이 부족하여 면접의 신뢰성이 떨어지게 된다. 만약 AI가 탐색질문 스킬까지 보유할 수 있다면 AI 면접은 대면 면접을 대체할 수 있을 것이다.

현재 AI 면접, Best는 아니다

AI 면접이 아직은 완벽하지 않은 것이 현실이다. 대부분 자막형태로 질문한다. 또 컴퓨터 화면에 지원자의 얼굴이 보인다. 자신의 얼굴을 보면서 대화가 아닌 그냥 자막 질문에 응답만 한다. 어색하고 부담스러운 상황이다. 이러한 현재의 AI 면접은 대면면접에서의 면접관과 지원자 간 상호이해나 상호작용 또는 질의응답 과정에서의 유연성은 없다고 볼 수 있다.

일부 응시자는 "벽을 보고 이야기를 하는 것 같다"고 한다. 따라서 주어진 질문을 기계적으로 잘 대답하는 사람에게 유리하다고 할 수 있다. 질문자와의 눈맞춤, 자연스러운 자세 등 언어 외적인 의사소통은 없다고 보면 된다.

현재 AI 면접은 100점 만점에 50~60점 정도이다. 지원배경, 장점 및 단점 등 지원서를 기초한 질문, 게임이나 문제를 제공하여 답을 찾도록 하는 방식의 적성검사, 그리고 일부 창의성을 확인하는 질문을 하고 있다. 또 역량보유를 확인하기 위하여 정형화되고 표준화된 연계 질문을 한다. 아직은 지원자의 응답을 기초로 한 탐색질문·꼬리 질문을 한다고 할 수는 없다.

AI 면접, 대면면접의 보완용

현재 AI 면접은 독립적인 선발절차로서의 역할은 못한다. 실제 대면면접의 보완적 기능을 한다. AI 면접을 2년째 시행하고 있는 한 제약회사 인사부장은 "AI 면접에서 탈락시키지는 않는다. 그냥 AI 면접결과를 참고하고 있다"고 말한다.

아직까지 AI 면접을 도입한 기업 대부분은 구직자 성향을 파악하기 위한 '참고서' 정도로 활용하는 단계다.

편의점 기업의 한 인사담당자는 "AI 면접의 효과검증을 위하여 신뢰할 만한 데이터를 쌓고 있는 중이다"라며 "예를 들어 AI 면접결과 고객관리 능력의 높은 점수를 보인 직원이 실제 그런 역량을 나타내고 있는지 향후 4~5년간 상관관계를 검증할 계획"이라고 말했다.

물론 일부 기업은 AI 면접결과가 일정 점수 이하이면 채용에서 탈락시키기도 한다. 채용과정에 AI 면접결과를 활용하고 있는 것이다. 한 대기업에서 AI 면접에서 탈락한 응시자는 10% 정도인 것으로 알려지고 있다. 또 기업 관계자에 따르면 "면접에서 드러나는 강약점이 AI 면접결과와 대체로 비슷하다"며 "서류전형과 면접 사이에 AI 면접을 실시해 대면면접을 볼 지원자를 걸러 내고 있다"고 했다.

AI 면접, 신뢰성·타당성 확보 필요

최근 민주사회를 위한 변호사모임 디지털정보위원회 등 정보인권단체가 '2개 공공기관을 대상으로 AI 면접 정보공개 소송'을 제기하여 일부 승소했다. 구체적으로 A 공공기관은 AI 면접을 시도하다 접속 오류로 불합격 처리한 뒤 재응시 기회도 제공하지 않았다. B 공공기관은 AI 면접 용역업체에 질문 등 모든 업무를 검토도 없이 일방적으로 맡겨버렸다.

이러한 사례를 보면 AI 면접도 중요한 선발과정이나 절차로서 공정성과 타당성이 조속히 확보되어야 한다는 것을 알려준다. 공정한 기회제공도 필요하고, B 공공기관처럼 채용을 단지 단순한 기능이나 절차로 보지 말고, 필요한 인재를 선발하기 위한 중요한 과정이라는 인식을 가지고 타당하게 운영해야 할 것이다.

[표] 현재 AI 면접과 미래 바람직한 AI 면접

구분	현재 AI 면접	미래 AI 면접
대화형태	자막식 대 화	대화형 대화
활용정도	실제 대면면접 보완용 (대부분 탈락 없음)	선발의 독립된 절차로서 AI 면접 (부적격자 탈락)
AI 면접기능·역할	지원서 확인, 적성검사 등	역량보유 여부 심사 (고도 탐색질문)
타당도	검증 미흡	높은 타당성 보유한 선발도구
효과	검증 중	시간·비용절감, 실질적 역량검증 (면접관 교육 불필요)

먼저 AI 면접절차가 객관적이고 신뢰할 수 있도록 정교화되어야 한다. 제출된 이력서나 지원서가 오류가 없는지, 기록된 과거 실적이나 이력이 과장되지는 않았는지, 또 본인이 직접 실행한 실적은 맞는지, 이력서 상 연대기록은 적합한지, 그리고 응답과정에서 보여준 표현력·어휘력 등 커뮤니케이션에서의 중요한 단위능력을 보유하고 있는지, 논리적인지, 필요한 성향이나 적성검사 문항은 통계적 검증을 통과할 만큼 신뢰성을 보유하고 있는지 등에 대한 통계적 검증과 정교한 개발이 필요하다.

타당성 측면에서는 향후 4~5년 이상의 각 기업 단위에서 데이터를 기반으로 한 상관관계 분석 등 통계적 검증이 반드시 필요하다. 대부분의 AI 면접을 도입·운영하고 있는 인사담당자는 AI 면접이 아직은 검증 중이지만 관심과 기대가 집중되고 있고, 시간은 걸리지만 꼭 효과 및 효능을 검증하고 싶어 한다. 아직 데이터 기반은 아니지만 AI 면접에 대한 기대는 매우 크다고 할 수 있다.

AI 면접점수, 구체적으로 지원자의 '응답의 신뢰성', '표현력 기반의 커뮤니케이션 스킬', '성향이나 적성검사', 그리고 '탐색질문을 통한 역량보유 정도' 등과 입사 후 '업무성과', '역량발휘 정도'와의 상관관계 분석 등을 통한 타당성 검증이 필요하다. 만약 타당성이 검증된다면 AI 면접이 현재 대면면접의 어려움과 한계점을 대체할 수 있는 효과적인 선발도구로서의 역할을 할 수 있을 것이다.

〈한국인사관리협회, 월간 인사관리, 2023년 8월호〉

참고문헌

오종석·김종관(2014), 인적자원관리(3판), 탑북스.

이승계·임상혁·박재춘(2014), 인적자원관리, 탑북스.

이원우·이태식(2012), 인적자원관리, 삼영사.

이학종·양혁승(2012), 전략적 인적자원 관리(개정판), 오래.

임창희(2014), 인적자원관리(3판), 비앤엠북스.

D. A. DeCenzo & S. P. Robbins(2010), Human Resource Management(6th ed.), Wiley.

G. Dessler(2017), Human Resource Management(15th ed.), Pearson.

M. Harris(1997), Human Resource Management: A Practical Approach, The Dryden Press.

R. A. Noe, J. R. Hollenbeck, B. Gerhart & P. M. Wright(2009), Human Resource Management: Gaining a Competitive Advantage(7th ed.), McGraw-Hill.

R. W. Mondy & J. B. Mondy(2014), Human Resource Management(13th ed.), Pearson.

W. F. Cascio(2010), Applied Psychology in Human Resource Management(7th), Person Education publishing.

제6장

인사이동관리와 이직관리

학습목표

▶ 인사이동의 유형에 대하여 이해한다.
▶ 배치전환과 승진의 유형에 대하여 이해한다.
▶ 연공주의와 능력주의의 장 · 단점에 대하여 이해한다.
▶ 자발적 이직과 비자발적 이직의 유형에 대하여 이해한다.
▶ Layoff의 의의와 기준에 대하여 이해한다.
▶ 고용보험제도에 대하여 이해한다.
▶ 정년퇴직의 유형과 특징에 대하여 이해한다.

제1절 인사이동관리

1. 인사이동관리의 의의

인사이동관리란 변화하는 내외적 환경변화에 대응하기 위하여 기업의 노동력을 이동 또는 조정을 통하여 종업원 개인의 효율성 및 조직의 효율성을 달성하고자 하는 관리활동을 의미한다.

기업에서 이루어지는 인사이동은 기업의 거시적인 차원과 미시적인 차원의 이유로 발생한다. 거시적인 차원에서는 환경변화의 가속화, 산업의 변화, 기업의 구조조정으로 인한 경영혁신의 필요성 등으로 기업의 경쟁력강화를 위하여 사업내용의 변화, 조직구조의 변화, 신기술 도입과 같은 변화로 인하여 노동력에 대한 이동 및 조정이 필요한 것이다. 미시적으로 종업원 개인적인 차원으로 업무의 효율성 달성, 배치의 수정, 변화를 통한 업무적응력 증대, 승진을 통한 만족감과 자기개발 노력 등의 이유로 인사이동이 필요한 것이다.

2. 인사이동관리의 효과

기업은 보유한 인적자원에 대해서 적재적소의 인사이동을 통해 업무의 효율성을 향상시킬 수 있으며, 그에 따른 결과로 기업이 추구하는 목표달성이 가능해질 수 있다. 일반적으로 인사이동을 통해 다음과 같은 효과를 가지게 된다.

첫째, 능력개발 및 인적자원개발이 용이해 진다. 인사이동이 이루어질 경우 기존의 업무와는 다른 새로운 업무를 접하게 되기 때문에 종업원 입장에서 능력개발을 도모할 수 있으며, 기업 입장에서는 인적자원개발이 용이하게 된다.

둘째, 직장 내 분위기 전환이 가능하다. 종업원의 일부를 정기적으로 교체 및 승진을 시켜주면 직장 내의 분위기 전환에 도움이 되며, 종업원들간의 승진욕구를 자극하게 되어 사기 및 업무능력의 향상을 꾀할 수 있다.

셋째, 매너리즘이 방지된다. 한 가지 업무를 계속하면 일에 대한 권태감과 단조로움으로 인한 도전정신과 성취감 등이 결여될 수 있고, 자칫 매너리즘에 빠질 수 있으므로 다른 업무로 전환함으로써 종업원의 사기 향상 및 새로운 업무에 대해 도전감을 가질 수 있는 동기부여적인 역할을 한다.

넷째, 합리적인 인원배치가 가능하다. 직무분석을 통하여 조직구성원의 강점을 파악하고 적재적소의 배치를 통해 인적자원의 능력 향상을 꾀할 수 있으며, 부서별 인원의 불균형이 생겼을 때 인사이동을 통하여 불균형을 해소하는 방법으로 활용할 수 있다.

다섯째, 효율적인 인적자원관리가 이루어진다. 인사이동을 통해서 빠르게 변화하는 시장 환경에 신속히 대응할 수 있으며, 이러한 시스템을 통해 다양한 인적자원의 확보, 유지, 개발을 효율적으로 관리할 수 있게 되어 기업의 목표달성 추구가 효율적으로 이루어질 수 있다.

3. 인사이동관리의 형태

인사이동의 형태로는 수직적 인사이동과 수평적 인사이동으로 구분되어 진다. 수평적 인사이동은 직급상의 변동없이 동일한 직급에서 이동하는 것으로 배치전환이 있고, 수직적 인사이동은 직급을 달리하면서 이동하는 유형으로서 승진과 강등이 이에 포함된다. 인사이동의 형태는 다음 〈그림 6-1〉과 같다.

배치전환은 동일 수준의 다른 직무로 수평적인 이동을 하는 것이고, 승진은

그림 6-1 인사이동의 형태

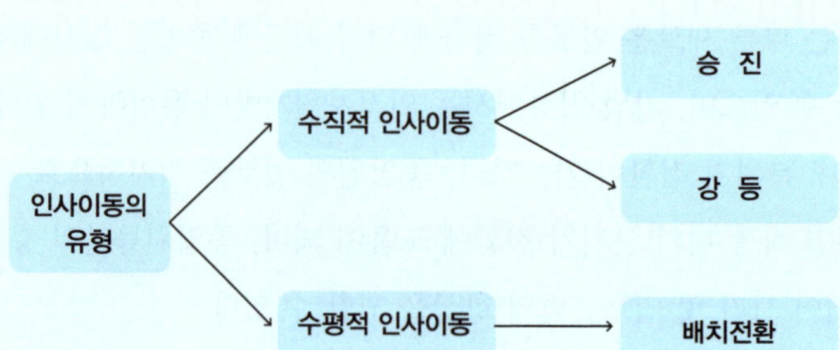

보다 높은 수준의 다른 직무로 수직적으로 상향 이동하는 것이고, 강등은 보다 낮은 수준의 직무로 수직적으로 하향 이동하는 것을 말한다. 강등이 이루어지는 경우는 기업에 큰 손실을 가져다 주었던지, 지속적으로 인사고과를 낮게 받던지 등의 이유로 종업원에 대한 처벌적인 이유로 행해지는 인사이동이다.

1) 배치전환

(1) 배치전환의 의의

배치전환이란 종업원이 동등한 수준의 다른 직무(job) 또는 직위(position)로 수평적으로 이동하는 것을 의미한다. 배치전환을 통해서 직무내용은 바뀌지만, 권한과 책임, 보상 등에 있어서 큰 변화는 나타나지 않는다.

배치전환을 실시할 경우에는 새롭게 수행해야 될 직무의 요건과 종업원의 능력, 태도, 기능, 적성 등과 적합하게 이루어져야 하며, 배치전환을 통하여 종업원의 역량개발이 될 수 있는 방향으로 이루어져야 기업의 성과향상에 공헌할 수 있다. 배치전환은 종업원에게나 기업에 대하여 여러 가지 이점을 제공한다. 첫째, 종업원을 보다 더 필요로 하는 부서로 배치하여 선발과 배치의 잘못을 수정할 수 있다. 둘째, 종업원이 원하고 더 효율적으로 일할 수 있는 직무에 배치가 가능하다. 셋째, 새로운 직무에서 새로운 훈련과 개발경험을 가능하게 하여 종업원 자신의 역량을 개발할 수 있다. 넷째, 새로운 직무수행을 통하여 상위직 승진의 준비과정의 역할이 가능하다. 다섯째, 다양한 직무경험을 통하여 조직 내 전반적인 업무내용에 전문성을 향상시킬 수 있다.

(2) 배치전환의 형태

① 생산상황의 변화에서 오는 배치전환

환경변화에 따라서 기업 내 부서별로 업무량의 변화가 발생할 수 있다. 업무량이 많아지는 부서가 있는 반면 업무량이 적어지는 부서가 있을 수 있다. 이럴 경우 업무량이 적어진 부서의 인력을 업무량이 많아진 부서로 배치전환을 하는 것이다.

② 대체의 필요성에서 오는 배치전환

기업이 구조조정을 해야 될 필요성이 있을 경우 인력을 할 수 없이 줄여야 하는데, 단체협약이나 연공주의를 강조하는 기업의 경우 장기 근속자를 보호하는 경향이 있을 수 있다. 따라서 구조조정의 대상이 된 단기 근속자의 업무를 장기 근속자가 업무를 대체하면서 이루어지는 배치전환이다.

③ 다양한 직무수행훈련의 필요에서 생기는 배치전환

종업원의 역량개발이나 새로운 직무경험을 위하여 동일한 수준의 다른 직무로 변경시켜 주는 배치전환이다. 새로운 직무경험으로 조직 내 전반적인 업무파악이 가능하고 상위직으로 승진할 수 있는 준비가 가능하다.

④ 교대근무의 필요성에서 발생하는 배치전환

기업에서 이루어진 업무내용의 특수성에 따라 2교대, 3교대 근무를 해야 될 경우가 있을 때, 일정한 주기로 순환하면서 근무시간대를 바꾸어 주면서 이루어지는 배치전환이다.

⑤ 잘못된 배치를 구제하는 구제적 배치전환

종업원의 지식과 기능에 적합할 수 있는 방향으로 배치가 이루어져야 하는데, 그렇지 못할 경우가 발생할 수 있다. 종업원의 역량이나 성격, 적성과 적합하지 않게 배치가 이루어졌을 경우, 종업원이 직무에 불만족하거나 이직을 할 수 있기 때문에 종업원을 구제하는 차원에서 이루어지는 배치전환이다.

2) 승진

(1) 승진의 의의

승진(promotion)이란 배치전환(transfer)과는 다르게 보다 높은 수준의 직위로 수직적으로 상향이동하는 것을 말한다. 보다 정확하게 표현하면 승진은 권한과 책임의 수직적인 상승이다. 이러한 상승에 따라 직위도 올라가고 임금도 상승하게 되는 것이다.

이러한 승진과 구별되는 개념 중의 하나가 승급(upgrading)이다. 승급은 동일한 직무 내에서 권한은 고정되어 있으면서 책임이 증가하는 것으로 임금도 소폭

상승하게 된다. 예를 들면 7급 공무원의 경우 직급은 고정되어 있지만 호봉이 올라가는 경우이다. 어느 정도 호봉이 충족이 되면 6급으로 승진할 수 있는 기회가 주어지는 것이다.

승진은 조직 내 인적자원관리의 중요한 영역으로서 조직과 개인의 두 측면에서 모두 중요한 의미를 갖는다. 먼저 조직차원에서 승진은 개인에게 동기를 유발하여 조직의 안정과 성과를 제고하는 역할을 수행한다. 그리고 조직구성원 개인에게는 과거의 노력과 실적에 대한 보상과 배려의 차원에서 중요성을 갖는다. 개인은 승진을 통해 삶의 보람을 갖고 보상 및 지휘통솔 범위의 증가, 사회적 인정 등 보다 큰 가치를 얻게 된다. 따라서 승진이 된 조직구성원은 자기개발에 대한 의욕이 높아질 것이며, 자신의 능력에 대한 인정감과 보상에 대한 만족감을 통하여 조직성과 향상에 주력하는 결과로 이어지게 된다.

(2) 승진의 기준

승진 기준이란 승진 대상자를 결정하는 경우에 영향을 미치는 요인들을 의미한다. 승진에 반영되는 요인들로 인사고과, 승진시험, 연공평가, 교육훈련 등이 있다.

인사고과는 조직구성원의 직무수행능력을 평가하는 것으로, 인사고과 결과를 바탕으로 승진 대상자를 결정하는 방법이다. 인사고과를 통하여 조직구성원의 업적결과, 태도, 잠재력 등을 객관적이고 합리적으로 평가하고 그 결과를 승진에 반영하는 것이다. 일반적으로 단기간의 인사고과 결과보다는 수년간에 걸친 인사고과 결과를 바탕으로 승진에 반영하는 것이 일반적인 형태이다.

승진시험은 승진 대상자를 결정하는데 있어서 객관성과 공정성 확보를 위하여 일정한 기준을 충족한 조직구성원을 대상으로 승진될 직무내용 중심으로 검증을 통하여 우수한 성적을 받은 사람에게 승진을 결정하는 방식이다.

연공평가는 기업 내에서 근무한 기간이 오래된 조직구성원들에게 승진에 우선권을 주는 방식이다. 이 방식은 선임권(seniority)을 강조하고, 근속년수의 상승에 따라 직무수행에 대한 전문성이 올라간다는 전제가 있을 때 효과적으로 활용될 수 있는 방식이다. 근속년수의 상승에 따라 전문성이 증가되고, 그에 따라 조직성과가 달성될 수 있다면 조직구성원 개인 측면이나 기업 측면 모두 만족스런 결과를 가지게 될 것이다.

교육훈련은 조직에서 설계된 교육훈련에 대한 조직구성원의 교육훈련 점수를 승진에 반영시키는 방식이다. 교육과정의 내용, 교육훈련의 평가점수, 교육훈련 수료 후 현 직무수행에 대한 반영 정도 등을 고려하여 승진을 시켜주는 방식인 것이다.

(3) 승진의 유형

기업에서 이루어지고 있는 승진의 유형으로는 직위승진, 자격승진, 역직승진 등이 있다.

직위승진은 조직구성원이 하위의 직위에서 상위의 직위로 이동하는 것을 말한다. 조직이 수행해야 할 여러 가지 과업은 조직구성원에게 직무수행의 권한과 책임 단위로 분할되어 할당된다. 조직구성원 개인에게 할당된 직무수행의 권한과 책임이 직위가 되는데, 이를 집대성하면 조직 전체의 업무가 되는 것이다. 직위승진은 조직의 전체 활동을 조직구성원 1인당 직무수행을 위한 권한과 책임, 즉 직위 단위로 분할하여 그 직위를 수행하는데 필요한 자격요건에 가장 적합한 사람을 승진시켜 주는 방식이다.

자격승진이란 조직성과 달성을 위해 요구되어지는 직무수행능력과 관련된 등급을 설정하여 그 등급이 상승하게 되면서 이루어지게 되는 승진유형이다. 이러한 승진유형은 직능자격제도를 운영하는 기업에서 볼 수 있는 유형으로서, 직능자격제도는 연공주의에 의한 인적자원관리 운영방식에 능력주의를 결합한 제도이다.

역직승진이란 조직구조의 편성기준에 따라 주임, 계장, 과장, 부장 등과 같은 역직이 필요한데, 이러한 역직의 상승이 이루어지는 것을 의미한다. 조직은 업무를 효율적으로 운영하기 위해 과업을 분화하여, 조직의 각 단위별로 소속 구성원을 효율적으로 지휘, 통제하기 위하여 조직의 장 또는 보조자를 두게 되는데, 이를 역직이라 한다. 따라서 역직은 담당하는 직무의 난이도나 책임의 정도에 의하여 결정되는 것이 아니고, 조직구조의 편성과 조직운영의 원리에 의하여 설치되는 것이다.

(4) 승진의 방침

승진관리를 비롯한 대부분의 인적자원관리 정책에 있어서 연공주의와 능력주의에 관한 문제는 기업의 성과향상을 위해 어떠한 방식이 적합한 지에 관해서는 아직도 실무나 학계에서 논란의 대상이 되고 있는 주제 중의 하나이다. 급변하는 환경에 적응하기 위해서 능력주의의 도입에 대한 당위성은 있지만, 유교문화를 숭시하는 한국과 일본 등의 기업에 있어서 그 합리성을 하나로 결론내리기에는 아직까지 어려운 것이 사실이다. 많은 기업들이 승진관리의 기본 방향을 연공주의와 능력주의를 어떻게 조화시키느냐 하는데 고심을 하고 있는게 지금의 현실이다.

① 연공주의(seniority system)

연공주의에 입각하여 승진을 시키는 방식은 시대를 막론하고 많은 기업들에서 활용되어져 왔다. 승진관리에 있어서 연공은 기업에서 얼마나 오랫동안 직무를 수행하였는가에 대한 근속년수를 의미한다. 즉, 승진에 있어서 연공주의는 그 기업에서 근무한 기간이 긴 사람부터 우선적으로 승진시켜주는 방식이다. 이 방식은 전통적이고 온정주의적이며, 경영가족주의적인 사고를 기초로 한 것이며, 승진대상자를 선발하는데 있어서 야기되는 곤란한 문제들을 단순하게 처리할 수 있다는 편의주의에 입각한 방식으로 비난을 받기도 한다.

연공주의는 조직구성원의 능력을 객관적으로 평가하기 힘든 시기에 성립된 것으로, 다른 측면에서 보면 장기간에 걸쳐서 조직구성원의 능력을 평가하려는 제도로 이해되어질 수 있다. 따라서 연공주의에서는 근속년수에 비례하여 직무수행능력이 향상된다는 철학이 전제되어 있다. 그리고 연공주의는 조직구성원의 능력을 비록 장기간에 걸쳐서 평가하지만 근속년수를 통하여 평가하는 것이기 때문에 결국은 능력주의 한 형태라고 볼 수도 있는 것이다. 이러한 연공주의를 보다 정교하게 운영한다면 신뢰성을 지닌 객관적인 제도로 여겨질 수 있다. 이와 같은 긍정적인 관점에서 연공주의는 기업 측면보다는 노동조합을 비롯한 조직구성원들의 측면에서 선호되고 있는 제도이다.

② 능력주의(ability system)

급변하는 환경과 새로운 기술혁신에 따라 점차적으로 연공주의에 대한 비판과 회의감이 나타나고, 연공주의의 대안으로 능력주의를 도입하는 기업들이 점차적으로 늘어나기 시작하였다. 특히 거시적인 경제변화, 기업 내부의 효율성 강화 등의 이유로 기업경쟁력의 강화라는 관점에서 능력주의에 대한 중요성이 점차적으로 증대되기 시작하였다.

승진관리와 관련하여 볼 때 능력주의에 있어서의 능력은 일반적으로 '직무수행능력', 즉 조직구성원의 조직목표달성에 공헌하는 직무수행능력을 의미한다. 따라서 능력주의란 기술혁신의 가속화, 글로벌 경쟁력의 강화, 인건비의 상승 등 기업이 처한 많은 어려움에 대응하기 위한 방법으로 조직구성원의 직무수행능력을 개발하여 기업의 경쟁력 강화를 위한 인적자원관리의 정책으로 도입되었다.

기업에 있어서 조직구성원의 능력을 정확하고 객관적으로 평가만 할 수 있다면 인적자원관리에 있어서 능력주의를 도입, 운영하는데 있어서 많은 문제들은 발생하지 않을 것이다. 그러나 능력주의에서 강조하는 능력 자체의 개념에서부터 많은 논란을 야기시키고 있으며, 연공주의가 가진 장점을 대체할 수 있느냐에 대한 한계는 지니고 있다. 능력주의가 성공을 거두기 위해서는 객관적이고 합리적인 직무분석 및 직무평가에 따라 공정한 인사고과가 이루어져야 한다는 것을 전제로 한다.

③ 연공과 능력의 조화

연공주의와 능력주의는 각각의 장점과 단점을 지니고 있다. 따라서 연공주의와 능력주의를 합리적으로 조화시켜 운영하는 방향을 모색하여야 한다. 즉, 연공주의와 능력주의가 대등한 차원에서의 중요성이 있다면 복합적인 기준을 설정하여 운영하는 것도 기업 측면과 조직구성원 측면 모두를 충족시키는 방안이 될 수 있는 것이다. 따라서 인적자원관리 정책을 담당하는 관리자나 기업의 최고경영자 입장에서 연공주의와 능력주의의 합리적인 조화를 기업경쟁력의 강화라는 관점과 조직구성원의 만족감과의 복합적인 측면에서 고려하여 합리적으로 결정하여야 할 것이다. 따라서 능력주의를 전면적으로 시행하는 것 보다는 능력주의에 연공주의적인 요소를 적절하게 가미하여 운영하는 것이 필요할 것이다.

제2절 이직관리

1. 이직관리의 의의

이직(separation)이란 조직과 종업원과의 고용관계 단절로 인하여 종업원이 조직을 떠나는 경우를 의미한다. 이러한 이직유형은 이직에 대한 의사결정의 주체에 따라 자발적 이직과 비자발적 이직으로 구분된다. 자발적 이직(voluntary separation)이란 이직을 결정하는 주체가 종업원인 경우로서, 종업원 자신이 조직과의 고용관계를 단절하는 것을 말한다. 비자발적 이직(involuntary separation)이란 의사결정의 주체가 종업원이 아닌 조직에 의해서 조직과 종업원과의 고용관계 단절이 이루어지는 것을 말한다.

자발적 이직에는 전직(turnover)과 사직(resignation)이 있으며, 비자발적 이직에는 레이오프(layoff), 징계해고(discharge), 정년퇴직(retirement)이 있다.

그림 6-2 이직의 유형

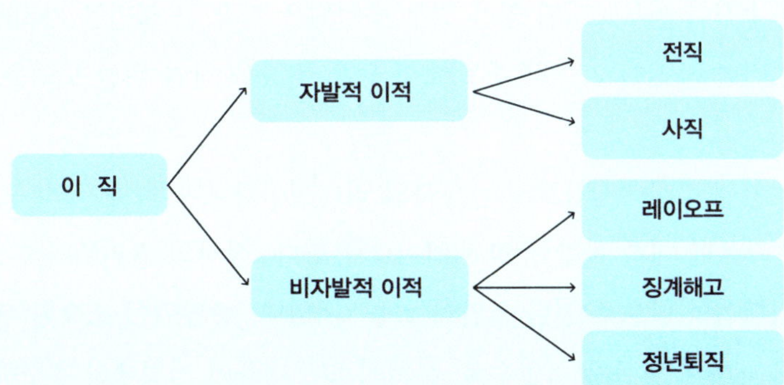

2. 자발적 이직

1) 자발적 이직의 유형

자발적 이직의 유형에는 전직과 사직이 있다. 전직(turnover)이란 종업원 스스로 조직을 이직하여 새로운 직장으로 이동하는 것을 말한다. 개인이 추구하는 가치가 실제 조직에서 추구하는 가치와 불일치하거나, 조직의 전반적인 분위기에 대한 불만족이 커지게 되면 종업원은 새로운 직장을 찾아서 이직을 하게 된다.

사직(quit)은 종업원의 개인적인 이유로 종업원 자신이 조직을 이직하는 경우이다. 개인적인 이유로는 결혼, 육아문제, 질병, 이민 등과 같은 개인 사생활과 관련된 원인들로서, 이러한 요인들로 인하여 직장생활과 병행할 수 없는 경우에 종업원 스스로 사직을 결정하게 되는 것이다.

2) 자발적 이직의 원인

종업원 개인의 의사결정에 따라 조직과의 고용관계 단절이 발생하는 자발적인 이직의 원인으로는 크게 조직 차원, 부서 차원, 개인 차원으로 구분할 수 있다.

이직이 발생하는 조직 차원의 문제점들로 조직의 사회적으로 낮은 지명도나 명성, 인사정책의 비합리성, 조직규모에 대한 불만 등의 원인이 있을 수 있다. 특히 인사정책의 비합리성, 예를 들면 임금이나 승진관리에 대한 불공정성이 주요한 원인으로 작용한다. 자신의 직무수행능력의 결과에 대한 보상으로 임금인상이나 승진이 이루어지지 않을 경우 종업원은 가장 큰 불만을 가지게 된다. 따라서 이러한 불만이 가중될 경우 보다 나은 직장을 찾기 위한 노력을 하게 되는 것이다.

부서 차원의 문제점들로서는 상사의 리더십이나 부서의 위상과 규모, 동료와의 상호작용에 대한 불만 등의 원인이 작용한다. 상사의 권위주의적이고 비민주적인 리더십의 발휘로 인한 불만이 있을 수 있다. 종업원이 소속된 부서의 위상이 조직 내에서 낮은 부서일수록, 부서의 업무내용이 기업에서 추구하는 핵심사업 내용과 동떨어진 지원업무일수록, 육체노동을 통한 직무수행일수록 종업원의 이직의도가 높게 나타는 경향이 있다. 또한 부서의 동료들과의 인간관계가 원만하지 못할 경우에도 이직의도가 높은 경향을 나타내고 있다.

개인 차원의 문제점들로서는 근속년수, 성격, 가정문제 등의 개인적인 사유들과 조직 내에서 수행하고 있는 직무에 대한 불만족이 이직의 원인으로 작용하기도 한다. 종업원의 근속년수가 오래되거나, 성격이 외향적이거나, 가정생활이 안정된 경우의 종업원들의 경우 이직률이 낮아지는 경향이 있다. 또한 직무내용이 개인의 적성과 부합되지 않는 경우, 직무내용이 도전적이고 흥미감을 유발하지 못하는 경우, 위험하고 안전이 보장되지 않는 직무내용일 경우에 종업원들의 이직률이 높은 경향을 나타내고 있다.

3) 효과적 이직관리

이직은 종업원 개인 입장에서는 현 직장보다 조건이 양호한 새로운 직장으로 이동하는 것이기 때문에 개인의 경력에 긍정적일 수 있으며, 새로운 직무수행에 대한 기회를 가질 수 있다는 장점이 있다. 그러나 조직의 입장에서는 종업원 이직으로 인한 많은 부정적인 결과를 초래하기도 한다. 예를 들면, 이직 발생 진전직준비로 인한 생산성의 저하와 이직 후 업무흐름의 공석으로 인한 생산성 저하, 공석에 대한 신규종업원의 채용과 교육훈련에 소요되는 비용의 증대 등과 같은 문제점들이 발생하게 된다. 또한 우수한 핵심인력의 이직은 기업의 경쟁력 약화를 가져오게 되고, 높은 이직률은 종업원들의 사기와 조직분위기를 저해할 수도 있다.

그러나 적정수준으로 발생하는 이직은 기업에 긍정적인 효과를 주기도 한다. 적정수준의 이직은 보다 양질의 참신한 인력으로 대체할 수 있는 기회를 줄 수 있으며, 신규 고용된 종업원에 의한 새로운 아이디어나 기술의 도입이 가능하게 될 것이며, 경기 침체시 이직을 통한 인적자원의 탄력적인 운영을 통하여 조직의 활성화에 기여할 수 있다는 측면도 가지게 된다.

따라서 기업의 이직관리는 이직률을 완전히 제거하는 것이 아니라, 유능한 종업원들의 자발적인 이직을 방지하는 정책이 필요하다. 우수한 인적자원의 이직 원인을 정확히 파악하기 위한 제도적인 장치를 마련하여 이직을 최소화하는 이

직방지 대책을 수립하고 실행함으로써, 유능한 인적자원의 지속적인 활용과 유지가 될 수 있는 합리적인 관리가 이루어져야 한다.

3. 비자발적 이직

1) 레이오프

(1) 레이오프의 의의

레이오프(layoff)는 종업원의 의사와는 관계없이 기업체 또는 조직의 경영상황의 악화로 인해 발생하는 비자발적 이직의 하나로서 일시귀휴라고도 한다. 레이오프는 기업의 작업량 감소, 구조조정 등과 같은 경영악화로 인하여 기업이 보유한 인적자원에 대한 감축의 필요성으로 인하여 발생하게 된다. 레이오프의 유형은 일시적인 레이오프와 영구적인 레이오프가 있는데, 일시적인 레이오프는 기업의 경영상황이 다시 회복되었을 때, 우선적으로 다시 복직된다는 것을 전제로 이루어지는 해고이며, 영구적인 레이오프는 경영상황이 좋아지지 않아 다시 복직이 이루어지지 않는 경우를 말한다.

(2) 레이오프의 기준

기업에서 경영상황의 악화로 인하여 할 수 없이 레이오프를 실시할 경우, 해고의 기준과 절차, 방침 등에 대한 내용을 정확하게 설정하여야 한다. 우리나라에서는 해고에 관련된 규정은 근로기준법에서 명시하고 있으며, 노동조합이 결성되어 있는 기업에서는 대개 단체협약에 경영상황의 악화로 인하여 구조조정을 실시할 경우에 그 기준과 대상 등에 대한 내용을 구체적으로 명시해 놓는 경향이 일반적이다.

레이오프를 실시할 경우에 가장 중요한 절차는 해고대상의 기준을 어떻게 설정할 것인가를 결정하는 것이다. 일반적인 해고 기준으로서는 선임권(seniority)에 의한 연공 기준과 종업원 성과를 반영하는 능력(ability) 기준이 활용된다. 노동조합이 결성되어 있는 기업의 경우에는 주로 선임권의 보호를 주장할 것이고, 기업 입장에서는 종업원 성과를 기준으로 한 능력이 뛰어난 종업원을 보호하고자 하는 경향을 보일 것이다. 일반적으로 단체협약 규정으로 직무수행능력의 요건인 기능, 근면, 능력이 동일하게 간주된다면, 선임권을 우선시하여야 한다고 명시하는 경향이 있다.

레이오프를 실시할 경우 종업원을 감축시키는 방법 이외에 고려할 수 있는 대안이 없는가를 검토해 볼 필요가 있다. 기업에서 취할 수 있는 해고 이외의 방안들로서는 인적자원을 규모를 그대로 유지하면서 작업시간의 감축으로 어느 정도 레이오프를 피할 수도 있다. 해고로 이어지지는 않지만 전체 작업시간을 줄임으로써 통상적으로 받는 임금은 줄어들게 되는 고통분담의 차원으로 취할 수 있는 방법이다. 레이오프를 통한 해고의 의사결정 주체가 기업이 아니고 종업원 개인이 의사결정하게 만드는 자발적 퇴직의 형태인 명예퇴직도 하나의 대안이 될 수 있다.

(3) 고용보험제도

고용보험(employment insurance)제도는 근로자가 실직할 경우 일정기간 동안 실업수당을 지급하고 원하면 전직훈련은 물론 취업도 알선해주는 고용안정제도이다. 실직에 대해 실업수당만 지급하는 실업보험과 달리 구인·구직정보망 운용, 취업알선 등을 통해 고용안정에 기여하는 적극적인 인력정책이다. 특히 산업구조 조정기나 경기침체시에 효과적으로 대응할 수 있는 고용안정대책으로 평가받고 있다.

고용보험은 19세기 중반 유럽에서 노조의 실업에 대비한 자구책으로 생겨났으며, 현재 미국·일본·독일 등 선진국은 대부분 실업보험 성격의 고용보험제도를 실시하고 있다. 대표적인 형태가 미국의 실업보상제도인데, 미국의 자동차노조와 자동차산업 사이에 보완적 실업보상금(supplement unemployment benefit)제도이다. 이 제도에 의하면 미국의 자동차산업에서 레이오프 당한 종업원은 주정부의 실업보상금 이외에 추가 또는 보충적인 보상금을 받을 수 있는 제도이다. 우리나라는 1995년 7월부터 고용보험 제도를 실시하고 있다. 사업주와 근로자는 각각 월 급여액의 일정비율을 보험료로 납부해야 하며, 근로자는 나이와 보험 가입기간에 따라 복리후생 성격의 수당을 제외한 임금 총액의 50%까지 실업급여를 받을 수 있다.

기본 급여는 실직일 이전 18개월 동안에 12개월 이상 피보험자로 근무하다가 이직하여 재취업을 위한 노력과 능력이 있음에도 실직자로 남아 있을 때 실직 전 임금의 50%를 연령별, 보험 가입기간별로 30-210일 동안 지급한다. 직업훈련을 받을 시에는 2년까지 연장 지급된다. 피보험자인 근로자는 이러한 실업급여를 받기 위해서는 2주마다 지방노동관서에 출석해 지난 2주 동안 적극적인 구직 활동을 했음에도 취업을 하지 못했음을 입증하는 실업인증을 받아야 한다.

2) 징계해고

징계해고(discharge)는 경영질서에 대한 침해행위가 매우 중대하여 근로자를 경영 외로 배제하지 않으면 경영질서를 유지하기가 어렵다고 판단될 경우, 중징계처분을 하여 합법적으로 해고하는 비자발적 이직의 한 형태이다. 징계에 따른 징계해고를 이해하기 위해서는 징계에 대한 기본적인 이해가 필요하다.

(1) 징계의 의의

징계란 시용자가 기업 질서를 위반한 근로자에게 그 책임을 부과하기 위한 목적으로 인사상 불이익조치를 취하는 것을 의미한다. 사용자는 기업의 경영목적을 달성하기 위하여 불가결하게 필요한 기업 질서를 정립할 수 있는데, 이러한 기업 질서에 대하여 근로자가 위반행위를 할 경우에 일정한 불이익조치를 취할 수 있는 것이다.

모든 조직은 그 조직을 일관성있게 운영하기 위해서 요구되어지는 규칙을 설정하고 있다. 기업은 조직구성원에게 조직에서 규정하고 있는 규칙이나 규율의 범위 내에서 행동하도록 요구하고 있다. 일반적인 사회에서는 법률, 학교에서는 학칙, 기업에서는 사규나 사칙으로 조직의 질서를 유지하는 수단으로 활용하고 있다. 법률이나 학칙, 그리고 사칙을 조직구성원이 준수할 경우에는 별다른 문제는 발생하지 않지만, 준수하지 않을 경우에는 조직의 질서는 붕괴되고 조직에서 설정한 목표달성은 어려워지게 된다. 따라서 조직구성원들로 하여금 이러한 질서에 대하여 위반을 한 행위를 규제하기 위한 수단으로서 징계조치가 필요한 것이다.

(2) 징계 절차 및 징계 사유

기업에서는 조직구성원에 대한 징계를 조치할 경우에 그에 대한 합리적이고 공정한 징계절차를 마련하는 것이 중요하다. 징계를 담당하는 부서는 조직구성원들에 대한 징계사유와 절차, 방법에 대한 내용을 취업규칙 또는 단체협약 등에 정확하게 명시하여야 한다. 따라서 조직구성원들에 대한 징계사항이 발생할 경우 취업규칙이나 단체협약에 정해진 절차에 근거하여 징계가 합리적으로 이루어져야 징계의 정당성을 확보할 수 있는 것이다.

징계가 되는 일반적인 근로자의 귀책사유로는 근무태도불량, 범법행위, 위장취업행위, 불법집단행동 등이 해당된다. 조직구성원의 근무태도불량을 야기하는 행위로는 무단결근, 정당한 업무명령거부, 불성실한 근무태만 및 태도, 직장규율 위반, 회사명예 실추행위, 성실의무 위반 등이 있을 수 있다. 범법행위로는 법률적 위반을 한 사실적 행위로서 폭행이나 업무상 횡령, 뇌물수뢰, 공금 유용 등이 해당이 된다. 또한 경력이나 학력 등을 위조하여 근로계약이 이루어진 위장취업행위가 있을 수 있으며, 불법집단행동으로는 불법적인 노동쟁의활동, 타 사업장 쟁위행위에 불법개입, 법외단체활동에 참여 등이 해당된다.

(3) 징계의 유형

기업에서 징계유형에 대해서는 취업규칙이나 단체협약에 규정되어 있지만, 일반적으로 경고, 견책, 감봉, 정직, 강등, 징계해고 등이 있다. 경고는 기업질서를 위반한 종업원에게 구두로 잘못을 지적하고 재발시 징계처분을 할 것이라고 알려주는 것을 말하는 것으로 징계의 유형 중에서 가장 가벼운 제재이다. 견책은 사용자가 근로자의 기업질서의 위반행위에 대하여 잘못을 인정하는 문서의 형태인 시말서를 통해 인사기록에 남기는 경징계 처분이다. 감봉이란 근로자의 위반행위에 대하여 출근하여 직무를 수행하기는 하나 임금의 일부를 삭감하는 경제적 불이익을 주는 중징계 처분이다. 정직은 기업질서를 위반한 근로자에 대하여 종업원으로서의 신분은 보유시킨 채 일정기간 출근을 정지시키고 노무의 수령을 거부함으로써 그 기간 중의 임금을 지급하지 않는 중징계 처분이다. 강등은 기업질서를 위반한 근로자에게 현 직급을 하향 조정시키는 중징계 처분으로서 대개 직급도 내려가면서 임금삭감도 동시에 이루어지게 된다. 마지막으로 징계해고는 기업질서를 위반한 정도가 매우 중대하거나 위반의 횟수가 가중되어 더 이상 고용관계가 유지되기 힘들다고 판단될 경우에 강제로 해고하는 가장 극단적인 중징계 처분이다. 이러한 징계해고에 관해서는 취업규칙이나 단체협약에 명확하게 명시하여야 하며, 그에 대한 절차적 정당성이 확보되어야 한다.

3) 정년퇴직

(1) 정년퇴직의 의의

정년퇴직(retirement)이란 기업에서 정한 일정한 연령에 도달하여 고용관계가 단절되는 비자발적 이직의 하나이다. 일반적으로 기업의 취업규칙이나 단체협약에 설정된 연령에 도달하게 되면 고용계약이 자동적으로 종료가 이루어지는 것이다. 우리나라의 경우 제조업을 포함한 일반적인 사기업에서의 정년 연령은 대개 55세에서 58세 정도로 규정하고 있고, 공공기관의 경우 직급에 따라 58세에서 60세 정도로 규정되어 있다. 장·차관과 같은 임명직 공무원이나 사기업의 이사급 이상 CEO 임원급에 대해서는 정년 연령에 대한 규정이 없는 경우가 많다.

(2) 정년퇴직의 유형과 명예퇴직

정년퇴직의 유형으로는 통상퇴직, 강제퇴직, 자동퇴직이 있으며, 정년 연령에 도달하지는 않았지만 구조조정에 따른 인력 축소의 일환으로 이루어지는 조기퇴직(early retirement)의 형태인 명예퇴직이 있다.

① 통상퇴직

통상퇴직(normal retirement)이란 퇴직연금(pension)을 받을 수 있는 연령에 도달하여 퇴직하는 유형을 말한다. 통상퇴직의 경우에 있어서는 기업에서 퇴직에 대한 강제는 전혀 없어 퇴직에 대한 의사결정은 근로자 본인의 의사결정으로 이루어진다.

② 강제퇴직

강제퇴직(compulsory retirement)은 기업체의 규정에 따라 일정한 연령에 도달할 경우 강제적으로 퇴직하는 것을 말한다. 강제퇴직의 경우에 사용자와 근로자와의 합의에 의하여 고용이 연장되거나 재고용이 될 수 있다.

③ 자동퇴직

자동퇴직(automatic retirement)은 기업체에서 정해놓은 일정한 연령에 도달하게 되면 고용 연장이나 재고용에 대한 여지가 없이 자동적으로 퇴직하는 것을 말한다. 기업체에서 정한 연령에 도달하게 되면 기업체와의 고용관계가 자동적으로 단절되는 것을 의미한다.

④ 명예퇴직

조기퇴직(early retirement)의 형태인 명예퇴직은 정년에 도달하지 않은 근로자들을 대상으로 조기에 퇴직시키는 경우를 말한다. 주로 어느 정도의 근속년수가 경과된 근로자들을 대상으로 정년 연령 이전에 퇴직할 수 있는 기회를 제공하는 것이다. 명예퇴직은 기업체의 경영상의 이유로 인하여 발생할 수도 있고, 조직 구성원의 자발적인 의사결정으로도 퇴직결정을 하는 경우도 있다. 명예퇴직을 선택할 경우 법적으로 보장된 퇴직금 이외에 퇴직위로금을 부가하여 수령함으로서 어느 정도의 금전적인 보상의 혜택을 받기도 한다.

4) 임금피크제

임금피크(peak)제란 일정한 연령에 도달한 근로자의 임금을 삭감하는 대신 정년까지 고용을 보장해주는 제도를 말한다. 이 제도는 임금에 비해 생산성이 떨어지는 중고령 장기근속자들이 계속 근무를 원할 경우, 일정한 연령을 기점으로 연차적으로 임금을 감소시키는 방식으로, 연령이 많아질수록 임금이 높아지는 '연공서열제'와는 대비되는 제도이다.

임금피크제가 도입된 배경은 근로자의 조기퇴출을 방지하기 위한 하나의 대안으로 등장하게 되었다. 연공적인 요소가 임금인상에 크게 반영되는 경우에 근로자의 근속년수 상승에 따른 인건비의 가중으로 기업경쟁력의 약화, 경기침체기에 상시 구조조정체제로 인한 종업원들의 조기퇴출 강화 등의 원인으로 많은 사회적 문제들을 야기하여 그에 대한 타협점으로 찾은 것이 임금피크제이다. 종업원들에 대한 조기퇴출을 방지하고 정년을 보장해주는 대신에 생산성이 떨어지는 일정한 연령 이후에는 임금을 삭감하는 방안에 대하여 접점을 찾은 것이다.

임금피크제는 종업원 개인, 기업 그리고 사회적인 관점에서 유익한 측면을 지니고 있다. 먼저 종업원 개인 입장에서 보면, 어느 정도 임금삭감을 감수하더라도 다니고 있는 직장을 그대로 유지할 수 있어 소속감과 경제적 욕구충족이 이루어질 수 있다. 기업 입장에서는 생산성에 비례하는 임금지급을 할 수 있어 인건비의 부담을 완화시킬 수 있는 효익이 있으며, 사회적인 관점에서는 기업의 구조조정으로 인하여 발생하는 실업사태와 같은 다양한 사회문제들을 예방하는 효과를 지니게 된다.

정부에서는 임금피크제의 도입을 촉진시키기 위하여 기업에서 임금피크제도를 도입하여 운용하는 경우 임금이 삭감된 종업원에게 삭감된 임금의 일부를 지원해 주고 있다. 우리나라 고용보험법 시행령에서는 임금피크제를 도입해 운용하는 기업에 지원금 혜택을 주기 위해 임금피크제의 유형을 정년연장형, 근로시간 단축형, 재고용형으로 구분하고 있다. 정년연장형은 기존의 정년을 연장하는 대신 정년 전부터 임금을 줄이는 방식이다. 예를 들면 정년을 58세에서 60세로 연장하는 경우에 정년 전인 56세부터 임금을 삭감하는 방식으로 운영된다. 근로시간 단축형은 기존의 정년을 연장하는 대신에 정년 이전 시점부터 근로시간을 단축하는 방식이다. 근로시간의 단축으로 인하여 종업원의 임금이 줄어들게 되는 것이다. 재고용형은 정년 후에 재고용을 보장해 주는 제도로, 정년퇴직 후 재고용을 조건으로 정년 이전부터 임금을 삭감하는 방식이다.

사 례 임금피크제의 적용사례

1. A 중공업의 정년퇴직과 임금피크제

A 중공업의 정년퇴직은 상당히 오랫동안 만 56세(생년월일 기준)가 도래되는 연도의 12월31일로 정해져 있었다. 전반적인 신체적 건강이 좋아지고 사회적으로 장년연장의 욕구가 증가하고, 정부에서 정년연장에 대한 논의가 이루어지는 상황을 인지하고, 법률이 통과되기 이전부터 정년연장에 대비하면서 타사보다는 매우 이른 시점인 2011년 단체협상에서 회사의 제안으로 정년을 계약직으로 2년 연장하여 만 58세를 정년으로 적용하여 54년생부터 정년을 연장하였고, 임금피크제(기존 임금의 80% 수준으로 임금 적용)를 도입하였으며, 2013년 단체협상에서는 추가로 정년을 2년 연장하여 만 60세를 적용하고 임금은 기존 만 56세 임금의 70% 수준으로 보상받는 임금피크제를 적용하는 조건으로 정년을 연장하게 되었다.

[표1] A 중공업의 연도별 정년연장 현황

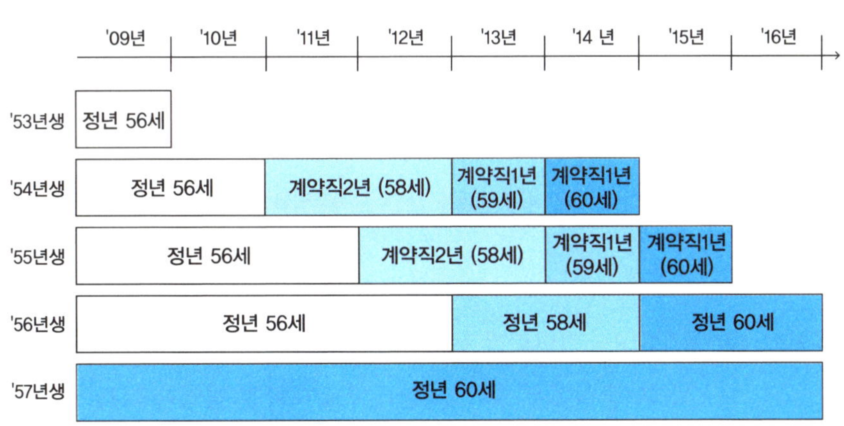

- 2000년 단체교섭: 계약직 2년 연장(58세)
- 2012년 단체교섭: 정년 58세+계약직 1년 연장(59세)
- 2013년 단체교섭: 정년 60세 연장(기존 계약직은 1년 연장, 60세까지).

2. 임금피크제 실시기업의 정부지원금

임금피크제에 대한 정부지원금 제도의 개요 : 기존의 정년을 56세 이상으로 연장하면서 피크임금 대비 1년차 10%, 2년차 15%, 3~5년차 20%(300인 미만 사업장은 10%) 이상 감액하는 경우, 10% 이상 감액한 임금에 대하여 연 최대 720만원~1,080만원을 근로자에 지원

활용사례

사업장 상황 : 정년 55세에서 60세로 연장, 55세부터 임금 30% 감액

근로자 상황 : 올해 54세인 경우, 연간 총 급여가 5,000만원

정부지원 : 연간 1,000만원 지원, 실질 임금 3.6% 감액이 이루어짐

[표2] 정부지원금 활용

	도입 전	도입 후	
기존 임금	5,000만원	3,500만원	← 30% 감액
순 임금 (세금공제 후)	4,203만원	3,053만원	
정부지원금	--	1,000만원	
실질 임금	4,203만원	4,053만원	← 3.6% 감액

〈자료: 김길동(2018), 정년퇴직 프로그램의 특성과 개인 특성이 프로그램 효과에 미치는 영향, 경남대학교 대학원 경영학 박사학위논문〉

참고문헌

김성수(2019), 제4차 산업혁명시대 신인적자원관리(2판), 탑북스.

신철우·최찬기·윤정현·김대수(2018), 인적자원관리, 탑북스.

양동훈(2022), 인적자원관리, 홍문사.

오종석·김종관(2014), 인적자원관리(3판), 탑북스.

이학종·영혁승(2012), 전략적 인적자원 관리(개정판), 오래.

전상길(2020), 창조경영을 위한 인적자원관리, 길을 묻다, 창명.

정수진·고종식(2019), 실무지식을 위한 인적자원 관리(2판), 정독.

정재훈·김진욱·김현정(2019), 인적자원관리, 북넷.

최병우(2022), 전략적 인적자원관리의 기초, 탑북스.

한국경영자총협회(2016), 개정판 경총 임금피크제매뉴얼.

한인수·정범구(2020), 현대 인적자원관리(4판), 명경사.

G. Dessler(2017), Human Resource Management(15th ed.), Pearson.

R. A. Noe, J. R. Hollenbeck, B. Gerhart & P.M. Wright(2022), Human Resource Management: Gaining a Competitive Advantage(13th ed.), McGraw Hill.

R. L. Mathis, J. H. Jackson & S. R. Valentine(2015), Human Resource Management: Essential Perspectives, Cengage Learning.

R. W. Mondy & J. B. Mondy(2014), Human Resource Management(13th ed.), Pearson.

S. R. Valentine, P. Meglich, R. L. Mathis & J. H. Jackson(2019), Human Resource Management(16th ed.), Cengage Learning.

S. Snell & S. Morris(2022), Managing Human Resources(19th ed.), Cengage Learning.

W. L. French(1987), The Personnel Management Process(6th ed.), Houghton Mifflin Co.

제7장

교육훈련관리

학습목표

- ▶ 교육훈련의 기업측면과 종업원측면의 이점에 대하여 이해한다.
- ▶ 고전적 조건화와 조작적 조건화 이론의 차이점을 이해한다.
- ▶ 교육훈련의 필요성 분석에 대하여 이해한다.
- ▶ 교육훈련의 대상과 담당자에 대하여 이해한다.
- ▶ 교육훈련 평가기준에 대하여 이해한다.
- ▶ 계층별 교육훈련 방법에 대하여 이해한다.
- ▶ 교육훈련의 다양한 기법에 대하여 이해한다.

제1절 교육훈련의 개요

1. 교육훈련의 의의

기업경영에 영향을 미치는 환경변화는 상상하기 힘들 정도로 빠르게 변화되고 있다. 4차 산업혁명 시대의 도래, 급진적인 기술발전, 변화와 혁신의 강조 등 기업경영에 영향을 미치는 환경변화의 속도를 따라잡지 못하는 기업은 도태될 수밖에 없는 시대이다. 이렇게 빠르게 변화되는 상황에서 기업은 보유하고 있는 인적자원의 경쟁력에 따라서 기업의 경쟁력이 좌우될 것이다. 따라서 이러한 환경변화에 적응을 위하여 새롭게 충원된 종업원 뿐만 아니라 현직에 종사하고 있는 종업원, 그리고 경영자 등 기업의 모든 인적자원에 대한 개발과 육성을 하지 않으면 기업이 어려움을 가질 수밖에 없다.

교육훈련(education & training)은 조직목표달성을 위하여 조직구성원들의 직무수행과 관련된 지식, 기능, 태도 등을 개발하고 육성시키기 위한 기업의 체계화된 노력을 의미한다. 따라서 현재 및 미래에서 요구될 조직구성원의 핵심역량을 향상시키는데 목적을 두게 된다. 교육훈련에 있어서 교육의 개념을 지식(knowledge)의 학습에 초점을 둔 의미로, 훈련을 기능(skill)의 학습에 초점을 둔 의미로 구분하고 있는 학자들도 있지만, 이러한 개념 차이는 실무에서 별 의미가 없는 것으로 실제는 두 개념이 상호 복합적으로 사용되고 있다. 조직구성원의 개발을 위해서 일반적인 지식에서부터 전문적이고 구체적인 기능까지 필요하기 때문이다.

최근에는 교육훈련이라는 용어 대신에 훈련과 개발(training & development)이라는 용어를 널리 사용하고 있는데, 노어(R. A. Noe) 등에 따르면, “훈련이란 종업원으로 하여금 직무관련능력, 즉 지식, 기능, 직무관련 행동 등을 학습시키기 위하여 기업이 마련한 계획화된 노력이라고 정의하고, 개발이란 종업원이 미래를 대비함에 도움이 되는 공식적 교육, 직무경험, 대인관계 등을 학습시키기 위한 노력”으로 구분하고 있다. 따라서 훈련은 현재지향적이고, 개발은 미래지향적이라는 의미의 차이를 두고 있다.

2. 교육훈련의 목적과 중요성

경영을 인적자원과 물적자원의 결합이라고 할 때 인적자원의 수준을 높이기 위한 교육훈련은 경영의 유효성 향상을 위해 필수불가결한 요소가 된다. 따라서 교육훈련은 조직의 목표달성 및 기업의 성장발전을 위해 기업이 보유한 인적자원의 능력을 향상시키고 자기개발을 촉진시키는 제 활동을 말한다. 따라서 기업은 빠르게 변화되고 있는 환경변화에 대한 적응을 위하여 인적자원이 보유하고 있는 지식을 기업의 효과적인 자원으로 개발시키기 위한 노력을 경주해야 되는 것이다. 이러한 노력의 일환으로 기업은 보유한 인적자원에 대한 전략적 개발계획을 수립하여 경영전략과 교육훈련 전략을 연계하고, 지속적으로 인적자원의 개발을 위해 교육훈련에 대한 필요성을 수시로 파악하여야 한다.

또한 기업에서 설정한 경영목표 달성에 공헌할 수 있는 인적자원의 육성·개발을 위하여 기업의 성과와 연계된 교육훈련 시스템을 통하여 지속적인 교육훈련을 제공하여야 한다.

기업에서 추진하는 교육훈련의 목적으로는 첫째, 교육훈련은 직·간접적으로 조직의 성과향상과 관련성이 있다. 교육훈련은 조직의 성과를 높이고 성과향상을 위한 비용지출을 최소화하며, 성과향상에 요구되어지는 시간을 줄이는데 기여를 한다. 둘째, 교육훈련은 그 대상자인 조직구성원에게 충분한 가치가 있도록 작용되어야 한다. 자신의 직무수행 뿐만 아니라 일상생활에 관한 지식과 정보의 습득을 제공하여, 현장의 직무성과 향상과 다른 외부와의 사회적 접촉에 대한 활동영역의 확대를 가져다 준다. 또한 교육훈련을 통하여 인적자원의 다양한 역량증대에 따라 개인적 문제해결능력 뿐만 아니라 조직에서의 의사소통 및 의사결정기능을 향상시켜주게 된다. 이를 기업 측면과 종업원 측면에서의 교육훈련에 대한 장점을 기술하면 다음과 같다.

1) 기업 관점에서 교육훈련의 이점

(1) 종업원 업무효율성 증대

효과적인 교육훈련 프로그램은 기업 내부의 종업원들로 하여금 직무수행에 대한 효율성을 제고시킬 수 있다. 교육훈련을 받은 인적자원은 자신감이 생겨날 것이고, 이는 종업원들로 하여금 향상된 성과를 창출하게 된다.

(2) 감독 부담의 감소

종업원들은 근로를 하는 과정에서 감독을 받아야 한다. 교육훈련을 충분하게 받은 종업원은 직무수행에 실수를 적게 함으로써 감독이 그렇게 많이 필요하지 않게 된다. 따라서 기업의 입장에서 감독에 대한 부담이 감소되어질 수 있다.

(3) 불량률의 감소

교육훈련을 충분히 받은 종업원들은 작업에 있어서 불량률의 감소를 가져올 것이고, 이는 기업 입장에서 비용절감을 위한 효과를 가지게 된다.

(4) 이직의 방지

적합한 교육훈련을 받은 종업원은 승진 기회를 더 많이 가짐으로써 보다 만족감을 가지게 된다. 이직의도를 줄인다는 것은 기업 입장에서 이직에 소요되는 세반 비용을 설약할 수 있는 요인으로 작용함으로서 비용감소를 가져오게 된다.

(5) 신입사원의 능력향상

교육훈련은 신입사원이나 현직 종업원 모두에게 중요하다. 특히 신입사원에게는 특히 교육훈련이 더 중요한데, 이는 조직의 전반적인 기능에 대한 이해와 교육훈련을 통하여 직무수행에 요구되어지는 지식과 기능을 개발할 기회를 가지게 만든다.

(6) 노사관계의 호전

기업에서는 노사관계에 대한 적합한 관리가 필요한데, 종업원들에게 교육훈련을 통하여 미래의 직무나 승진에 대한 제반 정보를 제공해 줌으로써 기업이 종업원의 복지에 관심을 가지고 있음을 보여준다. 이러한 결과로 노동조합은 기업에 대한 긍정적인 이미지를 가지게 되며 노사관계에 대한 호의적인 태도를 가지게 된다.

2) 종업원 측면에서 교육훈련의 이점

(1) 자신감의 증대

교육훈련은 종업원들에게 자신감을 가지게 해준다. 교육훈련을 받은 종업원은 자신들의 직무환경에 보다 잘 적응하고, 상사 앞에서도 자신감 있는 태도를 보이게 된다. 이러한 자신감은 종업원들로 하여금 미래에 보다 많은 노력을 하도록 만들어준다.

(2) 동기부여 향상

교육훈련은 종업원들에게 보다 긍정적인 태도를 가지게 만들며, 동기부여 수준을 높이게 만든다. 따라서 종업원들은 조직의 성과향상에 더 많은 노력을 경주하게 된다.

(3) 높은 보상

효과적인 교육훈련 프로그램은 종업원들로 하여금 기업에서 설계한 보상체계나 인센티브에 대하여 혜택을 받을 기회가 높다. 교육훈련을 받은 종업원이 증가된 보상을 받게 되면, 이는 높은 수준으로 동기부여될 것이다.

(4) 집단적 노력

효과적인 교육훈련 프로그램은 종업원들로 하여금 그들의 직무수행에 필요한 지식이나 기능을 향상시키는 것 이외에 집단의 구성원으로서의 역할에 대해서도 교육을 받는다. 따라서 교육훈련을 통하여 집단적 노력을 향상시킬 수 있다.

(5) 승진

효과적인 교육훈련 프로그램은 조직의 성과향상을 가져오게 되고, 이는 종업원들로 하여금 승진의 기회를 증가시킨다. 많은 종업원들은 그들에게 승진의 기회를 향상시키거나 조직에서 보다 높은 직위로 상승시키는데 도움을 줄 수 있는 특정한 교육훈련 프로그램을 선택하는 경향이 있다.

3. 교육훈련의 기본 원리

교육훈련은 기본적으로 인적자원의 지식, 기능, 태도 등에 대한 적극적인 변화를 의미하는 것으로 이는 일종의 학습(learning)이라고 할 수 있다. 따라서 교육훈련을 효과적으로 관리하기 위해서는 학습과 관련된 몇 가지 원리들을 이해하는 것이 필요하다. 즉, 교육훈련을 통해서 기업의 성과를 향상시킨다는 것은 교육훈련이라는 과정을 통하여 학습 이전에서 학습 이후의 성과향상이라는 변화를 가져오는 과정이기 때문에 학습이론에 대한 기본적 이해가 필요한 것이다. 이하에서는 학습이론과 학습곡선에 대하여 설명하고자 한다.

1) 학습의 의의

학습은 조직에 있어서 모든 조직구성원의 행동에 영향을 미친다. 조직에서 직접적으로 혹은 간접적으로 학습의 영향을 받지 않는 사람은 거의 없다. 예를 들면 작업자의 기술, 경영자의 태도, 종업원의 동기부여 등은 모두 학습에 의해 형성된 것이다. 학습의 개념은 "반복적인 연습과 경험에 의하여 발생하는 비교적 영속적인 행동변화"를 의미한다. 이러한 정의에 따라 세부적인 특징을 살펴보면, 먼저, 학습은 반복된 연습과 경험에 의한 결과이다. 반복된 암기, 올바른 습관, 타인의 관찰 등 직접적이고 간접적인 연습과 경험에 의해서 학습이 이루어진다. 다음으로 행동변화는 영속적으로 나타나야 한다. 반사적이고 본능적으로 나타나는 일시적인 변화는 학습이라고 할 수 없다. 마지막으로 학습은 행동변화라는 결과로 나타나야 한다. 학습 이전과 학습 이후를 비교했을 때 긍정적으로 향상된 효과를 나타내주어야 한다는 것이다.

이러한 학습을 설명하는 이론으로는 행위론적 관점의 이론과 인지론적 관점의 이론이 있다.

2) 학습이론(learning theory)

학습이론은 자극에 따른 반응의 관계로 행동변화가 발생하여 학습이 이루어진다고 설명하는 행위론적 관점과 자극에 따른 반응의 관계에서 인지적 요소가

그림 7-1 학습이론의 유형

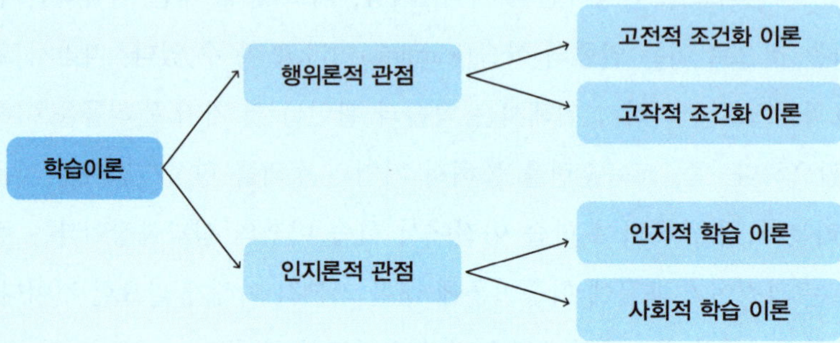

개입해서 행동변화가 달라지면서 학습이 이루어진다고 설명하는 인지론적 관점이 있다. 행위론적 관점의 이론으로서는 고전적 조건화 이론과 조작적 조건화 이론이 있고 인지론적 관점의 이론으로 인지적 학습 이론과 사회적 학습 이론이 있다.

(1) 고전적 조건화 이론

고전적 조건화(classical conditioning) 이론은 러시아의 생리학자 파블로프(I. Pavlov)에 의해 제시된 이론으로서 조건자극을 무조건자극과 관련시킴으로써 조건자극으로부터 새로운 조건반응을 얻어내는 과정으로 학습을 설명하는 이론이다. 파블로프는 개가 음식을 보고 분비되는 타액을 관찰함으로써 고전적 조건화 이론을 정립하게 되었는데, 처음에 개에게 음식(무조건 자극)을 주었을 때 개는 타액(무조건 반응)을 분비했다. 반면에 그가 단순히 종소리(조건화된 자극)를 개에게 들려 주었을 때 개는 타액을 분비하지 않았다. 다음 단계로 파블로프는 개에게 먹이와 함께 종소리를 들려 주었는데 이러한 행위를 여러번 반복한 후에 그는 개에게 종소리만을 들려주었다. 이때 개는 단지 종소리만 듣고서도 타액을 분비했다(조건화된 반응). 즉, 개는 종소리에 의해 타액을 분비할 수 있도록 조건화되었으며 이러한 변화가 고전적 조건화 이론에 의해서 학습이 이루어진다고 설명하는 이론이다. 이러한 과정을 그림으로 나타내면 다음 [그림 7-2]와 같다.

그림 7-2 고전적 조건화 이론

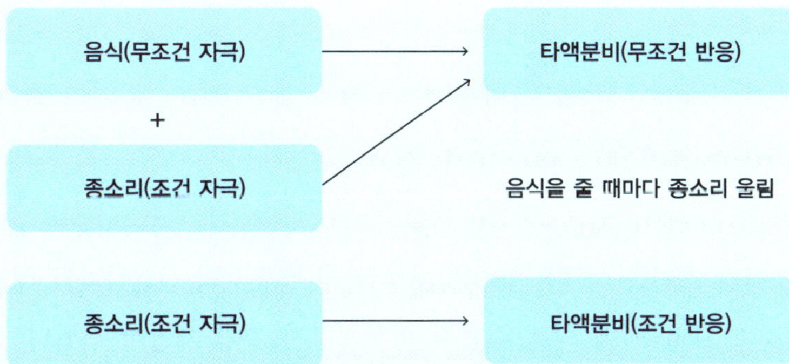

이러한 고전적 조건화 이론은 학습과정을 이해하는데 많은 도움을 주었으며, 학습이론의 발전에 크게 공헌하였다. 그러나 고전적 조건화 이론은 인간 학습의 극히 일부분만을 설명한다는 비판을 받게 되는데, 단지 어떤 자극에 의해 유도되는 무의식적인 반응만을 나타내며 이보다 더 복잡한 인간의 행동을 설명할 수 없다는 비판을 받게 되었다. 이를 극복하기 위해 스키너의 조작적 조건화 이론이 등장하게 되었다.

(2) 조작적 조건화 이론

조작적 조건화(operational conditioning) 이론은 자극에 따라서 반응(행동)을 하고 그 결과가 바람직한 결과가 산출되면 그 반응(행동)은 반복적으로 나타남으로써 학습이 이루어진다고 설명하는 이론이다. 고전적 조건화 이론에서 자극과 반응의 관계는 무조건적인 반응으로 설명되었지만, 조작적 조건화 이론에서는 단순히 자극에 대한 조건적 반응이 아니라 학습과정에서 주어진 보상이나 벌에 의해서 행동이 조작된다고 보는 것이다. 따라서 보상이나 처벌이 학습을 하는데 있어서 하나의 도구적인 역할을 한다고 해서 이를 도구적 조건화(instrumental conditioning) 이론이라고도 부른다. 이를 그림으로 나타내면 다음 [그림 7-3]과 같다.

그림 7-3 조작적 조건화 이론

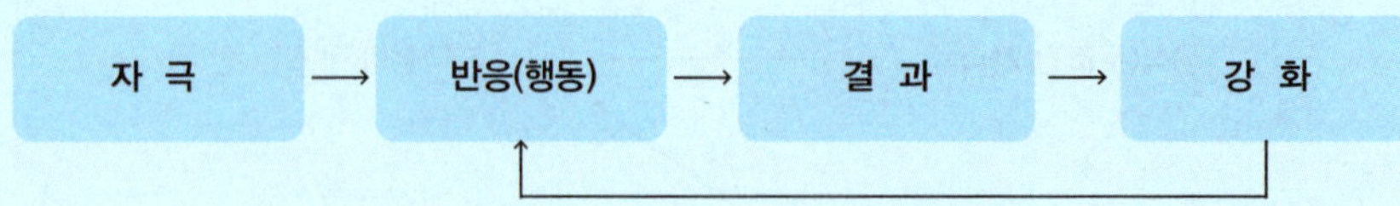

조작적 조건화 이론은 1960년대 미국의 행동주의 심리학자를 대표하는 스키너(B. F. Skinner)에 의해 정립된 이론으로서 그가 개발한 스키너 박스(Skinner box)에 의해서 실험이 진행되었다. 이 박스 안에는 외부에 연결된 먹이통을 통해 쥐가 지렛대를 누르면 먹이가 나오는 방식으로 설치되었다. 배고픈 쥐는 박스 안을 돌아다니다가 우연히 지렛대를 누르고 먹이를 먹게 되지만, 학습이 이루어지지는 않은 상태에서 박스 안을 계속 돌아다니게 된다. 쥐는 박스 안을 돌아다니다가 또 우연히 지렛대를 누르게 되고 결국 지렛대를 누르면 음식이 나온다는 사실을 학습하게 된다는 것이다. 쥐는 더 이상 돌아다니지 않고 지렛대를 계속 누르며 음식을 먹는다는 사실을 발견하게 되었다. 스키너의 실험에 의해 고전적 조건화 이론에서는 인간의 행동이 '수동적'으로 나타나는데 비해서 조작적 조건화 이론에서는 유기체나 인간은 '능동적'으로 '자발적' 행동의 주체가 된다는 새로운 학습이론을 주장하게 되었다.

스키너에 따르면, 학습은 단순히 자극에 대한 조건적 반응에 의하여 이루어지는 것이 아니고 인간의 행동이 강화(reinforcement)를 통해 보상(reward)이 주어지게 되면 그 이후에도 유사한 상황에서 자발적으로 그 행동을 반복하는 경향이 있다고 주장하였다. 따라서 반응(행동)의 결과로 보상을 받게 되면, 결과적으로 즐거움을 가져오므로 반응(행동)은 강화되고 빈도도 늘어날 것이고, 반대로 처벌을 받게 되면 그 반응(행동)은 중지되어 버린다는 것이다.

(3) 인지적 학습 이론

학습과정에 있어서 자극과 반응 관계에 중계자 역할을 하는 것으로 인지(cognition) 요소를 강조한 이론으로서 톨만(E. C. Tolman)에 의해서 정립된 이론이

그림 7-4 인지적 학습이론

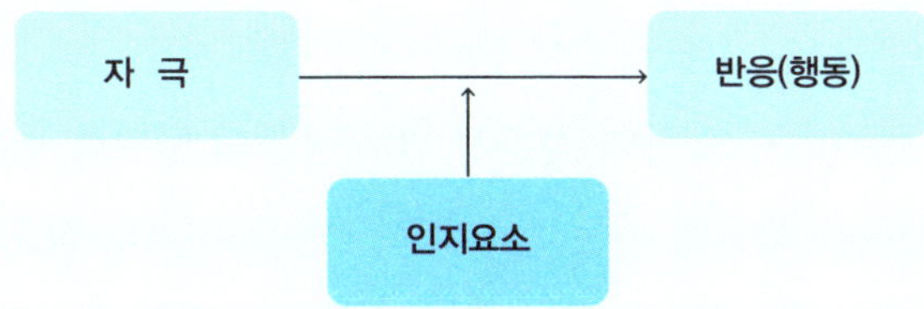

다. 그는 자극에 따른 행동을 하는 과정에 있어서 개인의 인지적 요소 개입에 따라서 반응이 달라지면서 학습이 이루어진다고 주장하면서 학습은 환경의 인지적 단서(cognitive cues)와 기대감(expectation)의 관계에 의해서 이루어진다는 것이다. 이를 그림으로 나타내면 [그림 7-4]와 같다.

그는 쥐를 이용한 실험에서, 'T'자형의 갈림길에서 먹이를 찾기 위해서 우측으로 돌도록 훈련시킨 쥐를 대상으로 다시 출발시켜 보았더니 오히려 왼쪽으로 돌아가더라는 것이다. 조작적 조건화 이론에 의하면 먹이를 찾기 위해 갈림길의 오른쪽으로 돌아가도록 훈련이 되어 있으므로 당연히 오른쪽을 선택했어야 했는데, 흰 쥐가 왼쪽을 택한 것은 먹이를 찾으려는 기대감 때문에 실제로 먹이가 있는 쪽을 인지하여 행동했다는 결론을 도출하게 된다. 즉, 쥐가 갈림길에 섰을 때, 먹이와 관련된 어떤 인지적 단서에 의해 먹이를 찾을 수 있으리라는 기대를 학습하게 된 것이다.

톨만의 실험결과는 그 후 논의를 불러일으키기도 했지만, 학습이론의 발전에 중요한 공헌을 했다. 즉, 행위론자의 단순한 자극-반응의 조건화 개념에서 탈피하여, 보다 복잡한 행동을 설명하고자 하였고, 특히 인지요소가 자극과 행동 사이의 중계자 역할을 하는 것으로 파악되었다. 인지적 학습이론은 사회학습이론의 선구적 역할을 하였으며, 인간관계운동에도 커다란 영향을 미쳤다. 또한 인지적 학습이론은 기대감(expectation), 통제의 원천(locus of control), 목표설정(goal setting) 등 인간행동에 있어서 목표지향적 개념에 대한 중요성을 제시함으로써 동기부여 이론의 토대를 제공하기도 하였다.

(4) 사회적 학습 이론

사회적 학습(social learning) 이론은 관찰과 경험에 의해 학습이 이루어진다는 이론으로 반두라(A. Bandura)에 의해서 정립된 이론이다. 사회적 학습 이론은 스승, 상사, 동료, 부모 등과 같은 주변 사람들의 행위를 보고 관찰하고 직접 경험하면서 행동을 학습해 가는 과정으로 행동과 인지의 상호작용을 중시하는 이론이다. 따라서 학습은 개인의 인지와 행동 및 환경과의 지속적이고 복합적인 상호작용을 통해 이루어진다. 일반적으로 사회적 학습은 다른 사람의 행동과 그에 따른 결과(보상이나 처벌)를 관찰한 다음, 관찰된 타인의 행동을 모방하여 그 결과가 자신에게 호의적이고 만족감을 주면 그 행동을 반복하여 학습이 이루어지고 아닐 경우 학습이 이루어지지 않는다는 것이다. 이를 그림으로 나타내면 다음 [그림 7-5]와 같다. 사회적 학습 이론에서는 학습이 이루어지는 과정에 있어서 관찰학습, 모방학습, 자아통제, 자기효능감 등의 특성에 대한 중요성을 제시하고 있다.

그림 7-5 사회적 학습이론

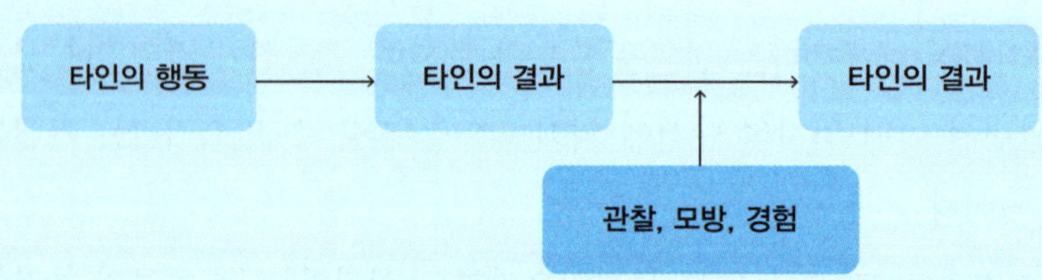

3) 학습곡선(learning curve)

학습곡선은 학습시행의 빈도에 따른 행동변화와의 관계를 나타내는 곡선으로서 다음 [그림 7-6]과 같다.

여기서 X축은 학습시행의 횟수를 나타내고, Y축은 학습시행에 따른 행동변화를 나타낸다. 학습곡선에서 나타나는 특징을 열거하면 다음과 같다.

그림 7-6 학습곡선

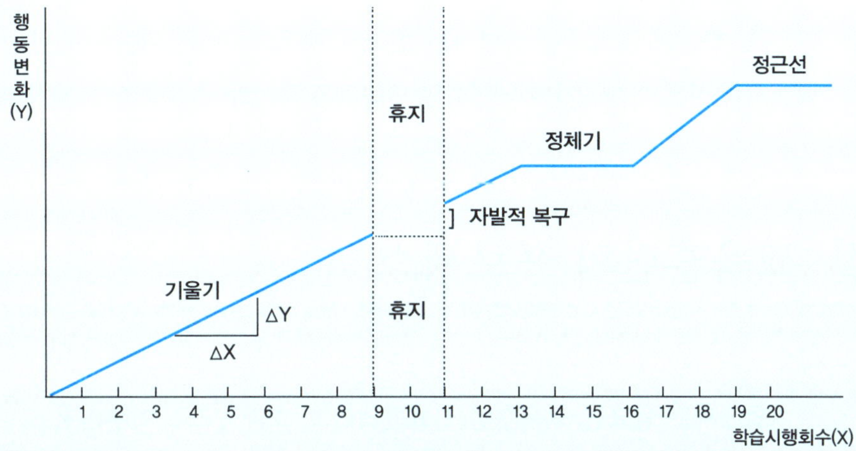

자료: A. D. Szilaggi, Jr. & M. J. Wallace, Jr., Organizational Behavior and Performance, Scott Foresman and Company, 1987, p.69.

(1) 곡선의 기울기(slope of curve)

곡선의 기울기(△Y/△X)는 학습의 단위당 시행에 따른 행동의 변화율을 나타내고 있다. 이것은 곧 학습시행에 따른 행동의 변화속도를 가리키므로 훈련 담당자는 이 기울기를 극대화하고자 하는데 교육훈련의 목표를 가져야 한다.

(2) 자발적 복구(spontaneous recovery)

학습과 관련하여 학습시행을 하지 않는 휴지기가 발생하더라도 학습성과는 휴지기간 이전보다 높은 수준으로 자발적으로 복구된다. 이는 시간이 흐르면서 아무런 훈련이 없었다 하더라도 휴지기 이전에 갖추었던 학습효과가 지속적으로 증가하고 있음을 보여주는 것이다.

(3) 정체기(plateau)

학습곡선의 세 번째 특성은 학습과정 동안 학습의 휴지기가 몇 번이고 발생할 수 있다는 것이다. 종업원의 싫증이나 권태감으로 일정 기간 학습의 효율성이 정지되는 경우가 발생할 수 있다.

(4) 점근선(asymptote)

점근선은 수학적인 용어로서 곡선의 형태가 직선의 변화되는 시점을 의미한다. 즉, 학습의 결과로서 나타나는 변화된 행동의 최대량이다. 이 점근선으로 학습시행 이전의 행동차원과 변화된 행동과의 차이를 측정할 수 있게 한다.

제2절 교육훈련의 프로세스

기업에서는 필요한 교육훈련이 효율적이고 효과적으로 이루어져 그 목표를 달성하기 위해서는 체계적인 관리가 필요하다. 따라서 기업에서는 효율적인 교육훈련 프로그램을 실행하기 위해서는 실행목표가 명확하게 설정되어야 하고 이를 위해서는 교육훈련 프로그램의 필요성이 정확하게 분석되어야 한다. 다음으로 교육훈련 필요성에 따라 그 대상을 누구로 할 것인지, 어떠한 내용 중심으로 할 것인지에 따라 실제 교육훈련을 실시하게 되고, 교육훈련 프로그램을 실시했다면 교육훈련의 효과를 검증할 수 있는 교육훈련의 평가가 이루어지게 된다. 이러한 교육훈련 프로세스를 그림으로 나타내면 다음 [그림 7-7]과 같다.

그림 7-7 교육훈련의 과정

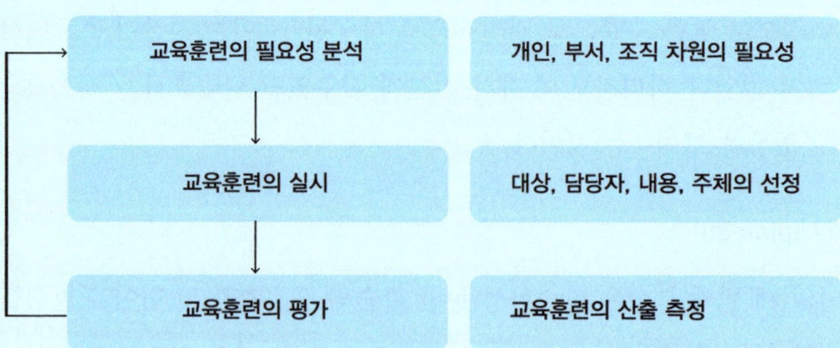

1. 교육훈련의 필요성 분석

교육훈련을 실시하기에 앞서 교육훈련의 필요성이 정확하게 분석되어야 한다. 교육훈련의 필요성은 분석 단위에 따라 조직 수준, 부서 수준, 개인 수준에서 필요성이 분석된다.

먼저, 조직 수준에서의 필요성 분석은 조직에서 설정한 전략적 목표를 달성할 수 있는 방법에 초점을 두고 교육훈련의 필요성을 분석하는 것이다. 따라서 조직의 전체 차원에서 조직의 장·단기 목표가 무엇인지, 그 목표에 영향을 미칠 요인들이 어떠한 것이 있는 지를 파악하여 어느 분야에서 교육훈련을 통하여 조직의 성과를 향상시킬 수 있을 것인가를 조직차원에서 검토하고 분석하는 것이다. 여기에는 조직에서 설정한 전략적 목표 뿐만 아니라 인적자원의 규모, 효율성 달성 방법, 조직문화 등과 같은 조직 전체 관점에서 조직성과 향상에 영향을 미치는 요인들에 대한 분석을 통하여 교육훈련의 목표를 설계하게 된다.

다음으로 부서 수준에서의 필요성 분석은 조직 내 하위 부서 단위에서의 목표를 달성하기 위한 필요성을 분석하는 것이다. 따라서 이러한 필요성 분석은 부서 단위에서 이루어지는 직무수행 성과를 향상시키기 위한 것으로 직무상의 필요성 분석이라고도 한다. 직무상의 필요성 분석은 직무분석에 의한 직무기술서와 직무명세서에 따라 부서 단위에서의 목표를 달성하는데 요구되어지는 직무수행의 성과를 향상시킬 수 있는 방향으로 교육훈련의 목표를 설계하게 된다.

마지막으로 부서 단위에서 필요한 기능과 최소한의 업무기준 등에 관한 정보가 얻어진 다음에는 종업원 개인으로서 직무 담당자의 필요성 분석이 있어야 한다. 종업원 개인이 수행하는 직무에서 요구되어지는 지식과 기능에 대한 평가를 통하여 보완해야 될 지식과 기능에 대한 필요성을 분석하는 것이다. 직무담당자의 필요성 분석은 직무수행 능력에 대한 평가를 통하여 파악할 수 있으며, 개인에 대한 심리테스트나 태도조사, 면접 등의 방법을 활용하여 개인 단위에서 필요한 내용을 파악하여 교육훈련의 목표를 설정하게 된다.

2. 교육훈련의 실시

교육훈련의 필요성이 파악되고 나면 그에 적합한 교육훈련 프로그램을 실시하여야 한다. 교육훈련 프로그램의 성공적인 실시여부는 교육훈련의 대상, 교육훈련의 담당자, 교육훈련의 내용 등과 같은 절차를 어떻게 결정하느냐에 좌우된다.

1) 교육훈련의 대상

교육훈련의 대상은 관리계층별로 구분하면 신입사원, 일선종업원, 하위경영자, 중간경영자, 최고경영자로 구분된다. 또한 업무직능별로 구분하면 관리직, 스탭직, 일반직, 기능직 등으로 구분하여 그 대상에 적합한 교육훈련을 실시할 수 있다. 이렇게 교육훈련을 필요로 하는 대상이 결정되고 나면 다음으로 교육훈련의 담당자, 교육훈련의 내용, 교육훈련의 방법, 시간, 장소 등이 구체화된다.

2) 교육훈련의 담당자

교육훈련의 대상이 결정되고 나면 다음으로 교육훈련을 누가 담당할 지에 대한 교육훈련의 담당자를 결정하여야 한다. 교육훈련의 담당자로서는 경영자, 감독자, 인사담당자, 직속상사, 기업 내부나 외부의 전문가 등이 있다. 교육훈련의 대상자에 따라 구체적인 교육훈련의 내용이 결정되며, 그 내용에 가장 전문성을 갖추고 있는 사람을 교육훈련의 담당자로 선정하게 된다.

3) 교육훈련의 내용

교육훈련의 내용은 교육훈련 대상자가 현재 담당하고 있는 직무수행의 기대수준이나 목표와 현재의 실적을 비교하여 보면 교육훈련 내용을 쉽게 설계할 수 있다. 즉, 현재 보유하고 있는 직무수행상의 지식이나 기능 등이 기업이나 부서의 입장에서 보았을 때 기대 수준에 못 미치면 그 분야를 보완하도록 교육훈련의 내용이 편성되어야 한다.

신입사원의 경우 입직훈련(orientation)을 중심으로, 종업원의 경우 직무수행에 요구되어지는 지식이나 기능을 중심으로, 경영자의 경우 경영관리기능 및 환경변화적응과 관련된 내용 중심으로 교육훈련의 내용을 설계한다.

4) 교육훈련 조직

교육훈련에 대한 관리를 기업 내부의 별도의 조직으로서 교육훈련을 효과적으로 전담할 수 있는 전문 조직을 의미한다. 기업의 규모가 어느 정도 이상이 되면 인적자원에 대한 개발을 전담할 수 있는 독자적인 전문 조직을 갖추게 되고, 중소규모 이하의 기업의 경우 독자적인 교육훈련 전담 조직을 갖추는 것은 쉬운 일은 아니다. 교육훈련 전담 조직을 갖추고 있는 경우에는 기업의 전략적 목표와 연계해서 교육훈련의 계획부터 평가까지 교육훈련의 모든 과정을 자체적으로 이루어지지만, 독자적인 훈련전담 조직이 없는 경우에는 외부에 아웃소싱을 주거나 외부 훈련기관을 활용하여 교육훈련을 수행하는 경향을 보인다.

3. 교육훈련의 평가

교육훈련의 평가는 교육훈련의 목표와 교육훈련 이후의 결과를 비교하여 어느 정도 효과가 있었는지를 확인하는 과정이다. 그런데 교육훈련의 효과를 측정하는 것은 용이하지 않은 일이다. 따라서 대부분의 기업들이 교육훈련의 성과를 평가하는데 어려움을 느끼고 있다. 그 이유는 교육훈련의 성과가 단기적으로 나타나지 않을 뿐만 아니라 측정 방법이나 도구도 명확하지 않기 때문이다. 그러나 교육훈련은 많은 노력과 시간과 비용이 소요되는 일종의 큰 투자이기 때문에 반드시 교육훈련에 따른 평가를 실시하여야 한다. 교육훈련의 결과에 초점을 두고 활용되고 있는 교육훈련의 평가기준으로 다음의 5가지가 있다.

1) 인지적 결과

인지적 결과(cognitive outcome)는 교육훈련을 받은 종업원이 교육훈련 프로그램에서 강조된 원칙, 사실, 기법, 절차나 프로세스에 얼마만큼 친숙하게 받아들여졌는가를 평가하기 위한 방법이다. 인지적 결과를 평가하기 위해서는 학습된 원칙, 사실, 기법, 절차나 프로세스에 대한 내용 중심으로 시험(test)를 통해 평가를 하게 된다.

2) 기능기반 결과

기능기반 결과(skill based outcome)는 물리적 작업과 관련된 기능에 대하여 얼마만큼 숙련되어 졌는가를 평가하기 위한 방법이다. 기능기반 결과에는 기능의 획득, 기능의 학습 그리고 직무수행상의 기능의 활용 등의 기준으로 평가하게 된다. 교육훈련을 통한 기능의 획득, 학습, 활용에 대한 평가를 위해서는 관찰(observation) 방법에 의해서 평가를 하게 된다.

3) 정서적 결과

정서적 결과(affective outcome)는 교육훈련을 받은 종업원들이 교육훈련 이후에 태도변화나 동기부여가 잘 되었는가를 평가하기 위한 방법이다. 교육훈련을 받은 종업원의 교육훈련 프로그램에 대한 반응적 태도로서 교육훈련 자체, 훈련 담당자, 훈련시설 등에 대한 피교육자의 인식에 대한 결과를 평가하는 것이다. 정서적 결과를 평가하기 위해서는 교육훈련을 받은 종업원들 대상의 질문서(questionnaire)를 통해 평가를 하게 된다.

4) 결과적 사실

결과적 사실(result outcome)은 교육훈련 이전과 이후를 비교해서 비용절감이나 생산성 향상과 같이 수리적인 결과의 변화로 평가하고자 하는 방법이다. 교육훈련을 통하여 원가절감, 불량률의 감소, 비용의 감소, 생산성의 증대, 품질이나 고객에 대한 서비스의 개선, 사건·사고율의 감소 등이 결과적 사실로서 평가에 사용되고 있다.

5) 투자수익률

투자수익률(return on investment)은 투자 대비 수익과의 관련성 분석으로서, 교육훈련에 소요된 비용을 투자로 보고, 이에 대한 금전적 편익(monetary benefit)과의 관계로 교육훈련을 평가하는 방법이다. 교육훈련에 소요된 비용으로는 훈련자 및 피훈련자의 급여, 훈련자재비, 강사료, 시설사용료, 기회비용 등이 포함된다. 금전적 편익으로는 생산성 증대, 원가절감, 비용감소, 이직감소, 고객서비스 개선 등이 포함된다.

제3절 교육훈련의 적용 기준

인적자원의 교육훈련을 위한 적용 기준으로 ① 교육(education), ② 평가센터(assessment center), ③ 직무경험(job experience), ④ 대인관계(interpersonal relationship)의 4가지 기준을 활용한다.

1. 교육

교육은 기업 내 인적자원에게 요구되어지는 지식, 기능, 태도 등에 대하여 기업 내·외부의 전문가에 의해 교육을 받음으로서 인적자원의 개발을 위한 방법으로 활용되는 기준이다. 여기에는 대학을 포함한 전문 교육기관에서 제공되는 단기 교육과정을 포함한 교육 프로그램으로 온라인이나 오프라인 프로그램 모두를 포함한다. 공식적인 교육 프로그램으로는 전문가의 강의나 비즈니스게임 및 시뮬레이션, 이러닝 등의 프로그램들이 해당된다. 대부분의 기업에서 이루어지는 교육 기준의 교육훈련의 목적은 현직 종업원에게 직무수행을 위해 현장에서 요구되어지는 지식이나 기능을 향상시키는데 있다.

2. 평가센터

주로 경영자 개발을 위한 방법의 일종으로서 평가센터 기준은 원래 조직 내에서 개인이나 집단에 대한 평가를 시행하는 장소, 즉 평가센터를 지칭하는데서 유래되었으며, 새로운 경영자로서의 자질을 평가하는 목적으로 다양한 활동들을 통해 직무 관련 강점과 약점을 파악하기 위한 목적이었다. 그러나 현재 평가센터는 장소나 건물과 같은 공간적인 개념이 아니고 개인의 성과를 평가하는 절차를 의미하는 용어이다. 교육훈련 프로그램에서 이루어진 학습프로그램의 효과성을 평가하는 도구로 주목받고 있다.

평가센터의 가장 큰 특징은 교육훈련 참가자들이 직무수행에 주로 활용되어지는 특정 지식, 기술, 능력 등과 같은 실제 업무역량을 살펴볼 수 있는 다양한 과제들을 통해 교육훈련 참가자의 관찰된 행동을 훈련 받은 다수의 평가자들이 평가한다는 것이다. 평가센터에서 사용하는 대표적인 과제로는 역할연기, 서류함 기법, 집단 토의, 프레젠테이션, 상황 면접, 사례 분석 과제 등이 있다. 각 평가 주체들은 자신의 상황과 목표에 맞게 다양한 평가 기법을 사용할 수 있다. 다만 이 과정에서 최소 1개 이상의 모의 상황(simulation) 과제가 필수적으로 포함되어야 한다. 평가 센터에서 사용하는 과제들은 실제 업무 활동과 유사하게 조직되어 해당 직무에 대한 교육훈련 참가자들의 업무 능력을 실제적으로 평가할 수 있다.

또한 평가센터에서는 다양한 과제를 통해 교육훈련 참가자들의 행동을 직접 관찰함으로서 평가가 이루어지기도 하고, 설문조사, 인지능력 검사, 성격 검사 등의 방법들을 병행하여 활용한다. 이러한 평가센터는 인적자원의 역량을 측정하는데 있어서 다른 기법보다는 실제적인 업무관련 행동을 잘 예측할 수 있다는 장점을 지닌다.

3. 직무경험

인적자원의 개발을 위한 또 하나의 기준은 직무경험(job experience)이다. 직무경험은 현재 수행하고 있는 직무 이외의 기업 내 다른 직무들을 수행하면서 직무수행 관련 지식이나 기능을 향상시키는 방법이다. 직무경험을 통하여 인적자원의 개발에 활용될 수 있는 다양한 방법으로 직무순환(job rotation), 배치전환(transfer), 승진(promotion), 파견 근무 등이 있다.

직무순환은 기업에서 일정한 주기로 현 직무에서 타 직무로 순환하면서 근무하는 형태이며, 배치전환은 동일한 직급의 다른 업무로 변경하여 근무하는 형태이며, 승진은 하위직에서 상위직으로 이동하여 근무하는 형태이며, 파견근무는 주로 일정기간 자기 회사의 계열사에 가서 근무하는 형태이다. 이러한 동일한 직급이든 상이한 직급이든 새로운 직무를 배정해 줌으로써 새로운 직무에 대한 지식이나 기능을 배울 수 있는 기준으로 작용하는 것이다.

4. 대인관계

종업원들은 경험 많은 조직구성원과의 상호작용을 통한 대인관계로 자신들이 부족한 지식이나 기능, 능력 등을 개발하고 증진시킬 수가 있다. 대인관계를 통해서 인적자원을 개발할 수 있는 방법으로 멘토링(mentoring)과 코칭(coaching)이 있다.

'멘토'라는 말은 그리스 신화에서 비롯된다. 고대 그리스의 이타카 왕국의 왕 오디세우스(Odysseus)가 트로이 전쟁에 나가면서, 친구에게 자신의 아들 텔레마커스(Telemachus)를 보살펴 달라고 맡겼는데, 그 친구의 이름이 바로 멘토(mentor)였다. 멘토는 오디세우스가 전쟁에서 돌아올 때까지 텔레마커스의 친구, 선생님, 상담자, 때로는 아버지가 되어 그를 잘 돌보았고 텔레마커스가 성장하는데 더할 나위 없이 커다란 정신적인 지주 역할을 했다. 그 후로 멘토란 다른 사람에게 유용한 지식과 통찰과 전망 또는 지혜를 제공하거나 특정 분야의 선지자로서 조언하고 격려하는 사람이라는 의미로 사용되었다. 이러한 의미의 멘토링은 기업에서도 활발히 사용되는데, 기업에서 멘토링은 현장 훈련을 통한 인재육성 활동으로 정의할 수 있다. 즉, 회사나 업무에 대한 풍부한 경험과 전문 지식을 가진 사람이 일대일로 전담하여 구성원을 지도, 조언, 상담하면서 실력과 잠재력을 개발, 성장시키는 활동을 의미한다.

코칭은 개인의 목표를 성취할 수 있도록 자신감과 의욕을 고취시키고, 실력과 잠재력을 최대한 발휘할 수 있도록 돕는 일을 의미한다. 풍부한 경험과 지식으로 지표를 제시해주는 멘토링과 달리 코칭은 계약관계로 맺어지고, 개인의 변화와 발전을 지원하는 수평적이고 협력적인 파트너십에 중점을 둔다. 성취를 이루려는 개인과 적극적으로 커뮤니케이션하고, 동기부여와 믿음을 심어주며, 스스로 문제점을 찾아 해결할 수 있도록 도와주는 일이라고 할 수 있다.

제4절 교육훈련의 방법

기업을 포함한 각종 조직들이 실시하고 있는 교육훈련 프로그램을 하나의 체계적인 형태로 구분하는 것은 쉬운 일은 아니다. 그 이유는 기업의 업종, 규모 및 발전 단계 등이 각기 다르기 때문에 교육훈련의 필요성과 그 체계도 달라지기 때문이다. 일반적으로 교육훈련의 방법은 대상에 따른 구분과 장소에 따른 구분 그리고 교육훈련 기법에 따른 구분을 할 수 있다.

1. 대상에 의한 분류

교육훈련의 대상에 의한 구분은 교육훈련을 받는 대상자를 중심으로 구분되어 지는데, 종업원과 경영자로 구분하여, 종업원에는 신입사원과 일선 종업원으로 구분되고, 경영자는 하위경영자, 중간경영자, 최고경영자로 구분된다.

1) 신입사원 교육훈련

신입사원 교육훈련을 오리엔테이션(orientation)이라고 하는데 입직훈련, 조직사회화 과정으로도 불리운다. 새롭게 입사한 신입사원을 대상으로 기업에서 필

그림 7-8 교육훈련의 대상

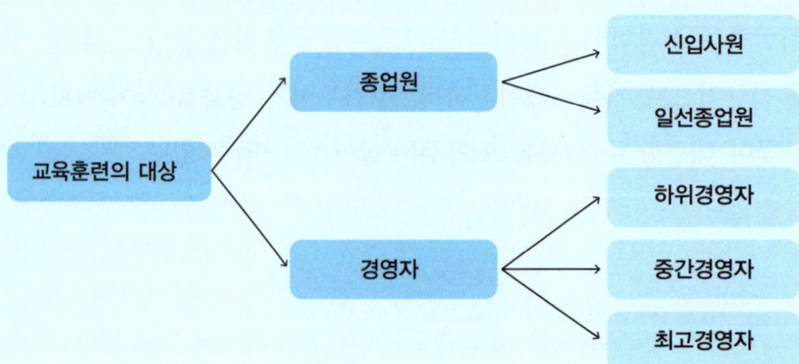

요한 지식, 기능 뿐만 아니라 기업의 전반적인 상황에 대한 이해와 수용도를 높이기 위한 내용 중심으로 교육훈련 프로그램을 설계한다. 따라서 새로운 조직에서의 적응력을 높일 수 있는 프로그램으로서의 오리엔테이션을 통하여 신입사원을 조직사회화 과정을 거치게 만든다.

신입사원의 오리엔테이션은 대개 직속상사인 감독관리층의 관리자나 인적자원관리 담당자, 조직 내 인직자원관리 임원 등 기업의 특성이나 업무 특성에 맞추어 훈련 담당자 역할을 수행한다.

오리엔테이션에서 강조하는 교육훈련 내용으로서는 ① 기업 개요(역사, 이념과 목표, 규칙과 절차, 주력 제품과 서비스 등), ② 인사방침(근로시간, 임금, 인사규정, 복리후생제도, 사원의 의무와 책임 등), ③ 담당 직무의 기초 역량(소속 부서의 업무, 직무 내용, 요구되는 지식과 기능, 연계 업무 등), ④ 사내 환경(사내 제반 시설, 근무 분위기, 동료와 상사 소개 등) 등에 초점을 두고 교육훈련 프로그램이 구성된다.

신입사원 대상의 오리엔테이션이 효과적으로 이루어지면 신입사원의 직무수행상의 불안감을 제거해 주고, 이직(turnover)을 방지시키며, 업무 효율성을 위한 시간과 비용을 줄이게 만들며, 기업에서 신입사원에게 요구하는 기대수준을 명확히 해주기 때문에 신입사원이나 기업에 긍정적인 결과를 가져오게 된다.

2) 일선 종업원 교육훈련

종업원 가운데서 제품과 서비스의 생산 활동을 위한 직무수행과 직접적인 관계를 갖고 있는 것이 일선 종업원들이다. 물리적인 활동을 통해 직무수행을 하는 종업원들은 직무수행을 위한 기능의 향상에, 정신적인 활동을 하는 종업원들은 직무수행을 위한 사무관리 능력의 향상에 초점을 두고 교육훈련 프로그램을 설계한다. 종업원들은 감독방법이나 관리방법에 관한 지식보다는 우선 자기 직무수행에 직접적으로 관계있는 지식이나 기술, 기능을 습득하는 것이 선결과제이다. 이처럼 일선 종업원의 교육훈련은, 현직 종업원의 자질을 높임으로서 작업능률을 올리는 것 이외에 부서 내 종업원간에 상호보완적 직무수행능력을 향상시키는데 교육훈련의 목적을 둔다. 일선 종업원을 대상으로 한 교육훈련의 방법은 강의식 교육이나 직무훈련, 역할연기 등 다양한 기법이 있다. 이후에서 상술하기로 한다.

3) 하위경영자(감독관리층) 교육훈련

하위경영자의 명칭은 정신적인 활동을 하는 업무의 경우에 계장, 대리, 주임 등으로, 물리적인 활동을 수행하는 업무의 경우에 반장, 직장(foreman) 등으로 불리운다. 이들은 일선 종업원인 근로자들을 감독하고 지휘하고 통제하는 역할을 수행한다. 따라서 이들은 자신들의 업무도 직접 수행하면서 상·하위자간의 교량역할을 담당하기 때문에 업무와 관련된 전문 지식은 물론 부하들을 통솔·지도하는 역량 개발을 위한 교육훈련 프로그램을 설계한다.

전형적인 감독자 교육훈련 방법으로 '산업 내 훈련(training within industry: TWI)'이 있다. 산업 내 훈련은 직·반장의 조직적이고 합리적인 단기 훈련방법으로서, 교육훈련의 내용은 감독자에게 필요한 요소로 크게 '지식(knowledge)'과 '기능(skill)' 두 가지로 분류하고 지식은 업무에 관한 지식(직무내용, 재료, 기계, 공구 등)과 경영 전반적인 지식(경영방침, 취업규칙, 업무분장, 경영조직 등)으로 분류하고, 기능은 작업지도, 작업방법개선, 부하통솔방법으로 분류하여 교육훈련 프로그램을 구성한다. 지식은 기업마다 다르기 때문에 따로 훈련을 시키지 않고, 3가지 기능에 대하여 실습훈련을 통하여 감독관리층을 집중적으로 훈련시키는 방법이다.

4) 중간경영자(중간관리층) 교육훈련

중간경영자 계층에 속하는 명칭으로 부장, 과장, 팀장 등이 있다. 이들은 하나의 부서를 책임지고 운영하는 책임자들이다. 따라서 이들은 부서 단위의 의사결정의 기안자이고 부서 단위의 실무책임자로서의 역할을 수행하고 있다. 이들 중간경영자들은 경영진과 실무진의 가교역할을 수행하여 다양한 커뮤니케이션을 통한 성과를 창출하며, 업무배분의 중심적 역할을 수행한다. 또한 실무수행에 있어 효율적으로 부하를 이끌 수 있는 리더로서의 자질을 갖출 필요가 있다. 이들을 위한 전형적인 교육훈련 프로그램으로서 미극동공군(Fair Eastern Air Forces: FEAF)에서 개발한 관리자 훈련 프로그램(management training program:

MTP)과 일본 인사원이 개발한 인사원 감독자훈련(jinjin supervisory training: JST) 방식이 있다.

(1) MTP 프로그램

MTP 프로그램은 부장, 과장, 팀장을 위한 중간경영자의 교육훈련으로서 그 내용은 직·반장 훈련의 TWI와 마찬가지로 작업지도의 기능, 작업방법개선의 기능, 현장에서의 인간관계의 조정에 관한 기능의 3가지가 중심이 되고, 이것 이외에 부서단위의 책임자로서 요구되어지는 경영관리(계획-통제)의 원칙, 부서 책임운영 방법, 회의 운영방법, 소속된 부서의 부하들로 하여금 신뢰를 얻는 방법, 부서간 협력적 방법의 모색 등과 같이 관리자로서의 직무를 수행함에 필요한 교육훈련 프로그램으로 구성된다.

(2) JST 프로그램

일본의 인사원이 MTP와 TWI 훈련을 근거로 일본 공무원조직의 감독자 연수용으로 개발한 기법이다. 사무분야에서 중간관리자나 일선감독자들을 대상으로 하고 있다. 이 JST는 그 특징이 교육훈련의 구성을 ① 표준과정, ② 보충과정, ③ 계속과정으로 구성하고, 표준과정은 조직과 관리자의 역할, 직무관리, 작업의 개선, 부하 육성, 부하통솔이라는 5가지로 구성되어 있으며, 보충과정은 건강관리, 감독자와 공중관계(PR)로 구성되어 있으며, 계속과정은 사례연구(case study)로 구성되어 있다.

5) 최고경영자(최고경영층) 교육훈련

최고경영자 계층에 있어서도 교육훈련이 필요한데, 이들에게는 기업의 장기적인 성과향상이라는 관점에서 환경변화에 대한 기업경영에 초점을 두고 환경변화의 추세나 흐름에 대한 교육훈련의 필요성이 있다. 최고경영자의 교육훈련은 기업 내부의 교육 실무부서에서 계획하여 실시하기 보다는 최고경영자 스스로가 행하는 자기개발과 자기육성을 위한 기회를 대학과 같은 외부 전문교육기관에서 이루어지는 경우가 일반적인 형태이다.

최고경영자 대상의 교육훈련은 어디까지나 기업경영의 최종 책임자로서 환경변화에 대한 적응에 초점을 둔 직무수행 능력을 향상시킴에 주 목적이 있다. 따라서 환경변화 적응을 위한 창의력과 판단력을 기초로 한 의사결정 능력의 개발, 리더십과 후계자 육성 등과 같은 역할에 초점을 둔 교육훈련 프로그램이 구성된다.

미국에서는 이미 1930년대에 대학을 비롯한 여러 연구기관들에서 최고경영자를 위한 교육훈련 프로그램이 개발되기 시작하였으며, 특히 2차 세계대전 이후 급속히 확산되어 일반화되기에 이르렀다. 그 가운데서 가장 유명한 프로그램이 하버드 경영대학원에서 여름에 12주간 과정으로 실시한 최고경영자 과정(advanced management program: AMP)이다.

일본에서는 2차 세계대전의 패전 직후 1947년 미 군정본부(General Head Quarters: GHQ)의 민간통신부(Civil Communication Section: CCS)가 일본을 통제하고 있는 동안 일본의 통신기기 제조업체들의 최고경영자들을 대상으로 미국의 과학적 관리법에 대한 교육을 실시한 프로그램이 그 시초이다.

한국에서는 1958년 연세대학교와 미국의 워싱턴대학교가 공동 주최로 실시한 최고경영자의 경영실무연구회를 그 시초로 시작되어 지금은 전국 대부분의 대학에서 AMP 과정을 통한 최고경영자 교육훈련 프로그램이 급속히 보급되었다. 현재에는 대학 뿐만 아니라 연구기관, 언론사 등에서도 최고경영자과정을 개설해 운영하고 있는 실정이다.

2. 장소에 의한 분류

교육훈련을 장소에 따라 구분하면 직무훈련(on the job training: OJT)과 직무외 훈련(off the job training: Off JT)으로 이루어진다. 전통적인 개념으로 OJT와 Off JT는 직장 내 훈련과 직장외 훈련으로 구분하였다. 즉, 직장 내에서 교육훈련을 실시하느냐, 직장 외에서 교육훈련을 실시하는냐 구분하였지만, 지금은 정보통신기술의 발전에 따라 직장 내·외부의 기준이 모호하게 되었다. 따라서 지금은 직무훈련과 직무외 훈련으로 구분하는 것이 일반적이다.

1) 직무 훈련

직무 훈련은 종업원들로 하여금 현장의 직무에 배치되어 숙련된 상사나 지도원으로부터 직접 지도를 받는 방식을 의미한다. 기업에서 OJT를 실시하고 있는 기업의 비율이 80% 이상이 될 정도로 대부분의 기업에서 실시하고 있는 방법이다. 따로 교육장에 갈 필요가 없고, 추가적인 시간과 비용이 소요되지 않고 직무수행 현장에서 교육훈련을 받을 수 있다는 장점으로 많은 기업들에서 OJT를 실시하고 있는 추세이다. 이 방법은 제2차 세계대전 중에 미국의 군수공장에서 수십만명의 미숙련 노동자를 단시일 내에 성공적으로 훈련시킨 방법으로, 다수의 미숙련자 및 반숙련자를 훈련시키는데 있어서 효과적인 방법이다.

OJT의 장점으로는 교육훈련 내용이 추상적이지 않고 실제적이며, 교육훈련의 실시가 용이하고 비용이 들지 않으며, 별도의 장소가 필요하지 않다는 것이다. 반면 숙련된 상사나 지도원이라 하더라도 훈련에 대한 전문성이 없을 수 있으며, 작업흐름에 방해를 줄 수 있으며, 다수의 종업원을 대상으로 교육훈련을 시킬 수 없다는 단점을 지니고 있다.

2) 직무외 훈련

직무외 훈련은 숙련된 상사 이외의 사람에 의해서 이루어지는 방식으로 기업내에 있는 연수원과 같은 특정 교육시설을 통한 교육훈련은 물론 대학이나 각종 국내외 연수기관과 같은 직장 외부의 전문적 훈련기관에서 이루어지는 것이 일반적인 형태이다. 따라서 직무수행과 직접적인 관련성이 없는 내용이 주를 이룬다. 따라서 창의성과 판단력의 증진, 인간관계 향상, 리더십 개발 등 다양한 내용으로 교육과정이 운영된다.

Off JT의 장점으로는 교육훈련 내용을 통일화시키기 용이하고, 교육훈련 참가자들은 훈련에만 집중할 수 있으며, 전문적인 강사에 의해 교육이 이루어질 수 있다는 것이다. 반면 기업입장에서 종업원의 근무시간이 줄어들게 되고, 교육훈련에 소요되는 경제적 부담이 있다는 것이 단점으로 지적되고 있다.

3. 교육훈련 기법에 의한 분류

1) 강의식 방법

강의(lecture)식 방법은 교육훈련에서 가장 널리 활용되는 방식으로 특정 주제에 대하여 전문성을 갖고 있는 강사에 의해 교육훈련 참가자들에게 강연을 통해 교육훈련이 이루어지는 방식이다. 강의식 방법은 새로운 지식을 전문가에 의해 일시적으로 많은 참가자들을 대상으로 이루어지는 것이 일반적인 형태이다.

강의식 방법은 일시적으로 많은 참가자들을 대상으로 강의 주제에 대한 공통적인 이해도를 증진시킬 수 있어 시간과 비용 면에서 경제적 효율성을 달성할 수 있다는 장점을 가지고 있는 반면, 강의 내용이 일방적이고 획일적이어서 교육훈련 참가자들이 수동적일 수 있으며, 강의집중이 떨어질 경우 교육훈련의 효과가 떨어진다는 단점을 가지고 있다.

2) 직무체험 방법

교육훈련을 위한 직무체험의 방법으로는 직무훈련(OJT), 직무순환, 도제훈련, 인턴십 등이 있다. OJT에 대해서는 이전에 서술이 되어, 이후에서는 직무순환, 도제훈련, 인턴십에 대한 설명을 하고자 한다.

(1) 직무순환

직무순환(job rotation) 훈련방식은 종업원들로 하여금 직무수행상에 요구되어지는 지식이나 기능, 능력 등을 향상시키기 위하여 일정한 주기로 기업 내의 다른 직무로 순환·근무하면서 훈련시키는 방법이다. 예를 들면 총무과장으로 일정한 근무를 하면 인사과장으로 근무하고, 다음으로 마케팅 과장으로 근무를 순환하면서 훈련하는 방식이다.

직무순환 훈련방법은 종업원들로 하여금 기업 내 다양한 직무수행을 경험하면서 조직의 전반적인 직무수행능력을 향상시키는 것으로, 전문관리자(specialist)를 개발하는 것 보다는 일반관리자(generalist)를 육성하기 위한 목적으로 이루어진다. 이 방법은 새로운 직무를 담당함으로서 새로운 경험과 새로운 지식을 습득하는 것 이외에 동일한 업무에서 유발할 수 있는 단조로움을 극복하고 새로운 아이디어 개발을 촉진하는 장점이 있지만 반면 새로운 직무에 대한 파악을 하는데 시간이 소요되어 직무수행의 효율성이 떨어질 수 있다는 단점을 가진다.

(2) 도제훈련

도제훈련(apprentice training)은 비교적 장기간 숙련공을 양성하고자 할 때 활용되는 교육훈련 방법이다. 특히 숙련공을 필요로 하는 금속, 인쇄, 금형, 건축, 도예나 예술 분야와 같은 업종에 있어서 활용되는 훈련방법으로서 보다 고도의 기술수준이 필요한 경우에 적합하다.

도제훈련 방법은 장기적이고 지속적인 훈련방법으로 전문가를 양성할 수 있다는 장점이 있는 반면에 시간과 비용이 많이 드는 단점을 지니고 있다.

(3) 인턴십

수련훈련(internship training) 방식은 졸업을 앞둔 재학생을 대상으로 조기취업의 형태로 졸업 이전에 기업에 대한 이해도의 증진과 실무지식의 배양을 목적으로 일정 기간 기업에서 근무하고 졸업과 동시에 자연적으로 취업이 이루어지는 방식이다. 따라서 직무수행에 대한 예비적 훈련방법으로서의 기능 뿐만 아니라 예비취업의 기능도 가지고 있다. 인턴십을 수행한 학생은 실제 기업에 취업이 이루어졌을 때, 기업에 대한 적응도가 빠르며 바로 현업에 배치될 수 있다는 장점이 있다. 그러나 현 상황과 같이 노동시장에 있어 공급이 과잉이 되어 있는 상황에서 인턴십이 취업과 연계되지 않고 기업에서 일시적으로만 인력을 활용하는 부작용도 가지고 있다.

3) 참여식 방법

교육훈련의 참여식 방법은 훈련 내용을 강사가 일방적으로 전달하는 것이 아니라 교육훈련 참가자들의 문제해결 과정에 참여해 나가는 과정에서 자연적으로 교육훈련이 이루어지는 방식이다.

(1) 브레인스토밍

오스본(A F Osborn)에 의해 개발된 브레인스토밍(brainstorming)이란 교육훈련에 참가한 사람들을 대상으로 하나의 구체적인 과제를 부여하여, 일정한 규칙 아래 아이디어를 창출하게 하는 창의성 증진방법의 교육훈련 방식이다. 일정한 규칙이란 ① 비판금지의 원칙, ② 질보다 양 우선의 원칙, ③ 자유분방의 원칙, ④ 결합개선의 원칙이다. 이 방법은 일정한 과제에 대해 일정한 시간 내에 자유로이 아이디어를 제출함으로써 창의성을 개발하고 폭 넓은 사고력의 개발과 새로운 해결방안을 모색하는 것으로 작업방법이나 관리방법, 판매방법 등 기업 내 경영개선을 위해 새로운 독창적인 아이이어를 창출시키는데 활용되고 있다.

(2) 사례연구

사례연구(case study) 방법은 기업 경영에 성공과 실패에 영향을 미치는 요인들에 대한 분석을 실제 발생한 기업체 사례를 분석함으로서 교육훈련 참가자들의 문제해결능력을 향상시키기 위한 방법이다. 일반적으로 장문 또는 단문의 사례를 중심으로 참가자들에게 문제를 발견하게 하고, 정보를 평가하게 하며, 다양한 방법을 활용하여 문제의 해결방안을 모색하게 한 다음, 집단으로 사례에 대한 토론을 통하여 문제해결능력 및 판단능력을 향상시키는 방식이다.

사례연구 방법은 분석 대상이 되는 사례에 따라 ① 단축사례 방식(10분 정도의 짧은 사례를 분석), ② 하버드 방식(장문의 사례를 분석), ③ 인시던트 방식(incident method)으로서 기업경영에 큰 영향을 미쳤던 하나의 사건 중심으로 사례를 분석하는 방식으로 구분된다.

사례연구의 장점으로는 실무적인 연구가 될 수 있으며, 판단력과 응용력의 증진, 사례분석에 적극적으로 참여하게 되며, 토론을 통해 다양한 견해를 수용할 수 있다는 장점을 가진다. 반면 집단사고에 의해서 개인적인 견해가 무시당할 수 있으며, 사례에서 나타난 상황과 거의 동일한 상황이 있을 수 없기 때문에 단편적인 효과의 학습이 이루어질 수밖에 없다는 단점이 있다.

(3) 역할연기

역할연기법(role playing)은 실제 상황에서 특정 인물의 역할을 연기함으로써 역할 및 상황에 대한 인식능력을 높이고 타인에 대한 이해도를 높이기 위한 교육훈련 방법이다. 따라서 교육훈련 참가자들에게 학습해야 할 조직적 상황, 주어진 역할 또는 상황의 인물을 설명하고 다른 참가자들이 보는 앞에서 역할을 수행할 사람을 선정하여 훈련 주제인 상황에 대한 역할을 부여하여 수행하게 하면서 훈련을 시키는 방식이다. 역할연기는 훈련생에게 자아발견과 학습에 대한 기회를 제공해야 한다.

역할연기법은 정신병 치료를 위한 집단치료법의 하나인 심리극(psychodrama)에서 유래한 것으로 현재에는 기업체 교육훈련 기법으로 많이 활용하고 있는데, 인간관계 향상을 위한 훈련, 마케팅에 있어서 고객응대, 전화응대 등의 훈련에서 활용되어진다.

(4) 비즈니스 게임

비즈니스 게임(business game)은 가상의 경영상황을 시나리오로 만들어 5인 또는 10인의 교육훈련 참가자로 구성된 가상의 회사들이 상호 경쟁을 통해 성과를 분석하게 만드는 훈련방법이다. 일반적으로 교육훈련 참가자를 경쟁관계에 있는 몇 개의 회사로 나누어 소속시킨다. 나누어진 그룹이 실제와 같이 경영방침을 정하며, 의사결정을 내리도록 훈련을 받는다. 일정기간 동안 독자적인 의사결정이 내려지고 제품가격과 판매량이 결정된다. 이러한 의사결정의 결과에 따라 소속된 회사별로 경영실적이 누적되고, 일정기간이 지나고 난 후 프로그램화되어 있는 모델에 의하여 경영성과의 우열이 가려진다. 이러한 훈련을 통하여 참가자들에게 경영의사결정의 경험을 통하여 의사결정능력을 향상시키는 것이다.

(5) 가상훈련장 훈련

가상훈련장 훈련은 시뮬레이션 훈련(simulation training)이라고도 하는데, 가능한 실제의 작업환경과 동일한 작업환경을 구축하여 교육훈련 참가자들에게 훈련을 시키는 방법이다. 직무를 수행하는 과정에서 훈련을 시키는 것이 비용이 많이 들거나 위험한 작업환경일 경우에 적용하는 방식이다. 가상훈련장 훈련의 예로는, 보잉 747의 조종실과 동일한 장치를 학습장에 구축하여 비행기조종과 관련된 훈련을 시키는 경우이다. 또한 지하철이나 철도, 선박의 기관사 훈련을 시키는 경우에도 동일한 방식으로 이루어질 수 있다. 교육훈련 참가자들은 숙련된 상사나 전문가에게 지도를 받으면서 훈련이 이루어지는 방식이다. 대개 직무상에서 사용되는 것과 같은 장비 구축으로 훈련을 받는 것이 일반적이지만, 근간에는 컴퓨터 기반으로 프로그램화된 된 모니터를 통해 이루어지는 방식이 활성화되고 있다.

(6) 인바스켓 기법

인바스켓 기법(in-basket technique)은 교육훈련 참가자들에게 상자 안에 있는 한정된 자료에서 스스로 문제에 대한 해답을 내도록 한다든가, 해답의 우선순위를 매기게 한다든가, 그에 따른 적절한 행동선택을 하게 한다든가 등의 절차를 통해 상황대처능력을 평가하고 개발하는 훈련방법이다. 예를 들면, 상사의 지시와 고객의 불만이 동시에 작용할 때, 어떠한 행동을 먼저 하겠는냐 등의 상황을 제시하여 그에 따른 우선순위와 대처방안을 제시하게 하여 그 방안들에 대한 평가와 우선순위에 대한 내용을 훈련시키는 방식으로 이루어진다.

(7) 인터넷 기반의 이러닝

인터넷 기반의 훈련(internet based training)은 기업 외부의 온라인 교육과정에 등록하게 하는 방법과 기업 전용의 인트라넷을 활용하여 이루어지는 훈련방법이다. 컴퓨터나 웹 기반의 학습매체 또는 교육방식, 즉 CD-ROM, 원격훈련, 화상강의 등을 활용하여 이루어지는 교육훈련이 현재에는 대개 이러닝(e-learning)이란 개념으로 거의 통합이 이루어진 실정이다. 이러닝에 의한 훈련방법의 특징은 교육내용을 인터넷을 통해 언제든지 학습할 수 있다는 것과 학습관리시스템의 구축을 통해 교육훈련 참가자들의 학습관리를 체계적으로 관리하는데 있다고 할 수 있다. 이러닝의 장점은 한번 컨텐츠(contents)만 잘 개발되면 다수의 참가자들이 접속하여 동시에 훈련을 받을 수 있어 시간과 비용적인 면에서 효과적이라는 측면과, 학습 내용의 선택이나 학습 시기, 속도에서 참가자의 재량이 주어진다는 점이다. 반면 온라인(on-line) 상으로 이루어지기 때문에 대면적인 교육보다 지루할 수 있으며, 학습자 스스로 학습 내용에 대한 관심이 없으면 교육적인 효과가 떨어질 수 있는 단점이 있다. 최근에 온라인 학습에 대한 한계를 극복하기 위해 온라인 학습과 오프라인(off-line) 학습을 병행하는 학습(blended learning)이 교육적인 효과가 높다고 주장하는 경향이 있다.

사 례 현대중공업 DT 문화 확산과 DT 전문인력 육성

현대중공업그룹은 2010년대 후반 4차 산업혁명의 시대 흐름에 발맞추어 디지털 트랜스포메이션으로의 변혁을 가속화하기 위해 여러 차례에 걸쳐 기술 워크숍과 발표회를 개최하였다.

2017년 9월 현대중공업그룹은 당시 선박 제조업 분야에서 생소한 '트랜스포메이션' 전략 발표회를 가졌다. 디지털 트랜스포메이션의 불모지로 여겨지던 전통적인 제조 분야에 첨단 정보통신기술(ICT)을 융합하여 사업모델의 혁신을 추구하는 것이었다. 각 그룹 계열사는 전략 발표회에서 품질·안전 데이터 통합관리, 생산효율 증대, 지능형 상품 출시 등을 목표로 디지털 추진 전략을 수립하였다.

이러한 변화에 더하여 2019년 7월 그룹 조선 3사(현대중공업, 현대 미포조선, 현대삼호중공업)가 모여 'Future of Shipyard' 발표회를 가졌다. 이 자리에서 '디지털 최적화로 운영되는 초일류 조선소'라는 미래 비전을 수립하였고 일부 조직에서만 제한적으로 진행하고 있던 소규모 DT 과제를 재점검하면서 디지털 조선소의 기틀을 논의하였다. 이 발표회에 모인 조선 3사는 전사적으로 DT 공감대 형성이 시급함을 강조하였고, 제품·제조의 본원적 혁신과 실행력 강화 전략 수립에 역점을 두고자 하였다. 구체적으로 ① 눈에 보이는 조선소, ② 연결되어 예측되고 최적화된 공장, ③ 지능형 자율운영 조선소 건설로의 Future of Shipyard 프로젝트를 최초로 발의하였다.

꾸준히 4차 산업혁명을 위한 기술개발

2017년 이전에도 회사는 4차 산업혁명의 모습을 보여주는 기술개발을 꾸준히 진행하고 있었다. 2008년 크레인 충돌방지 시스템 개발, 2009년 와이브로(Wibro) 광대역 통신망을 갖춘 디지털 조선소 구축, 2011년 스마트 선박 및 디지털 야드 구축 등 이미 IT융합 기술을 조금씩 도입하여 디지털 전환을 시도하고 있었다.

당시에는 DT기술이라는 것이 특별한 목적을 달성하기 위해 필요한 특정 기술이라는 인식이 강하였다. 하지만 조선 산업에서부터 현대중공업그룹 전체 사업분야에까지 세계 트렌드를 주도하는 First Mover로서의 필수조건으로 인식하게 된 것이다. 일련의 과정에서 회사는 전통 제조업 분야에서도 IT계열의 직무전문가가 필요하게 되었고 2017년 그룹내 ICT혁신센터 구축을 필두로 새로운 바람이 불게 되었다.

이러한 흐름 속에서 자연스레 그룹내 DT 역량을 갖춘 인재가 필요하였다. 하지만 IT전문가는 현업 도메인 지식이 부족하고, 현업 전문가는 IT역량이 부족한 불균형 현상이 발생하고 있었다.

이같은 인력 불균형 사태를 해소하고자 2019년 현대중공업그룹의 조선 중간지주사인 한국조선해양의 ICT기획팀은 소위 '디지털 타이거'라는 디지털 핵심인재 육성 제도를 최초 시행하였다. 조선 3사 중간관리자급 핵심인재 대상 디지털 친화 인재를 육성하기 위함이었다.

디지털 타이거 과정은 빅데이터 실무 기획자 양성과정으로 서울대학교 디지털 마이닝 센터와 SAS Korea에서 위탁교육으로 진행되었다. 교육 말미에 교육생들의 과제발표회를 개최하여 구체적인 성과물을 평가하는 과정이었다. 그리고 같은 해 한국조선해양 연구 인력을 대상으로 KAIST 소프트웨어대학원과 협력하여 AI 특별과정을 개설하였다. 이 과정 또한 이론 교육과 더불어 캡스톤(Capstone) 프로젝트까지 연계하여 실무에 적용되는 과정을 진행하였다.

DT관련 교육체계 일원화

2020년 말 현대중공업 교육기획팀에서 그룹 내 모든 DT 관련 교육 체계를 일원화 및 구조화 하였다. 2019년 산발적으로 진행되었던 DT 인재 양성 교육을 교육부문 중심으로 재편한 것이다.

본격적인 디지털 전환을 위하여 현대중공업그룹 임직원들의 DT에 대한 인식전환을 조기에 달성하고 전문 DT 역량을 갖춘 DT 인재를 육성하는 것을 목표로 교육부문, ICT부문 및 현업의 담당자들이 모여 사내 DT 인재육성 협의체를 구성하였다.

이와 더불어 대외적으로 KT와 함께 AI One Team(국내 대표 산학연 연합 AL-DT 추진 협력체)을 구성하여 다양한 기관·기업들과 AI·DT 인개 개발 시너지를 이루고자 하였다. 이렇게 대내·대외적 협력관계를 통해 마침내 DT 문화 확산과 DT 전문인력 육성의 두 가지 방향으로 각종 교육과정을 갖추게 되었다. (표 1 참조)

[표1] DT 인재육성 체계도

<table>
<tr><td colspan="3">현대중공업그룹</td><td rowspan="6">협력
체계
운영
→
←</td><td colspan="2">AI One Team</td></tr>
<tr><td colspan="2">DT 인재육성
부문</td><td>-DT 역량교육체계 수립
-현업 니즈 파악
-교육방향성 및 계획 수립
-교육과정 개발 및 운영</td><td rowspan="5">국내대표
산학연 AI
및 DT 추진
협력체
(KT, KAIST, HHI 등)</td><td rowspan="5">-인재양성 플랫폼 조성
-교육실습 방안 마련
-AI Open 생태계 조성
-참여기업 솔루션 제공
-AI/DX 레퍼런스 확산</td></tr>
<tr><td colspan="3">↑↓ 인재육성 부문과 DT 기술부문
상시 협의제 운영</td></tr>
<tr><td rowspan="3">DT
기술
부문</td><td>ICT
(디지털
전략부문)</td><td rowspan="3">-교육니즈 발굴
-교육내용의 현업 적용
-기술개발 및 개선 과제 수행</td></tr>
<tr><td>미래기술
연구원</td></tr>
<tr><td>조선 3사
FoS 조직</td></tr>
</table>

DT 문화 확산 | DT 문화 확산 방향으로 운영되는 교육 과정은 DT Mind-Set 과정. DT 리더십 과정, DT 입문자 과정이다.

① DT Mind-Set 과정: 사무직과 연구직 직원을 대상으로 분기별 1회씩 이러닝 학습으로 진행하였다. DT Insight를 습득할 수 있는 이러닝 과정과 사내 DT 기술 개발 연구 사례 및 CDO 소개 영상 등 다양한 마이크로러닝 영상을 임직원에게 주기적으로 제공하기 위한 특별한 영상 교육 자료를 제작 및 제공하였다.

2021년 10월 기준 약 90%의 임직원이 3차수 과정 수강을 완료하였고 4차수 과정 수강이 진 행 중이다.

② DT 리더십 과정: 미래 리더와 리더 대상으로 구분하여 운영하였다. 먼저

그룹사 핵심인재 리더십 전략 교육 과정(HLC)에 참여한 미래 예비리더들은 DT 전문 강의를 듣고 DT 트렌드의 인사이트를 형성할 수 있었다. 또한 신임 직책자들에게 디지털 리더십 역량 확보의 일환으로 비대면 강의에 참석하여 다양한 온라인 오피스 협업 Tool을 이용한 리모트 리더십 역량 강화 기회를 제공하였다.

③ DT 입문자 과정: 현대중공업그룹 입사 3년차 사무직과 연구직을 대상으로 KT와 협업하여 DT 입문 과정을 개발하였고, 분당과 울산으로 나눠 각각 AI·DT 입문 교육을 실시하였다.

기본적인 DT개념 이해부터 인공지능을 제품을 직접 체험해보고 DT 과제 발굴 워크숍을 실시하면서 DT기술이 멀리 있는 것이 아니며 업무 중에 활용할 수 있는 가까운 기술임을 알게 하였다.

DT 전문인력 양성 | DT 전문인력 양성 과정은 현업 조직 실무자 그룹과 연구그룹에 맞춰 개발되었다.(표2 참조)

DT기술을 업무에 활용하는 현업 직원들을 위한 DT 에이전트 과정과 DT 사업을 주도하는 직책자들을 위한 DT 기획자 과정을 구성하였다.

DT 에이전트 과정 및 DT 기획자 과정은 스마트 조선소 프로젝트(FoS: Future of Shipyard)에 참여하거나 AI 관련 기술을 현업에 사용하는 실무자들 중 교육 대

[표2] DT 전문인력 양성

DT 교육과정			육성 목표
DT문화 확산	전사원 교육	Mind-Set	전사원 DT인식 제고 및 변화 유도
	리딩그룹	전문가 특강	DT 통찰력 및 사업 추진력 함양
		리더십 교육	
		입문자 교육	DT이해. 빅데이터 분석 능력 함양
DT 전문 인력 양성	프로젝트 담당 조직	에이전트	DT활용 실무개선능력 함양
		기획자	DT 사업발굴 매니징 역량 함양
	ICT/R&D	중급 개발자	AI·DT 기본기술 개발 능력 함양
		고급 개발자	AI·DT 심화기술 개발 능력 함양

상자를 선발하여 기초 파이썬 언어 학습부터 DT 기술 실행 역량 향상을 목표로 실시되었다.

하지만 교육 대상자 선발시 학습자 간 DT 역량수준 차이를 고려하지 못하여 교육 운영에서 약간의 시행착오가 있었고 비교적 짧은 시간에 많은 내용을 다루다 보니 개인 학습에 애로사항이 있었다.

이를 보완하기 위해 별도로 DT 자격평가를 도입하여 학습자 선발의 지표로 활용하고자 하였으며, 실무에서 필요한 교육 내용으로 기존 커리큘럼을 보완하는 등 교육 품질 향상을 위해 노력하고 있다.

또한 DT기술을 연구, 개발하는 연구원들을 대상으로 중급 개발전문가과정과 고급 개발전문가 과정을 구성하였다.

고급 개발전문가 과정은 2021년 상반기에 그룹사 내 고급 연구 인력 중심으로 교육 대상자를 선발하여 KT와 공동으로 KAIST-한국조선 해양-KT AI/DT 특별과정으로 협약을 맺어 인공지능 전문·심화 교육과 실무 적용 역량 강화를 위한 캡스톤 프로젝트를 실시하였다. 앞으로는 UNIST와 협업하여 DT 중급개발 전문가 교육과정을 개발하여 조선소에 근무하는 연구인력과 설계인력의 DT 역량을 강화할 계획이다. 이렇게 다양한 학습자들에게 목적에 맞는 교육을 전략적으로 제공하여 교육 효율성을 높이고 있으며, 교육생들의 교육 참여 후기와 시시각각 변화하는 기술 트렌드를 참고하여 매해 더 개선된 교육을 제공하기 위해 노력하고 있다.

한편 전 임직원들이 자유롭게 학습할 수 있도록 수준별 DT 기본 과정을 한국표준협회와 협업하여 집합교육 과정을 개발하여 운영하고 있다. 기본과정은 AI 입문과정, 기초과정, 중급과정, 고급과정의 4단계 수준별 과정으로 오프라인 과정과 실시간 온라인 과정을 모두 제공한다.

이에 더해 DT 사이버교육 입문과정 개발하여 전 임직원이 시공간의 제약에서 벗어나 DT 교육을 받을 수 있도록 할 계획이다.

AI One Team 결성

현대중공업그룹은 2020년 2월 KT, KAIST, 한양대학교, ETRI, LG, 한국투자

증권, 동원그룹, 우리금융그룹등과 함께 AI One Team을 결성하여 AI·DT 인재 양성 및 AI 생태계를 구축하기 위한 대외 활동에 참여하고 있다. 과거에는 교류가 적었던 각 기업기관들이 AI 국가 경쟁력 강화를 위한 공동의 목표로 하나되어 산·학·연간 AI·DT 기술 연합협의체를 구성하였고 서로 간의 시너지를 창출하고 있다.

AI One Team은 2021년 2월과 7월 두 차례에 걸쳐 각 기관·기업 실무 담당자들이 모여 화상회의를 개최하였다. 회의에서 각 참여 기업자체 내부 프로그램 실시 현황과 산·학·연 간에 진행된 AI워크숍, 산학공동과정 그리고 AI 자격인증 평가 개발 등의 다양한 AI·DT 활동 현황을 서로 공유하고 협의하는 시간을 가졌다.

이처럼 AI One Team 안에서 서로 공동으로 교육 과정을 운영하고 연구 과제를 수행하며 다양한 제도(평가)를 신설·운영하는 등 단독으로 실시하기 어려운 활동들을 함께 만들어가고 있다.

DT 인재육성과 연계한 다양한 제도

현대중공업그룹은 교육 외에 다양한 제도들을 통해 DT 문화 확산 가속화를 시도하고 있다. 그중 DT 자격평가의 일환으로 국내 최초 실시 되는 KIT AIFB 인증 평가를 그룹 차원에서 도입하여 2021년 하반기 DT 전문 교육 수료자 대상으로 실시하였다.

2022년에는 전 임직원 대상으로 AIFB 인증평가 참여 기회를 확대 제공할 계획이다. 인증 평가에 합격할 경우 소정의 인센티브를 제공하여 참여를 유도하고 DT학습 문화 형성을 가속화할 계획이다.

AIFB 인증 평가는 AI 활용능력 실기 평가를 위해 KT와 한국표준협회가 공동개발하여 자체평가 검증 후 일반인 대상 평가로 확대하였고 2021년 7월 민간 자격증 시험으로 인정받은 100% 실기 평가이다.

특히 현대중공업그룹은 AI One Team 참여 기업으로 AIFB 평가 문제 개발에 참여하여 다양한 사업 사례를 활용한 문제를 개발하고, 실무에 적용할 수 있도록 범용성 확장에 기여하였다.

현대중공업그룹은 2021년 10월 15일 처음으로 고급개발전문가 과정 수료자 대상으로 평가를 실시하였으며, 60%의 합격률을 달성하였다. DT자격 인증 평가 도입을 통해 평가결과를 전 임직원 DT역량수준 평가지표로 활용하고 있다. 또한 업무 전반에서 인공지능 모델링을 활용 할 수 있는 기회를 제공하여 효율적인 업무 환경을 만들어가는 DT 문화를 확립하고 있다.

한편 한국조선해양 ICT기획팀은 2018년부터 협력사 대상 DT 오픈 이노베이션을 개최해 오고 있다. DT 기술이 필요한 이슈를 해결하기 위한 아이디어를 모집하고 선발하여 연구 개발에 연계하는 것이다. 이를 통해 협력사 네트워크를 이용한 DT 기술산업의 시너지 효과를 얻고 있다. 또한 사내 정보공유 플랫폼인 Hi 스퀘어를 활용하여 사내 DI 아이디어 공모전을 주기적으로 개최, 사내 번뜩이는 아이디어를 발굴하고 시상하는 제도도 운영하고 있다. 아울러 ICT Open Tech Day를 주기적으로 개최하여 ICT 직무 종사자 및 관심있는 직원들에게 최신 DT 기술동향을 안내하고 있다.

앞으로 FoS 프로젝트를 바탕으로 2030년까지 눈에 보이는 디지털 조선소를 구축함과 동시에 그룹내 전 임직원의 다양한 DT역량을 강화하여 사업에 연계하고자 한다. 이를 위해 DT 문화 확산 및 전문 교육과정을 지속적으로 실시하고 제도를 안정적으로 정착시켜 조기에 그룹의 DT 기술역량 수준을 세계적인 수준으로 높일 것이다.

〈자료: 한국인사관리협회, HR Best Practice 100, 2022년 6월〉

참고문헌

김성수(2019), 제4차 산업혁명시대 신인적자원관리(2판), 탑북스.

박성수(2020), 디지로그시대의 인적자원관리(5판), 박영사.

배을규(2012), 교육훈련 프로그램 평가, 학이시습.

오종석·김종관(2014), 인적자원관리(3판), 탑북스.

유규창·박우성(2022), 리더를 위한 인적자원관리, 창민사.

이학종·영혁승(2012), 전략적 인적자원 관리(개정판), 오래.

전략기업컨설팅(2009), 21세기 기업교육훈련전략.

전상길(2020), 창조경영을 위한 인적자원관리, 길을 묻다, 창명.

정수진·고종식(2019), 실무지식을 위한 인적자원 관리(2판), 정독.

정재훈·김진욱·김현정(2019), 인적자원관리, 북넷.

최병우(2022), 전략적 인적자원관리의 기초, 탑북스.

A.D. Szilaggi, Jr. & M. J. Wallace, Jr(1987), Organizational Behavior and Performance, Scott Foresman and Company.

G. Dessler(2017), Human Resource Management(15th ed.), Pearson.

R. A. Noe, J. R. Hollenbeck, B. Gerhart & P.M. Wright(2022), Human Resource Management: Gaining a Competitive Advantage(13th ed.), McGraw Hill.

S. R. Valentine, P. Meglich, R. L. Mathis & J. H. Jackson(2019), Human Resource Management(16th ed.), Cengage Learning.

R. N. Lussier & J. R. Hendon(2018), Human Resource Management: Functions, Applications, and Skill Development(4th ed.), SAGE Publications, Inc.

R. L. Mathis, J. H. Jackson & S. R. Valentine(2015), Human Resource Management: Essential Perspectives, Cengage Learning.

S. L. Verhulst & D. A. DeCenzo(2021), Fundamentals of Human Resource Management(14th ed.), John Wiley.

제8장

경력개발관리

학습목표

- ▶ 경력개발관리의 중요성과 목적에 대하여 이해한다.
- ▶ 개인차원의 경력개발모형에 대하여 이해한다.
- ▶ 조직차원의 경력개발모형에 대하여 이해한다.
- ▶ 경력개발의 주체와 역할에 대하여 이해한다.
- ▶ 경력개발 프로그램의 목적에 대하여 이해한다.
- ▶ 경력개발 프로그램의 인적자원관리상 의의에 대하여 이해한다.

제1절 경력개발의 의의

1. 경력개발의 개념

경력개발(career development)은 경력과 개발의 복합적 개념으로서, 경력관리, 경력계획, 경력개발 프로그램 등 다양한 용어로 사용되고 있다. 이러한 경력개발의 주요 개념은 기업이 조직구성원 개개인의 경력을 기업 내에서 개발하도록 관리하며, 그 과정에서 기업의 목표달성에 필요한 능력개발을 향상시키는 과정인 것이다.

일반적으로 경력이란 기업 내 조직구성원의 하위직에서 상위직으로 상향적으로 이동을 하는 승진과 전문직에서 요구되는 고도의 경륜을 겸비한 전문성을 가지며, 개인의 직무수행 경험과 이력을 총체적으로 나타내는 집합적인 성격을 포괄하는 의미로 사용되고 있다.

조직구성원의 경력개발을 위해서는 우선 기업 내 조직구성원 개개인의 경력목표를 설정한 후, 이러한 경력목표를 달성하기 위한 경력경로의 설정과 함께 구체적인 경력계획을 수립하며, 이 경력계획을 효과적으로 달성하기 위하여 기업 내의 모든 개인과 조직이 함께 참여하는 활동의 과정이 필요하다.

2. 경력개발의 요소

경력개발과 관련된 용어로는 경력목표(career goal), 경력계획(career plan), 경력개발(career development)과 같은 세 가지 요소로 구분할 수 있다.

경력목표는 개인이 경력개발을 통하여 도달하고 싶은 미래의 지위를 말한다. 경력계획은 경력목표를 설정하고 이 경력목표를 달성하기 위한 경력경로(career path)를 구체적으로 선택하는 과정을 말한다. 경력개발은 개인적인 경력계획을 달성하기 위하여 개인 또는 조직이 실제적으로 참여하는 활동을 말한다.

이와 같은 세 가지 요소와의 관계에서 경력개발이란 개인의 경력목표를 설정하고, 이를 달성하기 위한 경력계획을 수립하여 개인의 욕구와 조직의 욕구가 합치될 수 있도록 각 개인의 경력을 개발하는 활동을 의미한다고 볼 수 있다. 따라서 경력개발에는 개인과 조직 모두의 의식적인 노력이 필요하며, 개인의 욕구와 조직의 욕구를 통합하는데 그 성공여부가 달려 있다고 볼 수 있다.

3. 경력개발제도의 도입배경

경력개발제도는 미국 연방정부의 행정개혁을 목적으로 설치된 후버위원회(Hoover Committee)가 미국연방정부 조직의 비능률적 측면을 타개하고 잠재능력을 갖고 있는 유능한 관리자를 장기적이고 계획적인 면에서 육성할 목적으로 하는 관리자 육성방안의 권고안을 1955년 미국 의회에 제출함으로써 처음 도입되기 시작했다. 이러한 경력개발 프로그램이 민간기업과 학계에 보급된 것은 1960년대 이후이며, 우리나라에서 이 제도가 본격적으로 도입되기 시작한 것은 1970년 이후라 할 수 있다.

제2절 경력개발의 목적

경력개발의 주요 목적은 기업의 경영활동에 필요한 유능한 인재를 확보하고 육성·개발하며, 적재적소의 배치 및 이동을 통한 기업 내 인적자원의 효율적 활용을 하기 위한 것이다. 따라서 경력개발의 궁극적 목적은 개인욕구와 조직욕구의 통합적 달성을 통한 조직의 유효성 증대에 있다고 볼 수 있다. 이러한 경력개발은 오늘날 기업의 인재육성 및 역량개발을 위한 인적자원개발의 일환으로서 최근 많은 기업에서 도입되고 있으며, 특히 장시간에 걸쳐서 기업 내 인적자원의 경력의 축적과 활용을 통하여 유능한 관리자 양성 및 경영 후계자 육성의 목적으로 널리 보급되고 있다.

또한 경력개발은 기업의 조직구성원에 대하여 앞으로의 경력경로의 기회를 알려주며, 기존의 인적자원계획과 인적자원개발 프로그램의 활용을 통하여 집중적으로 역량개발을 추구함으로써 조직구성원의 욕구충족과 함께 효과적인 인적자원개발이 가능하게 되는 등의 이점을 가지고 있다. 이러한 경력개발의 구체적인 목적을 살펴보면 다음과 같다.

1. 효율적 인적자원개발의 촉진

경력개발은 유능한 인적자원의 확보 및 장기적인 경력 축적을 통하여 효과적으로 인적자원에 대한 육성 및 개발의 촉진을 달성할 수 있다. 특히 경력개발은 기업 내 모든 조직구성원에 대하여 설정된 경력목표와 경력경로에 따라 체계적이고 집중적인 인적자원개발이 가능하며, 조직구성원의 노동생산성 향상 및 이직을 방지하고 유능한 관리자 및 경영자의 육성이 가능할 수 있다.

2. 적정배치의 실현과 조직 활성화

경력개발은 기업 내 경력계획 및 경력경로에서 나타난 개별 조직구성원의 적성 및 직무수행능력과 실적의 평가결과를 기반으로 적재적소의 인사배치가 가능하며, 이를 통하여 조직구성원은 기업 내 다양한 직무수행과 관련된 지식과 기능을 습득할 수 있다. 또한 경력경로의 설계와 배치전환 및 직무순환을 통하여 기업 내 조직의 균형적 발전과 조직의 활성화에 기여할 수 있다.

3. 조직구성원의 동기부여와 고용의 정착화

경력개발은 기업 내 모든 조직구성원에 대하여 경력목표와 경력계획의 제시와 함께 승진경로의 제시와 그 가능성을 제시하게 됨으로서 조직구성원은 목표달성을 위해 더욱 열심히 도전하고 노력하게 되는 등 동기부여의 효과를 가져올 수 있다.

또한 기업은 경력개발에 대한 관리과정을 통하여 조직구성원의 이직을 방지하고, 기업에 대한 안정감을 부여하며 고용정착화에 기여할 수 있다. 그리고 기업은 미래의 인적자원의 수요에 대처할 수 있으며, 개인과 조직의 유효성을 함께 제고할 수 있다.

4. 유능한 인적자원의 축적과 조직개발

경력개발관리는 조직구성원의 적성과 능력을 충분히 고려한 적재적소의 배치를 실천하며 경력목표 및 경력경로의 달성에 적합한 승진경로의 설정 및 경력개발을 통해 기업 내부의 지속적인 후계자 양성과 유능한 인적자원의 축적을 가능하게 할 수 있는 등 조직개발과 성장발전에 기여할 수 있다.

제3절 경력개발의 모형

조직구성원의 능력향상과 관련된 경력개발의 이론적 모형에는 개인차원의 경력개발모형과 조직차원의 경력개발모형으로 분류할 수 있다. 개인차원의 경력개발모형은 조직구성원 개인 스스로의 자기개발 및 관리를 통하여 자신의 경력을 개발하도록 조직이 각종 제도를 지원하는 것에 중점을 두고 있으며, 이에는 개인의 성장환경, 능력, 가치관, 직무에 대한 태도, 성격 등이 중요한 영향변수가 된다. 이러한 개인차원의 경력개발과 관련하여 지금까지 연구되어 온 주요 모형에는 레빈슨의 모형, 홀의 모형, 그리고 디센조와 로빈스의 모형이 있다.

조직차원의 경력개발모형은 조직이 조직구성원의 경력개발을 주도하는 것으로서, 조직의 필요에 따라 어떻게 인적자원을 개발하고 그들의 욕구를 충족시키며, 궁극적으로 개인의 욕구와 조직의 욕구를 어떻게 조화시켜 갈 것인가에 대한 방법론적인 내용이 중심이 되고 있다. 조직차원의 경력개발모형으로는 알핀과 저스터의 모형, 홀과 모건의 모형이 있다. 개인 및 조직차원의 주요 경력개발모형에 대하여 살펴보면 다음과 같다.

1. 레빈슨의 인생단계이론

이 모형은 미국 예일대학교 심리학 교수인 레빈슨(D. H. J. Levinson)의 인생단계이론에 기초를 두고 있는 개인차원의 경력개발모형이다. 인생단계이론의 요체는 인간의 생활연령을 중심으로 한 일련의 정형적인 단계를 통하여 개인의 심리적, 행동적 변화를 설명하는데 있다. 즉, 인간은 직업이나 배경에 관계없이 일정하고 정형적인 인생단계를 거쳐 성장하는데 각 단계마다 요구되는 행동과 반드시 겪어야 할 심리적 상태 또는 적응이 있다고 하였다.

그는 개인의 인생은 하나의 안정된 구조를 가지며, 이 구조는 시간의 흐름에 따라 점진적으로 때로는 급진적으로 변화한다고 보았다. 그리고 개인의 일생은 4번의 위기적 변화를 경험하는 과정에서 크게 5개의 단계를 거친다는 것이다. 즉, 그것은 1단계의 성인이전단계(22세 이하), 2단계의 성인초기단계(22~40세), 3단계의 성인중년단계(40~60세), 4단계의 성인노년단계(60~80세), 5단계의 성인 최노년단계(80세 이상) 등으로 구분하였다.

레빈슨은 일생의 5단계 중에서 2단계와 3단계 사이에 존재하는 중년의 변화가 개인이나 조직 및 사회 전체의 관점에서 매우 중요하다고 보고, 특히 40세에서 45세에 해당하는 중년기는 생물학적 쇠퇴와 정신적 약화현상을 나타내기 쉬워서 병적인 불안감, 죄의식, 과거 집착증, 적개심, 허무감 등에 시달리게 된다는 것이다. 따라서 이와 같은 위기를 극복하기 위해서는 여러 가지 방안의 모색이 필요하지만 조직도 개인의 이러한 문제를 경력상담이나 경력계획 등을 통하여 해결할 수 있도록 도와주어야 한다고 주장하고 있다.

레빈슨의 모형은 인간의 생애를 크게 분류하고, 이를 각각 안정기와 변화기로 정의하여, 경력개발을 실시하기 위한 유용한 방법을 제공하고 있다. 이러한 레빈슨의 인생단계이론은 이후의 경력단계모형에 영향을 주었으며, 특히 홀의 경력단계모형에 많은 영향을 주었다.

2. 홀의 경력단계모형

홀(D. T. Hall)은 레빈슨의 인생단계이론을 조직 내의 직무와 관련하여 4단계의 경력단계모형을 주장하였다. 경력단계모형은 탐색단계, 정착 및 전진단계, 유지단계, 쇠퇴단계의 4단계로 구분하였다.

탐색단계는 경력단계모형의 첫 단계로서 직업의 탐색과 함께 경력의 주체성이 처음으로 형성되는 15세부터 25세까지의 시기이다. 이 시기에는 기업에 처음 입사하여 직무와 관련된 기술과 지식을 습득하며, 기업 내의 보조자 내지 학습자로 상급자의 일방적 지시에 따라 행동하게 된다. 이 단계의 조직구성원은 기업 내 조직에 대한 적응과 안정에 대한 욕구를 추구하게 된다.

정착 및 전진단계는 탐색단계에서 경험한 시행착오를 거쳐 하나의 직업 또는 직장을 선택하여 특정 직업이나 직장에 정착하며, 장기적인 고용관계를 유지하려고 하는 시기(25~45세)이다. 이 시기에서 각 개인은 자신의 능력과 발전가능성을 파악하며, 조직 내의 구성원들과 정보를 교환하고 자신의 성장경로를 설정하여 열심히 노력하게 된다. 또한 이 단계에서는 조직 내의 각 부서에서 자신의 전문분야를 확정하고 여러 단계의 직위이동 및 직무순환을 통하여 안정적인 자기성장과 경력개발을 이행해 가며, 이때에는 한 직장에 정착하거나 다른 직장에의 전직을 통하여 자아의 욕구 및 자기실현의 욕구를 충족하려고 노력하게 된다. 또한 이 시기에는 다른 동료들과의 사이에 상당한 정도의 경쟁심이 생기기 쉬우며, 동료간의 갈등해소와 감정적 처리문제가 곤란하게 되는 경우도 있다. 그러나 이때에는 개인의 직무성과의 향상과 발전을 가져오며, 조직에 대한 친밀감과 귀속감을 갖게 되는 등 개인의 경력개발과 조직의 목적달성을 위한 중요한 시기라 할 수 있다.

유지단계는 직장에 대한 개인의 위치와 책임이 중요하고 직장 내에서 중요한 업무를 수행하게 되는 시기(45~65세)이다. 이 단계에서 조직은 개인의 지식과 경험을 효과적으로 활용할 수 있으며, 개인은 경력개발의 과정을 통하여 생산적이고 역동적으로 활동하게 되며, 직장 내 부하를 지도, 개발하는 시기로 자신의 관심과 능력을 확대시켜 나가는 역할을 수행하게 된다. 이 시기에는 가족구성원에도 변화가 생기고 경제적인 부담도 커지며 경력의 선택이나 경력개발의 의욕도 줄어들게 된다. 그리고 자신의 능력에 대한 한계를 인식하게 되고 새로운 일자리를 추구하기보다는 현재의 직장이나 직업 유지에 관심이 크며, 개인적 갈등도 많이 느끼게 된다. 이 시기를 중년 정체기라고 부르기도 한다. 이때에는 개인의 성장을 위한 노력과 정체가 동시에 일어나며 또는 점진적 쇠퇴현상이 발생하는 시기이다.

쇠퇴단계는 육체적으로나 정신적으로 능력이 쇠퇴하는 시기이며, 개인의 목표와 열망, 경력개발에 대한 의욕이 감퇴하는 시기(65세 이후)이다. 이 시기에는 자신의 일에 대한 몰입이나 영향력도 시시히 줄어들게 되고 퇴직을 준비하게 된다. 또한 개인의 책임과 역할이 감소하게 되고 조직 내의 인간관계나 직무수행 관계에도 변화와 조정이 이루어지게 되는 시기이다.

홀은 이러한 각 단계별 경력모형에 따라 개인의 스스로가 경력을 계획하고 개발할 수 있도록 조직이 이를 지원해야 한다고 주장하였다.

3. 디센조와 로빈스의 경력단계모형

디센조와 로빈스(D. A. DeCenzo & S. P. Robbins)는 [그림 8-1]과 같이 직업과 관계없이 일반 성인에서 전형적으로 볼 수 있는 다섯 개의 경력단계로 경력진행을 설명하고 있다. 그들은 이들 다섯 단계의 경력단계의 특징을 다음과 같이 기술하고 있다.

첫째, 탐색단계는 직장생활을 위해 준비를 하는 단계이다. 공식적인 교육과정을 마치고 직장으로 전환하는 기간이다. 직장 또는 직업에 대한 커다란 기대감으로 충만한 단계이다. 현실은 반드시 기대대로 진행되지 않는다. 취업하기 전 여러 가지 성공적인 경력탐색 전략이 필요한 시기이다.

둘째, 확립단계에서는 처음으로 취업하여 동료관계가 만들어지고, 열심히 일하면서 현실적인 관점에서 자기 자신의 가능성이 확인되는 단계이다. 이 단계는 불확실성과 불안정성이 동시에 존재하는 기간이기도 하다. 기업에서 할당된 직무가 자기에게 적합한 직무인지가 확인되어야 하고 그에 따라 능력을 발휘할 수 있어야 한다.

셋째, 중간경력단계는 꾸준하게 직무를 수행하면서 경력이 축적되는 시기이다. 대부분 중간경력단계에 이르기 직전까지는 직무상 그렇게 심각한 갈등을 경

그림 8-1 디센조와 로빈스의 경력단계모형

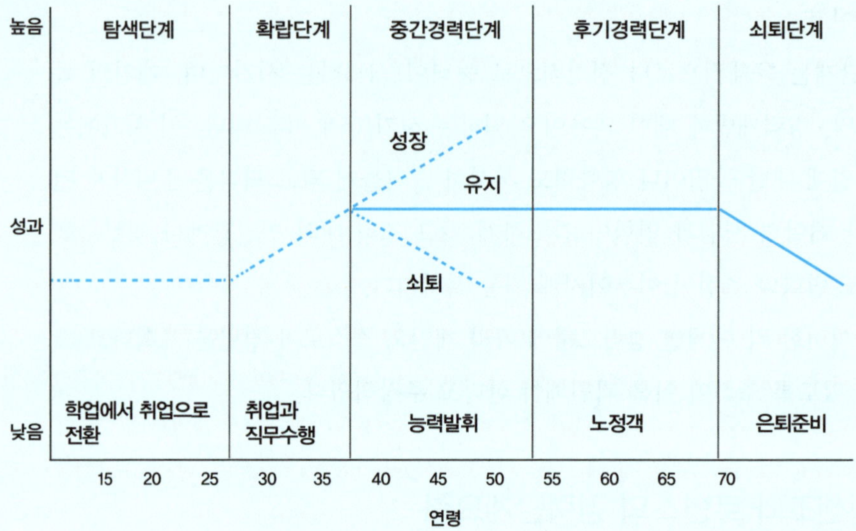

자료: D. A. DeCenzo & S. P. Robbins(2002), Human Resource Management(7th ed.), John Wiley & Sons, p. 245.

험하지 못한다. 이 중간경력단계에서는 보다 높은 곳을 향하여 평균 이상으로 열심히 하는 사람이 있는가 하면, 평균수준에서 자기능력을 유지하려는 사람도 있고, 흥미나 의욕을 잃어버리는 사람도 있다.

넷째, 중간경력단계를 통하여 성장을 계속하고 있는 사람은 이 후기경력단계에 오면 노정객(the elder state-person)과 같이 어느 정도 여유를 즐길 수 있게 된다. 이 단계에서는 그들의 오랜 경륜에 의한 판단력이나 지식이 높이 평가된다.

다섯째, 경력의 마지막 단계로서 누구나 쇠퇴단계를 맞이한다. 현직에서 떠나 새로운 삶을 맞이하는 단계이다.

4. 알핀과 저스터의 모형

알핀과 저스터(J. C. Alpin & D. K. Gerster)는 개인의 욕구와 조직의 욕구의 조화를 이루는 관점에서 조직차원의 경력개발모형을 제시하였다. 그들은 효과적인 경력개발과정은 투입, 평가, 준비 및 개발, 그리고 통합으로 이어지는 4단계로 이루어진다고 하였다.

투입단계는 개인의 경력욕구에서 무엇을 열망하고 있는 지를 파악하고, 조직의 필요성과 조직이 제공할 수 있는 경력기회에는 어떤 것이 있는지를 정확히 조사하여 이를 경력개발의 투입자료로 이용하는 것이다. 이러한 투입자료는 기업 내의 관리자나 인사부서 담당자가 개인을 상담하는 데에 이용하며, 조직에서는 경력징보센터의 자료로 활용하게 된다.

평가단계는 종업원의 개인목표와 조직의 목표를 성공적으로 통합하기 위하여 목표에 대한 평가가 정확히 이루어져야 한다. 그 평가방법으로 종업원에 대해서는 직접 개별적으로 상담을 실시하고, 조직 측에서는 조직 내의 가능한 경력개발기회를 종업원에게 제공한 후, 종업원의 업적에 대하여 평가를 하게 된다. 종업원에 대한 모든 평가자료와 조직의 평가정보는 경력정보센터로 보내어 관리하게 된다.

준비 및 개발단계는 평가과정에서 나타난 경력개발에 대한 필요한 제반요건들을 충족하는 과정으로 기술개발, 대인관계 능력개발, 개념구성 능력개발의 단계로 이어지게 된다.

통합단계는 분석결과에 따라 조직의 필요성과 개인의 목표를 모두 충족하는 경력의 직위에 배치와 전환이 이루어지게 되는 과정을 거치게 된다.

5. 홀과 모건의 모형

홀과 모건(D. T. Hall & M. A. Morgan)의 모형은 조직차원에서 조직구성원의 경력개발을 시도단계, 전진단계, 중간경력단계, 그리고 말기경력단계의 4단계로 구분하고 있다.

시도단계에서는 각 개인으로 하여금 직무수행과정에서 도전감과 성공을 경험할 수 있도록 각 행위에 대하여 충분한 시간을 배정한다. 또한 개인에 대한 경력평가와 계획과정을 통해서 자기탐색이 이루어지도록 하며, 정서면에서는 각자가 스스로 하나의 전문분야를 선택하도록 하여 안정감을 갖도록 유도한다.

전진단계에서는 직무에 대한 도전감을 요구하게 되며, 개인은 각각의 전문분야에서 능력을 개발하도록 유도한다. 또 개인의 창의력과 혁신능력 개발은 이 단계에서 가장 왕성하게 이루어지게 되며, 이러한 능력개발을 위하여 기술적 교육훈련 프로그램의 도입이 필요하다. 한편 일단 전문화된 기술은 빠른 시기에 진부화되는 것을 방지하기 위하여 3년 내지 5년 후에 새로운 분야로 이동시켜야 한다. 또한 정서면에서는 동료간에 강한 경쟁의식을 갖게 하며, 개인간의 갈등이나 실패에 대한 조정이 필요하다.

중간경력단계에서는 어느 정도의 기술수준을 높이면서 인간관계, 의사소통, 관리기술 등에 대한 교육훈련이 요구된다. 또 이 단계는 개인의 작업과 회사전체의 목적이 가장 동일시되는 단계이므로 회사의 역사나 정책, 목표에 대한 세미나도 열어주는 것이 좋다. 그리고 정서면에서는 종업원의 작업수행과 가족, 공동체 등과의 관계를 재정립하고 인생계획을 재검토하는 데 도움이 되도록 프로그램을 운영해야 한다.

말기경력단계에서는 경력개발의 마지막 과정으로서 점진적으로 후계자의 양성 및 인적자원개발에 대한 배려가 필요하다. 조직차원의 역할이 필요하지만, 개인의 직업이 미래세대에 어떻게 기초가 되는가를 알게 해 줄 필요가 있다. 또한 퇴직이 경력에서의 종점이 아니며 자신의 위치가 후배에게 어떠한 역할을 부여하게 되는지를 알려주어야 한다.

제4절 경력개발의 주체와 역할

경력개발은 조직구성원 개인과 조직이 협력적인 관계에서 개인이 중심이 된 경력개발 계획과 조직이 중심이 된 경력개발 관리로 구성된다. 경력개발의 주체는 경력개발을 수행하는 조직구성원인 개인, 경력개발지원 담당자인 상위자, 그리고 조직차원에서 경력개발 관리자인 담당부서로 구성된다.

1. 개인(조직구성원)의 역할

경력계획에 대한 제1차적 책임은 어디까지나 장본인인 조직구성원 개인에게 있다. 경력이라는 개념에서 알 수 있듯이 경력은 개인적 현상이다. 과거에는 경력성장에 관한 책임을 최고경영자에게 돌렸지만, 노사간의 사회적 계약의 변화에 의해 지금은 조직구성원 각자가 책임을 느끼고 책임을 지는 시기가 되었다. 경력개발을 통하여 조직구성원 개인이 변화를 주목하고, 자기자신의 경력관리에 관한 태도를 바꾸기 위한 노력을 하여야 한다. 따라서 경력개발에 대한 수동적이고 자기만족적 자세보다는 진취적이고 주체적인 자세가 필요한 것이다.

경력은 개인적 현상이기 때문에 개인이 경력개발의 출발점이 되어야 한다. 개인은 먼저 내적 경력개발에 대한 욕구를 평가하고, 경력기회를 분석하고 필요한 능력개발을 위한 방법 등을 1차적으로 그리고 주체적으로 결정하는 역할을 하여야 한다. 조직구성원 개인의 책임 하에서 경력개발을 위한 자기노력으로 경력목표의 달성이 가능할 수 있을 것이다.

2. 관리자의 역할

상사인 관리자는 조직구성원 부하의 인사고과를 통하여 부하의 직무수행능력에 관한 정보를 제일 정확하게 파악하고 있다. 또한 조직 내 경력경로와 경력기회에 관한 정확한 정보를 제공할 수 있는 위치에 있다. 그리고 경력계획을 지원해 주고, 경력진행에 관한 정보를 부하인 조직구성원에게 피드백해 줄 수 있는 중심점에 위치하고 있는 사람이 감독자이자 관리자인 것이다.

레이보위쯔와 쉬로스버그(Z. Leibowitz & N. Schlossberg)의 연구에 의하면, 감독자나 관리자가 경력개발자(career developer)로서의 책임을 수행하기 위해서는 조직구성원의 경력에 관련된 사항을 정확하게 조사하고 규명하기 위한 코치(coach)로서의 역할, 경력개발과 관련된 정보를 피드백하고, 업적기준과 직무책임을 명백히 해주는 평가자(appraiser)로서의 역할, 경력개발을 위한 대안을 개발하고, 목표설정을 지원하고, 장려하고, 조언해 주는 조언자(adviser)로서의 역할 그리고 종업원과 실행안을 상담하고, 그 종업원을 필요한 부서의 사람이나 다른 자원과의 연결을 도와주는 조정자(referral agent)로서의 역할을 수행하여야 한다고 주장하였다.

3. 담당부서의 역할

인적자원개발 담당자의 역할은 다른 인적자원개발 활동에 있어서처럼 경력관리에 있어서도 마찬가지로 중요한 역할을 수행한다. 즉, 담당부서에서는 조직과 개인이 협력적인 관계에서 그들의 목표를 달성하도록 지원하는 프로그램과 활동에 제대로 수행되고 있는 가를 확인하는 역할이다. 이 역할에는 경력개발을 위한 조직구성원의 욕구에 대한 조사 및 평가, 경력개발 프로그램의 설계와 실행 등의 활동을 수행하게 된다. 경력개발 담당자나 담당부서는 조직차원에서 개인의 경력개발이 조직의 목표와 조화를 이루도록 최종적으로 조정하고, 실시하며, 결과를 평가하고 점검하는 중심적인 역할을 수행한다.

표 8-1 경력개발의 주체와 역할

경력개발의 주체	역 할
개인	- 자신의 능력, 흥미, 가치관을 분석 - 자신의 경력단계, 자기계발 목표 및 경력요구 파악 - 조직내외의 가능한 경력기회 파악 - 직무순환, 교육 등 다양한 학습기회를 통해 능력개발 - 상사와 함께 가능한 실천계획(action plan)
상사	- 경력개발의 과정을 부하에게 일깨워 주는 촉진자의 역할 - 부하의 경력개발 목표 및 요구 실현가능성 평가 - 부하의 실천상황을 점검하고, 필요한 경우 수정 - 자신관할의 직무 중 공석에 관한 정보제공 - 공석에 적합한 모든 후보자 파악 및 적임자 선발 - 부하직원을 위한 직무, 교육프로그램, 직무순환 등 경력개발 기회 파악 및 적소에 배치
조직 (담당부서)	- 개인별 경력개발계획의 수립에 필요한 경력개발모델, 정보 및 상담 - 모든 직원에게 경력개발계획에 관한, 그리고 관리자에게 경력상담 프로그램 제공 - 조직내외 교육 및 OJT 경력개발 기회제공 - 상사의 경력개발관련 의사결정에 필요한 정보시스템 구축 - 경력워크샵, 경력센터 또는 경력정보시스템 및 각 개인의 성공적 경력개발계획에 필요한 지원시스템 구축 - 경력개발계획시스템의 성과평가 및 피드백

이상의 세 주체가 주어진 역할을 성공적으로 수행할 때 개인의 경력개발에 따른 조직의 유효성이 달성될 수 있을 것이다. 이를 요약하여 나타내면 〈표 8-1〉과 같다.

제5절 경력개발 프로그램

1. 경력개발 프로그램의 의의와 목적

경력을 조직생활을 수행하는 과정에서 변화하는 직무상의 경험과 활동에 관한 일련의 행위라고 정의한다면 경력개발 프로그램(career development program: CDP)은 개인과 조직이 함께 경력을 계획하고 관리하여 조직구성원의 시장가치를 향상시켜 주고 조직에 대해서는 전문인력의 육성을 통해 인적자원개발에 기여하도록 하는 전사적 계획 프로그램이라 할 수 있다.

따라서 경력개발 프로그램은 조직구성원 개개인에 대해서 조직의 욕구와 개인의 욕구를 조화시켜 장기적인 경력계획을 수립하고, 이 계획과 결부시켜 직무순환(승진, 배치전환, 직무변경 등) 및 교육훈련 등을 실시하는 종합적인 프로그램을 의미한다. 즉, 조직의 입장에서는 경력경로와 경력요건 등을 설정해 주고 개인의 입장에서는 자신의 성찰 속에서 가장 적합한 경로를 선택하고, 자신의 경력목표 달성을 위해 부단히 능력개발을 시도하도록 유도하는 제도이다.

또한 최근에는 경력개발 프로그램을 조직의 인재육성을 위해 제도화시킨 것으로 보면서 개인의 입사로부터 퇴직까지의 경력경로를 개인과 조직이 함께 설계하고 장기적 관점에서 관리해 나가는 종합적 인적자원개발 시스템으로 그 의미를 확장시키고 있는 추세이다. 이러한 정의는 경력개발 프로그램의 목표를 개인의 성장욕구를 충족하고 동시에 조직의 인적자원개발을 극대화시켜 개인의 욕구와 조직의 욕구를 조화시키는 것으로 전통적인 개념을 현대적인 흐름에 부합되도록 개념화시킨 것으로 볼 수 있다.

한편 이러한 경력개발 프로그램의 목적은 조직구성원 또는 조직의 일방적인 관점에서의 목표나 성과를 달성하기 위한 것이 아니라 조직 내 인적자원의 합리적인 개발을 통하여 조직의 유효성 증대와 조직구성원의 자기실현 욕구를 동시에 충족시키는 것이라고 할 수 있다. 즉, 기본적으로 개인의 능력을 최대한 발휘시켜 이것을 조직의 경력기회(career opportunity)에 적용시킴으로써 개인의 경력욕구를 충족시켜주고, 경력기회를 제공하는 조직에서는 적합한 시기에 적합한 직무배정을 통하여 개인의 능력을 활용함으로써 조직의 유효성을 높이는 것이 경력개발 프로그램의 목적인 것이다.

따라서 경력개발 프로그램은 기본적으로 개인과 조직의 욕구를 어떻게 합리적으로 조화시키느냐에 프로그램의 성공여부가 달려있다고 할 수 있다. 즉, 개인의 입장에서는 조직의 성장과 발전에 기여하면서, 희망과 적성에 맞는 직무를 통하여 자신의 능력을 최대한 발휘함으로써 대내·외적인 인정과 존중, 그리고 자아실현을 이룰 수 있는 방안으로 작용한다. 조직의 입장에서는 경영자원인 조직구성원 개개인의 능력과 자질을 조직의 필요성과 최적의 적합성을 추구함으로써 조직의 유효성을 제고하고 장기적인 맨파워를 향상시켜 조직을 활성화시

그림 8-2 경력개발 프로그램의 Framework

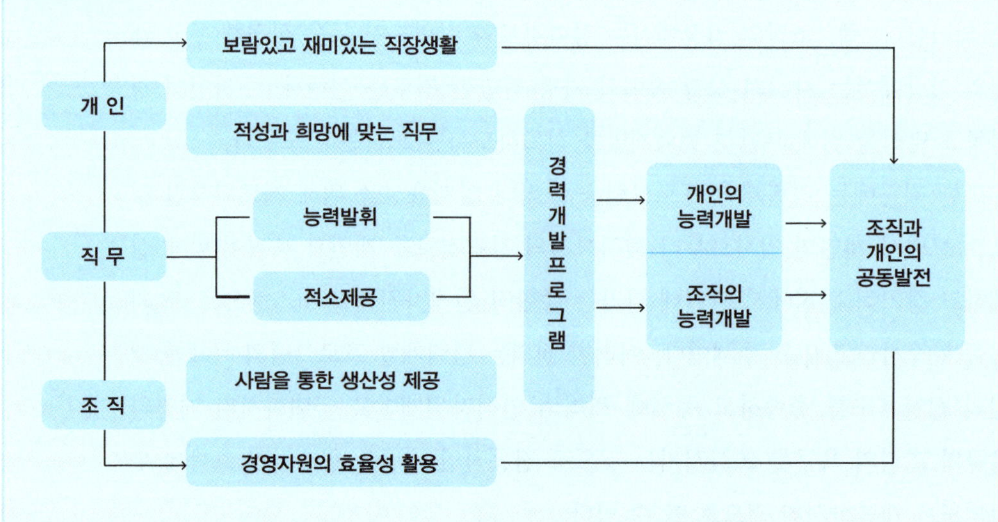

켜 나가는 중요한 방안이라 할 수 있다. 조직유효성을 달성하기 위한 경력개발 프로그램의 프레임웍을 제시하면 [그림 8-2]와 같다.

한편 경력개발 프로그램을 기대효과 측면에서 살펴보면, 조직에게는 조직의 역량을 강화시키고 미래의 성장 잠재력을 확보한다는 차원에서 의미가 있고, 조직구성원 개인의 입장에서는 자신의 역량을 목표에 맞게 개발함으로써 개별적 경쟁력 강화를 통해 내부 노동시장 뿐만 아니라 외부 노동시상에서도 지속적인 고용기회를 유지할 수 있다는 측면에서 매력적이라 할 수 있다.

2. 경력개발 프로그램의 설계

경력개발 프로그램은 도입여건의 확보와 제도의 구체적인 설계, 성공적 운영을 위한 검토단계를 거쳐 구축하게 된다. 프로그램의 실행을 위한 각 단계는 서로 구분될 수 있지만, 복수의 단계가 혼합되어 진행될 수도 있다. 구체적인 경력개발 프로그램의 설계는 다음과 같은 4단계를 거친다.

첫 번째 단계는 조직구성원의 경력개발 욕구(needs)를 조사하는 단계이다. 경력개발 프로그램은 조직구성원의 적성과 자발성을 중시하기 때문에 경력개발 프로그램 설계의 일차적 단계로서 조직구성원 개개인의 경력목표와 이를 달성하기 위한 요건 등을 조사할 필요가 있다. 경력욕구의 평가는 적성검사나 흥미검사 등 심리검사(psychological testing) 방법을 이용하는 것이 도움이 된다. 어떠한 경력에 흥미를 갖고 있는지, 어떤 경력이 적성에 맞는지가 결정됨으로서 경력목표를 결정할 수 있다. 그리고 기업이 운영하는 평가센터(assessment center)를 이용하는 방법도 있다. 평가센터에서 심리 테스트, 시뮬레이션 연습 및 심층면접 등을 통하여 조직구성원 내적 경력욕구를 평가한다.

두 번째 단계는 경력경로를 설정하는 단계이다. 경력개발 욕구가 조사되었다면 이를 바탕으로 경력목표에 도달할 수 있는 구체적인 경력경로를 설정할 필요가 있다. 경력경로를 설정하는 단계에서는 객관적으로 주어진 자료 뿐 아니라, 개인의 주관적인 선호직위와 목표 등을 함께 고려해야 한다. 직무분석은 조직내의 승진경로를 도식화하는데 필요한 기초정보를 제공한다. 거기서 얻은 직무관련 정보는 경력기회의 결정과 경력개발을 위한 활동에 커다란 도움을 준다.

세 번째 단계는 경력개발시스템을 설계하는 단계이다. 앞서 경력경로의 설정은 단순히 직위만을 나열하고 이동범위를 설정하는데 그치지 않는다. 각 직위에서 요청되는 역량(항목)을 상세히 규정하는 역량요소를 확인한 후, 역량요소에 입각한 선발 및 보직순환, 승진관리가 이루어져야 하고, 각 단계에 적합한 교육훈련 기회가 배정되어야 한다. 뿐만 아니라 근무평정과 피드백를 통해 지속적으로 경력개발 시스템이 발전할 수 있도록 해야 한다. 이러한 모든 과정이 경력개발 시스템의 설계에 포함된다.

네 번째 단계는 경력개발지원 시스템을 설계하는 단계이다. 경력개발 시스템이 완비되고 나면 이를 지원하는 지원 시스템을 구축해야 한다. 종업원 개인에 대한 경력정보 시스템 및 인사정보 시스템이 반드시 요구되고, 경력목표를 설정하고 경력경로를 계획하는데 도움이 되는 정보를 제공하고 상담하는 경력상담이 이루어져야 한다. 경력개발지원 시스템이 설계되면 전면적으로 적용하기 이전에 파일럿(pilot) 테스트 과정을 거쳐 문제점을 분석한 뒤 의견수렴과 수정과정을 거쳐야 한다.

사 례　직원 적성 찾아주는 대웅제약 CDP 제도

대웅제약 임직원, 면접 등의 절차를 통해 다른 직무 경험 가능해
'스마트오피스'도 직원의 의견과 다양성 존중 문화에 기여

직장인에게 최대 고민은 "이 일이 내 적성과 맞는가"이나, 그만큼 적성에 맞는 일을 찾는 것은 어려운 일이다. 이러한 이유로 끝나지 않을 것 같던 취업 준비의 시간을 이겨내고 입사한 많은 신입사원들이 1~2년만 일을 하고 다른 일을 찾아보기도 한다. 뿐만 아니라 재직자 사이에서도 한 가지 일을 오랫동안 하는데 지치고 힘들어하거나 무료함을 느끼는 경우가 많다. 보통의 직장인은 이러한 고민을 '이직'으로 밖에 연결하지 못한다.

실제로 취업포털 잡코리아가 최근 2030 직장인 1162명을 대상으로 '직무 전환'을 주제로 설문조사를 실시한 결과, 직장인 84.4%가 "현재 종사 중인 직무가 아닌 다른 일을 하고 싶다고 생각한 적이 있다"고 밝혔다. 직무전환의 방법으로는 "이직, 재취업을 통해 직무전환이 가능할 것"이란 응답이 41.2%로 가장 높았다.

그러나 대웅제약의 직원들은 이러한 고민에서 자유로울 수 있다. 바로 'CDP'라는 제도를 도입하고 있기 때문이다. CDP는 Career Development Program의 약자로, 직원들이 원하는 직무로 옮길 기회를 제공하는 제도다.

대웅제약 관계자는 5일 기자와 만나 "대웅제약은 직원들에게 한 곳에서의 성장이 아니라 다양한 업무 경험을 통한 직원 성장을 중요시한다"며, "여러 기회를 통해 성장한 인재들이 추후 핵심인재로 육성되어 관리자가 되는 등을 위해 이러한 제도를 도입했다"고 말했다.

이 관계자는 "CDP 제도는 본인이 원할 경우 면접 등 엄격한 심사를 통해 다른 직무로 옮겨갈 수 있다"며 "원한다면 추후 본래 있던 부서로 다시 돌아올 수도 있다"고 설명했다.

CDP는 편협한 사고의 벽을 치지 않도록 하고 업무 이해관계자간의 신뢰를 구축할 수 있도록 한다. 또한 부서간과 관련 조직간의 벽을 치지 않게 하고, 개개인의 역량을 키울 수 있는 기회로 삼기 위함이다.

본지가 만나본 다수의 대웅제약의 직원들은 실제로 자신을 개발하고 성장하는 기회를 주는 것이 참된 복지라고 생각한다고 밝혔다.

대부분 상하 수직으로 이루어지는 인사시스템 대신 직원이 직접 선택하는 자유로운 인사시스템이 있다는 것은 직원의 의견 존중과 다양성을 인정한다는 것으로 해석된다.

직원의 의견 존중과 다양성을 인정하는 모습은 대웅제약의 다른 제도에서도 발견할 수 있었다.

대웅제약은 지난해 9월부터 '스마트오피스'를 시행 중

'스마트오피스'란 대웅제약의 삼성동 본관 9층 약 200평의 공간을 재탄생시켜 공간에 있어서도 가장 일하기 좋은 환경을 만들고자 하는 대웅제약의 의지를 담은 혁신형 사무공간이다.

스마트오피스는 지정석이 아닌 직원이 원하는 곳에 앉아서 일을 하는 방식으로, 시선과 소음이 모두 차단되는 1인, 2인용 '포커스룸'도 업무공간 주변에 배치되기도 했다.

특히, 대웅제약은 스마트오피스를 처음 도입할 때 태스크포스팀(TFT)를 꾸려서 직원들이 원하는 것이 무엇인지 등을 사전조사해서 직원 의견 반영되도록 많이 노력한 것으로 나타났다.

대웅제약 관계자는 "회사 측에서 성과 창출을 위한 최적의 공간을 제공하기 위한 것으로, 직원과 전문가들로 구성된 TFT가 6개월간 국내외 사례조사로 최적의 공간과 구성원칙 등을 수립해 만든 것이다"며 "직원 만족도가 100%이며, 직원 반응이 좋아 향후 순차적으로 기존 사무실을 스마트오피스로 구축해갈 계획이다"고 밝혔다.

그는 "지방에 있는 일부 영업소도 스마트오피스를 도입해서 시행 중이다"고 덧붙였다.

〈자료: 직업이야기, 뉴스투데이(2018. 07. 05)〉

참고문헌

김동규·조규재·최대식(2017), 직업과 경력개발, 영민출판사.

김성수(2019), 제4차 산업혁명시대 신인적자원관리(2판), 탑북스.

박경문·이용탁(1999), "경력개발을 통한 인적자본개발에 관한 연구," 경성대논문집, 20(2), 147~165.

박윤희(2012), 중소 제조업체 근로자의 경력개발 시스템 운영 현황과 정책 지원 방안, 한국직업능력개발원.

신철우·최찬기·윤정현·김대수(2018), 인적자원관리, 탑북스.

양동훈(2022), 인적자원관리, 홍문사.

오종석·김종관(2014), 인적자원관리(3판), 탑북스.

유규창·박우성(2022), 리더를 위한 인적자원관리, 창민사.

이홍민(2017), HRD 전략: 개인개발 경력개발 조직개발, 중앙경제.

정수진·고종식(2019), 실무지식을 위한 인적자원 관리(2판), 정독.

한인수·정범구(2020), 현대 인적자원관리(4판), 명경사.

H. Precious & M. Tsitsi(2021). Principles of Human Resources Management, LAP Lambert Academic Publishing.

G. Dessler(2015), Human Resource Management(16th ed), Generic.

S. R. Valentine, P. Meglich, R. L. Mathis & J. H. Jackson(2019), Human Resource Management(16th ed.), Cengage Learning.

S. Snell & S. Morris(2022), Managing Human Resources(19th ed.), Cengage Learning.

R. L. Mathis, J. H. Jackson & S. R. Valentine(2015), Human Resource Management: Essential Perspectives, Cengage Learning.

S. L. Verhulst & D. A. DeCenzo(2021), Fundamentals of Human Resource Management(14th ed.), John Wiley.

제9장

인사고과관리

학습목표

▶ 인적자원관리상 인사고과의 의의에 대하여 이해한다.

▶ 인사고과의 관리적 목적과 개발적 목적에 대하여 이해한다.

▶ 인사고과의 평가요소에 대하여 이해한다.

▶ 인사고과의 실시과정에 대하여 이해한다.

▶ 인사고과의 개별적 방법과 집단적 방법의 차이점을 이해한다.

▶ 인사고과상 발생할 수 있는 오류들에 대하여 이해한다.

▶ 새로운 인사고과제도에 대하여 이해한다.

▶ 균형성과표(BSC)의 4가지 관점에 대하여 이해한다.

제1절 인사고과의 의의

인적자원관리를 합리적으로 운영하기 위해 요구되어지는 중요한 요소들 중의 하나가 인사고과(performance appraisal)이다. 기업은 자신들이 추구하는 특정한 목적달성을 위하여 적합한 인적자원의 확보, 유지, 개발이 중요한 요소임을 강조하고 있다. 이러한 인적자원에 대한 효과적인 관리를 위해서는 조직구성원의 직무수행을 위한 노력에 대한 정확한 평가를 하여야 한다. 따라서 조직구성원의 능력, 공헌도, 성과, 대인관계 등 다양한 가치가 고려되는 인적자원관리의 중요성이 확대됨에 따라 객관적이고 공정한 인사고과시스템의 구축이 보다 중요한 과제가 되고 있다.

인사고과가 합리적이고 공정하게 이루어지지 않으면 역량있는 조직구성원을 식별하고, 동기부여하는 것이 어렵기 때문에 이에 따른 결과는 궁극적으로 조직성과에 부정적인 영향을 미치게 될 것이다. 많은 기업에서 공식적인 인사고과제도를 운영하고는 있으나 운영상의 공정성이나 객관성이 확보되지 못해 조직구성원들로 하여금 인사고과의 수용성이 낮게 받아들여질 경우, 조직구성원의 만족도 하락에 따른 생산성 저하 현상을 초래할 것이다.

인사고과라는 용어는 인사평가, 근무평가, 업적평가 등으로 불리어지고 있으며, 이에 대한 학자들의 정의도 다양하다. 인사고과에 대한 제 학자들의 정의를 살펴보면, 랭스너(A. Langsner)는 "조직구성원의 능력, 근무성적, 자격의 상대적 가치를 조직적으로 그리고 사실에 입각하여 객관적으로 평가하는 절차"라 하였고, 몬디와 노어(R. W. Mondy & R. M. Noe)는 "개인의 직무성과를 정기적으로 검토하고 평가하는 공식적인 시스템"으로, 플리포(E. Flippo)는 "조직구성원이 현재 담당하고 있는 직무에 관하여 어느 정도 우수한지와 보다 좋은 직무로 승진할 수 있는 잠재능력이 있는지를 조직적, 정기적으로 그리고 가능한 한 객관적으로 평가하는 것"이라고 하였다. 종합하여 보면, 인사고과란 조직구성원의 직무수행능력을 객관적이고 합리적으로 평가하는 절차를 의미하며, 조직구성원들이 조직목표달성에 얼마만큼 공헌하고 있는가를 판단하는 기준으로 작용한다. 이러한 평가를 통하여 조직구성원의 개발과 보상을 결정함으로서 효과적인 인적자원관리가 가능한 것이다.

인사고과에 대한 영문 표현으로 성과평가에 초점을 둔 performance evaluation, performance appraisal, performance review 그리고 종업원평가에 초점을 둔 employee appraisal 또는 employee evaluation 등의 다양한 표현들이 사용되고 있다. 즉, 성과에 대한 평가 또는 종업원에 대한 평가라는 영문 표현이 인적자원관리의 인사고과라는 표현인 것이다.

제2절 인사고과의 목적

전통적인 인사고과의 목적은 과거지향적인 관점에서 과거의 실적에 대하여 보상이나 처벌을 위한 기초자료로 임금인상, 승진 그리고 징계나 강등 등에 주로 활용되어, 전략적인 관점에서 그 활용 정도가 미약하였으나, 현대의 인사고과의 목적은 미래지향적인 관점에서 조직구성원의 개발과 적재적소의 전환배치 등 적극적인 능력개발에 있으며, 교육훈련지도 및 동기부여 등에도 활용된다. 즉, 인사고과의 목적은 조직구성원의 성과 및 역량을 현재 시점에서 평가하여 보상하고 관리에만 초점을 두는 것이 아니고, 보다 미래지향적으로 조직구성원의 성과향상과 그들의 잠재력을 개발시키고자 하는데 초점을 둔다.

최근의 인사고과는 기업에서 추구하는 경영전략을 중심으로 조직구성원의 역량을 개발하여 성과를 향상시키려는 방향으로 운영되고 있으며, 경영전략과의 통합을 통해 기업에서 설정한 목표를 달성하고자 한다. 조직 내에서 이러한 인사고과가 중요한 이유는 기업의 목표달성을 위한 조직구성원들의 측정 및 평가가 가능하기 때문에 적합한 보상이 가능하며 이에 따른 성과향상을 유도할 수 있기 때문이다. 따라서 기업은 조직구성원 개인이나 또는 집단의 직무수행결과를 인사고과제도의 객관적인 평가지표에 의해 측정, 평가하고 그 결과를 조직구성원들에게 피드백시킴으로써 개인 또는 집단의 직무수행결과가 조직에 어떻게 기여하였는지를 인지시켜야 할 것이다.

즉, 인사고과는 조직구성원들의 성과향상을 위해 구체적인 방향을 제시하여 기업에서 설정한 경영전략을 효율적으로 달성하기 위한 성과관리, 임금인상과 승진, 배치전환, 성과관리, 징계 및 강등 등의 관리적 목적 그리고 조직구성원 스스로가 자신에게 필요한 직무수행능력이 무엇인지를 파악하여 역량을 향상시키기 위한 교육훈련, 경력계획과 개발, 종업원 잠재력 평가 등의 개발적 목적으로 구분될 수 있다.

제3절 인사고과의 요소

인적자원관리를 합리적으로 운영하기 위해 요구되어지는 중요한 요소들 중의 하나가 인사고과(performance appraisal)이나. 기업은 자신들이 추구하는 특정한 목적달성을 위하여 적합한 인적자원의 확보, 유지, 개발이 중요한 요소임을 강조하고 있다. 이러한 인적자원에

인사고과의 요소는 평가대상이 되는 종업원에 대하여 어떠한 측면을 평가할 것인가의 문제로서, 평가할 영역을 설정하고 조직의 특성에 부합될 수 있는 방향으로 공정하고 객관적인 기준을 가져야 한다.

일반적으로 인사고과의 요소는 업적평가, 능력(역량)평가, 태도평가로 구성되며 그 중 어느 고과요소에 비중의 차등을 두게 되는가는 조직의 특성에 따라 달라지게 된다. 최근의 인사고과는 실제 업적에 대한 평가 뿐만 아니라 능력개발과 미래의 성과 창출을 위한 조직구성원의 잠재능력에 대한 평가까지 확대하는 추세이다.

1. 업적평가

조직구성원에게 할당된 직무의 내용과 책임에 대하여 어느 정도 수행하였는가 하는 업적을 평가하고 주어진 직무를 수행하는데 있어서의 조직구성원의 공헌도에 대하여 평가를 하는 것이다. 조직구성원의 업적을 평가하는 경우 현재의 직무성과만 판단할 것이 아니라 직무를 수행하는데 있어서의 과정이나 형태에 대해서도 평가하는 것이 일반적이다. 주로 양적·질적 성과 뿐만 아니라 정확성이나 신속성을 반영한 업무처리내용, 대외관계나 부하 육성개발에 대한 목적달성도 등이 평가요소로 활용된다.

2. 능력평가

조직구성원의 직무수행능력에 대한 평가는 지금까지 발휘한 현재적인 능력 뿐만 아니라 기대 가능성이 있는 잠재능력까지 평가하는 것이다. 따라서 직무수행능력이란 현재화된 능력 뿐만 아니라 현재 활용되지 않은 미래에 발휘할 수 있는 잠재능력까지도 포함된다. 여기에는 주로 의지나 적극성을 반영한 업무추진능력, 업무능률 향상을 위한 지도통솔력, 판단 및 처리능력, 혁신추구성향 등이 활용된다.

3. 태도평가

인사고과의 평가요소로 작용하는 직무수행 태도는 직무수행의 결과 뿐만 아니라 그 결과를 달성하기 위한 능력이나 태도에 관하여 평가하는 것으로, 직무수행과 직접적인 관련성이 없는 것은 제외하고 업적달성과 관련성이 있는 것에 한정하여 평가하게 된다. 여기에는 주로 노력과 공헌도를 반영한 성실성, 자부심을 반영한 책임감, 공성성과 객관성을 반영한 품성 등이 활용된다.

표 9-1 인사고과의 평가요소

평가 요소		적용 사례
능력	기본 능력	판단력, 이해력 등
	업무관련 능력	전문지식, 기획력 등
	인간관계 능력	지도력, 설득력 등
태도	직무에 대한 태도	책임감, 적극성, 자발성 등
	사람에 대한 태도	공정성, 신뢰감, 협조성 등
	조직에 대한 태도	충성심, 규율성, 경영의식 등
업적	업무의 양	생산량, 고객만족도, 불량률 등
	업무의 질	업무처리의 정확성, 신속성 등

제4절 인사고과의 실시

1. 인사고과과정

인사고과를 통하여 조직구성원의 직무수행능력을 평가하기 위해서는 인사고과와 관련된 정보가 정확하고 신뢰할 수 있는 데이터를 제공하여야 한다. 인사고과의 자료가 정확성과 신뢰성을 갖추기 위해서는 인사고과의 절차가 체계적인 과정을 거침으로써 비로소 가능해진다. 인사고과의 체계적인 절차는 6가지 단계로 구분된다.

① 인사고과를 위한 고과기준의 설정

② 고과의 시기, 고과횟수, 그리고 고과자에 관한 고과방침의 결정

③ 고과자에 의한 종업원의 업적(실적)에 관한 자료의 수집

④ 고과자에 의한 종업원 업적고과

⑤ 고과결과에 관하여 종업원과 토의

⑥ 의사결정 그리고 고과의 정리

2. 고과기준의 설정

인사고과를 실시하기 위해서는 직무담당자들에게 어떠한 기준으로 인사고과가 이루어진다는 고과기준을 설정해 주어야 한다. 일반적인 고과의 기준으로는 직무수행의 질이나 양, 비용 등과 같은 기준이 작용하게 된다. 일반적으로 인사고과의 기준을 앞서 기술한 평가요소 중심으로 인사고과의 기준을 설정하게 된다.

인사고과의 기준이 조직구성원에게 공정성과 객관성을 확보하기 위해서는 인사고과의 기준이 신뢰성과 타당성을 확보하여야 한다. 신뢰성이란 동일한 직무담당자에 대해서는 누가 인사고과를 하더라도 동일한 결과가 산출되어야 한다는 개념이다. 타당성이란 인사고과의 내용이 직무수행과 관련된 내용 중심으로 평가하여야 한다는 개념이다. 인사고과의 신뢰성과 타당성이 결여되면 조직구성원은 인사고과의 결과에 대하여 객관적이고 공정하지 못한 결과라고 인식할 것이다.

3. 인사고과의 실시시간과 빈도

인사고과를 실시하는 경우에 있어서 인사고과를 언제 실시할 것인가, 그리고 인사고과 빈도를 얼마나 자주 할 것인가에 대한 의사결정을 하여야 한다. 일반적으로 조직구성원 개인 입장에서는 취업한 날을 기준으로 1년 동안의 직무수행능력에 대하여 인사고과를 실시하는 것이 합리적이지만, 조직구성원 개인별로 취업한 날이 다를 수 있어 기업에서는 일반적으로 특정한 날을 지정하여 실시하는 것이 보편적인 현상이다.

인사고과를 얼마나 자주 실시하느냐의 문제는 인사고과가 조직구성원들에게 민감한 사안이기 때문에 너무 자주 하게 되면 조직구성원들에게 스트레스를 유발할 수 있으며, 1년에 한번 실시하는 것은 기업의 급변하는 환경조건에 대한 적응도를 떨어뜨릴 수 있는 한계점을 지니게 된다. 대부분의 기업에서는 인사고과의 형태로 분기별로 실시하는 것이 일반적인 현상인데, 업적에 대한 평가는 1

년에 1회 정도 실시하고 나머지 1년에 3회 정도는 인사고과의 형태는 갖추고 있지만 인사고과의 부수적인 목적이나 인사고과에 비중이 적은 형식으로 운영하고 있다. 예를 들면, 사기조사나 교육훈련의 평가, 자기신고제도 등과 같은 방식을 활용하는 것이다.

4. 인사고과의 담당자

대부분의 기업에서 인사고과는 평가대상이 되는 조직구성원의 상위자에 의해 평가가 이루어지는 것이 일반적인 현상이다. 조직구성원의 상위자 중심의 인사고과가 많은 비중을 차지하고 있지만, 인사고과의 목적이 업적에 대한 평가를 통하여 임금인상이나 승진과 같은 목적 이외에 인사고과의 결과를 토대로 조직구성원의 육성과 개발과 같은 목적을 두고 있을 경우 상위자에 의해서만 평가하는 것이 한계를 지니고 있어 상위자 이외에 인사고과의 담당자가 다양하게 참여하고 있다. 궁극적으로 인사고과의 담당자는 인사고과 평가대상이 되는 조직구성원의 직무수행능력을 파악할 수 있는 어떠한 사람도 가능할 수 있다. 다양한 인사고과 담당자에 대하여 분류하면 다음과 같다.

1) 위원회에 의한 고과

평가대상이 되는 조직구성원의 직속상사를 포함하여 기업의 인사부서 책임자 등 관련된 상위 감독자들로 구성된 위원회에서 인사고과를 실시하는 방식이다. 이 방법은 감독자 개별적인 편견을 줄이고 다양한 사람들에 의한 평가를 통하여 조직구성원의 객관적인 평가가 가능할 수 있는 방식이다. 기업 내부에 인사위원회를 구성하여 인사고과를 실시하는 방법이 그 예가 될 수 있다.

2) 동료들에 의한 고과

인사고과를 실시하는데 평가대상이 되는 조직구성원의 동료가 평가를 하는 방식이다. 동료에 의한 고과를 실시할 때에는 고과자와 피고과자가 서로 신뢰할 수 있어야 하고, 인사고과의 결과를 임금인상이나 승진과 같은 목적이 아닌 경우에 활용가능한 방식이다. 동료에 의한 평가는 직무수행이 주로 부서간 협력작업에 의해서 이루어지는 경우에 유용한 방식으로 활용되고 있다.

3) 부하에 의한 고과

평가대상이 되는 조직구성원의 부하에 의해서 인사고과가 이루어지는 방식이다. 부하에 의해서 인사고과가 이루어질 경우에는 상위자의 리더십을 평가하고자 할 때 이루어지는 방식으로 상위자의 리더십이 직무수행에 중요하게 작용하는 경우에 적용하게 된다. 부하에 의한 평가결과는 임금인상이나 승진을 위한 기초자료로 활용해서는 안되며 리더십에 대한 평가를 통해 조직구성원의 육성과 개발을 위한 목적으로 활용되어진다.

4) 제3자에 의한 고과

기업 내부에 인사고과에 대한 절차나 방법에 대한 전문가가 없을 경우에 기업외부의 전문가에게 의뢰하여 인사고과가 이루어지는 방식이다. 이 방식은 외부의 전문가에 의해 이루어지기 때문에 객관성과 공정성의 확보라는 측면에서는 아주 효과적이지만, 기업 내부의 조직문화에 대한 이해부족과 비용이 소요된다는 단점이 있다.

5) 자기평가

자기평가는 평가대상이 되는 조직구성원이 자신에 대하여 인사고과를 실시하는 방식이다. 이 방식 또한 임금인상이나 승진과 같은 목적일 경우에는 활용할 수 없고, 조직구성원 개인이 조직과의 일체감, 직무에 대한 만족도 등과 같은 인사고과의 보완적인 정보를 파악하고자 할 때 활용되는 방식이다.

6) 여러 방법의 조합

인사고과의 담당자는 평가대상이 되는 조직구성원의 직무수행능력을 평가할 수 있는 어떠한 사람도 가능하지만 한 가지 방법이 가지고 있는 한계점들이 있어 어느 하나의 고과자에 의한 고과방식 보다는 필요에 따라 한 사람 이상의, 또는 한 가지 이상의 고과방법을 조합하여 사용하는 것이 보다 객관적이고 공정한 인사고과를 실시할 수 있을 것이다.

제5절 인사고과의 방법

인사고과의 결과는 조직구성원의 임금인상이나 승진에 작용할 수 있어 인사고과의 방법에 있어 객관성과 공정성을 확보할 수 있는 인사고과의 방법이 되어야 한다. 인사고과의 방법은 기업의 업종이나 규모, 그리고 조직구성원의 특성에 따라 적합한 방법을 활용하여야 하지만, 일반적으로 기업에서 활용하고 있는 방법들로서는 특정한 인사고과의 방법에 따라 개별적으로 조직구성원 한사람씩 평가하는 개별적 고과방법과 한번에 일괄적으로 조직구성원 모두를 평가하는 집단적 고과방법으로 분류된다. 대개 개별적 고과방법은 조직의 규모가 크고 평가대상 인원이 많을 경우에 적용하고 집단적 고과방법은 상대적으로 조직의 규모가 적은 경우에 주로 적용한다.

1. 개별적 고과방법

개별적 고과방법은 특정한 고과방법에 따라 조직구성원 한사람씩 고과하는 방식이다. 즉, 인사고과자가 조직구성원을 다른 사람들과 비교하여 평가하는 것이 아니라 특정한 기준에 따라 단독으로 한사람씩 평가하는 방식이다. 따라서 개별적 고과방법은 절대평가에 의해 이루어지는 방식이다.

1) 평정척도법

평정척도법(rating scale method)은 평가하고자 하는 평가요소를 사전에 설정하고 이를 일정한 척도(scale)에 따라 피고과자를 평가하는 방식이다. 일반적으로 기업에서 활용하고 있는 예시를 제시하면 다음 〈표 9-2〉와 같다.

표 9-2 평정척도법의 예시

평가요소	항목	아주 부족 1 점	부 족 2 점	보 통 3 점	우 수 4 점	매우 우수 5 점
능력	업무지식					
	이해력					
	판단력					
	⋮					
태도	책임성					
	협조성					
	규율성					
	⋮					
업적	업무의 양					
	업무의 질					

평정척도법은 평가요소에 따라 척도를 표시하는 방법을 도식화해서 평가하기 때문에 도식평정척도법(graphic rating scale)이라고도 한다. 즉, 직무수행상태를 표시하는 고과척도에 의하여 평가요소와 피고과자를 대응시켜 평가하는 방식으로, 인사부서에서 설계하기 쉽고 고과자들이 평가하기도 어렵지 않기 때문에 기업에서 가장 많이 활용하는 평가방식이다.

평정척도법에서는 평가요소에 따른 평정척도가 연속적인가 비연속적인가에 따라 연속적 척도법과 비연속적 척도법으로 분류된다. 연속적 척도법은 피고과자를 어느 평정척도든 반드시 고과하도록 되어 있는 것이 특징이다. 이 척도법은 고과자에게 미세한 수준의 가치판단을 요구하고 있으므로 현실적으로 불가능하기도 하고 오차가 발생하기 쉽기 때문에 비연속적 척도법이 일반적으로 사용되고 있다. 비연속적 척도법은 단계식 평정척도법이라고도 하며, 평정척도의 표시방법에 따라, 숫자, 알파벳, 평가용어 등을 사용하기도 한다.

2) 강제선택법

강제선택법(forced choice method)은 평가의 객관성을 확보하고 고과자의 편견을 최소화하기 위하여 평정척도법의 단점을 보완하기 위해 개발되었다. 평정척도법은 고과자의 특성에 따라 대부분의 피고과자의 평가결과가 높게 나타나거나 낮게 나타나는 경향이 있어 우수한 피고과자와 열등한 피고과자를 구분하기가 힘든 단점이 있다. 따라서 강제선택법은 우수한 피고과자와 열등한 피고과자의 구별을 명확하게 하기 위한 방법이다. 이러한 강제선택법은 피고과자를 평가할 때, 모든 평가항목에 대하여 피고과자와 대응시켜 긍정적인 부분과 부정적인 부분에 반드시 평가를 하도록 만드는 방법이다. 따라서 직무수행과 관련된 평가항목 모두에 평가를 하게 함으로써 피고과자들간의 우열을 나타나게 하는 방법이다. 강제선택법의 예시는 다음 〈표 9-3〉과 같다. 아래 표에서 보는 바와 같이 ①, ②번 문장은 긍정적인 문장이고, ③, ④번 문장은 부정적인 문장으로서, 모든 평가항목에 있어서 피고과자가 해당되는지, 안되는지에 대하여 반드시 선택하여 평가를 하게 함으로서 평가대상자들의 고과결과에 대한 편차가 발생하도록 하는 방법이다.

표 9-3 강제선택법의 예시

평가 항목	그렇다	그렇지 않다
① 업무지식에 전문성을 갖추고 있다	○	
② 업무에 대한 이해력이 높다	○	
③ 업무수행에 대한 책임성이 결여되어 있다		○
④ 조직의 전반적인 규율을 잘 따르지 않는다	○	

3) 에세이평가법

인사고과의 에세이평가법(essay appraisal)은 고과자로 하여금 평가대상이 되는 조직구성원의 직무수행과정에서 나타난 강점과 약점을 에세이 형태로 기술하도록 하여 이 에세이를 기준으로 평가하는 방법이다. 에세이 평가법의 경우,

고과자는 고과를 하고자 하는 평가요소에 따라 조직구성원의 직무수행행동에서 보여준 강점과 약점에 따라 정확하게 에세이로 작성되어야 평가결과의 객관성을 유지할 수 있지만, 고과자의 문장력이 애매모호한 문장으로 작성하게 되면 고과결과의 객관성을 보장하기 힘든 측면을 가진다.

4) 중요사건기술법

중요사건기술법(critical incident technique)은 고과자가 평가대상이 되는 조직구성원의 직무수행과정에서 나타난 중요한 사건이 발생할 때마다 기록을 해서 그 내용을 바탕으로 인사고과를 실시하는 방법이다. 중요한 사건이란 아주 효율적으로 직무수행을 한 바람직한 사건, 직무수행을 비효율적으로 한 바람직하지 못한 사건 등을 의미한다. 인사고과자는 바람직한 사건과 바람직하지 못한 사건을 기록할 수 있는 양식을 준비하여 평소에 중요 사건이 발생할 때마다 기록을 하게 된다. 그리고 인사고과 시기에 기록된 사건 중심으로 고과를 실시하는 방식이다.

5) 체크리스트법

체크리스트(checklist method)법은 평가요소에 해당되는 항목에 따라 평가대상이 되는 피고과자와 대응시켜 하나씩 체크를 하면서 고과가 이루어지는 방식이다.

이 방식에서는 평가항목에 따라 피고과자가 해당이 안되는 항목에 대해서는 평가를 하지 않아도 되는 방식이다. 모든 평가항목에 대하여 동일한 점수를 배정하여 합계를 내는 방식은 단순 체크리스트법이고, 평가항목마다 다른 가중치를 두는 방식을 가중 체크리스트법이라 한다. 체크리스트법의 예는 다음 〈표 9-4〉와 같다.

6) 행동기준척도법

행동기준평가법(behaviorally anchored rating scales: BARS)은 실제 직무수행에서 나타나는 행동을 기준으로 평가요소를 작성하여 피고과자와 대응시켜 평가

표 9-4 체크리스법의 예시

평가 항목		가중치
■	업무지식에 전문성을 갖추고 있다.	5
□	업무수행에 있어서 이해력이 높다.	4
■	업무수행에 판단력이 뛰어나다.	4
■	업무수행에 대한 책임성이 강하다.	3
□	업무수행과정에 동료들과 협조성이 높다.	2
■	조직의 전반적인 규율을 잘 따른다.	1
■	업무수행의 양적 성과가 높은 편이다.	2
□	업무수행의 질적 성과가 높은 편이다.	4
총점 : 5점(단순체크리스트), 15점(가중체크리스트)		

하는 방식이다. 이 방법은 실제 직무수행과정에 대표되는 행동을 중심으로 가장 바람직한 행동으로부터 가장 바람직하지 못한 행동까지 서열화시켜 척도로 만들어 피고과자를 평가하는 방식이다. 행동기준척도법의 예는 다음 〈표 9-5〉와 같다.

표 9-5 행동기준척도법의 예시

	7점	항상 일찍 출근하여 모든 장비들을 점검하고, 근무시간 전에 이전 근무조의 활동 및 새로운 업무에 대해 체크한다.
대개 일찍 출근하여 모든 장비를 점검하고, 이전 근무조의 활동을 체크한다.	6점	
	5점	일찍 출근하여 필요장비를 점검한다.
정시에 출근하여 모든 필요장비를 점검한다.	4점	
	3점	근무시간 이전에 완전하게 장비를 점검하지 못한다.
근무시간 전에 장비에 대한 점검을 하지 못하며, 근무시간이 되어 점검에 대한 준비를 한다.	2점	
	1점	근무시간 대부분 늦게 시작하며, 근무시간에도 장비 점검도 안되어 있다.

2. 집단적 고과방법

집단적 고과방법은 일정한 기준에 따라 평가대상자 모두를 한꺼번에 평가하는 방식이다. 따라서 집단적 고과방법은 기업의 규모가 적거나 평가대상 조직구성원의 수가 적을 경우에 적용할 수 있는 방법이다. 집단적 고과방법에는 서열법, 일조비교법, 강제할당법의 3가지가 있다.

1) 서열법

서열법(ranking method)은 순위법이라고 하는데, 가장 간단한 고과방법으로서 가장 우수한 사람부터 가장 열등한 사람까지 단순하게 서열화시키는 방법이다. 이 서열법에서는 평가요소의 구분없이 종합적으로 순위를 매기는 방법과 평가요소별로 순위를 매기고 종합하는 두 가지의 방식이 활용된다.

서열법에서는 인사고과가 단순하며 평가가 용이하다는 장점을 지니고 있으나, 평가대상의 인원의 수가 많을 경우 적용하기 곤란하다는 한계점을 지니고 있다.

2) 일조비교법

일조비교법(paired comparison)은 쌍대비교법이라고도 하는데, 한번에 평가대상이 되는 피고과자 두 사람을 한 조로 하여 누가 더 우수한 지를 비교하면서 평가대상이 되는 모든 조직구성원을 평가하는 방식이다. 피고과자 총 인원 n명을 평가하기 위해서는 $nCx = n(n-1)/2$ 횟수만큼 비교평가하게 되면 피고과자 전원의 우열의 차이를 파악할 수 있다.

일조비교법을 통한 인사고과의 예시는 다음 〈9-6〉과 같다.

일조비교법은 평가대상자들의 비교평가를 통하여 우열을 판단하기 때문에 서열법보다는 객관성을 확보할 수 있는 장점을 지닌 반면, 이 방법 역시 평가대상의 인원이 수가 많을 경우에 시간적 손실과 더불어 비효율적인 방법이라는 단점을 지니고 있다.

표 9-6 일조비교법을 통한 인사고과의 예시

	사원A	사원B	사원C	사원D	사원E	사원F	계	순위
사원F		○		○			2점	4위
사원E	○	○		○		○	4점	2위
사원D		○					1점	5위
사원C	○	○		○	○	○	5점	1위
사원B							0점	6위
사원A		○		○		○	3점	3위

3) 강제할당법

강제할당법(forced distribution method)은 고과자들의 관대화 경향이나 중심화 경향을 방지하기 위하여 사전에 일정한 평가의 범위의 수를 결정해 놓고, 일정한 비율에 맞추어 강제로 할당하는 방법이다. 강제선택법의 기본 가정은 피고과자의 수가 많으면 평가결과가 정규분포를 이룰 수 있다는 것이다. 따라서 등급별로 할당비율을 설정하여 수, 우, 미, 양, 가 또는 A, B, C, D, E 등급과 같은 5단계 척도를 이용하여 가장 높은 등급에 10%, 그 다음 등급에 20%, 다음 등급에 40%, 다음 등급에 20%, 마지막 가장 낮은 등급에 10%로 할당하는 방법이다. 강제할당법에 의한 비율에 따라 등급별 피고과자의 수를 계산하면 다음 〈표 9-7〉과 같다.

표 9-7 강제할당법의 비율과 인원배정

	수(A)	우(B)	미(C)	양(D)	가(E)
비 율	10%	20%	40%	20%	10%
종업원수 (50명)	5명	10명	20명	10명	5명

제6절 인사고과상 오류

인사고과는 조직구성원의 직무수행능력을 평가하는 절차이다. 이는 고과자(사람)가 피고과자(사람)를 평가하는 절차이기 때문에 서로간의 시각차가 존재할 수 가능성이 있다. 인사고과의 결과는 임금인상이나 승진과 연결되기 때문에 개인 조직구성원에게는 아주 중요한 영향을 미치게 되는 프로세스이기 때문에 객관성과 공정성을 유지해야 할 필요가 있다. 그러나 사람이 사람의 능력을 평가하는 과정이다 보니 신뢰성과 타당성이 높은 인사고과방법이라 할지라도 직무수행능력에 대한 평가는 고과자의 주관적인 기준에 의존하기 때문에 다양한 오류들이 발생하게 된다.

1. 현혹효과

현혹효과(halo effect)는 후광효과라도고 하는데, 평가대상자인 피고과자의 특정한 요소로부터 받은 인상에 의해서 다른 고과요소에 영향을 끼쳐 평가하려는 오류를 의미한다. 즉, 피고과자의 특정한 측면이 우수하거나 반대로 나쁜 특성이 있을 경우에 다른 요소의 평가에 영향을 미치는 현상을 말한다. 예를 들면, 어느 종업원이 평가요소인 숙련도에 높은 점수를 받게 되면 지도력이라는 평가요소도 높게 받는 경향이 있다는 것이다. 숙련도와 지도력과의 상관관계는 높지 않음에도 불구하고 한 가지 평가요소에 높은 점수를 주게 되면 다른 평가요소에도 높은 점수를 줄 때 발생하는 오류이다.

2. 편견에 의한 오류

편견(bias)에 의한 오류는 평가대상이 되는 피고과자가 속한 집단의 특성에 의하여 집단에 소속된 종업원을 평가할 경우에 그 집단이 가지고 있는 특성과 유사하게 판단하여 피고과자를 평가할 때 발생하는 오류이다. 예를 들면, 디자인부서나 기획부서에 있는 종업원들에 대하여 창의성이라는 평가요소에 대해서 높은 점수를 부여하고, 생산현장의 제조부서에 있는 종업원을 평가할 경우에 창의성에 대해서 낮은 점수를 부여하는 경우이다. 조직 내 부서의 특성 이외에도 고과자의 편견을 가지게 만드는 요인들로서는 학력, 연령, 성별, 인종 등에서 발생한다.

3. 관대화/중심화/엄격화 오류

관대화 오류(leniency tendency error), 중심화 오류(central tendency error), 엄격화 오류(harshness tendency error)는 평가대상자인 피고과자를 평가하는 경우에 고과자가 가지고 있는 가치체계에 의하여 발생하는 오류이다. 관대화 오류는 고과자가 피고과자를 평가하는 경우에 될 수 있는 한 우호적으로 평가하려는 경향이고, 중심화 오류는 극단적인 평가를 회피하려는 경향이며, 엄격화 오류는 될 수 있는 한 엄격하게 평가하려는 경향을 의미한다.

일반적으로 관대화 오류는 고과자의 역량이 부족할 때 피고과자의 역량을 우호적으로 평가하려는 경향을 나타내고, 반대로 고과자의 역량이 뛰어날 경우에 피고과자를 역량을 엄격하게 평가하려는 경향을 보인다.

4. 유사성 오류

유사성 오류(similarity error)란 고과자 자신이 갖고 있는 특성과 유사한 특성을 나타내고 있는 피고과자의 특성에 대해서는 높게 평가하려는 오류를 의미한다. 예를 들면, 자신감이 뛰어난 고과자는 자신감이 높은 피고과자에 대한 평가를 우호적으로 평가하는 경향을 보인다. 자신감이 너무 높아 부정적인 결과를 도출하는 경우가 있더라도 장기적으로 조직성과향상에 공헌할 것이라고 믿는 경향이 있다는 것이다.

5. 대비 오류

대비 오류(contrast error)는 고과자가 피고과자 여러 사람들을 평가할 때, 우수하게 평가받은 피고과자 이외에는 대부분 상대적으로 낮게 평가하려는 경향을 의미한다. 고과자 자신의 객관적인 평가체계에 의해서 고과가 이루어진다기 보다는 먼저 평가를 받은 피고과자와 다른 피고과자를 비교하면서 평가하는 경우에 주로 발생하는 오류이다.

제7절 인사고과의 효율적 관리방법

인사고과의 결과는 조직구성원에게 임금인상이나 승진을 위한 중요한 자료가 될 수 있기 때문에 객관성과 공정성을 갖추어야 함은 물론 신뢰성과 타당성을 갖추어 실시되어야 한다. 인사고과를 통하여 조직구성원의 직무수행능력에 대한 객관적이고 공정한 평가는 조직구성원으로 하여금 직무에 대한 만족도나 조직에 대한 몰입도를 증가시키게 된다. 인사고과가 효율적으로 이루어지지 못하면 유능한 조직구성원을 계속 유지시키기 힘든 것이다. 따라서 기업에서는 인사고과를 효율적으로 수행하기 위한 방법들을 활용하고 있다.

1. 복수의 고과방법의 활용

인사고과의 객관성과 공정성을 확보하기 위하여 많은 인사고과방법이 개발되어 왔지만, 대부분 각각의 장·단점을 가지고 있다. 따라서 인사고과를 실시할 경우 한 가지 방법에만 의존하는 것 보다는 복수의 고과방법을 활용하는 것이 인사고과를 효율적으로 수행할 수 있는 가능성이 높아지게 된다. 인사고과를 실시함에 있어 고과자의 편견이나 현혹효과 등과 같은 심리적 요인이 작용하기 쉽기 때문에 그것을 방지하기 위하여 하나의 고과방법에만 의존하지 말고 여러 개의 고과방법을 적절히 활용하는 것이 유익할 때가 있는 것이다.

또한 인사고과는 일 년에 한 번 실시하는 것 보다는 인사고과의 목적에 따라 다수 실시하는 것이 바람직할 수 있으며, 일반적으로 최소한 분기별로 실시하는 것이 효과적일 수 있다. 그리고 인사고과를 임금조정 시기와는 시간을 달리하여 실시하는 것이 보다 효과적일 경우도 있다.

2. 훈련된 고과자

인사고과는 인사고과에 대한 고과자들 뿐만 아니라 피고과자들로 하여금 인사고과의 목적을 잘 이해하게 하는 것부터 시작되어야 한다.

인사고과가 효율적으로 수행되려면, 첫째, 기업의 최고경영자 뿐만 아니라 고과자와 피고과자가 상호 협력적인 관계에서 실시되어야 한다. 피고과자들이 인사고과의 목적을 분명히 이해하지 못하면 긴장감을 유발하거나 조직에 대하여 저항감을 가질 수 있다. 기업의 최고경영자는 인사고과의 의의를 정확하게 인식하고, 인사고과를 실시하기 위한 계획과 실행을 적극 지원해 주어야 하며, 신뢰할 수 있고 타당성있는 인사고과가 되도록 인사고과의 방침을 정확하게 설정하여야 할 것이다.

둘째, 피고과자인 조직구성원들은 인사고과의 내용이나 평가요소가 자신들의 직무내용과 잘 부합되고 있는지를 파악하여야 한다. 이러한 과정에 있어서도 훈련된 고과자는 조직구성원에게 정확하게 설명해 주어야 할 것이다. 이러한 과정이 누락되면 조직구성원은 인사고과에 대한 불신 뿐만 아니라 조직에 대해서도 신뢰를 하기 힘든 상황으로 가게 된다.

셋째, 객관적이고 공정한 인사고과의 방법이라 하더라도 인사고과의 결과는 고과자의 전문성에 따라 달라질 수 있다. 따라서 인사고과의 객관성과 공정성을 유지하기 위해서는 고과자들 대상의 교육훈련이 이루어져야 한다. 즉, 인사고과의 방법도 중요하지만 그에 못지 않게 고과자의 훈련도 중요하다는 것이다.

3. 고과결과의 피드백

인사고과는 조직구성원이 수행하고 있는 직무를 잘 수행하였는가를 정확하게 평가할 수 있어야 한다. 인사고과가 정확하게 평가되었다면 인사고과의 결과는 조직구성원에게 피드백을 해주어야 한다. 인사고과를 통한 고과결과를 조직구성원에게 피드백해 줌으로써 조직성과향상을 위한 조직구성원의 행동변화가 수반될 때 인사고과의 유효성이 달성될 수 있는 것이다. 즉, 피드백을 통해 조직구성원은 자신이 잘한 점과 못한 점을 파악하게 함으로써 보다 나은 직무수행을 위한 노력을 하게 되는 것이다.

4. 고과결과의 조정

인사고과의 결과는 사용목적에 따라서 적절한 조정의 필요성이 발생하기도 한다. 인사고과의 결과를 조정하는 방법은 개인적 조정과 정치적 조정 두 가지가 있다.

개인적인 조정이란 인사고과의 결과가 조직구성원 개인별로 편차가 클 경우에 조정하는 방법이다. 강제할당법과 같이 미리 정해둔 비율에 따라 일정한 인원을 배정하도록 조정한다든지, 그 영역에 해당되는 점수의 기준을 사전에 설정하여 적절하게 조정하는 경우를 말한다.

정치적 조정이란 인사고과의 결과가 부서 단위와 같이 집단의 편차가 클 경우에 조정하는 방법을 의미한다. 예를 들면, 각 부서, 각 팀, 각 사업부, 각 영업소 간의 인사고과의 결과가 균형을 이루고 있지 못할 경우에 적절한 비율로 불균형을 수정하는 행위를 의미한다. 인사고과의 점수가 A부서와 B부서의 평균을 비교해 볼 때 편차가 큰 경우에 높은 부서의 점수를 적정하게 낮추고, 낮은 부서의 점수를 적정하게 올려주어 균형을 조정하도록 하는 것이다. 이는 직무내용에 따라 부서 업무의 특성에 따라 직무수행능력에 차이가 발생할 수 있으며, 인사고과의 결과에 따라 임금인상이나 승진에 높은 점수를 받은 부서가 독점할 수 있다는 문제점을 극복하기 위한 것이다.

제8절 새로운 인사고과방법

과거의 연공중심에서 성과위주의 능력주의로 변모해 가고 있는 오늘날에 있어서 공공부문 뿐만 아니라 기업에서도 성과급제와 연봉제의 채택이 늘어나고 있다. 연봉이나 성과급의 기준이 되는 평가제도와 성과관리의 중요성은 더욱 높아지고 있으며, 평가결과의 타당성 및 신뢰성의 문제와 피평가자의 결과 수용에 대한 문제는 새로운 평가시스템 도입의 필요성을 증대시키고 있다.

성과관리 또한 조직의 효율적인 목표달성을 위한 전략과 연계되어야 하고, 인적자원관리 전략과도 효율적으로 연계되어야 한다.

전략적 성과관리란 조직의 성과와 개인의 성과를 높이기 위해서 주어진 기간 동안 조직구성원이 수행해야 할 목표를 정의하고, 목표를 달성하기 위한 과정을 관찰하고, 도와주며, 최종적인 성과결과를 평가하는 일련의 과정, 즉 조직목표와 개인성과를 맞추어 가는 과정을 의미한다. 이러한 관점에서 효율적인 평가제도의 도입을 위한 연구와 노력들이 점차 늘어나고 있다.

1. 목표관리법

1) 목표관리법의 의의

근대적 경영이론이 도입되기 이전에는 종업원이 달성해야 할 목표나 이를 위한 구체적인 계획이 관리자에 의해 일방적으로 결정되고 지시되는 통제에 의한 관리(management by control)의 성격이었다. 하지만 이러한 관리방식은 종업원들의 자발적 활동의욕이나 창의성을 억압했으며 결과적으로 생산성을 약화시키게 되는 근본적인 문제가 되었고 이후 개개인의 자발적 목표설정과 관리를 내세운 목표에 의한 관리법(management by objective: MBO)이 탄생하게 된 계기가 되었다.

1953년도에 드러커(P. Drucker)에 의해 제시된 목표관리법은 조직의 목표달성을 위하여 조직구성원 각자가 조직의 목표와 연계된 자신의 목표를 상사와 공동으로 참여해서 상호협의 하에 설정하고 각자가 자기통제를 하면서 스스로의 목표를 달성하고 그리고 달성된 목표에 대해서는 상·하위자가 공동으로 평가받는 다는데 그 특징이 있다.

MBO는 최고경영자의 전략적 목표를 설정하는 것부터 시작되어 이러한 전략적 목표는 그 하위의 관리자 계층으로 전달되게 된다. 그들은 최고경영자의 전략적 목표를 달성하기 위해 자신들이 달성해야 할 목표를 정의하게 되는 과정을 거친다. 이러한 과정은 조직 전체를 거쳐 하부에까지 이어지며 모든 관리자들은 회사의 목표달성을 위한 개개인의 목표(goals)를 설정하게 된다. 이 목표는 차후에 개인의 성과를 측정할 표준(standards)으로 사용된다.

2) 목표관리법의 절차

MBO는 목표설정의 단계, 목표실행의 단계, 그리고 성과평가의 단계를 거쳐 수행된다. 목표의 설정과 실행, 그리고 성과평가에 상·하위자 모두 공동으로 참여하게 된다.

목표설정의 단계는 하위자가 스스로 측정가능하고 구체적이며 단기적인 성과목표를 설정한다. 그리고 이러한 목표는 상위자와의 면담을 통해 조정되어 구체적인 성과목표로 확정된다.

목표실행의 단계에서는 설정된 목표를 달성하는 일상적인 관리가 이루어지게 된다. 이 단계에서는 하위자는 자신의 능력과 지식을 자발적으로 목표달성을 위해 노력한다. 그리고 상위자와의 목표달성 정도에 대한 정기적인 점검을 거치면서 상위자는 목표달성의 지원자로서의 역할을 담당하게 된다. 이러한 과정을 통해 하위자는 공동목표를 확인하고 그 목표를 달성하기 위한 노력을 경주한다. 목표실행의 단계에서는 경영목표나 시장환경의 변화가 있는 경우에 목표에 대한 수정을 할 수도 있다.

성과평가의 단계에서는 달성된 성과에 대하여 공식적인 평가가 이루어지는 단계이다. 이 단계에서도 상·하위자 모두의 확인을 거치므로 공동으로 업적평가를 받게 되는 특징을 지닌다. 하위자는 달성한 업적에 대하여 자기평가를 해

보고 상사와의 면담을 통해 조정과정을 거쳐 최종평가가 결정되게 된다.

3) 목표관리법의 효과 및 한계

목표관리법은 명확한 목표의 설정으로 평가의 구체화가 가능하며 조직구성원의 참여와 결과에 대한 피드백으로 성과평가의 수용성과 공정성을 증대시킬 수 있다. 또한 지속적인 지도와 상담, 목표달성을 위한 적시적인 지원을 통하여 소직구성원의 역량을 증진시키고, 동기부여 및 조직활성화 방안으로 사용될 수 있으며, 연봉제 도입 등의 성과주의 인적자원관리를 실현하기 위한 요건으로 작용한다.

그러나 일반적으로 시간과 비용이 많이 소요되며, 사무직종과 같이 성과개념이 명확치 않은 경우 계량화가 어렵기 때문에 목표설정 자체가 어려운 경우가 있을 수 있다. 또한 목표관리법은 목표달성의 결과를 측정하므로 단기적인 목표에 주안점을 두고 장기적 목표를 경시할 가능성이 있고, 연봉제와 함께 시행하면서 무리한 목표를 강요한 후 목표미달을 이유로 하여 임금삭감 및 정리해고의 수단으로 악용할 우려가 있다. 목표달성에 대한 지나친 경쟁으로 조직에서 이기주의가 팽배할 가능성이 있으며 목표달성 과정에 대한 수단의 정당화 현상 등의 문제가 발생할 수 있으므로 모든 직무나 조직에 유용한 수단일 수는 없다. 따라서 MBO방식이 자신들의 조직목표 달성을 위한 방법으로 적합한지, 제도의 도입과 실행에 대한 문제점이 없는지 등에 대한 내용을 면밀히 분석하여야 한다.

2. 다면평가

1) 다면평가의 의의

전통적인 하향식 인사평가방식의 한계를 극복하고 다양한 평가자의 시각을 통해 평가의 수용도를 제고시킬 수 있는 평가방법으로서 등장한 개념이 다면평가 제도이다. 다면평가란 직속 상사뿐만 아니라 동료, 부하, 고객, 자신 등 여러 사람이 여러 각도에서 피고과자의 전체적인 모습을 파악하기 위하여 평가하는 방식으로서 '360도 평가(360-degree appraisal)'라고도 한다. 즉, 어느 개인을 평가할 때 전통적인 관점에서 직속 상사만이 평가하는 것이 아니라, 그 개인을 원의 중심에 두고 다수의 평가자가 모든 방향에서 평가하는 것을 말하는 것으로서, 관련부문의 상급자, 동료, 부하직원 및 고객에 의한 평가가 포함된다. 경우에 따라서는 외부 전문가도 평가자에 포함되기도 하며 피고과자 본인도 스스로를 평가하기도 한다. 다면평가 제도에서의 평가자 범위를 나타내면 다음 [그림 9-1]과 같다.

그림 9-1 다면평가제도의 평가주체

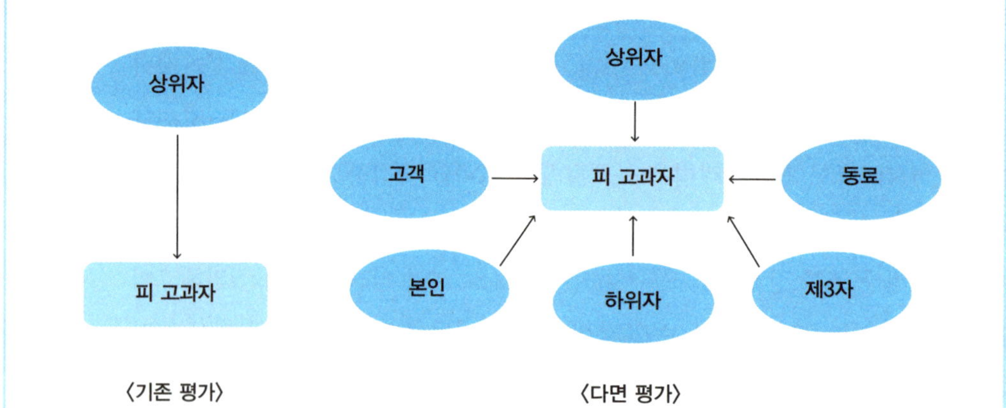

2) 다면평가의 목적

다면평가는 조직구성원의 직무수행능력을 객관적으로 평가하고 개인에 대한 정확한 정보를 획득하여 인적자원관리의 기초 자료로 활용하기 위한 것이다. 종전의 근무성적에 대한 조직구성원들의 과거 실적이나 개인 특성을 평가하여 임금인상이나 승진 등에 반영하기 위하여 실시되었으나, 다면평가는 조직구성원들의 직무수행능력에 대한 평가는 물론 조직구성원이 지닌 잠재능력이나 개발가능성을 평가하여 교육훈련 개발의 제공 및 동기부여의 유도에 초점을 둠으로써 궁극적으로 업무능률을 향상시키고 조직효율성을 제고시키는 것을 목적으로 하고 있다.

호프만(R. Hoffman)은 다면평가 제도를 도입·운영하고 있는 기업들의 주요 도입목적을 다음과 같이 제시하고 있다.

첫째, 조직의 핵심역량 강화이다. 많은 기업들은 그들의 진정한 미션(mission)이 무엇인지에 관한 문제로 고민하고 있다. 즉, 시장 수요를 맞추기 위해 무엇을 해야 하는지, 어떻게 직무수행능력을 올리고 사업목적을 연결시킬 것인지, 조직의 전략과 성과를 이떻게 연결시길 것인지 등에 내하여 대처하기 위해서 많은 노력을 하고 있다. 다면평가의 자기평가 결과와 조직에 정한 규정과의 비교는 조직구성원들의 더 많은 관심을 필요로 하는 영역임을 분명히 알려주게 된다. 이는 기업의 핵심역량이 조직의 모든 레벨에서 필터링(filtering) 되어 지기 때문이다. 조직구성원 개개인에 대해 이러한 차이를 파악하면 경영자들은 개인의 목표와 기업의 전략을 일치시키기 위해 기술과 지식, 필요한 경험을 보다 더 효과적으로 전달할 수 있게 된다.

둘째, 고객서비스의 증대이다. 오늘날 많은 조직은 내·외부 고객의 수요를 만족시킬 것을 강조하고 있다. 다면평가의 프로그램에 고객을 포함시킴으로써 계속적인 과정 개선 프로그램을 강화할 수 있디. 또힌 평과과정에서 고객 피드백은 기업의 정책에 대한 의사결정 과정에 고객의 의견을 정확하게 반영하게 된다.

셋째, 팀 형성 강화이다. 재량권이 개인으로부터 팀으로의 이전이 기하급수적으로 진행되고 있다. 많은 기업은 팀 위주의 문화가 사업목적 달성을 위한 촉매제가 될 수 있다는 것을 인식하고 있다. 다면평가 제도는 팀제 운영 방향과 일치할 뿐만 아니라 조직구성원의 행동과 태도의 방향에 대한 지침을 제공할 수 있다.

넷째, 참여문화 유도이다. 조직에서 참여의 중요성은 조직구성원이 자율적이고, 의사결정에 대하여 참여적인 태도를 보이며, 기존의 관행에 의문을 제기하고 회사 계획을 발전시키면서 자기의 책임을 유도시킨다는 것이다. 다면평가 과정에 본인이 포함됨으로써 본인의 의견, 관찰 평가가 조직에 반영되어 가치가 인정된다고 느끼게 되고, 결국 자발적인 협조를 통한 참여의 문화를 정착시킬 수 있는 것이다.

다섯째, 계층구조의 축소 및 조직 유연성 증대이다. 기업들은 한층 더 경쟁력을 가지기 위한 방법으로써 다운사이징(downsizing)을 이용한다. 그리고 조직의 평면구조화(flat)와 분권화는 기업의 유연성 확보를 위해서 도입하고 있는 제도들이다. 다운사이징 후 경영자와 팀 리더들의 업무영역이 확대되어 더 많은 책임과 조정기능이 요구되어 지고 있다. 따라서 다면평가의 도입은 평가책임을 조직의 많은 사람에게 이전이 가능하므로 새로운 조직구조를 강화한다. 결과적으로 다면평가를 통한 피드백(feedback)은 조직의 유연성을 증진시키기도 한다.

여섯째, 조직구성원의 성장을 위한 정보의 제공이 가능하다. 다면평가 제도는 동료나 하급자가 상위자들을 평가하게 되므로 조직의 장래에 중요한 영향을 미친다는 사실은 상위자들에게 위협적이지 않을 수 없다. 동료와 하급자가 자신을 어떻게 생각하고 있는지에 대해서 알고 있다고 생각할 수 있지만, 평가를 받아보면 자기 생각과는 다른 결과를 보게 된다. 따라서 다면평가는 조직에서 개인이 어떻게 행동하는 것이 성공적인지에 대한 정보를 타인들을 통해 파악할 수 있는 것이다.

일곱째, 개발 수요의 측정이 가능하다. 많은 다면평가 제도는 조직구성원의 성장을 강조한다. 어떤 조직은 이 메카니즘을 개발 수요측정을 위한 도구로 사용하기도 한다. 다면평가 과정에서 다양한 시각을 가지고 대상으로부터 자신에 대한 평가는 자신들의 부족한 점을 파악하여 교육훈련을 통해 보완할 수 있는 개발의 기회로 작용할 수 있다.

여덟째, 차별과 편견의 축소이다. 전통적인 근무성적 평가는 차별, 징계, 부당 대우 등의 불만적인 요소가 있었다. 전문성이 결여된 고과자는 부적당하거나 업무와 관련없는 요소를 평가하는 경향이 있다. 이러한 평가에 대한 오류는 조직구성원들의 불만을 불러 일으키고, 이러한 평가결과에 불만족한 조직구성원들은 기업 외부의 힘에 의존하는 경향을 볼 수 있었다. 그러나 다면평가 제도는 고과자들의 책임이나 역할이 공유되어 있어 한 사람에 의한 평가에서부터 공동책임으로의 전환은 주관적 평가에 의한 소수의 평가자로서의 결함으로 인한 문제점을 해소해 준다.

아홉째, 성과측정 기준에 정보의 제공이 가능하다. 평가과정에서 측정된 태도들은 조직구성원들로 그들의 강·약점을 파악하게 해준다. 다면평가를 통하여 파악된 정보는 조직구성원들에게 피드백을 통하여 그들의 현재적 능력 뿐만 아니라 잠재적 능력에 대한 정보를 제공받을 수 있다. 조직구성원의 현재적 능력과 잠재적 능력에 대한 정보는 성과측정을 위한 기준에 대한 정보를 확인시켜준다.

3) 다면평가의 효과와 한계

다면평가 제도는 인사고과의 객관성과 신뢰성을 제고시키기 위한 방안의 하나로 상당수 국가의 행정조직과 민간기업들에서 도입하여 적용되고 있다. 다면평가는 평가자료가 전방위로부터 수집된다는 점에서 상위자에 의한 일방적 평가에 비해 평가에서 확보하는 정보의 질이 높고 평가오류가 적은 경향이 있다. 다면평가가 지닌 구체적인 효과를 살펴보면 다음과 같다.

첫째, 특정 피고과자에 대해 다양한 사람들로부터 입체적이고 다면적으로 평가가 이루어지게 함으로써 평가의 객관성과 공정성을 높일 수 있다. 다면평가의 객관성과 공정성이 상대적으로 높은 것은 평가자들이 복수일 뿐만 아니라 이들이 업무상 피고과자를 근접하여 관찰할 수 있는 위치에 있다는 사실에 기인한다.

둘째, 다면평가는 조직구성원들로 하여금 그가 접촉해야 하는 조직 내외의 모든 사람들과 원활한 관계를 증진시키려는 강한 동기를 부여함으로써, 조직 내 상하간, 동료간, 부서간에 원활한 커뮤니케이션이 이루어질 수 있게 만든다. 다면평가가 실시되면 조직구성원들은 자신을 평가하게 될 관련자들에게 더 책임감을 가지게 하고 그들의 평가를 수용하게 될 것이다. 이와 같이 직무수행에 관한 커뮤니케이션이 증가되면 개인이 달성해야 할 목표나 역할을 비롯하여 그에게 기대되어지는 바에 대한 이해가 증진될 수 있을 것이다.

셋째, 다면평가제는 조직구성원으로 하여금 자기개발을 하도록 촉진한다. 이는 피고과자가 다면평가를 통해 결과를 주변의 관련자들로부터 자신의 장·단점을 피드백 받음으로써 자기역량 강화의 기회를 가질 수 있기 때문이다. 특히 동료평가는 개인의 행위를 바꾸는데 큰 영향을 미치는 것으로 알려져 있다.

넷째, 다면평가제는 현대 사회의 새로운 조직유형에 부합한다. 현대 사회에서는 조직의 계층적 구조가 완화되고 팀워크가 강조된다. 따라서 다른 조직구성원과의 긴밀한 관계에 의해서 직무가 수행되기 때문에 평가도 동료, 부하, 자기 자신의 평가가 중요성을 띄게 된다. 특히, 팀제의 경우 팀과 팀원의 효과성을 파악하기 위한 유일한 방법은 다면평가를 통한 피드백이라고 할 수 있다.

다섯째, 다면평가의 피드백 시스템은 조직의 생산성 증대를 위한 촉매제가 될 수 있다. 다면평가를 통해 능력과 성과중심의 인적자원리가 이루어질 경우 직무수행에 대한 동기유발의 효과가 클 수 있고, 그 결과 개인의 업무 성공은 물론 조직의 생산성이 향상될 수 있을 것이다.

이상과 같이 다면평가 제도가 유용성이 있지만 다면평가제도도 만병통치약이 될 수 없으며, 다음과 같은 한계도 있다.

첫째, 다면평가 제도는 물리적 비용을 증대시킬 가능성이 크다. 즉, 다면평가 제도는 평가자 수가 많고, 각 평가자에게 평가에 필요한 자료 및 도구 지급, 평가자 교육훈련 등으로 비용을 증대시킬 수 있다.

둘째, 다면평가 제도는 피고과자에 대한 과도한 압력으로 작용할 수 있다. 즉, 고과자가 다양한 계층에서 구성되기 때문에 그들이 가지고 있는 피고과자에 대한 기대도 다양하다. 이것은 피고과자로 하여금 업무와 관련된 모든 방향에서의 요구에 언제나 충실히 대응하도록 하는 것을 의미한다. 이러한 요구는 업무수행 상 당연한 것으로 인식될 수 있지만, 그 만큼 피고과자에게 가해지는 압력이 커지는 것도 부정할 수 없다. 이러한 압력을 완화시키는 방법으로 고과자는 업무관련 집단들과 원만한 인간관계를 유지하는데 우선적으로 힘을 쓸 가능성이 있다. 이것은 다면평가 제도를 인기투표로 전락시키는 위험을 내포하는 것이다.

셋째, 다면평가 제도는 평가방향의 불안전성을 초래할 수 있다. 즉, 고과자의 다양한 계층으로 인한 기대감의 다양화는 피고과자를 평가하는 기준도 그 만큼 다양해짐을 의미한다. 특히 기대감의 차이는 동일한 직무수행방식을 놓고 고과자간에 인식을 달리하게 할 수 있다. 즉, 상위자와 하위자 피고과자에 대한 평가의 방향이 달라질 수 있는데, 이러한 경우 어떤 방향성에 더 비중을 두어야 하는

가를 결정해야 한다.

넷째, 다면평가 제도는 고과자의 한계로 평가의 정확성이 떨어질 수 있다. 즉, 상위자를 제외한 평가자들이 평가업무에 익숙지 않은 경우, 같은 집단의 동료를 평가하거나 하위가 상위자를 평가하여 부담스러운 경우, 평가자들 사이에 경쟁심 있는 경우 등에는 다면평가의 정확성이 떨어질 수 있다.

다섯째, 다면평가 제도는 평가의 방향이 조직에서의 권력의 방향과 일치하지 않는다는 것이다. 즉, 직속상사 이외의 평가자로부터 평가가 이루어지는 것에 대한 연구에 의하면, 상위자 이외의 위치로부터의 평가는 조직에서 권한관계의 계통을 거치지 않거나, 상위자에 의한 평가를 앞서거나(동료나 자신에 의한 평가의 경우), 조직의 정상적인 권한관계의 계통에 역행하게 된다(하급자로부터의 평가의 경우). 다면평가 제도는 조직에서 권력의 방향에 의존하는 통제의 효과를 감소시킬 수 있기 때문에 조직의 기본적 평가제도가 되기에는 한계가 있다

따라서 전체적으로 볼 때 다면평가 제도는 도입 초기에는 평가결과를 현재적 능력 뿐만 아니라 잠재적 능력에 대한 개발적인 목적으로 활용하고, 점진적인 시행을 통해 평가문화가 어느 정도 정착이 이루어지면 임금인상이나 승진 등과 보상적인 측면에서의 관리가 적절할 것이다.

3. 균형성과표

1) 균형성과표의 의의 및 목적

균형성과표(balanced scorecard: BSC)는 기업의 성과측정을 위한 기법으로서, 하버드 대학교수인 캐플란(R. S. Kaplan)과 컨설턴트인 노턴(D. P. Norton)이 개발한 기법이다. 이들은 기업에 대한 성과측정을 하는데 있어서 많은 기업들이 재무적 성과에만 의존하고 있는 경향을 알게 되었다. 기업에 대한 성과측정에 있어서 재무적 성과만을 강조하는 것은 지금까지의 성과에 대한 측정을 시도하는데는 어느 정도 관련성을 가지고는 있으나, 기업의 미래 가치에 대한 측정은 할 수 없다는 한계점이 있다는 것을 파악하였다. 재무적 성과에 대한 측정치가 지니는 이러한 한계점들을 극복하고, 급변하는 경영환경에 적합한 성과 측정치

의 개발 필요성에 따라 등장한 성과평가 시스템이 BSC인 것이다.

BSC는 성과평가에 있어서 재무적 성과측정치 뿐만 아니라 비재무적 성과측정치를 활용하는 다원적 성과평가 모델이며, 전통적인 재무적 관점 뿐 아니라 고객 관점, 내부 프로세스 관점, 학습과 성장 관점 등 4가지 측면에서 상호균형과 조화를 추구하여 기업의 미션, 비전과 전략, 성과측정치를 일치시키는 관리도구인 것이다.

BSC는 시장적, 재무적 성과측정치로만 구성되는 전통적 성과평가의 한계점을 보완하면서 정성적이며 지식 기반 활동지표를 포괄하는 성과측정 시스템이다. 또한 성과측정과 프로세스를 연계하여 성과측정을 비전과 목표에 부합시키고 고객과 학습에 관한 지표를 개발하여 균형적인 관점에서 조직을 관리, 개발하고자 하는 기법이다. 따라서 성공적인 BSC의 도입은 최고경영자에서부터 일선근로자까지 전사적인 참여가 중요하며, 기업이 추구하고자 하는 전략을 구체적으로 세우고, 그에 따라 비전과 목표를 제시하여야 한다. 왜냐하면 BSC에서는 조직구성원 전체가 실천자이고, 각 개인과 부서의 유기적인 결합이 필요하며, 개별부서간의 상호관련성이 매우 중요하기 때문이다.

2) BSC의 4가지 관점

관점(perspectives)은 기업의 가치가 어디서 나오는지, 그 가치 원천들을 어떻게 지속적으로 유지시킬 수 있을 것인가 하는 것으로, BSC의 관점은 전략적 성과지표들의 카테고리이며 이러한 전략목표들을 관점별로 분류할 수 있어야 한다.

BSC는 재무적 성과로 표현되는 과거 성과에 대한 측정치 뿐만 아니라 미래 성과를 높이기 위한 동인에 대한 측정치를 제시한다. 또한 BSC는 단기적 관점의 전통적 성과측정치인 재무적 측정치를 개선하여 장기적 성장을 중시하는 재무적 및 비재무적 성과측정치간의 균형을 꾀하는 성과평가 시스템이다. 기업은 궁극적으로 추구하고자 하는 재무적 성과의 개선을 가져오기 위해 고객만족에 노력을 기울여야 하며, 고객만족을 위해서는 기업 내부 프로세스를 개선해야 하며 또한 이것의 개선을 위해서는 종업원의 능력을 개선해야 하는데, 이러한 비재무적 성과의 개선을 위한 노력이 기업에게 당장의 주주만족을 위한 재무적 성과를 가져오지는 않지만 일정한 시간이 지나면 재무적 성과에 기여할 뿐만 아니라 기업의 근본적인 체계를 견고히 함으로써 장기적으로 우량한 기업으로 나아갈 수 있게끔 할 것이다.

BSC는 조직 내의 사업 단위들이 어떻게 가치창출을 할 것인지, 미래성과를 위헤 어떻게 투자할 것인지, 내부역량 증진을 위해서는 어떻게 해야 할 것인지를 측정하기 위해 4가지 관점을 제시하였다. 캐플란과 노턴이 제시한 네 가지 관점에는 재무적 관점, 고객 관점, 내부 프로세스 관점, 학습 및 성장 관점이 있다. 기업이 가치를 창출하기 위한 근본적인 요인은 개별 기업마다 고유하기 때문에 BSC를 도입하는 기업마다 설정되는 관점은 다를 수 있다. 일반적인 BSC의 4가지 관점에 대해 구체적으로 살펴보면 다음과 같다.

(1) 재무적 관점(financial perspective)

이 관점은 BSC 모형의 인과관계 상 가장 마시막에 위치하는 것으로 주주 및 투자자들이 가장 많은 관심을 보이는 관점이다. BSC모형이 비록 재무적, 비재무적 성과측정치간의 균형을 주장하고는 있지만 궁극적인 목적은 재무적 성과의 증가로 볼 수 있다. 재무적 관점이란 기업의 주요 이해관계자들에게 재무적인 지표를 통해 기업의 성과를 보여주기 위한 것으로서 영리기업 뿐만 아니라 정부같은 비영리조직을 포함한 모든 조직에게 공통적으로 적용되는 중요한 관점이다.

(2) 고객 관점(customer perspective)

제품이나 서비스에 대한 고객만족을 얻는 경우 기존고객을 계속 유지할 수 있을 뿐만 아니라 신규고객을 확보할 수 있으며, 이를 통해 시장 점유율을 높이고 결국 기업의 재무적 성과를 개선할 수 있게 된다. 고객 관점에서는 실행하는 전략에 적합한 목표고객과 고객가치 명제의 조합이 선정되어야 한다. 또한 고객 관점에는 전략이 성공적으로 실행될 경우 달성해야 할 목표고객 시장에서의 전략목표, 제공할 고객가치 명제에 대한 전략목표 이러한 전략목표의 달성정도를 평가할 수 있는 성과측정치가 포함된다. 기업 운영에 있어 가치창출의 가장 큰 원동력은 고객이다. 따라서 고객에 대한 정보는 매우 중요하다. 기업은 고객을 통해서 가치를 창출하기 때문에 변화하는 고객의 요구에 따라 빠른 대응이 필요하다. 이러한 고객만족을 위한 노력은 제품과 서비스의 속성, 고객관계 및 이미지와 평판을 통하여 이루어지며 그 결과는 고객 충성도와 시장점유율 확대로 나타난다.

(3) 내부 프로세스 관점(internal process perspective)

기업이 고객만족을 개선하고 그것을 통해 궁극의 목표인 재무적 성과를 달성하기 위해서는 업무 프로세스 상에 핵심능력을 보유해야 한다. 이를 위해서는 내부 프로세스를 혁신하거나 신제품의 개발, 서비스 개선 및 품질개선, 원가절감 등을 통해 달성할 수 있게 되는데, 이러한 프로세스의 효율성은 프로세스의 혁신, 운영 및 애프터서비스(A/S)과정에서 이루어진다. 내부 프로세스를 효율적으로 운영하는 기업은 신속한 의사결정과 정보공유가 가능해져 고객의 수요변화에 즉시 대처가능하며, 고객 요구에 신속하게 대응할 수 있는 능력을 가지므로 고객의 만족도를 증가시키며 이를 통해 재무적 성과를 향상시킬 수 있다.

(4) 학습과 성장 관점(learning & growth perspective)

기업이 장기적으로 성장하기 위해서는 급변하는 환경에 발맞춰 환경을 기업에 맞춰가게끔 한다거나 환경에 적응시키기 위해 변화를 추진하고 변화하는 조직에 적응할 수 있는 유능한 종업원을 선발 및 교육시키고, 종업원간의 유대관계를 강화하며 현장실무자들의 의견을 적극적으로 반영하고 활용할 수 있는 분위기가 조성되어야 하며, 또한 개별 종업원들이 가진 전문적인 지식을 조직 전 구성원들이 신속하고 빠르게 공유할 수 있는 시스템을 갖추고 있어야 한다. 이러한 능력을 갖춘 기업을 학습과 성장을 강조하는 기업이라 할 수 있다. 그리고 이러한 능력은 종업원의 직무만족과 생산성의 증가를 가져와 결국에는 재무적 성과의 개선으로 이어진다. 학습과 성장 관점은 BSC의 4가지 관점 중 가장 미래지향적인 관점이며, 당장은 그 가치가 실현되지 않을지라도, 장기적인 투자를 통해 기업의 성장을 위해 커다란 영향을 미칠 수 있다.

BSC의 4가지 관점에 따른 측정지표들을 제시하면 다음 〈표 9-8〉과 같다. 이러한 측정지표들은 기업의 업종이나 사업영역에 따라 다르게 제시될 수 있다.

표 9-8 BSC의 4가지 관점별 측정지표

관점	측정지표
재무적 관점	매출액, 영업이익, 총자본 수익률, 경제적 부가가치 등
고객 관점	시장점유율, 고객만족도, 고객불평건수, 신규고객 수 등
내부 프로세스 관점	품질향상, 원가절감, 신제품도입, 조직구조의 변화, 혁신적 관리기법 등
학습과 성장 관점	직무만족, 조직몰입, 교육훈련비, 교육훈련 참가횟수 등

BSC 구축의 핵심은 무엇을 측정할 것인가에 대한 문제로 4가지 전략적 관점과 인과관계의 설정을 중심으로 한 핵심성과지표(key performance indicator: KPI)의 설정이라고 할 수 있다. 핵심성과지표가 기존의 성과지표와의 차이점은 첫째, 기업의 전략적 의미를 내포하고 있으며, 둘째, 각 지표마다 담당 조직이나 책임자가 정해져 있기 때문에 성과에 대한 책임이 분명하고, 셋째, 기업의 비전 및 전략의 달성, 기업의 본원적인 가치 증대 등의 미래 예측정보를 제공함으로써 과거 관리지표의 성격을 벗어나 기업의 잠재적 가치를 반영하고 있다.

3) 균형성과표의 효과

BSC의 도입을 통해 기대할 수 있는 효과는 다음의 네 가지 사항으로 정리해 볼 수 있다.

첫째, BSC의 시행을 통해 기업은 책임경영을 구현할 수 있다. 지금까지 조직과 개인의 직무활동 결과에 대한 책임을 추궁할 명확한 기준이 없었기 때문에 책임경영이 정착되는데 많은 어려움이 있었다. 그러나 BSC를 도입함으로써 각 부서에 명확하게 목표를 배정하기 때문에 사후 문제가 발견되었을 경우 책임소재를 분명히 할 수 있는 체계를 마련하게 되며, 그 결과를 인사 및 성과에 반영하여 말 그대로 책임경영을 실현할 수 있게 된다.

둘째, BSC를 도입하게 되면 상시적 관리가 가능해진다. 즉, 평소에 관리하지 않았던 항목들의 성과측정치에 대해서도 계속적인 측정과 분석이 시행됨으로써 스피드 경영체제를 구축하게 되며 계속적인 모니터링을 통하여 피드백이 가능해진다.

셋째, BSC의 도입은 업무처리 생산성의 증대를 유도한다. 각 담당부서와 개인마다 목표를 배분하기 때문에 직원들이 업무를 처리함에 있어서 분명한 목표와 우선순위를 인식할 수 있게 되어 업무처리의 생산성 증대를 기대할 수 있는 것이다.

마지막으로 BSC의 도입은 성과주의 조직문화 정착에 도움이 된다. 성과중심의 조직문화는 두 가지 의미를 내포하는데, 하나는 안정적이고 보수적인 조직문화에 경쟁의 논리를 도입시킨다는 것이며, 다른 하나는 근무평정으로만 승진이 결정되었던 조직문화에 성과평가를 토대로 하여 승진의 기회를 제공한다는 것이다. BSC와 같은 종합적인 평가체계의 구축은 공정성과 합리성을 확보하여 우수한 조직구성원들에게 승진의 기회를 열어주는 중요한 전환점이 될 수 있다.

사 례 포스코 협업문화 촉진을 위한 평가·보상제도 개선

2018년 '더불어 함께 발전하는 기업시민' 경영이념 선포 이후, 포스코는 2019년 기업시민헌장 공표를 통해 Business·Society·People 차원의 준칙을 대내외에 선언하였다. 특히 인사와 관련된 People 차원의 대 원칙은 '신뢰와 창의의 조직문화로 행복하고 보람있는 회사'를 구현하 는 것을 핵심으로 한다. 이에 인사부서는 공정성과 합리성 및 능력주의에 입각하여 인사 전반을 운영하고 있다.

특히 평가·보상제도는 구성원의 만족도는 물론 조직문화에도 영향을 주며, 조직의 성과향상에 미치는 영향도 매우 크다. 일례로 평가결과는 보상수준은 물론 승진과 보직 등 인재육성의 주요 근거 지표로 활용되며, 상대평가와 절대평가 등 어떤 평가제도를 운영하는지에 의해 조직 분위기를 변화시킬 수도 있다.

보상제도는 개개인의 임금수준을 결정하므로 우수인재의 확보와 유지를 위한 핵심요소이며, 기업 경쟁력을 결정하는 요인이기도 하다.

이처럼 구성원과 조직 모두에 밀접한 영향을 미치는 평가·보상제도는 모든 기업의 숙제라고 해도 과언이 아니다. 2021년 포스코는 협업 문화를 촉진할 수 있도록 평가제도를 개선하였고, 역할 및 책임에 대한 보상의 합리성을 제고하는 방향으로 보상제도 개편을 실시하였다.

평가제도 개선

포스코는 2000년에 MBO를 도입한 이후 2020년까지 MBO에 기반한 6개 등급의 상대평가제도를 운영해 왔다. 상대평가제도는 우열을 가리기 쉽고, 경쟁을 통한 건전한 긴장감 부여 및 성과창출에 대한 동기부여가 용이하다는 장점이 있으나, 성과가 좋더라도 부서내 상대적인 우열에 의해 평가등급이 결정되는 단점이 존재한다.

반면 절대평가제도는 상대적 우열이 아니라 구성원 개개인의 성과에 따라 객관적으로 평가할 수 있고 경쟁이 아닌 협력을 장려할 수 있다는 장점이 특징이나, 관대화된 평가로 인해 평가등급이 상향평준화 될 소지가 있고, 이 경우 우수

인재에 대한 구분이 어려워지는 단점이 있다. 이와 같은 부분을 종합 고려하여 포스코는 절대평가의 단점은 보완하면서도 구성원 간 경쟁보다는 협업을 장려하는 조직문화 조성에 유리한 '포스코형 절대평가'를 2021년도에 도입함으로써 구성원들이 적극 적으로 협업하고 구성원 및 조직 간에 더 많은 시너지를 창출해 내도록 지원하고 있다. (표1.2 참조)

[표1] 평가척도 개선前後

현행	S	A	B+	B	C	D
개선	탁월	우수	충족	보완필요	미흡	매우미흡

[표2] 평가프로세스

자기평가	- MBO 항목별 실적 및 점수 입력(100점 만점)
▼	
1차 평가	- 상급자가 직원의 자기평가점수를 참고하여 100점 만점 기준 점수부여
▼	
2차 평가	- 차상급자가 1차 평가점수 참고 3개 등급으로 상대평가 (우수·충족·보완필요)
▼	
3차 평가(절대평가)	- 담당임원 주관 그룹토의 통해 배분율 제한없이 최종 평가등급 조정

의미형 척도로 개선 | 현행 6단계 등급형 척도(S-A-B+-B-C-D)를 직관적으로 이해하기 쉬운 의미형 척도로 개선하였고(탁월~우수~보완 필요 등), 상향평준화를 미연에 방지하기 위해 평가등급 부여 가이드도 평가자에게 제공하고 있다. 예컨대 '우수' 등급은 업무성과가 MBO에 기반한 업무목표와 직급·연봉을 고려한 기대수준을 초과 달성하였고, 지속유지시 상위직급 승진이 가능한 수준으로 정의한다.

탁월 등급 일정 비율 유지 | 평가등급 배분율은 폐지하였지만, 우수인재에 대한 차별화된 보상과 육성을 지속하기 위해 탁월 등급은 일정 비율 이내로 부여

하도록 하는 기존 기준을 유지하였다. 이를 통해 우수인재 변별력 약화를 야기하는 상향평준화를 최소화하고자 하였다.

탁월 등급을 제외한 우수·충족·보완필요·미흡·매우미흡의 5개 등급은 배분율 제한 없이 구성원들의 성과에 따라 부서별 자율적으로 배분 할 수 있도록 하여 기존 상대평가제도 하에서 발생할 수 있는 성과와 평가등급 간 불균형 현상 역시 발생하지 않도록 보완하였다.

평가의 공정성 확보 | 평가종료 이후 인사부서에서 공정평가에 대한 모니터링을 실시하여 관대화 평가 경향이 두드러지는 조직에 대해서는 실제로 구성원들 대부분의 성과가 우수하였는지 등을 확인하여 필요시 등급조정을 가이드하고 있다.

협업 기반 일하는 문화 확산 | 2021년부터 성과평가에 협업을 필수항목으로 도입하여 협업 실적을 평가하기 시작했다. 협업 실적은 ① 본인이 타인 및 타부서의 업무성과에 얼마나 기여했는지, ② 본인의 성과창출에 타인·타부서로부터 어떠한 도움을 받았는지를 사례에 근거하여 구체적으로 기술해야 한다.

포스코는 이미 2020년부터 동료 간의 협업 활성화를 위해 업무협조를 주고받은 경우 감사 메시지와 함께 포인트를 보낼 수 있는 '협업포인트' 제도를 운영 중에 있다. 직책자는 해당 실적을 협업항목 평가시에 참고지표로 활용할 수 있다.

절대평가 성공여부 | 절대평가 도입의 성공여부는 평가결과에 대한 수용성에 달려 있다는 판단 하에 상시 성과관리와 직책자의 주기적 피드백 제공을 강화하였다. 구성원들은 본인의 업무실적을 MBO 항목별로 시스템에 상시 입력할 수 있으며, 분기별로 실적을 종합 작성해야 한다. 직책자는 구성원과 최소 분기에 1회 이상 1대1 면담을 통해 업무성과에 대한 코칭을 실시하도록 함으로써 구성원이 잘하고 있는 점과 보완이 필요한 부분에 대해 구체적으로 피드백을 주고 있다.

이와 같은 과정을 통해 구성원은 연중에 미흡한 점을 보완할 수 있게 되었고, 스스로 더 나은 성과창출에 대해 동기부여 할 수 있도록 하였으며, 연도 말 평가결과에 대한 수용성 또한 높여 나가고 있다.

한편 절대평가 도입에 따른 평가자별 평가등급 부여 편차 최소화 및 관대화

평가 방지를 위해 공정평가 교육콘텐츠를 평가자에게 제공하고 있으며, 주기적인 업무성과 코칭에 대한 인사부서의 확인 및 피드백도 강화해 나가고 있다.

보상제도 개선

포스코는 2000년 직책자 이상 계층을 대상으로 연봉제를 부분 도입 한 이후 2011년에 사무직 직원 전체를 대상으로 Pay Band에 기반한 연봉제를 전면 적용해 오고 있다. 임금항목은 기준연봉, 평가차등경영 성과금, 경영성과금 및 제수당으로 구분된다.

능력주의·성과주의 보상철학에 입각하여 매년 성과에 따라 연봉인상률을 차등 적용하고 있으며, 구성원들의 생활의 안정을 위해 '매우 미흡' 평가를 받지 않는 이상 매년 기준연봉이 인상되는 것이 특징이다. 포스코는 2021년에 보상제도를 크게 개편하였는데, 기존 보상체계에서는 입사 시 초임만 존재하고 직급별 연봉밴드의 중첩률이 높아 승진하지 않고 특정 직급에서 장기간 체류할 경우에도 연봉이 밴드상한까지 지속 인상될 수 있어 승진에 대한 동기부여가 다소 약하였다.

또한 통상적인 기간 안에 승진하는 경우 이미 기준연봉이 상위 연봉 밴드의 하한값보다 높은 수준이어서 승진에 의한 연봉인상 효과를 크게 체감하기는 어려웠다. 이에 따라 신규 보상제도는 승진시에 변화되는 책임과 역할, 업무강도 등을 고려하여 직급별 초임을 새롭게 설정함으로써 구성원들에게 승진에 대한 동기부여를 강화하는 방향으로 제도를 개선하였다.

임금항목 구성 관련하여 기준연봉을 직무기본연봉과 평가차등연봉으로 구분하였다. 직무기본연봉은 동일직급이면 누구나 같은 금액을 적용받도록 설계하였고, 매년 평가결과에 따른 연봉인상분은 평가차등연봉에 누적되도록 하였다. 평가차등연봉은 해당 직급에서만 누적되며, 상위 직급으로 승진할 경우 새롭게 쌓아나가는 구조로 변화를 주었다. 임금의 연공성보다는 승진에 의한 연봉인상 효과가 커지도록 직급별 초임을 기본보다 높게 설정하고 밴드의 중첩률도 개선하였다. 기존 연봉밴드가 밴드 간 중첩률이 높아 사실상 초임만 존재하는 브로드밴드였다면, 신규 연봉밴드는 직급별 밴드 간 중첩률이 낮고 승진시 연봉 인상 효과가 뚜렷이 발생하는 구조로 개선하였다.

직급단계는 임원이 되기 전까지 현행 6단계 직급체계(사원-대리 과장-차장-리더 그룹장)를 유지하였으나 직급별 초임설정은 직급변화 시 역할·책임이 확대되는 점을 고려하여 설계하였다. 이를 통해 직급이 동일한 직원 간에는 연봉수준이 유사해지도록 함으로써 직급별로 요구되는 역할과 책임수준에 맞는 보상을 제공하고자 하였다.

한편 한 직급 내에서 일정 기간 계속하여 승진하지 못할 경우 연봉인상이 정지될 수 있는 반면 직급별 평균적인 체류연한 대비 조기승진을 할 경우에는 기존 대비 큰 폭으로 연봉이 인상될 수 있게 되어 승진에 대한 동기부여를 강화한 점이 특징이다.

또한 최근 제철소 현장을 관리하고 있는 현장 직책자(부장·공장장)들에게 요구되고 있는 역할과 책임이 증가하고 있어 직책수당을 상향하였는데, 현장 직책자의 사기를 제고하는 동시에 안전 환경관리 등 업무범위가 확대되는 부분을 고려하였다. 앞으로도 직책수행과 역할확대 등을 고려한 보상강화를 주기적으로 검토해 나갈 계획이다.

제반 인사영역에 기업시민 인재상 반영

평가 및 보상제도는 아무리 좋은 방향으로 제도를 개선하더라도 대다수의 직원들을 만족시키기가 매우 어려운 특성을 지니고 있으나, 다행히 2021년에 단행한 제도개선에 대한 구성원들의 의견은 대체로 긍정적이다. 평가의 공정성과 보상의 합리성을 개선한 것의 영향이라고 내부적으로 분석하고 있다. 2022년에는 성과평가 내 협업평가 비중을 상향하는 방안을 검토하고 있다.

2022년으로 포스코가 기업시민 경영이념을 선포한지 5년차에 접어 들면서, 최근에 기업시민 인재상에 대한 정의를 재정립하는 작업을 진행하였다. 기업시민 인재란 '실천의식과 배려의 마인드를 갖춘 창의적 인재'를 뜻한다. 아울러 인재상의 키워드는 실천과 배려·창의로 축약되며 각각의 키워드에 대해 협업, 소통, 능동적 학습과 같은 세부적인 소양을 추가하였다.(표3 참조)

[표3] 기업시민 인재상 및 소양·품성

기업시민型 인재상 및 소양 · 품성

실천의식과 배려의 마인드를 갖춘 창의적 인재

실천	배려	창의
협업 주인의식 책임감	겸손·존중 소통 상생	능동적 학습 도전추구 미래지향

전 직원이 이러한 기업시민 인재의 소양을 더욱 체화할 수 있도록 하기 위해, 제반 인사영역에 기업시민 인재상을 반영하여 관련 제도를 개선 및 운영할 계획이다.

〈자료: 한국인사관리협회, HR Best Practice 100, 2022년 6월〉

참고문헌

박성수(2020), 디지로그시대의 인적자원관리(5판), 박영사.

신철우·최찬기·윤정현·김대수(2018), 인적자원관리, 탑북스.

이학종·영혁승(2012), 전략적 인적자원 관리(개정판), 오래.

임창희(2020), 인적자원관리, 비앤엠북스.

전략기업컨설팅(2006), 한국 30대 주요기업 인사고과제도 편람.

전략기업컨설팅(2007), 인사평가 가이드북: 인사고과 실무지침서.

전략기업컨설팅(2008), 연봉제를 위한 업적평가제도 운영.

전상길(2020), 창조경영을 위한 인적자원관리, 길을 묻다, 창명.

한인수·정범구(2020), 현대 인적자원관리(4판), 명경사.

E. Flippo(1984), Personnel Management, McGraw-Hill.

G. Dessler(2015), Human Resource Management(16th ed), Generic.

R. A. Noe, J. R. Hollenbeck, B. Gerhart & P.M. Wright(2022), Human Resource Management: Gaining a Competitive Advantage(13th ed.), McGraw Hill.

R. Hoffman(1995), "Ten Reasons You should be Using 360-Degree Feedback," HR, Magazine, 40(4), 82-85.

R. L. Mathis, J. H. Jackson & S. R. Valentine(2015), Human Resource Management: Essential Perspectives, Cengage Learning.

R. N. Lussier & J. R. Hendon(2018), Human Resource Management: Functions, Applications, and Skill Development(4th ed.), SAGE Publications, Inc.

R. S. Kaplan & D. P. Norton(1992), "The Balanced Sscorecard-Measures that Drive Performance," Harvard Business Review, January-February, 71-79.

S. L. Verhulst & D. A. DeCenzo(2021), Fundamentals of Human Resource Management(14th ed.), John Wiley.

제10장

임금관리

학습목표

- ▶ 임금관리의 적정성, 공정성, 합리성에 대하여 이해한다.
- ▶ 임금수준의 결정요인에 대하여 이해한다.
- ▶ 최저임금제에 대하여 이해한다.
- ▶ 임금체계에 있어 기본급 결정기준에 대하여 이해한다.
- ▶ 부가급여의 유형에 대하여 이해한다.
- ▶ 고정급제와 성과급제의 차이점을 이해한다.
- ▶ 개인별 성과급과 집단별 성과급에 대하여 이해한다.
- ▶ 연봉제와 Stock Option에 대하여 이해한다.

제1절 임금관리의 개요

1. 임금과 보상

기업은 인적자원을 고용하여 그들의 지식과 기능을 활용하여 기업에서 설정한 목표를 달성하고자 노력을 하게 된다. 기업은 인적자원을 활용한 대가로 그에 대한 보상을 주어야 한다. 따라서 보상이란 기업이 인적자원을 효율적으로 활용한 대가로 근로자에게 제공하는 모든 형태의 반대급부를 의미한다. 그러나 고용관계 속에서 보상은 근로자의 공헌(노동)과 교환관계에 있으므로 사용자와 근로자 사이에서 상반된 이해관계의 대상이 되기도 한다.

사용자는 기업의 목표달성을 위하여 인적자원의 효율성을 극대화시키기 위한 보상 프로그램을 설계하지만, 반면 근로자는 보상을 통해 경제적·사회적·심리적 만족을 추구하고, 나아가 직장생활의 질을 보장받고자 한다.

일반적으로 보상은 경제적 보상과 비경제적 보상으로 구분하고, 경제적 보상은 임금이나 상여금, 성과급과 같은 직접적인 보상과 복리후생이나 안전관리와 같은 간접적인 보상으로 구성된다. 비경제적인 보상으로는 칭찬이나 인정감, 존경 등과 같은 요인이 있다. 따라서 보상 중에서 경제적인 보상에 초점을 둔 개념이 임금이다.

2. 임금관리

1) 임금의 의의

임금(wage)이란 근로에 대한 대가로서 경제적 보상 중에서 직접적인 보상의 형태이다. 우리나라 근로기준법에서는 "사용자가 근로의 대가로 근로자에게 임금, 봉급, 그 밖에 어떠한 명칭으로든지 지급하는 일체의 금품을 말한다"라고 정의하고 있다.

임금에 대한 또 다른 용어로 봉급 또는 급료가 있는데, 엄격하게 구분하면 임금(wage)은 육체적 노동을 제공하고 사용자로부터 받는 금전적 형태의 반대급부를 의미하고, 봉급 또는 급료(salary)는 정신적 노동을 제공하고 사용자로부터 받는 금전적 형태의 반대급부를 의미한다. 그러나 오늘날에는 임금과 봉급과 같은 양자의 구별은 없어지고 거의 같은 의미로 사용하고 있다. 따라서 일반적으로 임금이라는 용어를 보편적으로 사용하고 있는데, 이는 육체적 노동자 계층과 정신적 노동자 계층에 대하여 구분을 한다는 것 자체가 근로자들의 계층간의 갈등을 가져올 수 있기 때문이다.

임금에 대하여 사용자는 근로자가 기업에 제공한 노동에 대한 대가로서 곧 노무비로 인식하며, 근로자는 임금은 생계의 원천이 되는 소득으로 인식한다. 따라서 임금에 대하여 사용자는 최대한 비용절감을 위한 수단으로 활용하고자 할 것이며, 근로자는 자신들의 노동력 제공에 대하여 최대한 높게 받고자 노력함으로써 서로 상반된 입장을 가지게 된다. 따라서 이러한 사용자와 근로자 입장에서 임금에 대한 인식은 다음과 같이 다르게 작용하게 된다.

먼저 사용자의 입장에서 보면 임금은 대조적인 두 가지의 의미를 지니는데 비용과 수입원으로서 의미를 가진다. 기업에 있어서 임금이란 지출항목으로서 비용으로 처리되고 있다. 비용으로서의 임금은 복리후생비, 교육훈련비와 더불어 인건비를 구성한다. 그리고 인건비는 물적 생산요소인 건물·기계·설비 등의 감가상각비, 원료비, 연료동력비 등과 더불어 제조원가를 구성하고 있어, 사용자의 입장에서는 이러한 비용을 최대한 줄이려고 노력할 것이다.

임금이 비용으로 인식될 수 있지만 긍정적인 관점에서 보면, 임금은 근로자가 소속된 자기 회사의 제품과 서비스에 대한 구매력의 원천으로 볼 수 있다. 따라서 자사 제품의 구매에 따른 기업의 수입원으로 작용할 수 있다는 것이다. 근로자에게 지급되는 임금은 소득으로 작용하고, 소득은 다시 저축과 소비로 나누어지며, 이 소비는 결국 구매력으로 나타나서 그 구매력이 기업의 수입원이 될 수 있는 것이다. 따라서 사용자는 임금을 단순히 비용으로만 인식할 것이 아니라 자사 제품의 구매력으로 환원되어 결국 기업의 수입원이 된다는 인식을 가질 필요가 있다.

다음으로 근로자의 입장에서 임금이란 경제적·사회적·심리적인 측면에서 중요한 의미를 가진다.

첫째, 경제적인 측면에서 보면 임금은 근로자의 생계를 위한 중요한 수입원으로 작용한다. 따라서 임금에 의존하여 가정 단위의 생활이 가능해지며 임금노동자의 노동력 재생산을 가능하게 만든다.

둘째, 임금은 근로자의 사회적 지위(social status)를 나타내는 수단으로 작용한다. 근로자가 받는 임금의 크기는 사회 내에서 상대적인 지위를 나타낼 수 있는 하나의 상징물로 작용한다는 것이다. 기업 내에서는 근로자의 상대적인 지위 수준을, 기업 외적으로는 사회적 지위수준을 나타내 준다.

셋째, 임금은 근로자에게 심리적인 욕구충족 수단으로 작용한다. 임금의 수준은 근로자의 생존적 욕구와 사회적 욕구를 충족시켜 주는 수단이 되는 것이다. 임금은 임금노동자의 심리적 자극을 유발하는 적극적인 동기부여 요인으로서 직장생활에서나 직무수행 과정에서나 근로자에게 활력소를 제공하는 요소로 간주되고 있다.

2) 임금관리의 의의와 영역

조직구성원의 노동력 제공에 대한 대가로서의 임금은 사용자에게는 비용이며, 근로자에게는 소득의 원천으로 작용한다. 기업에서 노동력에 대한 비용을 지불하면서 생산성 향상으로 연결되어 진다면 기업에서는 합리적인 임금관리를 통하여 근로자들의 소득향상으로 이어질 수 있다. 따라서 근로자들에게 지급하는 임금에 대하여 동기부여적 측면을 강조하여 기업의 성과향상으로 이어질 수 있는 방향으로 관리가 이루어져야 한다. 최근에는 임금을 통해 근로자들의 욕구를 충족시켜 나가면서 기업의 이익을 함께 향상시켜 나가는 합리적 임금관리가 시도됨으로써 임금관리는 인적자원관리의 중심적 활동으로 자리 잡게 되었다.

임금관리란 “인적자원관리의 일환으로써 기업이 지불해야 할 임금의 크기나 제도에 대하여 합리적으로 계획하고 조직하며 실행하기 위한 관리방법”이다. 따라서 임금관리는 합리적인 인적자원관리를 위한 중심적인 활동 중의 하나이다.

임금관리를 위한 기본 원칙에는 적정성의 원칙, 공정성의 원칙, 합리성의 원칙이 충족되어야 한다.

첫째, 적정성의 원칙이란 종업원이 기업으로부터 받는 임금수준이 기업의 입장과 종업원의 입장 그리고 전반적 노동시장의 관점에서 모두에게 적정한 액수만큼 결정되어야 한다는 원칙이다. 적정성의 원칙이 적용되는 분야는 임금수준(wage level)에 대한 관리이다. 따라서 임금수준에 대한 관리는 임금의 크기에 대한 관리이다.

둘째, 공정성의 원칙은 임금수준이 결정된 후, 그와 같은 임금총액이 종업원들에게 분배될 때 종업원들의 인적 가치, 업무성과, 직무의 가치 등에 따라 공정하게 분배되어야 함을 의미한다. 공정성의 원칙이 적용되는 분야는 임금체계(wage structure)에 대한 관리이다. 따라서 임금체계에 대한 관리는 임금의 구성항목에 대한 관리이다.

셋째, 합리성의 원칙은 종업원들에게 지급하는 임금으로 작업의욕 및 능률증진을 위한 관련성을 지니고 있는 것으로 어떻게 임금을 지불할 것인가에 대한 원칙이다. 합리성의 원칙이 적용되는 분야는 임금형태(wage payment method)에 대한 관리이다. 따라서 임금형태에 대한 관리는 임금의 지불방식에 대한 관리이다. [그림 10-1]과 같다. 따라서 임금관리의 영역은 임금수준, 임금체계, 임금형태의 관리 영역으로 구성된다.

그림 10-1 임금관리의 영역

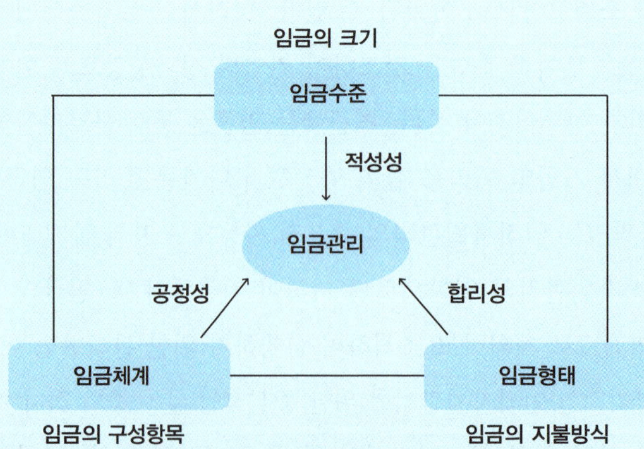

제2절 임금수준

1. 임금수준의 의의

임금수준이란 종업원에게 지급하는 임금액의 정도를 말하는 것으로, 종업원 1인당 평균임금액을 의미한다. 이러한 임금수준은 기업, 산업, 국가에도 적용하여 임금의 크기에 대하여 기업간, 산업간, 직종간, 국가간 비교를 위한 수단으로 활용되고 있다. 따라서 임금수준은 동종산업에 있어서 특정 기업이 다른 기업과 비교하여 임금의 크기가 높은지 낮은지를 비교하는 중요한 수단으로 활용된다.

기업에서의 임금수준은 사용자의 시각과 근로자의 시각이 달라질 수 있는데, 경영자의 측면에서는 기업에서 발생하는 종업원 1인당 평균 노무비용으로 인식하기 때문에 경영전략의 수립에 큰 영향을 미치기 때문에 최소한으로 책정하고자 한다. 반면 근로자의 측면에서는 임금수준이 종업원의 생계비를 반영하고 있어 중요한 생활수준을 반영하는 하나의 지표로 작용되기 때문에 근로자들의 입장에서는 최대한 임금수준을 높이고자 노력하게 된다. 따라서 임금수준은 사용자와 근로자 쌍방의 상반된 입장을 가지고 있기 때문에 효과적인 임금수준의 관리가 필요한 것이다.

2. 임금수준의 결정요인

기업에서 설정하는 임금수준은 최소한으로 종업원들의 생계를 보장할 수 있는 수준이 되어야 하고, 한편으로 임금은 기업에서 발생하는 비용이므로 기업의 지불능력 범위 내에서 지불되어야 한다. 그리고 법적 환경요인으로 근로기준법 및 최저임금법 등의 관련 법률에 의해서도 규제적인 영향을 받게 된다. 따라서 임금수준의 결정에 영향을 미치는 다양한 요인들을 고려하여 결정되는 바, 단순히 사용자에 의해 일방적으로 결정될 수도 없고, 근로자들의 일방적인 요구에 의해서도 결정될 수 없으며, 사회·경제적 여건이나 다른 기업들과의 형평성을 무시하고 기업체만의 입장을 고려하여 결정될 수도 없는 것이다.

임금수준의 결정요인에 대한 많은 연구결과들을 살펴보면, 기업의 지불능력, 생산성과 경제성, 생계비, 생활임금, 산업임금, 노동조합의 단체교섭, 수요공급의 시장요인, 정부의 규제 등 다양한 요인들을 제시하고 있다. 이러한 다양한 견해들을 종합하여 공통적으로 제시된 임금수준의 결정요인으로 기업의 지불능력, 생계비, 노동시장의 임금수준, 정부의 법규로 축약될 수 있다.

1) 기업의 지불능력

근로자의 입장에서는 될 수 있는 한 높은 임금을 받고자 하지만, 기업의 입장에서는 재무적인 상태에 따라 낮은 임금수준을 유지하는 경우도 있을 수 있으며, 유능한 종업원을 확보하기 위해서 높은 수준의 임금을 지급하는 경우도 있다. 따라서 기업은 재정상태를 반영한 기업의 지불능력(ability of pay) 범위 내에서 임금수준을 결정하여야 한다.

기업에서는 종업원에게 지급하는 임금의 비용 이상으로 노동생산성을 추구하거나, 인건비를 포함한 원가의 절감을 통하여 지속적으로 재정상태를 양호하게 개선하여야 한다. 양호한 재정상태를 통하여 기업에서는 우수한 인적자원의 확보가 가능해 질 것이다.

일반적으로 노동조합에서는 기업의 재정상태가 향상되면 임금교섭상의 중요한 근거자료로 임금수준의 상승을 요구할 것이고, 반면 기업 입장에서는 기업의 재정상태가 악화될 때에는 기업의 지불능력을 임금교섭의 중요한 근거 자료로 이용할 것이다. 따라서 기업의 재정상태는 임금수준의 결정에 중요한 근거를 제공하고 있으며 그것이 우수한 인재의 확보에 결정적인 영향을 미치게 된다.

기업의 지불능력은 임금수준을 결정하는 경우에 상한선으로 작용하게 된다. 즉, 임금수준이 아무리 높아도 기업의 지불능력 범위를 벗어나는 수준으로 결정되어서는 안된다는 것이다.

2) 생계비

임금수준은 근로자의 생계비(cost of living)를 충족함으로써 임금근로자의 생활이 보장될 수 있는 수준이 되어야 한다. 임금이 생계비에 부족하면 근로자는 조직생활에 충실할 수 없고, 작업능률이 향상되지 않아 조직성과 향상에 기여할 수 없는 것이다.

소득수준이 비교적 안정되지 못한 사회에서는 근로자의 생계비는 임금수준을 결정하는데 있어서 가장 중요한 역할을 하게 된다. 특히 단체교섭에 있어서 생계비는 거의 절대적인 기준으로서 작용하게 된다. 또한 물가상승으로 인해 근로자의 실질임금이 감소하는 경우에 그 감소분을 충족시킬 수 있는 임금인상이 되지 않는 경우에 종업원들의 불만과 사기저하 현상이 발생할 수 있다.

근로자의 생계비는 임금수준을 결정하는 경우에 하한선으로 작용하게 된다. 즉, 임금수준이 아무리 낮아도 근로자의 생계비를 보장할 수 있는 기준 이상은 되어야 한다는 것이다. 이를 기업의 지불능력과 비교하여 도식화하면 다음 [그림 10-2]와 같다.

그림 10-2 임금수준의 결정 범위

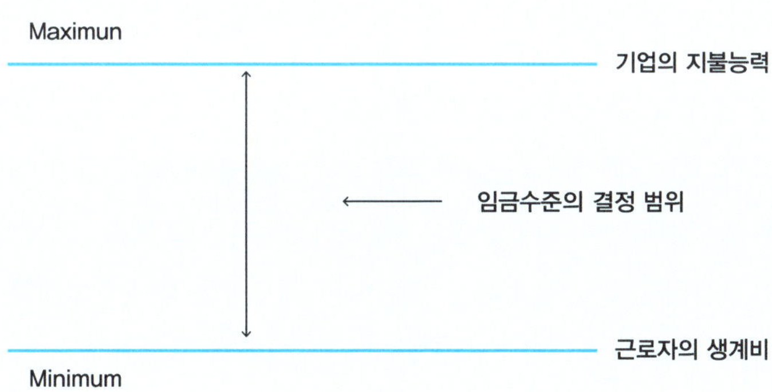

3) 노동시장의 임금수준

임금수준은 동종산업에 있어서 타 기업의 임금수준과 비교하여 유사한 수준에서 결정되어야 한다. 즉, 근로자의 임금수준은 동일지역, 동일산업에서 지급하는 임금수준과 비교하여 사회적 균형을 이루는 수준에서 결정되어야 한다는 것이다. 이는 자기 기업에 유능한 인적자원의 확보 뿐만 아니라 유지를 위하여 필수적으로 요구되어지는 조건이다. 유사 다른 기업들보다 임금수준이 낮게 이루어지면 언제든지 기업의 유능한 인적자원은 이직을 시도할 수 있기 때문이다.

기업에서 활용할 수 있는 노동시장의 임금수준(wage level in industry)과 관련된 정보는 각종 기관들에서 발행하는 임금조사 자료들이 있다. 노동관련 정부 정책보고서, 노동관련 전문 연구소, 경영자협회나 노동조합 관련 단체들이 발행하는 임금조사 자료들을 활용하여 정확한 노동시장의 정보를 활용하여 자기 기업이 속한 산업에 있어서의 타 기업들의 임금수준에 대한 파악을 통해 공정한 임금수준의 결정은 기업에 소속된 종업원들로 하여금 적절한 동기부여를 통하여 우수한 인적자원의 확보 및 유지관리가 필요한 것이다.

4) 정부의 법규

국가에서 제정하고 시행하는 임금과 관련된 정부의 법규(regulation of government)도 임금수준을 결정하는데 작용하는 하나의 요인이다. 즉, 정부는 근로자의 생계비와 임금 관련 각종 법규를 통하여 기업의 임금을 규제 또는 조정하게 된다. 따라서 정부의 임금정책과 노동관련 법규 등은 기업의 임금수준을 결정하는데 영향력을 미치게 된다.

정부의 법규 중에서도 최저임금법은 기업의 임금수준을 결정하는데 큰 영향을 미치고 있는데, 이는 근로자들의 최저 생활을 보장해 주기 위한 제도적 장치의 하나인 것이다. 최저임금법은 저임금 근로자를 보호하고, 기업간 과당경쟁으로 인한 임금의 부당한 절하를 방지하여 근로자들의 권익보호와 생활안정을 통하여 장기적으로 기업의 생산성향상으로 이어지기 위한 목적으로 법적인 요건으로서 기업체가 준수하도록 강제하고 있다. 최저임금에 관한 고시는 매년 단위로 정부의 최저임금위원회에서 결정하여 발표하고 있다.

3. 최저임금제

1) 최저임금제의 의의

최저임금제는 근로자에 대하여 임금의 최저수준을 보장하여 근로자의 생활안정과 노동력의 질적 향상을 꾀함으로써 국민경제의 건전한 발전에 이바지하게 힘을 목직으로 한다. 따라서 최저임금제도란 일징 금액 이상의 임금을 근로자에게 지불하도록 법적으로 강제하고 있는 제도이다.

최저임금제를 실시하는 목적은 근로자의 임금률을 높이고, 임금근로자의 소득을 증가시키며, 수준 이하의 노동조건이나 빈곤을 없애고, 임금근로자의 노동력 착취를 방지하며, 소득재분배를 실현하는데 있는 것이다.

역사상 이 제도는 19세기말에 최초로 등장했다. 1894년 뉴질랜드의 「산업조정중재법」을 효시로 하여, 1896년 오스트레일리아의 「공장상점법」, 1909년 영국의 「임금위원회법」이 제정되었으며, 1911년 미국의 메사추세츠주 등에서 실시되었다. 1928년 국제노동기구(ILO: International Labour Orgnization)가 「최저임금결정기구의 창설에 관한 조약」을 비준하고 보급에 힘씀으로써, 세계 경제공황 이후 각국에 널리 보급되었다.

우리나라는 1953년에 「근로기준법」이 제정되면서 제34조와 제35조에 최저임금제의 실시 근거를 두었으나, 당시 한국 경제가 최저임금제를 수용하기 어렵다는 판단에 따라 이 규정을 운용하지 않았다. 1970년대 중반부터 지나친 저임금을 해소하기 위하여 정부에서 행정지도를 하여 왔으나 저임금이 일소되지 못하였다. 따라서 저임금의 제도적인 해소와 근로자에 대하여 일정한 수준 이상의 안정된 생활을 보장해 주기 위하여 최저임금제의 도입이 불가피해졌고, 또한 한국 경제도 이 제도를 충분히 수용할 수 있는 수준에 도달하였다고 판단하여, 1986년 12월 31일에 「최저임금법」을 제정·공포하고 1988년 1월 1일부터 실시하게 되었다.

「최저임금법」이 시행된 첫 해인 1988년의 적용대상은 10인 이상 제조업에 한정되었다. 그 이후 적용대상 사업체 규모 및 산업이 점차 확대되어 왔다. 2000년 11월 24일 이후에는 근로자를 사용하는 모든 사업 또는 사업장까지 최저임금의 적용대상이 확대되었다. 단, 동거의 친족만을 사용하는 사업과 가사 사용인, 「선원법」에 의한 선원 및 선원을 사용하는 선박의 소유자는 동법의 적용에서 제외된다.

2) 최저임금제의 기능

(1) 저임금 근로자의 보호

최저임금제의 가장 제한적인 역할로서, 최저임금제는 노동시장 내 특별히 취약하다고 인정되는 계층의 근로자들을 보호한다. 일반적으로 근로자와 사용자 간의 임금 협상에 있어 조직화된 노동조합과 단체교섭권은 근로자의 입장을 사용자에게 관철시키는 데 있어 유효한 기제로 작용한다. 하지만 관련 제도의 사각지대에 존재하거나 또는 유효한 단체교섭기구가 존재하지 않는 미조직 근로자들의 경우, 최저임금제를 통해 임금 협상과정에서 사용자의 주도성을 일정 부분 제한할 수 있으며, 부당한 저임금으로부터 노동력의 착취를 방지할 수 있다.

(2) 공정한 임금의 보장

최저임금제는 '공정한 임금(fair wage)'을 보장한다. 최저임금제는 '동일노동 동일임금(equal pay for equal work)'의 적용 또는 적정 수준의 임금을 유지하기 위하여 일정한 원칙이 필요하다고 판단되는 산업 또는 직종에 집합적 의사결정을 통해 마련된 임금 기준을 적용함으로써 산업간 갈등 해소에 긍정적인 영향을 미친다. 특히, 노동시장 내에서 근로자와 사용자간의 구조적 불균형을 조정할 수 있는 제도적 장치가 부재한 상태에서 임금결정은 주로 개별 기업의 결정에 따라 이루어지기 때문에 산업간 갈등 및 저임금에 의존한 기업간 불공정 경쟁을 유발하게 된다. 따라서 최저임금제를 통한 공정한 임금의 보장은 산업별 또는 직종별로 수용 가능한 임금 수준 및 임금구조 개선에 긍정적인 영향을 미치며, 나아가 기업간 공정 경쟁을 가능케 한다.

(3) 사회안정망의 기능

최저임금제는 임금구조의 기본적인 하한선을 제공한다. 최저임금제를 통한 소득 최저선의 구축은 부당한 저임금으로부터 근로자들을 보호하기 위한 사회

안정망(safety net)으로서 기능하며, 궁극적으로 빈곤 감소에 기여한다.

(4) 경제성장과 소득분배의 기능

최저임금제는 경제의 안정성장, 소득분배 개선 등 거시경제 정책목표 달성을 위한 수단으로 활용된다. 이는 최저임금제의 가장 포괄적인 역할로서, 일반적으로 한계소비성향이 높은 저임금 근로자들의 구매력을 증대시키고, 궁극적으로 유효수요의 확대를 통해 경제 활성화에 기여하게 된다.

3) 최저임금의 심의 및 결정

최저임금의 결정방식은, 첫 번째, 사회적 파트너들이 협의를 통해 결정한 후 정부 또는 공식적 권한을 위임 받은 위원회에서 단순히 추인하는 방식, 두 번째 정부와 노사대표자들로 구성된 공식적인 회담에 의해 결정되는 방식, 세 번째 정부가 단독으로 결정하는 방식으로 구분하고 있다. 사회적 파트너인 노·사·정 3자가 '최저임금위원회'를 구성해 최저임금을 결정하는 한국은 첫 번째 방식으로 이루어진다.

최저임금 심의기관으로서 최저임금위원회는 한국노동조합총연맹이 추천하는 근로자 대표 '근로자 위원 9인', 전국경제인연합회, 경영자총연맹, 중소기업중앙회, 무역협회, 상공회의소 등 경제 5개 단체가 추천하는 사용자 대표 '사용자 위원 9인', 그리고 고용노동부장관이 추천하는 '공익위원 9인'으로 구성된다. 최저임금위원회는 근로자 생계비, 유사근로자 임금, 노동생산성 및 소득분배율을 고려하여 최저임금을 심의한다. 최저임금위원회에서 심의·의결된 최저임금(안)은 6월 29일까지 고용노동부장관에게 제출하여야 하며, 고용노동부장관은 매년 8월 5일까지 최저임금을 결정·고시하여야 한다. 구체적으로 고용노동부장관은 최저임금위원회로부터 최저임금(안)을 제출받은 시기에 최저임금(안)을 고시하여야 하며, 최저임금(안) 고시일로부터 10일 이내에 근로자 위원과 사용자 위원은 이의를 제기할 수 있다. 이의가 없을 경우 최저임금을 매년 8월 5일까지 고시하여야 한다. 고시된 최저임금은 익년 1월 1일부터 적용되어 12월 31일까지 효력을 갖는다.

표 10-1 연도별 최저임금액(2010~)

연도	시간급	일급 (일 8시간 기준)	월급(주40시간, 월209시간 기준)	인상률(%)
2010년 (2010.01~2010.12)	4,110원	3만 2,880원	858,990원	2.75
2011년 (2011.01~2011.12)	4,320원	3만 4,560원	902,880원	5.1
2012년 (2012.01~2012.12)	4,580원	3만 6,640원	957,220원	6.0
2013년 (2013.01~2013.12)	4,860원	3만 8,880원	1,015,740원	6.1
2014년 (2014.01~2014.12)	5,210원	4만 1,680원	1,088,890원	7.2
2015년 (2015.01~2015.12)	5,580원	4만 4,640원	1,166,220원	7.1
2016년 (2016.01~2016.12)	6,030원	4만 8,240원	1,260,270원	8.1
2017년 (2017.01~2017.12)	6,470원	5만 1,760원	1,352,230원	7.3
2018년 (2018.01~2018.12)	7,530원	6만 240원	1,573,770원	16.4
2019년 (2019.01~2019.12)	8,350원	6만 6,800원	1,745,150원	10.9
2020년 (2020.01~2020.12)	8,590원	6만 8720원	1,795,310원	2.87
2021년 (2021.01~2021.12)	8,750원	6만 9760원	1,822,480원	1.50
2022년 (2022.01~2022.12)	9,160원	7만 3280원	1,914,440원	5.05
2023년 (2023.01~2023.12)	9,620원	7만 6960원	2,010,580원	5.0

자료: 고용노동부, 고용노동통계, 각년도.

최저임금액 결정 단위는 시간·일·주 또는 월단위로 정하며, 일·주 또는 월을 단위로 하여 최저임금액을 정하는 때에는 이를 시간급으로도 표시해야 한다. 그러나 수습기간 중에 있는 자로서 수습 시작한 날부터 3개월 이내인 자 또는 감시 또는 단속적으로 근로에 종사하는 자로서 사용자가 노동부장관의 승인을 받은 자에 대하여는 대통령령이 정하는 바에 의하여 위원회가 정한 최저임금액과 다른 금액을 최저임금으로 할 수 있다.

사용자는 고시된 당해 연도에 적용할 최저임금에 관한 사항을 소속 근로자에게 주지할 의무가 있으며 이를 위반할 시에는 100만 원 이하의 과태료가 부과된다. 또한, 사용자가 최저임금을 위반할 시에는 3년 이하의 징역 또는 2천만 원 이하 벌금에 처하거나 이 두 가지를 함께 부과할 수 있다.

그림 10-3 연도별 최저임금 인상 추이(2011~2023)

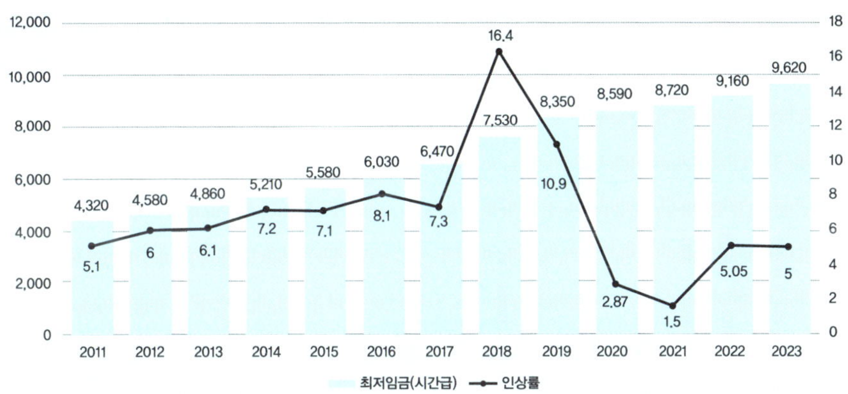

자료 : 고용노동부, 고용노동통계, 각년도.

제3절 임금체계

임금체계란 임금의 구성내용과 기본급의 결정기준을 의미한다. 임금의 구성내용은 기본급과 부가급으로 구성되며, 기본급의 결정기준으로는 연공, 직무, 직종, 직능의 기준이 작용하여, 기본급의 유형은 연공급, 직무급, 직종급, 직능급이 있다. 따라서 기본급이 어떠한 기준에 따라서 결정되고, 그 기준에 따라서

그림 10-4 임금체계

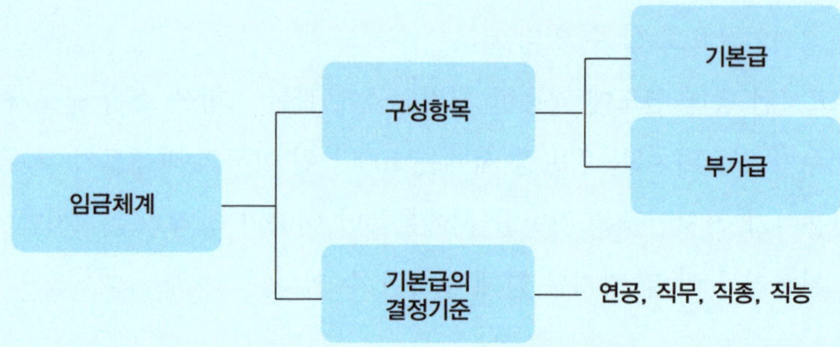

임금이 지급되는 가에 대한 내용이 임금체계이다. 이를 도식화하면 다음 [그림 10-4]와 같다.

1. 기본급의 유형

1) 연공급

연공급이란 종업원의 재직한 근속년수를 기준으로 임금이 지급되는 방식이다. 이러한 연공급은 속인적 요소를 기준으로 성립된 기본급의 형태이며, 연공에는 학력, 연령 등을 감안하여 근속년수에 따라 기본급이 결정되는 것이다. 이러한 연공급 체계에서는 근속년수의 상승에 따라 임금이 상승하는 시스템인 것이다. 연공급은 종업원 근속년수의 상승에 따라 전문성이 증가한다는 것을 전제로 하고 있다.

연공급은 한국이나 일본과 같은 동양문화권에서 성립되고 정착화되었는데, 그에 대한 사회적 배경으로는 첫째, 동양문화권 속에서는 속인적 특성을 중시하는 가치관과 문화가 있어, 기업의 경영자는 종업원에게 임금을 지급하는데 있어서 이러한 속인적인 요소를 고려하지 않을 수 없었다. 둘째, 한국이나 일본은 산업화가 뒤늦게 시작되어 노동시장에 있어서 노동의 수요보다는 공급이 과잉상태에 있었기 때문에 저임금으로 시작하는 연공급을 도입하기가 용이하였다. 셋째, 산업화의 초기에는 근로자의 기술수준이 낮았기 때문에 초기에는 저임금을 지불하였고 재직년수의 상승에 따라 점차적으로 근로자의 기술수준이 향상되어 갔기 때문에 거기에 상응한 임금을 지급하는 연공급이 적합한 방법이었다.

그러나 연공급은 산업사회에 있어서 고용안정과 노동력의 정착화에 크게 기여하였지만, 경제가 성장하고 사회가 변화함에 따라 그 유용성이 줄어들게 되었다. 원칙적으로 연공급은 노동시장에 있어서 노동공급의 과잉과 미숙련 노동력으로 인한 저임금이 전제되었지만, 경제성장의 과정에서 노동의 수요가 공급을 상회하고, 기업체 신입사원의 초임이 일반노동자의 평균임금을 상회하게 되는 경우도 있어 점차적으로 그 기반이 무너지게 되고, 현실을 반영하기 힘든 체계가 되었다.

2) 직무급

직무급은 직무의 상대적 가치에 따라 임금이 지급되는 방식이다. 즉, 조직 내 직무의 상대적인 중요도가 높거나 상대적으로 힘든 직무에 대하여 높은 임금을 지급하는 방법인 것이다. 이러한 직무급을 실시하기 위해서는 직무분석에 의한 직무평가를 통해 조직 내 각 직무들의 상대적 가치를 명확하게 한 다음, 그 가치에 따라 임금을 주게 된다. 속인적 요소를 강조하는 연공급과는 달리 직무급은 임금을 결정하는데 있어서 직무의 질과 양에 따라 임금을 산정하는 것으로서 어떠한 사람이 직무를 담당하더라도 그 직무에 대해서는 정해진 임금을 받는다. 따라서 근속연수, 학력, 연령 등에 상관없이 '동일노동·동일임금(equal pay for equal work)'의 원칙이 지켜지는 임금체계라 할 수 있다.

직무급은 경제가 성장함에 따라 노동력이 부족하거나, 환경변화에 따라 우수인재를 확보하기 위한 임금체계로 적절한 방법이다. 그러나 직무급이 합리적으로 적용되기 위해서는 직무별로 정확한 가치가 산정되어야 하고, 직무에 합당한 사람이 배치되어야 한다. 또한 직무의 책임수준을 명확하게 정의하게 되면 직무내용이 고정되어 직무수행의 유연성이 떨어지고 품질과 고객서비스에서 좋지 않은 결과를 가져올 수 있다. 또 기술변화 등으로 직무내용을 변경할 필요가 생길 경우에 직무기술서를 만드는 일은 시간과 비용이 많이 소요될 수 있다.

3) 직종급

직종급은 직종에 따라 다르게 임금을 지급하는 방식이다. 직종이란 종류가 같거나 비슷한 직무를 모은 것으로, 구체적으로는 선반·용접·주물·운반·판매 등이 해당된다. 직무급이 조직 내 직무의 상대적 가치에 따른 직무평가에 의해 임금을 지급하는 반면에 직종별 임금은 기업을 벗어나서 직종별 임금 시세에 따라 구분되고, 그 구분의 기준은 숙련·반숙련·미숙련에 의한 차이에 의하여 임금을 달리하는 방법인 것이다.

시기적으로 직종급의 성립과정은 직무급보다 빠른 시기에 유럽 중심으로 적용되어, 19세기부터 제1차 세계대전 말까지는 직종별 임금이 일반적이었다. 이후 미국의 산업화가 진행되면서 직종이 직무(job)로 분할되고 단순화되기 시작하였는데, 이는 직종을 분할하여 단순화하고 전문화하는 것이 능률을 향상시킬 수 있다는 논리가 지배적으로 작용하였다. 따라서 미국의 경우에 있어서 직종이 분할된 직무에 대한 상대적 중요도를 평가하여 임금을 지급하는 직무급이 활성화되게 되었다.

4) 직능급

직능급이란 직무수행능력에 따라 임금을 지급하는 방식이다. 즉, 직무담당자의 직무수행능력의 종류와 정도(능력단계)를 기준으로 해서 결정되는 임금체계이며, 여기에서 직무수행능력은 종업원의 현재적인 능력 뿐만 아니라 잠재적인 능력까지도 포함된다.

직능급이 직무수행능력에 따라 임금이 결정되는 특성을 나타내지만 실제 적용상 연공급과 직무급을 혼합한 형태의 임금체계라고 할 수 있다. 과거 한국이나 일본과 같이 연공급에 대한 선호도가 높은 분위기 하에서 직무급만을 도입하기 곤란한 경우에 적합한 임금체계이다. 이는 종업원의 직무수행능력에 따라 임금이 결정되기 때문에 직무분석과 같이 과학적인 직무에 대한 파악이 안되도 직무가치의 요소를 연공적 요소에 가미하여 임금을 지급할 수 있기 때문이다.

직능급은 직무의 표준화가 충분하지 못한 경영환경에 있어서 종업원들의 직무수행능력을 반영하기 위한 임금체계이며, 적정배치가 이루어지지 않더라도 직무수행능력에 대한 평가를 통하여 임금지급을 하기 때문에 종업원의 능력향상을 유도할 수 있는 적합한 임금체계이다.

2. 부가급

부가급이란 기본급을 보완해주는 부가적 급여를 의미한다. 종업원에게 지급하는 임금 중에서 기본급만으로 충분한 보상이 안 될 경우 기본급을 보충·보완하기 위하여 부가적으로 지급하는 보상이다. 일반적으로 부가급에는 수당, 상여금, 퇴직금이 포함된다.

부가급에서 수당은 기본급의 기능을 보완하고 조정하기 위해서 기본급에 부가하여 지급되는 임금이다. 원래, 임금은 노동의 대가로서의 측면을 기본임금, 즉 기본급만으로 충분히 충족시킬 수 없는 경우에 이른바 수당으로 그것을 보완하려는 것이다. 환언하면 수당은 여러 가지 경제적·사회적 환경과 사정이 변화함에 따라 나타나는 노동조건과 생활조건의 차이에 대응하기 위해서 지급되는 것으로서 기본급을 보완하고 조정하는 기능을 한다. 기업에서 지급되는 수당의 형태로는 대개 직무관련 수당, 출근장려를 위한 장려수당, 종업원 생활비 보조차원의 생활수당 등의 유형이 있다.

상여금은 명절이나 휴가, 연말 등 일정한 시기 또는 조건에 따라 종업원들의 사기진작과 동기부여를 위해 공로보상의 형태이지만 대부분 정기적으로 지급하는 현금급여의 형태를 갖추고 있다. 본질적으로 상여금은 기업활동에 의한 업적 중에서 발생하는 경향이 많아 주로 기업성과의 분배 형태로 이루어지며, 그 기능은 기업성과의 향상과 그것을 가능하게 한 유능한 인적자원에 보답하는 형태를 취하는 것이 일반적인 형태이다.

퇴직금이란 일정기간 이상 근무한 종업원이 퇴직할 경우에 지급하는 부가급의 형태이다. 즉, 퇴직한 근로자에게 취업규칙 또는 단체협약 등의 규정에 의하여 금전을 지급하는 것으로서, 근로자가 재직 중의 경영에 기여한 공헌에 대하여 그 보상으로서 지불하는 형태인 것이다. 퇴직금의 산정기준은 기본급이나 근속년수 등에 따라 산정하거나, 별도의 퇴직금 규정이나 단체협약에 의거하여 퇴직금을 산정하는 것이 일반적인 기준이다.

수당, 상여금, 퇴직금과 같은 부가급은 연공주의를 채택하여 왔던 한국이나 일본의 기업들에서 다양하게 구성되어 있는데, 그 발생배경을 살펴보면 다음과 같다.

첫째, 인플레이션의 발생이 기본급 이외에 부가적 임금을 발생시킨다. 임금수준이 낮은 상태에서 인플레이션이 발생하게 되면, 명목임금의 실질가치가 하락하여 저소득 임금노동자의 생활수준이 낮아지게 된다. 따라서 기업들은 여러가지 수당이란 명목으로 생활비를 보완해 주기 위한 방편으로 부가적 임금을 지급하게 되었다.

둘째, 작업표준화가 불분명할 경우에 부가적 임금에 대한 필요성이 나타난다. 한국이나 일본의 경우 아직도 서양처럼 작업 또는 직무의 표준화가 이루어져 있지 않기 때문에 표준화되지 못한 작업이나 직무 안에서 작업조건이나 직무조건의 차이가 발생할 수 있어, 이러한 차이를 수당으로 조정하여 왔다.

셋째, 연공적 임금체계가 부가적 임금을 발생시킨다. 연공적 임금체계는 근본적으로 저임금으로부터 시작하기 때문에 부가적 임금으로 부족한 부분을 보완해 주지 않을 수 없게 되었다. 특히 노동의 질이나 양을 고려하여 보상을 해줄 수 있는 방법으로 수당과 같은 부가급으로 충당해 주는 것이다.

넷째, 낮은 임금인상률이 부가적 임금을 필요로 하게 만들었다. 저임금의 임금체계와 낮은 임금인상률로 인하여 수당과 같은 부가적 임금으로 기본급을 보완해 주는 기능을 가지고 있었다.

다섯째, 수당의 발생은 또 다른 수당의 발생을 가져오게 만들었다. 어느 하나의 수당만으로 부가급의 기능을 다하지 못하면 또 다른 새로운 수당을 필요로 하게 되는 것이다.

제4절 임금형태

임금형태는 임금을 종업원에게 지급하는 방식을 의미하는 것으로, 종업원들의 작업의욕이나 작업성과의 향상에 관련된 임금관리의 대상이다. 임금형태에 대한 관리는 합리성의 원칙을 바탕으로, 기업에서는 종업원들의 작업시간과 업무성과에 따라 합리적인 방법으로 임금을 산정하여 지급하게 된다. 따라서 임금형태는 임금수준, 임금체계와 상호 유기적인 관련성을 가지면서 관리되어야 하기 때문에 기업의 입장에서나 종업원의 입장에서 모두가 이해할 수 있는 합리적인 방법으로 관리되어야 한다.

임금형태의 유형은 크게 고정급과 성과급으로 구분되며, 이외에 특수임금제의 형태로 구분된다. 고정급은 종업원이 근로한 시간을 기준으로 고정적으로 지급하는 임금형태이며, 여기에는 시간급, 일급, 주급, 월급의 형태가 있다. 성과급은 종업원이 달성한 업적을 기준으로 지급하는 임금형태이며, 여기에는 개인별 성과급과 집단별 성과급의 형태가 있다. 특수임금제의 형태로는 순응임률제도가 있다. 이를 도식화하면 다음 [그림 10-5]와 같다.

그림 10-5 임금형태

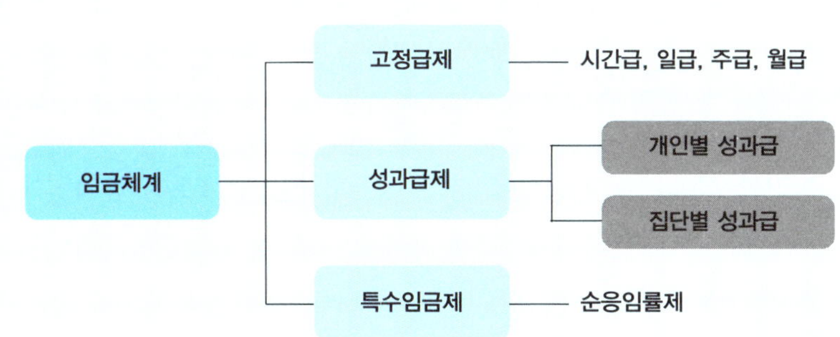

1. 고정급제

고정급은 종업원의 작업량이나 작업성과에 관계없이 근로자의 근로시간을 기준으로 임금을 산정·지불하는 방식이며, 동일시간에 비례하여 동일임금을 지급하는 원칙에 따른 것이다. 즉, 임금의 기준을 시간, 일, 주, 월에 따라 시급, 일급, 주급, 월급제의 형태로 지급된다.

고정급제는 종업원이 작업하는 작업단위가 명확하지 않거나 작업의 양보다는 작업의 질이 더 중요한 경우나 작업감독에 의해 작업의 내용이 통제되는 경우 등에 주로 활용되는 방식이다.

고정급제의 장점으로는 종업원의 입장에서 일정액의 임금이 확정적으로 보장되어 있어 계획적 경제생활을 할 수 있다는 것이다. 또 기업의 입장에서는 근로일수나 근로시간수를 기준으로 하기 때문에 임금산정의 간편성과 용이성이 있으며, 근로에 있어서 시간적 제약이 없어 작업품질을 향상시킬 수 있다는 점이다. 반면 작업수행의 양과 질에 관계없이 임금이 지불되므로 근로자를 자극할 수 없어 작업능률이 오르지 않는다는 것과 단위시간당 임금계산은 용이하지 않다는 단점을 지니고 있다.

2. 성과급

성과급제는 종업원의 작업량에 따라 임금을 지급하는 형태이다. 따라서 높은 성과를 산출한 종업원에게 높은 임금을 지급함으로서 노동생산성을 향상시키기 위한 제도이다.

이러한 성과급은 작업량에 따라 임금지급을 함으로써 종업원에게 합리성과 공정성을 주고, 작업능률을 크게 자극할 수 있어서 생산성 제고, 원가절감 등의 효과를 기대할 수 있다는 장점이 있다. 반면 개인이나 집단의 업적 등을 평가하고 반영하는 운영과정이 어렵고, 개인별·부서별 지급 임금액에 대한 편차가 발생하며, 이러한 편차로 인한 갈등이 발생할 가능성이 높고, 업적인 낮은 종업원의 경우 임금소득이 불안정할 수 있다는 단점을 지니고 있다.

그림 10-6 성과급제의 유형

성과급의 유형은 개인별 성과급과 집단별 성과급으로 구분되는데, 개인별 성과급은 성과급과 할증급으로 분류되고, 집단별 성과급은 이윤분배제, 스캔론 플랜 등 다양한 형태가 있다. 이를 도식화하면 다음 [그림 10-6]과 같다.

1) 개인별 성과급

개인별 성과급은 개별 종업원으로 하여금 정해진 작업의 양, 즉 개인별 성과를 기준으로 임금을 지급하는 방법이다. 이는 성과를 달성한 종업원으로 하여금 금전적 유인을 통하여 개인의 성과향상을 시키기 위한 제도이다.

따라서 개인별 성과급을 통하여 생산성의 증대와 생산에 소요되는 단위비용을 감소시키는 역할을 한다. 이러한 생산성 향상과 단위당 비용의 감소를 통하여 개별 종업원의 소득증대에 기여하게 된다.

이러한 개인별 성과급은 크게 두 가지의 형태가 있는데, 하나는 성과급제로서 생산된 작업량을 기준으로 임금을 지급하는 제도이며, 다른 하나는 할증급제로 생산에 소요된 기준시간을 초과하는 산출을 기준으로 임금을 지급하는 제도이다.

(1) 성과급

성과급은 개별 종업원의 작업량을 기준으로 임금을 지급하는 제도이며, 여기에는 단순 성과급, 차별적 성과급, 복률 성과급이 있다.

① 단순 성과급

단순 성과급은 작업량에 비례하여 임금을 지급하는 방법으로, 작업의 단위당 임금을 정하고 여기에 실제의 작업량을 곱하여 임금을 산정하는 방법이다. 이 방법은 가장 단순한 방법으로서 널리 보급되어 있는 방법의 하나이다. 계산방식은 다음과 같다.

단순성과급 = 단위당 임금×생산량

② 차별적 성과급

차별적 성과급은 과학적 관리론의 창시자인 테일러(F. W. Taylor)가 고안한 기법으로 표준과업량을 기준으로 표준과업량 미만의 작업량에 대해서는 단위당 임금에 저임률을 곱하여 산정하고, 표준과업량 이상에 대해서는 고임률을 적용하여 임금을 산정하는 방식이다. 계산방식은 다음과 같다.

표준과업량 미만 : 임금 = 단위당 임금 × 생산량 × 저임률
표준과업량 이상 : 임금 = 단위당 임금 × 생산량 × 고임률

③ 복률 성과급

복률 성과급은 메릭(D. V. Merrick)에 의해 고안된 기법으로서, 임금률을 적용하는데 있어서 작업량 기준으로 3단계로 구분하여 임금률을 적용하는 방법이다. 따라서 낮은 성과에 대해서는 저임률을, 중간정도의 성과에 대해서는 중간임률을, 고성과에 대해서는 고임률을 적용하여 작업량에 비례하여 임금을 산정하는 방식이다. 계산방식은 다음과 같다.

낮은 성과 : 임금 = 단위당 임금 × 생산량 × 저임률
중간 성과 : 임금 = 단위당 임금 × 생산량 × 중임률
높은 성과 : 임금 = 단위당 임금 × 생산량 × 고임률

그림 10-7 개인별 성과급

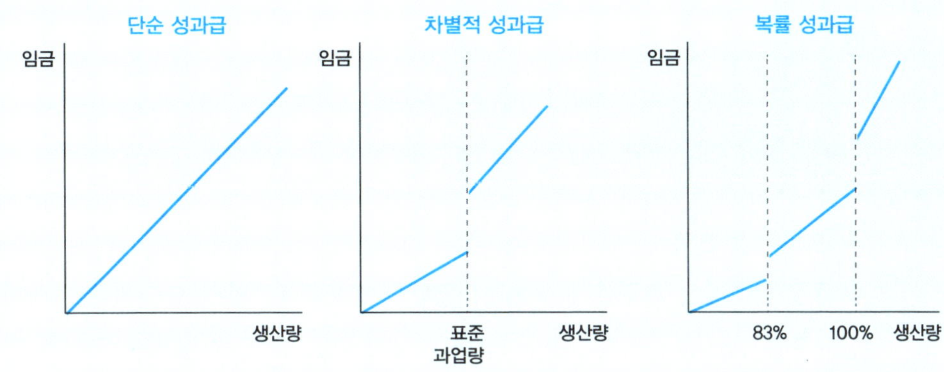

단순 성과급, 차별적 성과급, 복률 성과급을 도식화하여 구분하면 다음 [그림 10-7]과 같다.

(2) 할증급

할증급은 개별 종업원이 작업량을 달성하는데 있어서 소요된 시간을 기준으로 임금산정을 하는 방식이다. 작업량을 달성하는데 적용되는 시간 기준들로는 실제작업시간, 표준시간, 절약시간 등이 있는데, 이는 기법을 개발한 학자들에 따라서 달리 적용하고 있는 기준시간의 개념들이다.

① 표준 시간급

표준 시간급은 단순하게 종업원의 작업량 대신에 작업시간에 시간당 임금률을 적용하여 임금산정을 하는 방법이다. 계산방식은 다음과 같다.

$$표준\ 시간급 = 실제작업시간 \times 시간당\ 임금률$$

② 할시 할증제

할시 할증제는 할시(F. A. Halsey)가 고안한 기법으로서, 세 가지 시간개념을 사용하고 있다. 즉, 실제작업시간, 표준시간, 절약시간(표준시간-실제작업시간) 개념을 사용하고 있다. 즉, 일정한 작업량을 달성하는데 있어서 표준시간을 정하고 표준시간 이내에 작업량을 달성하게 되면 절약시간에 대해서 시간당 임금률과 일정 비율의 인센티브를 적용하여 추가 지급하는 방식이다. 계산방식을 다음과 같다.

> 임금 = (실제작업시간 × 시간당 임금률) +
> (절약시간 × 시간당 임금률) × 인센티브

③ 로완 할증제

로완 할증제는 로완(J. Rowan)이 고안한 방법으로, 할시 할증제와 유사하게 실제작업시간, 표준시간, 절약시간을 적용하지만, 그 산정 방법에 차이를 가지고 있다. 로완 할증제는 실제작업시간에 시간당 임금률을 적용한 금액에 더하여 절약시간 만큼 시간당 임금률을 곱한 금액에다가 능률지표(실제작업시간을 표준시간으로 나눈 것)를 추가하여 임금을 산정하는 방식이다. 이 방법의 특징은 능률을 올리면 올릴수록 임금액은 상승하나 할증률은 일정 수준 이상부터 체감하게 된다. 계산방식은 다음과 같다.

> 임금 = (실제작업시간 × 시간당 임금률) +
> (절약시간 × 시간당 임금률) × (실제작업시간 / 표준시간)

④ 간트 상여제

간트 상여제는 간트(H. L. Gantt)가 고안한 기법으로서, 종업원이 표준시간을 초과하여 산출한 생산량에 대하여 소요된 전체 시간을 표준시간으로 적용하여 시간당 임금률을 곱해주고, 추가하여 인센티브를 적용하여 추가하여 지급하는 방식이다. 계산방식은 다음과 같다.

> 임금 = (표준시간 × 시간당 임금률) +
> (표준시간 × 시간당 임금률) × 인센티브

2) 집단별 성과급

집단별 성과급은 성과에 비례하여 임금지급은 하지만, 개인별로 지급하는 방식이 아닌, 집단 단위로 성과급을 지급하는 방식이다. 여기에는 이윤분배제, 스캔론 플랜, 럭커 플랜 등이 있다.

(1) 이윤분배제

이윤분배제(profit sharing system)는 집단별 성과급 가운데서 가장 오래된 제도로서, 생산성의 향상이나 원가절감 등으로 기업에서 초과이윤이 발생하였을 때 조직의 모든 종업원을 대상으로 일정한 비율로 부가적으로 보상을 지급하는 제도이다. 이 제도는 일반적으로 노사간의 계약에 의하여 이윤의 일부를 종업원들에게 지급하는 것으로서, 노사관계의 개선, 작업능률의 향상, 근로자의 생활안정 등의 목적으로 운영되고 있다.

이윤분배제에는 분배방식에 따라 두 가지 형태가 있는데, 하나는 기업에서 발생한 이윤을 금전의 형태로 분배하는 것이고, 다른 하나는 주식이나 복지기금 등으로 분배하는 것이다. 전자를 직접적 이윤분배제라고 하고, 후자를 간접적 이윤분배제라고 한다. 직접적 이윤분배제는 일찍부터 기업에 도입되어 활용되어 왔지만, 통상적으로 지급되는 경향이 있어 인센티브로서의 효과가 감소하게 되었다. 따라서 간접적 이윤분배제가 인센티브로서의 효과를 가진 제도로 발전하게 되었다.

간접적 이윤분배제에는 주식분배형과 공제기금형 그리고 이 양자의 절충형이 있다. 주식분배형은 초과이윤이 발생되었을 때 금전으로 분배하지 않고 주식으로 분배하는 방식이다. 공제기금형이란 이윤을 직접 종업원에게 분배하지 않고 종업원의 공제회의 기금으로 적립하여 모든 종업원의 이익을 위하여 사용하도록 하는 제도이다. 일반적으로 금전으로 직접 분배하는 방식이나 주식으로 분배하는 방식은 호황기에 적합한 제도이며, 공제기금형은 불황기나 정체기에 적합한 제도라고 할 수 있다. 그리고 절충형 이윤분배제는 분배대상인 이윤을 절반은 주식으로 분배하고, 절반은 공제기금으로 적립하여 활용하는 제도이다.

(2) 스캔론 플랜

스캔론 플랜(Scanlon plan)은 미국 철강노동조합의 간부였던 스캔론(J. N. Scanlon)에 의해 1937년에 개발된 집단별 성과배분제도이다. 이 제도는 기업의 생산성 향상을 노사협력의 결과로 보고, 총매출액에 대한 노무비의 절약분으로서 이윤을 상여금의 재원으로 확보하여 모든 종업원에게 분배하는 방식이다.

철강산업의 악화가 진행되고 있던 시기에 스캔론은 노사간의 대립적인 양상이 기업발전에 도움이 될 수 없다고 판단하여 철강산업을 발전시키기 위한 노사간의 협력을 통한 생산성 향상에 주력하기 위한 방법으로 스캔론 플랜을 탄생시켰다. 스캔론은 이 제도가 다른 많은 기업들의 성과향상에 영향을 미치고 미국 철강산업의 활성화에 기여한 성과로 MIT의 교수로 재직하면서 이후 지속적으로 성과분배제도를 연구하였다.

스캔론 플랜이 성공적인 운영을 위한 제도적인 장치로 제안제도와 상여금 분배방식이 있다. 제안제도는 생산성 증진방안, 비용절감방안 등 경영개선을 위한 제안을 조직 내 모든 종업원들 대상으로 이루어진다. 일반적으로 제안제도는 개인 단위로 이루어지지만, 스캔론 플랜의 제안제도는 조직 전체 종업원 대상으로 한다는데 차이점이 있다. 따라서 제안을 통하여 이윤이 창출되면 그에 대한 성과배분은 모든 종업원을 대상으로 하는 것이다. 제안제도를 운영하는데 있어서 부서 수준의 공장위원회(shop committee)와 중역 수준의 심사위원회(screening committee)의 두 가지 제도적 장치가 있다.

공장위원회는 부서의 책임자 1명, 종업원대표 2명~5명으로 구성되며 월 2회 정도 회합을 갖는다. 공장위원회에서는 생산성 향상, 품질개선 등 경영개선에 관한 종업원의 제안을 개발하고 심사한다. 채택된 제안은 즉시 실행하고, 채택되지 않은 제안이나 파급력이 큰 제안은 상급기관인 심사위원회로 이관된다.

심사위원회는 공장위원회의 상급조직으로서 최고경영자, 노조대표, 생산직 및 사무직 종업원 대표의 8명~12명 정도로 노사동수로 구성되며 월 1회 회합을 갖는다. 심사위원회는 전월의 경영성과와 그 원인 등을 분석 검토하고 매월의 상여금 비율을 결정한다. 공장위원회에서 채택되지 않은 제안을 심의하기도 하고 경영전반의 개선에 관한 과제를 토의하기도 한다.

스캔론 플랜의 성과배분제도는 종업원 모두가 제안제도에 참여하고 성과분배에 있어서도 종업원 모두에게 분배되는 특징을 지닌다. 스캔론 플랜에서의 성과배분을 위한 재원은 상여금이라는 형태로 지급되는데, 상여금의 분배방식은 첫째, 전월의 생산물의 판매가치를 기준으로 기준노무비율을 산정한다, 둘째, 현월의 생산물의 판매가치를 기준으로 실세노무비율을 산성한다. 셋째, 현월의 생산물의 판매가치를 기준으로 기준노무비를 산정한다. 넷째, 기준노무비에서 실제노무비를 차감하여 노무비 절약분인 상여금재원을 산정한다. 다섯째, 노무비 절약분에서 사내유보를 차감하고 월 이용가능 상여금을 산정한다. 여섯째, 월 이용가능 상여금을 실제노무비로 나누어 상여금 지급비율을 결정한다. 마지막으로 상여금 지급비율에 개인당 월급을 곱하여 개인별 상여급을 지급하는 방식이다.

이와 같이 스캔론 플랜의 상여금 산출을 위한 계산방식이 간단하여 모든 종업원이 쉽게 이해할 수 있고, 또한 성과배분의 기준이 노무비 절약분으로 명확하며, 노동성과와 보상이 직결되어 있으며, 상여금의 지급이 매월 지급됨으로써 동기부여의 효과가 큰 제도이다.

(3) 럭커 플랜

럭커 플랜(Rucker plan)은 1932년 미국의 럭커(A. W. Rucker)가 고안한 집단적 성과배분제도의 하나이다. 이 제도는 스캔론 플랜과 유사한 점이 많으나 스캔론 플랜에 비해 보다 정교한 분석에 기초를 두고 있다. 럭커 플랜은 생산 부가가치의 증대를 목표로 한 노사협력체제를 만들어, 그 생산성 향상의 성과를 일정비율로 노사 간에 적정하게 배분하는 것을 주요 골자로 하고 있다. 분배의 원천은 부가가치의 일종인 생산가치(production value)에 두고 있다는데 중요한 차이가 있다. 즉, 기업이 창출한 생산가치(부가가치)에서 인건비가 차지하는 비율을 기준으로 성과배분이 이루어지는 제도이다.

럭커 플랜 역시 종업원의 참여와 제안제도에 근거하고 있다. 럭커 플랜 역시 운영상에 있어서 공장위원회(생산위원회)와 심사위원회가 있는데, 공장위원회는

10명~15명의 시간급 종업원과 관리자가 멤버가 되어 매월 종업원의 제안을 검토하고 생산문제를 토의한다. 심사위원회는 시간급 종업원, 노조지도자, 중요 관리직 책임자로 구성되어 있으며, 일차적으로 상여금 관리에 중점을 두고 운영되고 있으며 생산성 문제와 장기적 관점의 경제적 목표도 논의한다.

럭커 플랜의 상여금 계산방식은 첫째, 생산가치(부가가치)를 계산한다. 생산가치는 매출액에서 각종 제비용을 제한 일종의 부가가치 개념으로 작용한다. 둘째, 총임금을 생산가치(부가가치)로 나누고 100을 곱하여 부가가치분배율을 산출한다. 마지막으로 총부가가치에 부가가치분배율을 곱하여 종업원이 받을 임금을 산정하는 방식이다.

3. 특수임금제

임금형태 중에서 특수임금제에는 순응임률제(sliding scale system)가 있다. 순응임률제란 물가상승에 따라 생계비지수가 상승하면 자동적으로 임금률도 거기에 순응하여 자동적으로 상승시켜주는 제도이다. 이 제도는 원래 인플레이션이 진행되는 경우 실질임금의 하락을 방지하여 종업원의 생활을 안정시키기 위해 고안된 것으로서, 근로자의 생계비지수의 등락에 따라 그들의 임금률도 비례적으로 등락시키는 제도이다.

1948년 제너럴 모터스(General Motors)사가 임금계약에 삽입되어 처음 실시된 것으로, 인플레이션이 발생할 경우 실질임금을 유지하기 위하여 임금증감의 기준을 근로자의 생계비지수에 두고 그 지수의 변동에 대응하여 임금의 증감을 도모하려는 것이다. 따라서 근로자의 생활에 필요한 비용을 소비자 물가지수를 기준으로 산출하여 최저생활을 유지할 수 있도록 임금이 지급되므로, 물가가 아무리 변동하더라도 거기에 상관없이 종업원들의 실질임금이 언제나 같은 수준으로 유지되어 생활안정이 보장된다는 특징을 가진다.

제5절 새로운 임금제도

1. 연봉제

1) 연봉제의 의의

연봉제란 종업원의 능력 및 실적을 평가하여 계약에 의하여 연간임금액을 결정하고 이를 매월 분할하여 지급하는 능력중시형 임금지급체계이다. 종업원이 수행하는 직무의 특성에 따라 임금결정이 달라지는 직무급이나 종업원의 연령·성별·근속년수 등에 따라 이루어지는 연공급과 달리 종업원이 수행한 성과결과에 의하여 임금이 결정되는 성과급의 일종이며, 개인과 회사간의 개별계약에 의한 개별적 성과급의 성격을 지닌다.

생산량이나 판매액에 따라 임금이 결정되는 인센티브 제도나 시급·일급·월급과 같은 고정급과도 구별되며, 직무급이나 연공급과 같이 일정한 기준에 따라 고정적으로 임금수준이 결정되는 것이 아닌 노력한 만큼 대가가 따른다는 기대감을 제공하는 동기부여형 임금체계이다. 따라서 능력과 성과를 발휘하는 인적자원에 대한 보상을 확대하고, 그렇지 못한 인적자원에 대해서는 분발하도록 자극을 주어 무사안일한 경영풍토를 개선하고, 조직을 활성화하려는 목적으로 많은 기업들에서 도입·운영하고 있는 실정이다.

그러므로 연봉제를 도입·운영하기 위해서 다음과 같은 몇 가지 전제가 필요하다. 첫째, 기본적으로 계약주의 이념에 기초하고 있다. 연봉제는 년간 단위로 임금을 계약하는 것을 기본으로 한다. 기존의 기업들처럼 입사하여 매년 정기적으로 호봉수가 올라가고 근속년수에 비례하여 임금상승이 이루어지는 것이 아니라, 1년 단위로 기업과 근로자간의 임금에 대한 계약을 한다. 즉, 과거의 성과는 어떠했고, 올해는 어느 정도의 성과를 올리겠다는 합의를 전제로 회사와 종업원이 1년 단위로 연봉액을 계약함으로써 연봉제가 성립한다.

둘째, 공정하고 납득할 수 있는 평가를 전제로 한다. 연봉제는 근로자의 임금이 전적으로 개개인의 능력과 성과에 의해 결정되다 보니 그 무엇보다도 평가의 공정성과 합리성이 중요하다. 따라서 객관적인 평가방법의 설계는 연봉제 성공을 위해서 가장 기본적인 요소라고 할 수 있다.

셋째, 연봉제는 성과와 업적을 연봉결정 기준으로 하기 때문에 노동을 질로 파악하는 것을 전제로 한다. 따라서 노동시간과 노동량을 임금결정의 기준으로 삼고 있는 업종이나 생산직 및 개발단계에 있는 근로자 계층에는 연봉제가 적합하지 않다.

넷째, 직무 중심의 철저한 능력주의 확립을 전제로 한다. 연봉제의 적용대상이 되는 조직구성원들은 경쟁원리와 자기책임을 기본으로 하는 업무수행과 결과에 대한 공정한 처우의 원칙을 공유해야 한다. 즉, 전문직화의 진전이 수반되어야 한다.

2) 연봉제의 특성

연봉제에 대한 특성을 살펴보면 다음과 같다.

첫째, 연봉제는 성과급의 일종이다. 성과급은 종업원이 수행한 업무성과의 결과에 따라 임금을 결정하는 것으로, 연봉제도 개별 근로자의 업적과 성과에 따라 임금수준이 달라지게 된다.

둘째, 연봉제는 개별성과급이다. 성과배분제도는 집단으로 발생한 성과에 의해 결정되지만, 연봉제는 개별 종업원의 성과를 기준으로 임금을 책정하고, 단체협약이 아닌 종업원 개개인과 회사와의 직접 개별계약에 의해서 연봉액을 결정한다.

셋째, 연봉제는 일정기간 동안 측정된 성과를 기준으로 1년간 받게 될 임금총액을 결정하는 임금체계이다. 이는 연공급이나 직무급처럼 투입한 노동의 양과 노동시간에 의해 임금이 결정되는 단기적 임금체계가 아니라, 노동의 질에 대한 성과에 의해 결정되는 장기적 임금체계이다.

넷째, 연봉제는 동기부여형 임금체계이다. 연봉제는 종업원들로 하여금 투입한 노력만큼 산출 임금이 높을 것이라는 기대를 갖도록 함으로써, 개별 종업원의 업무 생산성 향상을 도모하는 동기부여적 임금체계이다.

그림 10-8 연봉제의 유형

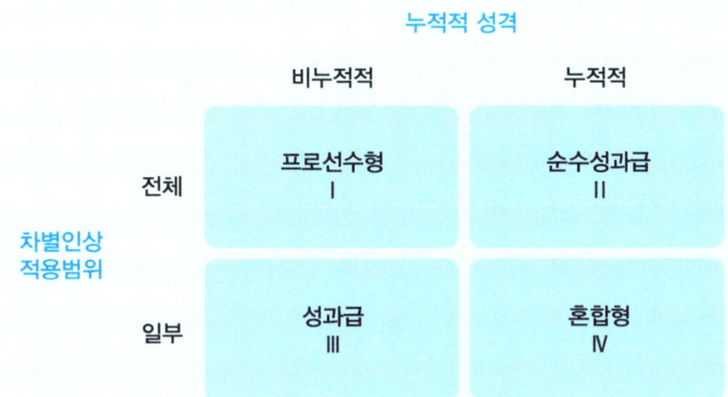

다섯째, 연봉제는 평가에 의해 연봉이 결정되는 평가형 임금체계이다. 연봉제는 자동승급이 아닌 직무분석을 통한 직무평가에 의해 임금수준에 차이가 발생하도록 하는 임금체계이다. 따라서 연봉제는 평가의 공정성이 가장 중요하며, 이의 성공적 운영여부가 연봉제 전체의 성공여부와 직결된다고 해도 과언이 아니다.

여섯째, 연봉제는 성과가 주된 요소인 연간단위로 임금을 지급하는 임금체계이다. 연봉제는 원래 임금지급을 연간단위로 행하는 임금지급형태로 결정기준에는 연공, 직능, 직종, 직무, 업적, 성과 등 다양한 요소들이 있다. 따라서 연공을 기준으로 하는 연봉제도 존재할 수 있다. 다만 현재 채택되고 있는 대부분의 연봉제가 성과를 주된 요소로 하고 있을 뿐이다.

3) 연봉제의 유형

연봉제를 분류하는 기준은 여러가지가 있을 수 있으나 연봉제의 적용대상이 임금전체인지 임금의 일부인지와 연봉의 인상이 누적적인지 비누적적인지에 따라 구분될 수 있다. 이를 도식화하면 다음 [그림 10-8]과 같다.

프로선수형 연봉제는 임금인상 적용기준을 임금전체로 하며, 비누적적인 성격을 띤다. 이는 프로선수 세계에서 흔히 볼 수 있는 것으로, 일반기업에서는 좀

처럼 보기 힘든 형태이다. 이러한 연봉제는 기본급이라는 것 자체가 의미가 없고, 오로지 개인별 성과에 따라 연봉이 결정되며, 비누적적이므로 임금인상의 등락폭이 매우 큰 것이 특징이다.

순수성과급 연봉제는 임금인상 적용기준을 임금전체로 하며, 누적적인 성격을 띤다. 미국의 직무성과급이 대표적인 예로, 개인이 받는 임금전체가 곧 기본급의 성격을 띠게 된다. 임금인상이 누적적 성격을 띠고 있어 임금차등 효과가 높아 동기부여 효과도 함께 증가하나 시간의 경과에 따라 기업의 임금지급에 대한 부담도 함께 커진다는 단점이 있다.

성과급 연봉제는 기본적으로 기본급을 유지하면서 총임금의 일부에 대해서만 성과에 따라 비누적적으로 차등을 두는 방식이다. 임금의 차등 부분은 개인별 보너스라고 할 수 있다. 총 임금의 일부에 대해서만 개인별 성과급을 지급하며 비누적적이기 때문에 장기적으로 임금인상에 따른 압박이 적다는 장점이 있고, 반면 동기부여 효과는 크지 않다는 단점이 있다.

혼합형은 성과급과 순수성과급을 혼합한 형태로, 예를 들어 기존 연봉에 대해서는 누적적인 방법을 사용하여 임금의 안정성을 제공하고, 성과급에 대해서는 평가기준이 되는 기간의 성과에 따라 보상을 하되 비누적적인 방법을 사용하므로 임금인상의 지나친 압력을 피할 수 있다는 장점이 있다.

이와 같이 연봉제는 각 기업이나 특수 조직마다 적용하는 방식과 기준이 모두 다르기 때문에 도입하기 전 치밀한 사전조사가 필요하며, 도입 후에는 철저한 분석과 공정한 평가로 내부 조직구성원의 이해를 득하여야 연봉제의 성공적 도입이 가능하다고 하겠다.

4) 연봉제의 장·단점

연봉제의 장점으로는 첫째, 개별 평가방식으로 임금의 결정에 있어 직무급은 종업원이 수행하는 직무의 특성에 따라, 연공급은 종업원의 연령, 성별, 근속연수 등 개인적인 속성에 의해 이루어지는 반면, 성과급은 종업원이 수행한 성과를 기반으로 임금이 결정된다. 연봉제는 단체협약에 의해서가 아니라 개인 대 회사간의 개별적 계약에 의해 이루어지며, 집단으로 발생한 성과에 의해 결정되는 집단성과배분 제도와 달리 개인별 성과에 기초한다. 또한 개인이 받는 연봉총액의 결정은 일정기간 관찰되어진 능력기반의 성과에 기초한 평가에 의하여 이루어지는 변동급의 성격을 가진다.

둘째, 동기유발과 업무목표 달성이 가능한 점이다. 연봉제는 미래의 성과가 높아질 것을 기대하는 동기부여형 임금체계이다. 따라서 능력과 실적이 임금과 직결되어 노력하면 노력한 만큼 대가가 따른다는 기대감을 제공하는 임금체계이므로 철저한 능력주의와 업적주의로 종업원들에게 동기부여를 함으로써 꾸준하게 의욕적인 자세로 직무수행을 하게 만든다.

셋째, 기업이 원하는 우수 인재의 확보가 가능하게 된다. 연봉제를 통해 새로운 환경에 알맞은 관리자, 전문직 종사자, 특수기능 보유자 등 필요한 우수 인재의 확보가 가능하다. 능력과 성과에 따라서 보상 수준이 결정되기 때문에 능력주의 인적자원관리가 가능해진다.

넷째, 연봉제를 도입함으로써 경영자에 준하는 책임감을 부여해 자신이 달성한 업무와 연봉과의 비교를 통해 경영감각을 배양할 수 있다. 이는 연봉제가 능력향상을 위한 동기부여가 되며 책임감을 아울러 부여하고 있음을 보여준다는 것이다.

다섯째, 임금관리의 용이성을 들 수 있다. 복잡한 임금보수 체계 하에서 총액산출의 근간이 되기 때문에 단순화된 보수체계를 유도할 수 있다. 따라서 연봉제를 도입하면 복잡한 임금체계의 간소화로 임금구조를 단순화시켜 임금관리가 용이해지므로 임금관리의 효율성과 효과성이 증대된다는 것이다.

연봉제의 단점으로는, 첫째, 연봉제의 신뢰성문제를 들 수 있다. 개인이 받는 연봉총액의 결정은 성과평가에 의해 이루어진다. 특히 인사고과와 같은 주관적 평가에 기초한다. 따라서 평가의 정확성과 공정성이 매우 중요한 이슈이며 성과평가는 연봉제의 성공을 위한 주요 요인으로 작용한다. 이러한 성과평가의 객관성과 공정성 문제와 감액이 되는 경우 근로자 사기를 오히려 떨어뜨릴 가능성이 있다. 연봉제에 있어서 연봉 총액에 대한 명확한 계산식이 정비되어 있지 않으면 연봉에 대한 신뢰성을 떨어뜨리게 된다.

둘째, 연봉제는 전년도의 실적을 평가하여 새로운 연봉을 결정하기 때문에 연봉이 줄어들 가능성도 있다. 그것이 연봉제의 또 다른 목적이라고 볼 수도 있지만 근로시간을 기준으로 하는 임금형태이면 실적을 이유로 임금이 줄어들지는 않는 것이다. 연봉제를 도입했기 때문에 연봉의 증감이 두드러져 사원의 사기가 떨어진다면 본질적인 목적을 달성할 수 없게 된다.

셋째, 팀웍의 분산과, 과다한 경쟁심 유발 문제로 연봉제는 개별적 임금관리 기법으로서, 업무능력과 실적에 치중한 업무, 성과위주의 개인주의가 조장되어 팀웍이 흐트러지고, 종업원 상호간의 불필요한 경쟁심을 유발하여 위화감을 조성하게 된다. 또한 우리 고유의 사회·문화적 전통인 장유유서 의식 및 선임자 우대원칙과는 괴리가 있어 접목시키는 과정에 많은 문제점을 발생시킬 소지가 있다는 것이다.

2. 스톡옵션

1) 스톡옵션의 의의와 특성

스톡옵션(stock option)이란 회사가 특정한 임직원에게 일정한 권리행사 기간 내에 사전에 약정한 행사가격으로 자사주식을 매입할 수 있는 권리를 부여하는 제도로 정의된다. 스톡옵션의 행사가격은 통상 법이 정하는 방법에 따라 회사가 결정하며 행사기간은 해당 임직원과 회사의 계약에 의해 결정된다. 옵션은 일정 기간의 경과기간 동안에는 행사할 수 없으며(권한확정기간, vesting period), 경과기간이 지나고 난 이후 행사기간(평균적으로 4~5년이며, 통상 경과기간 포함하여 10년 이내) 중에는 언제라도 옵션을 행사할 수 있다.

스톡옵션의 도입은 소유자와 경영자의 이해를 일치시킴으로써 기업의 가치를 향상시킬 수 있고 동시에 벤처기업들도 우수한 경영진 및 핵심인력을 유치할 수 있게 되었으며, 기존 연공서열 위주의 보상제도에서 빠른 속도로 성과주의 보상제도로 바뀌어 가고 있는 시점에서 획기적 보상제도로 각광받기 시작했다. 이렇듯 스톡옵션에 대한 관심이 크게 증가하고 있는 이유는 스톡옵션이 가진 다음과 같은 특성에 기인한다.

첫째, 스톡옵션은 성과지향적 보상수단이라는 점이다. 다양한 형태나 운영방법에도 불구하고 모든 스톡옵션은 성과에 기초하여 부여되거나 성과향상을 목적으로 부여된다. 또한 스톡옵션을 부여받은 개인은 옵션행사와 매각을 통해 얻게 되는 이익의 크기 역시 기업의 성과에 의해 크게 영향을 받게 된다. 즉, 다른 조건이 동일할 경우 기업성과가 높아지게 되면 주가가 상승하게 되어 옵션행사를 통한 이익이 커지기 때문이다. 우수인력의 유치를 목적으로 부여하는 스톡옵션의 경우에도 우수인력의 확보와 활용을 통한 기업성과의 개선이라는 목적이 그 근저에 자리잡고 있다.

둘째, 스톡옵션은 장기적인 인센티브 수단이다. 이 점에서 스톡옵션은 성과에 따라 그때 상여금을 지급하는 일반적인 인센티브와는 그 성격을 달리한다. 일단 스톡옵션이 부여되면 권한확정기간(vesting period) 동안은 옵션의 행사가 금지되므로 이 기간 동안 옵션을 소유하고 있는 경영자는 기업성과를 향상시키기 위해 노력하게 되기 때문이다.

셋째, 스톡옵션은 유연한 보상수단이다. 보상액이 사전에 확정되거나 시간이 흐르면 자동적으로 결정되는 것이 아니라 주가가 상승되는 경우에만 보상이 이루어지게 된다. 따라서 보상이 고정급이 아니라 주가에 연동된 변동급의 성격을 띠게 되며 그 결과 기업의 인건비 관리가 유연하게 이루어질 수 있게 된다. 특히 신주발행을 통한 옵션행사의 경우 그러한 보상을 위한 현금동원이 불필요하게 되므로 기업의 현금흐름에 부담을 주지 않게 된다.

2) 스톡옵션의 유형

스톡옵션의 형태는 일반적으로 과세여부, 주식의 유형, 제공대상 및 수단에 따라 투자형(investment), 보상형(appreciation), 전체 가치형(full-value)의 3가지 유형으로 분류할 수 있다.

투자형 스톡옵션은 주식만을 지급대상으로 제공되며, 옵션 행사시 옵션 수혜자는 행사가격만큼 자기자본을 투자하여 주식을 취득하게 되는 것으로 자기 자본을 전혀 투자하지 않는 보상형 스톡옵션과 구별된다. 법적인 제한요건의 충족여부에 따라 적격스톡옵션(qualified stock option)과 비적격스톡옵션(non-qualified stock option)으로 구분한다.

보상형 스톡옵션은 스톡옵션을 부여받은 임직원이 권리행사 시점의 시장가격 또는 장부가격이 행사가액을 상회할 경우 스톡옵션을 행사하여 시가와 행사가격의 차액을 현금, 주식 또는 현금과 주식의 혼합형으로 보상받을 수 있는 권리를 부여하는 방법이다. 투자형과는 달리 주식 취득시 주금 납입이 필요 없어, 회사는 주식 대신 현금으로 지급할 수 있는 형태로, 평가차익을 소득으로 간주하여 과세하므로 회사는 지급액만큼 세금 공제를 받을 수 있다.

마지막으로 전체 가치형 스톡옵션은 기업의 임직원 등의 업무실적에 따라 성과급으로 회사의 주식이나 주식가치를 제공하는 제도로 성과연계형 스톡옵션(oerformance plan stock option)과 양도제한조건부 스톡옵션(restricted stock option)이 있다.

우리나라의 스톡옵션 종류에는 과세특례요건의 충족여부에 따라 적격스톡옵션과 비적격스톡옵션, 양도제한유무에 따라 양도제한부 스톡옵션과 비제한 스톡옵션으로 나누어진다. 또한 부여방식에 따라 신주발행, 자기주식 교부방식, 주식평가 차익권으로 구분하고, 이 방법들은 얼마든지 혼용하여 부여할 수 있다. 상법과 증권거래법상 인정된 우리나라의 스톡옵션 종류는 적격스톡옵션에 해당하는 고정부스톡옵션과 주식평가차익권에 해당하는 현금과 자기주식에 의한 주식평가보상으로 규정하고 있다.

3) 스톡옵션의 효과

우리나라에서는 1997년 이후 스톡옵션에 대한 관심이 많아지고 이를 도입하는 기업 또한 점점 증가하는 추세에 있다. 스톡옵션은 기업과 주주에게 긍정적인 효과와 부정적인 효과를 동시에 발생시키게 된다. 스톡옵션이 주는 긍정적인 효과와 부정적인 효과를 살펴보면 다음과 같다.

(1) 긍정적 효과

스톡옵션 제도의 긍정적인 효과로는 첫째, 기업의 성장에 따른 적정한 성과의 분배로 주인의식을 고취하고 근로의욕을 상승시켜 질적 향상을 도모할 수 있다. 둘째, 최소의 비용으로 우수한 인재를 확보하여 장기적으로 기업의 경쟁력을 강화할 수 있다. 중소기업이나 벤처기업들은 직원들에게 대기업 수준의 좋은 근로조건을 제공할 수 없지만 스톡옵션 제도를 통하여 우수한 인력을 확보하고 직원의 사기를 진작시킬 수 있다. 셋째, 스톡옵션 지급에 따라 주주와의 이해상충을 줄임으로써 대리인비용의 감소효과를 얻을 수 있다. 넷째, 주주와 경영자의 이해의 일치로 경영의 민주화와 투명성을 제고할 수 있다. 다섯째, 다른 성과급과는 달리 당장의 현금지출 부담이 없고 향후에 주가상승시 고액의 보상효과를 기대할 수 있다. 여섯째, 기업에 우호적인 임직원이 많아져 협조적인 노사관계가 구축되고, 마지막으로 적대적 인수합병으로부터 자사의 경영권 방어가 가능해져 안정적인 경영을 할 수 있다.

임직원의 측면에서는 첫째, 주가상승이 성과에 대한 경제적인 보상과 직결되어 사기진작과 근로의욕을 증진시키게 된다. 둘째, 주가가 약정된 행사가격 이하로 하락할 경우에도 스톡옵션은 선택형 보상제도이므로 주가하락에 대한 자본손실의 위험이 없다. 셋째, 기업의 성공이 자신의 성공과 일치하여 기업가치의 극대화라는 목표 아래 주주와 같은 시각에서 의사결정을 함으로써 종업원의 경영참가 의식이 고양된다. 넷째, 스톡옵션행사 당시의 시가와 행사가격과의 차액에 대하여 근로소득세가 비과세되고 주식의 처분시에만 양도소득세를 과세하기 때문에 세금지원 및 세금감면효과가 있다. 다섯째, 우리사주조합 제도에서는 취득 주식을 7년간 증권예탁원에 예탁하여야 하지만 스톡옵션 제도는 옵션부여일로 3년 후부터는 행사에 제한이 없기 때문에 현금 유동성이 높다. 여섯째, 장기 인센티브 성과보상제도로서 주가가 상승하였을 경우 스톡옵션을 행사하여 고수익 획득이 가능하므로 임직원의 재산형성의 기회를 제공한다.

(2) 부정적 효과

스톡옵션을 부여받은 임직원과 부여받지 않은 임직원간에 보상의 형평성 때문에 임직원들간의 신뢰와 화합을 저해할 수 있다. 또한 기업의 임직원들이 약정용역 제공기간 내에 경영성과를 높이기 위하여 장기적 성장잠재력보다는 단기성과에만 집착하는 근시안적 경영행태가 나타날 수 있다. 이는 장기적인 관점에서 보면 기업의 경쟁력을 약화시킬 수 있다. 그리고 기업의 실적과 주가와의 상관관계가 약한 기업의 경우 시장전체의 움직임에 의해 주가가 형성됨에 따라 주식시장이 약세일 경우 실익이 줄어들 수 있고, 이는 스톡옵션 제도의 효과를 반감시킬 수 있다. 마지막으로 경영진의 과다한 이익의 향유로 주주의 이익이 침해당할 위험이 있다. 성과에 비하여 과다한 스톡옵션의 부여와 낮은 행사가격은 주가의 하락으로 연결되어 주주들에게 부의 손실을 가져올 수 있다.

사 례 피에스앤마케팅 성과와 보상의 연계성 강화

직장인에게 '임금'은 입사해야 할 회사를 결정할 때도, 다니던 회사를 떠날 때도 중요한 의사결정의 핵심 포인트이다. 더욱이 회사에 몸담고 있을 때는 더할 나위 없을 것이다. 반면 회사 입장에서의 '임금'은 구성원을 회사가 기대하는 방향으로 움직이도록 할 수 있는 영향력 중에 가장 강력한 것임에 틀림없을 것이다.

국내기업 임금조정 시 기본방향 및 고려사항

노동조합이 있는 기업 | 노사 간 단체협약(임금만 별도로 합의한 경우는 임금협약)에 의해 그 해의 임금조정을 결정하는 유형이다. 이러한 형태의 기업에서 임금인상률을 결정하는 과정은 두 가지로 구분할 수 있다. 첫째는 노사 간의 어느 정도 합리적인 근거를 가지고 협의하는 경우이고, 둘째는 주로 동종업계 또는 과거 인상률을 기준으로 하여 정치적 타결을 주로 하는 경우이다. 이때 교섭과정을 거치면서 정치적으로 타결되거나 정부의 임금인상 가이드라인 또는 동종업계나 주변 기업의 인상률을 따라가는 경향이 강하다. 결론적으로 임금인상률의 결정은 절대적으로 일정한 공식이나 변수조합에 따르는 것이 아니라 대체적으로 '물가인상률+노동생산성 증가율'을 고려하면서, 동종업계의 타결률을 감안해서 노사가 타협으로 정하는 것이라 볼 수 있다. (표 참조)

노동조합이 없는 기업 | 최고 의사결정권자가 임의로 인상수준을 결정하는 형태이다. 물론 의사결정 전에 여러 가지 임금인상의 결정요인을 분석하여 결정하게 된다. 물가상승에 따른 생계비 보전을 기본으로 하고, 회사의 지불능력과 대외 경쟁력, 그리고 내부 보상정책과 전략 등을 고려하여 결정하게 된다.

개별 연봉협상에 따른 임금조정 | 이러한 형태의 조정은 사실 국내기업에서는 제약사항이 많이 존재한다. 우선 연봉협상이라는 것은 얼마나 많이 올릴 수 있느냐만 고려되어서는 안된다. 성과가 나쁠 때는 합당한 수준에서 어느 정도 연봉을 삭감할 수 있느냐도 고려되어야 하지만 현실적으로 '연봉삭감'은 상당히 어려운 일이다.

직장인(정규직 근로자)의 경우 노동법과 근로기준법에 따라 고용의 보장을 받고 있기 때문이다. 아울러 단체협약·취업규칙에 따라 급여삭감의 보호장치(개인동의도 필수적으로 필요함)가 되어 있기 때문에 기업이 일방적으로 근로자의 급여를 삭감할 수 없다. 또한 개별적으로 연봉협상을 하기에는 회사가 부담해야 할 관리코스트가 상당하며 직원 수가 몇 천 명씩 되는 대기업은 사실상 불가능에 가깝다고 볼 수 있고, 회사가 구성원을 관리하는 기본프레임이 있기에 기대되는 성과도 어느 정도 예측 가능하고 통제 가능한 범위 내에서 발생한다는 것이다.

[표] 회사의 보상정책에 따른 임금수준 관리 전략

선도전략 (Lead)	- 경쟁기업의 일반적인 임금수준보다 높은 임금수준을 유지 하고자 하는 전략 - 우수한 인재를 선발 · 확보할 수 있음 - 구성원들의 임금에 대한 불만족을 최소화하고 동기유발을 극대화할 수 있음
동행전략 (Match)	- 경쟁기업의 임금과 비슷한 수준으로 유지하고자 하는 전략 - 선도전략과 달리 먼저 임금수준을 높이지는 않지만, 선도기업이 임금수준을 높이면 곧바로 따라가는 전략임 - 이 전략은 임금수준을 적절하게 관리하여 상대적으로 과다한 비용을 부담하는 위험을 피할 수 있다는 장점이 있음
추종전략 (Lag)	- 경쟁기업의 일반적인 임금수준보다 낮게 정하고 일정 기간의 격차를 두고 경쟁기업의 임금수준을 따라가는 전략임 - 우수한 인력을 선발·확보하는 것 못지않게 인건비 경쟁력을 확보하는 것이 더 중요한 기업이 선택할 수 있는 전략

성과 낸 구성원에게 더 혜택 돌아가게

법정기준 미만자가 속한 인상그룹의 경우 | 최근 임금인상에서 가장 쟁점이 된 것은 2018년 16.4%, 2019년 10.9%나 인상된 법정기준이었다. 우리나라의 많은 기업에서 신입(하위 직급)사원 연봉은 법정기준 미만자가 많은 것이 사실이다. 대부분의 기업에서 모든 임금항목이 기본급은 아니기 때문에 (고정 초과근무수당, 인센티브, 성과급 등) 실질연봉이 3천 만원이 넘는 근로자인 경우에도 법정기준 미만자인 경우가 많이 있다. 뿐만 아니라 근속이나 직급별로 임금격차를 당연하게 생각하는 경향이 많아 하위 직급인 법정기준 미만자가 16.4% 인상되

면 당연히 기존의 임금격차를 고려해야 하기 때문에 임금인상에 대한 부담은 상당히 컸던게 사실이다. 또한 법정기준을 충족하고 직급별 격차만 극복한다고 구성원들이 원하는 임금인상이라고 볼 수도 없고, 임금인상 본연의 목적인 동기부여 효과를 충분히 얻어 낼 수도 없을 것이다.

이처럼 회사의 의지가 아닌 대외환경의 큰 변화, 쓰나미급 변화로 인해 선택할 수 있는 선택지가 많지 않을수록 기본부터 명확히 생각해 볼 필요가 있었다. 임금인상을 통해 회사가 구성원에게 주고 싶은 메시지가 무엇인지부터 말이다. 임금인상의 기본방향은 회사의 보상정책인 성과와 보상의 연계성 강화를 통해, 더 많은 성과를 낸 구성원에게 더 많은 혜택이 돌아가도록 하는 것이었다.

기본을 되짚고 보니 중요한 것이 무엇인지 명확해 졌다. 이에 따라 먼저 전 직원 법정기준 미만자에 대해서는 법정기준까지 일괄 인상을 시행했다. 이어 직급구분 없이 성과에 따라 차등인상을 시행했다.(참고로 피에스앤마케팅은 직급(밴드)제는 시행 중이나 업의 특성상 직무수 행시 직급에 따른 차이보다는 역할(직책)에 따른 차이가 더 중요하다. 성과차등 인상수준은 전년도 인상액, 구성원 기대수준, 회사의 가용재원, 경쟁사 인상수준 등을 고려해 설정하였고, 'S'등급자는 'B'등급자의 최대 400%(4배)까지 인상하였다.('C'등급자는 동결)) 인상을 하고 보니 법정기준 인상이 시행되면서 직급별 초임도 상향 설정되어 성과차등에 대한 차이가 축소되는 구조가 나타나게 되었다.('A'를 받으나 'S'를 받으나 최종 인상액 차이가 작은) 이에 구성원 동기부여를 위해 전 직급 상위 30% 그룹에게는 추가 인상을 시행했다. 또 직급에 관계없이 성과에 따라 인상을 시행하다 보니 파트장, 팀장 등(대부분 상위 직급에 포진) 직책자들의 동기부여가 약화될 수 있어 추가로 격려금(비누진·일시금)을 지급하였다.

법정기준 미만 비해당 인상그룹의 경우 | 현재 피에스앤마케팅의 연봉수준 경쟁력을 객관적, 상대적으로 파악하기 위해 경쟁사, 동종업계 선두그룹, 그리고 그룹 내 관계사의 연봉과 비교·분석했다. 더불어 연봉 경쟁력이 피부로 느껴지는 경우는 외부 경력직 채용시 동일 경력·연령 지원자의 연봉보다 낮아 우수인력 선발이나 연봉책정 시 애로사항이 있었다.

이에 구성원 보상경쟁력 강화를 위해 인상계획을 수립했고, 차이를 한번에 채우기에는 무리가 있으므로 5년 내 점진적으로 만회하는 것으로 방향을 잡았다. 인상액을 배분할 때는 연차와 나이에 따른 인상은 지양하고, 철저히 성과에 따른 인상을 통하여 조직의 건전한 긴장과 성과주의 문화를 구현코자 하였다.

근본적인 임금제도 개편 할 때

인사담당자가 준비 및 연구하지 않으면 회사의 인건비 부담은 커져만 갈 것이고, 경쟁기업보다 연봉은 많이 지급하면서도 만족하는 구성원 보다 만족하지 않는 구성원이 더 많아질 것이며, 회사의 임금과 생산성 및 성과와의 인과관계는 찾아보기 힘들게 될 것이다.

당면 과제뿐만 아니라 곧 도래할 환경에 대한 준비도 필요하다. 보다 근본적인 임금제도 개편이 필요한 시기이다.

현재 사람중심의 임금제도에서 개별 직무의 상대적 가치에 따라 직무 등급을 도출하고 직무 등급에 기반하여 임금을 결정하는 것이다. 이는 직무 단위로 임금을 결정하므로 같은 직무를 수행할 경우 어느 근로자가 수행하더라도 같은 임금을 지급한다. (수행업무의 등급·수준이 바뀌면 임금변화) 담당직무가치 범위를 넓게 잡고(Broadbanding), 직무가치는 물론 수행자의 역량 및 성과 등을 종합적으로 고려하여 임금을 결정하고, 직무가치와 함께 성과 및 역량 등을 반영하여 유연한 인사관리를 가능하게 한다.

물론 임금제도를 직무급으로 바꾸는 것은 단기간에 가능한 일은 아니다. 직무급 적용이 적당치 않은 기업특성을 가지고 있을 수도 있고, 직무급을 적용해 단점이 있을 수도 있다. 다만 임금을 회사와 구성원의 근로계약 관계에서 발생하는 '노동의 대가'가 아닌 '사람이 하는 일이 창출하는 가치에 대한 대가'라고 보는, 보다 근본적인 취지에서 생각해 본다면 쉽지는 않겠지만 생각해 볼 필요는 있을 것이다.

〈자료: 한국인사관리협회, HR Best Practice 100, 2022년 6월〉

참고문헌

고용노동부(각년도), 고용노동통계.

신철우·최찬기·윤정현·김대수(2018), 인적자원관리, 탑북스.

양동훈(2022), 인적자원관리, 홍문사.

오기아라 마사루(1996), 연봉제 매뉴얼, 21세기북스.

유규창·박우성(2022), 리더를 위한 인적자원관리, 창민사.

이학종·영혁승(2012), 전략적 인적자원 관리(개정판), 오래.

전근오(2016), 최신 임금관리총서, 한국경영관리연구원.

전략기업컨설팅(2006), 한국형 임금관리와 연봉제.

전상길(2020), 창조경영을 위한 인적자원관리, 길을 묻다, 창명.

정수진·고종식(2019), 실무지식을 위한 인적자원 관리(2판), 정독.

최종태(1995), 현대임금관리론, 박영사.

G. T. Milkovich, J. M. Newman & J. M. Ivancevich(1998), Human Resource Management(7th ed.), McGraw-Hill.

H. Precious & M. Tsitsi(2021). Principles of Human Resources Management, LAP Lambert Academic Publishing.

R. L. Mathis, J. H. Jackson & S. R. Valentine(2015), Human Resource Management: Essential Perspectives, Cengage Learning.

R. N. Lussier & J. R. Hendon(2018), Human Resource Management: Functions, Applications, and Skill Development(4th ed.), SAGE Publications, Inc.

S. L. Verhulst & D. A. DeCenzo(2021), Fundamentals of Human Resource Management(14th ed.), John Wiley.

S. Snell & S. Morris(2022), Managing Human Resources(19th ed.), Cengage Learning.

제11장

복리후생 및 안전관리

제1절 복리후생관리

제2절 안전관리

학습목표

- 복리후생제도의 의의, 기능 및 역할에 대하여 이해한다.
- 법정 복리후생제도와 비법정 복리후생제도의 차이점을 이해한다.
- 복리후생관리의 원칙에 대하여 이해한다.
- 카페테리아식 복리후생제도에 대하여 이해한다.
- 안전관리의 조직과 유형에 대하여 이해한다.
- 산업안전보건법과 산업재해보상보험의 차이점을 이해한다.

제1절 복리후생관리

1. 복리후생관리의 본질

1) 복리후생의 의의

복리후생(employee benefit and service program)이란 기업이 종업원의 생활수준의 향상을 위하여 마련한 임금과 같은 직접적 보상이 아닌 간접적인 보상을 의미한다. 복리후생은 기업이 자체의 부담과 책임으로 종업원에게 간접적인 형태로 제시하는 보상으로서, 노동력의 확보·유지·개발을 원활하게 하기 위한 것일 뿐만 아니라, 경영공동체 형성의 기반으로서도 필요하다. 따라서 복리후생은 기업경영에 있어서 인적자원활용의 기반을 이루는 중요한 기본적 경영관리방법의 하나라고 할 수 있다.

기업은 인적자원을 고용하여 근로에 대한 대가로서 임금을 지불한다. 따라서 임금은 근로계약의 가장 기본적인 노동조건으로 작용한다. 복리후생은 이러한 기본적인 노동조건인 임금 이외에 종업원의 생활을 윤택하게 하기 위하여 경영자가 제공하는 여러 가지 이익, 정책, 제도 등을 의미한다. 현대의 기업경영에 있어서 복리후생은 인적자원의 유지와 활용을 통하여 조직성과 제고를 위한 중요한 관리기법으로 작용하고 있다.

본질적으로 기업경영에 있어서 종업원에 대한 복리후생제도는 온정적·은혜적인 의미에서 사용자의 자유의사에 의한 임의적 제도로서의 성격을 가진 것이었으나, 산업사회의 발전과 특히 노사관계의 변화로 인하여 오늘날에 있어서는 국가의 법률에 의하여 의무적으로 해야 하는 법정제도로서의 성격으로 진화하게 되었다.

따라서 현대의 복리후생은 노동조건과 밀접한 관련을 가지면서 주로 생활보조적인 기능을 하며, 또 그것을 통하여 인간관계 증진을 위한 시책이라고 인식되고 있다. 즉, 복리후생은 노동조건을 보완하여 종업원들의 경제적 지위 뿐만 아니라 심신을 증진시키는 기능을 수행하며 나아가서 노사관계를 비롯하여 인간관계의 형성에도 크게 기여하고 있다.

기업경영에 있어서 복리후생관리의 목표는 우수인력을 확보하고, 종업원들의 이직 및 결근을 방지하여 생산성을 향상시키는데 있다. 또한 기업 내 노사관계를 협력적으로 구축하며, 이를 바탕으로 기업의 사회적 책임을 수행할 수 있다. 종업원 역시 조직 내 복리후생제도를 통하여 동기부여와 조직에 대한 소속감의 증진, 경제적 안정 등을 통해 자아실현을 달성해 나갈 수 있게 된다.

2) 복리후생의 기능과 성격

(1) 복리후생의 기능

기업에서 종업원에게 제공하는 복리후생은 다음과 같은 기능을 한다.

첫째, 생활안정의 기능이다. 기업이 종업원에게 보상을 하는 목적은 근로의욕을 증진하고 생활안정을 도모하여 안정된 분위기로 주어진 직무에 종사할 수 있도록 하는 것이다. 이때 임금이 직접적인 보상의 기능을 한다면, 복리후생은 간접적이고 부가적인 보완적 보상의 기능을 한다. 그러므로 복리후생은 종업원의 생활안정을 지원하기 위한 방법의 일환으로 작용한다.

둘째, 노동력 유지의 기능이다. 복리후생에 관한 제도는 근로자의 이직을 방지하는 주요한 기능을 가진다. 이직의 주된 이유가 생활 불안정이기 때문에 이를 해결하여 노동력을 유지하려면 우선 복리후생의 확대를 통해 생활안정을 도모해야 한다. 주택지원을 하고 의료혜택과 생활 편의시설을 잘 구축해 주면 근로자의 이직 비율은 상당히 줄어들게 될 것이다.

셋째, 원만한 인간관계 조성의 기능이다. 임금은 개별적 차등 지급의 형태를 가지고 있기 때문에 개인적인 비교나 저수준의 임금을 받는 사람이 불만을 가질 수 있다. 그러나 복리후생은 단체지급의 성격을 가지고 있기 때문에 근로자 모두가 평등하다는 생각으로 조직 내의 인간관계가 원만해질 수 있다.

넷째, 협조적 노사관계 조성의 기능이다. 비법정 복리후생은 법적 제재를 가하지 않는 것으로 그 지급여부는 기업이 임의로 결정할 수 있다. 따라서 대부분의 복리후생의 내용은 기업이 근로자를 배려하는 차원에서 지급하는 것이므로 노사관계를 협조적 분위기로 만드는 데 크게 기여할 수가 있는 것이다.

(2) 복리후생의 성격

복리후생의 성격을 보다 명확히 파악하기 위해서는 이와 대비되는 개념으로서 임금과의 비교를 시도해 보는 것이 도움이 된다. 즉, 임금은 종업원에게 지급하는 직접적인 보상이고, 복리후생은 간접적 보상으로 그 성격을 달리하고 있어, 이를 파악하는 것이 복리후생의 성격을 이해하는 방법이 되는 것이다. 이러한 복리후생의 성격을 세부적으로 살펴보면 다음과 같다.

첫째, 노동의 질·양·능률에 대한 무차별적인 성격을 지닌다. 임금은 노동의 질·양·능률 등에 따라서 차이가 나지만, 복리후생은 신분기준에 따라서 운영되고 있다. 즉, 연령, 성별, 지위, 근속년수 등에 따라서 차이가 있지만 원칙적으로 노동의 질이나 양, 능률 등에 의해서는 차등을 두지 않는다.

둘째, 집단적 보상성격을 지닌다. 복리후생비는 기본적으로 집단적 보상의 성격을 갖는다. 즉, 복리후생의 혜택은 집단 전체에게 공평하게 배분되기 때문에 집단에 대해 협동적 자세가 형성된다.

셋째, 필요성의 원칙에 의해 지급된다. 복리후생의 구체적 내용이 설정되어 있다 하더라도 필요한 종업원에게만 지급된다. 예를 들면 의료보험의 혜택 또는 분만비 지급과 같이, 기회는 모두에게 주되 실제 혜택은 해당되는 사람만 받도록 되어 있다.

넷째, 용도의 한정성을 가진다. 임금의 용도가 무제한적인 것이라면 복리후생의 용도는 제한적인 특성을 가진다. 즉, 복리후생에 대한 혜택의 내용은 당해 기업에서 일일이 그 지급내용을 예시하여 해당자가 지체없이 이용하도록 한다. 이는 지급내용에 따라 용도가 각각 제한되어 있기 때문이다. 예를 들면 통근버스, 피복지급, 주차장 이용 등과 같이 그 하나하나의 용도가 다르다.

다섯째, 기대소득의 성격을 지닌다. 복리후생에 대한 혜택은 모든 종업원이 조건만 충족되면 누구나 똑같이 받을 수 있기 때문에 언젠가는 차례가 올 것이라는 기대감을 갖게 해주는 기대소득의 성격을 가진다.

여섯째, 지급형태의 다양성을 가진다. 임금이 현금으로만 지급되는 원칙이지만, 복리후생비는 현금 외에도 현물이나 서비스의 제공, 시설물의 이용 등을 통해서도 지급되는 것이다.

일곱째, 종업원 생활의 안정화에 기여한다. 임금이 그 상승에 따라서 직접적인 생활수준의 향상을 가져오지만, 필요성의 원칙에 의해 지급되는 복리후생비는 생활수준의 직접적 향상보다는 그 안정화에 기여한다고 볼 수 있다. 특히 환경변화에 따라 일시적으로 비용이 많이 소요되는 생활상의 곤란을 복리후생비로써 충당하게 됨으로써 종업원들의 생활을 안정시켜 주는 역할을 한다.

3) 복리후생의 형태

기업에서 실시하고 있는 복리후생은 일반적으로 법정 복리후생과 비법정 복리후생으로 구분되어진다. 법정 복리후생은 국가의 법률에 의해 실시되고 있는 사회보장제도의 틀 속에서 각 기업이 의무적으로 실행해야 하는 복리후생이고, 비법정 복리후생은 의무사항은 아니지만 개별기업 단위의 근로자 복지향상과 동기부여적 차원에서 실시되고 있는 복리후생이다.

(1) 법정 복리후생제도

법정 복리후생은 국가의 사회보장정책의 일환으로 국가가 기업에 법률로서의 실시를 강제함으로써 의무화된 복리후생을 말한다. 오늘날 경제적 힘이 기업에 치중되어 있기 때문에 근로자에 대한 기본적인 복리후생에 대해서는 법으로 이를 명시하여 기업이 제공하도록 하고, 제공된 내용에 상당하는 금액을 세제혜택을 주고 있다. 따라서 법정 복리후생제도는 기업이 종업원을 고용하고 있는 한, 종업원의 개인적 의사나 기업의 자율적 방침과는 관계없이 법률에 의해서 강제적으로 실시되어야 하는 복리후생시설이나 제도를 말한다. 산업사회의 발전으로 인한 종업원의 질병이나 노령에 대한 두려움, 그리고 재해 및 실업에 대한 위험에 대비하기 위한 목적으로 법정 복리후생제도의 필요성이 있는 것이다.

우리나라의 법정 복리후생제도로는 건강보험, 국민연금, 산업재해보상보험, 고용보험 등 4가지 사회보험을 공적 보험제도로 정해 놓고 기업으로 하여금 이를 실시하도록 법으로 강제하고 있는 것이다. 이러한 4가지 사회보험별로 구분하여 그 의의와 연혁을 살펴보면 다음과 같다.

① 건강보험

건강보험은 건강보험법 제1조(목적)에 근거하여 "국민의 질병·부상에 대한 예방·진단·치료·재활과 출산·사망 및 건강증진에 대하여 보험급여를 실시함으로써 국민보건을 향상시키고 사회보장을 증진함을 목적"을 달성하기 위하여 건강보험 사업은 보건복지부장관이 관장하며 관리운영 주체로 국민건강보험공단이 사업을 수행하고 있다. 실상 국민건강보험공단을 중심으로 한 관리운영체계는 전 국민을 대상으로 보험가입자가 납부한 건강보험 재원으로 보험급여를 실시하고 있으며 정부의 정책결정과 정책수행을 담당하는 정부부처로 보건복지부가 관리·감독업무를 수행하고 있다.

건강보험은 1963년 의료보험의 제정, 1976년 의료보험법 2차 전면개정, 1999년 국민의료보험법 제정으로 세 번의 커다란 변화를 수반하였다. 이러한 정책결정과정은 상호간 전혀 다른 사회, 경제, 정치적 환경과 기반 하에서 이루어졌다. 제도시행 초기에는 대통령과 행정부가 주도하는 정책결정이 이루어졌으며, 시대의 변화에 따라 다양한 사회적 행위자들의 역할이 점진적으로 확장되었다. 1999년 국민건강보험법 제정으로 명칭이 변경된 국민건강보험제도는 직장·직종·지역, 공무원 및 사립학교 교직원 등으로 적용대상을 분리하여 운영되어 왔으며 1963년 농어촌 의료보험, 1989년 도시지역 자영업자 적용대상 확대와 전 국민 의료보험을 실시하였다. 1998년 지역의료보험과 공무원·교직원 의료보험 통합, 2000년 직장의료보험까지 통합되어 국민건강보험으로 새롭게 출발함으로써 전 국민이 건강보험 혜택을 받게 되었다.

② 국민연금

국민연금 제도는 국민의 노령·장애 또는 사망에 대하여 연금급여를 실시함으로써 국민의 생활 안정과 복지 증진에 기여함을 목적으로 하고 있다(국민연금법 제1조). 국민연금 사업은 보건복지부장관이 관장하고, 국민연금의 급여 수준 및 연금 보험료는 국민연금 재정의 장기적인 균형이 유지되도록 보건복지부에 국민연금에 관한 사항을 심의할 국민연금심의위원회를 두고 있다. 국민연금의 가입대상자는 국내에 거주하는 18세 이상 60세 미만의 국민으로서 공무원·군인 및 사립학교 교직원을 제외하고 국민연금의 가입대상이 된다. 국민연금관리공단은 가입자를 사업장 가입자·지역 가입자·임의 가입자 및 임의 계속 가입자로 구분하여 관리하고 가입자에 대한 기록의 관리 및 유지, 연금 보험료의 징수, 급여의 결정 및 지급, 복지증진사업, 기금증식을 위한 자금의 대여사업 등을 수행하고 있다.

1988년 국민연금제도는 사업장 근로자를 대상으로 실시되었으며, 모든 근로자 당연 적용을 목표로 1992년 적용범위를 근로자 5인 이상 사업장으로 확대하였다. 이어 농어촌지역의 인구 고령화와 도·농간 소득격차 심화에 따른 사회보장책으로 1995년 농어촌까지 적용범위를 확대하였다. 그러나 제도 시행 10년이 되는 1997년말 외환위기로 제도 전반에 걸친 개혁이 불가피하게 되었다. 특히 전 국민의 노후생활이 걸려있는 국민연금제도의 수정이라는 점에서 향후 제도 확대의 장해요인으로 작용하게 되었다. 따라서 1997년 12월 '국민연금제도개선기획단'이 국민연금 제도개선안을 발표하였다. 이 개선안이 국민부담을 크게 늘리고 급여 수준을 하향조정하는 개혁방안이라는 시민·노동단체의 반대에 부딪쳐 제도에 대한 구조적 개혁은 무산되었으나, 재정 안정화를 위한 부분적 개혁을 이루었다. 이처럼 1998년으로 예정되었던 연금도시지역 확대는 1999년 4월 시행되었다.

③ 산업재해보상보험

산업재해보상보험(이하 산재보험)은 근로자의 업무상의 재해를 신속하고 공정하게 보상하고, 재해근로자의 재활 및 사회복귀를 촉진하기 위하여 이에 필요한 보험시설을 설치·운영하여 재해 예방 기타 근로자의 복지증진을 위한 사업을 수행함으로써 근로자 보호를 위한 제도이다. 따라서 산재보험은 업무상 재해나 직업병으로 인한 소득상실을 보전하고 요양·재활서비스를 제공하는 것을 목적으로 하고 있다. 보험사업은 노동부장관이 관장하며 산업안전보건법 제6조에 의거 노동부 내에 산재보험 심의위원회를 두어 감독업무를 수행하고 있다. 산재보험의 적용대상은 근로자를 사용하는 모든 사업에 적용한다. 근로복지공단은 보험에 관한 기록의 관리·유지, 보험료 기타 징수금의 징수, 보험급여의 결정 및 지급, 보험시설의 설치·운영, 근로자의 복지증진 사업 등을 수행한다.

산재보험은 산업재해에 대한 사업 고용주 책임(employer's liability)을 사회보험화한 것으로 산업재해에 대하여 1953년 이전까지는 민법에 의한 보상이나 단체협약에 의한 사업상 단위의 보상이 이루어졌다. 1953년 근로기준법이 제정되면서 재해보상은 사업 고용주의 개별 책임주의 방식으로 전환되었다. 1963년 산업재해보상보험법이 제정되면서 고용주 책임주의에 의한 산재보상은 무과실주의 원칙을 따르는 산업재해보상제도로 발전하게 되었다. 우리나라는 1964년부터 500인 이상의 광업과 제조업 사업장을 대상으로 출발하여 2000년까지 짧은 기간 동안 1인 이상의 전사업장으로 확대 적용되었다.

④ 고용보험

고용보험제도는 실업의 예방, 고용의 촉진 및 근로자의 직업능력의 개발·향상을 도모하고, 국가의 직업 지도·직업 소개 기능을 강화하여 봉급생활 사업장 근로자가 실업한 경우에 생활에 필요한 실업급여를 실시함으로써, 근로자의 생활의 안정과 구직활동을 촉진하여 경제·사회 발전에 이바지함을 목적으로 한다. 고용보험은 노동부장관이 관장하고 적용대상을 사업장 근로자를 고용하는 모든 사업에 적용한다. 보험료는 보험 사업에 소요되는 비용에 충당하기 위하여 보험료 징수법에 따라 징수하고 있으며, 고용보험 사업으로서 고용안정 사업·직업능력 개발 사업·실업급여 및 육아휴직 급여 등을 실시하고 있다.

1995년에 도입된 고용보험은 크게 고용안정사업과 직업능력개발사업 및 실업급여, 육아휴직급여 및 산전후 휴가급여 등 사업으로 구성되어 있는 사회보험제도이다. 1998년 1월 상시근로자 10인 이상을 시작으로 적용대상 범위의 확대는 1998년 3월에 5인 이상 사업장, 1998년 10월 1인 이상으로 가장 단기간에 전사업장으로 대상범위를 확대하였다. 외환위기 이후 비정규직 문제가 심화되자 노동계를 중심으로 비정규직 대책마련 요구가 강하게 제기되었고, 언론·시민단체 등을 통해 사회적 공감대가 확산되었으며, 2004년 일용근로자의 고용보험 적용이 확대되었다. 또 2001년 11월 근로여성 모성보호 관련법(근로기준법, 남녀고용평등법, 고용보험법)이 개정되어 육아휴직·출산전후 휴가급여가 시행되고 있다. 이처럼 고용보험제도는 늦은 제도시행에도 불구하고, 1997년 경제위기 이후 노동시장의 급격한 변화 속에서 제도의 발전 속도가 매우 빠른 특징을 가지고 있다.

이상의 4가지 사회보험에 대한 주요 특징을 요약하면 다음 〈표 11-1〉과 같다.

표 11-1 4대 사회보험의 특징

구분	건강보험	국민연금	고용보험	산재보험
시행년도	1977년 (노인장기요양보험 2008.7.1 실시)	1988년	1995년	1964년
기본성격	의료보장 단기보험	소득보장 장기보험	실업고용 중기보험	산재보상 단기보험
급여방식	현물급여 균등급여	현금급여 소득비례	현금급여 소득비례	현물-균등급여 현금-소득비례
관리단위	사업장·세대별 관리	개인별 관리	사업	사업장
보험료 관장	보건복지부장관	보건복지부장관	고용노동부장관	고용노동부장관
자격 관리방식	직장·지역 통합관리	직장·지역 통합관리	사업별관리 가입자관리	사업별관리 가입자관리
보험료 부과단위	사업장· 지역(세대별)	사업장· 지역(개인별)	사업	사업

자료: 4대사회보험정보연계센터(http://www.4insure.or.kr)

(2) 비법정 복리후생제도

비법정 복리후생제도는 기업 자체에서 실시하는 임의적인 복리후생제도로써, 기업의 특성이나 규모, 경영자의 의지 여하에 따라 그 내용이 달라지게 된다. 일반적으로 비법정 복리후생제도는 크게 2가지 방향에서 이루어진다.

첫째, 사회보험에 대한 추가적인 운영이다. 즉, 법정 복리후생제도의 운영 내용을 보다 알차게 구성하여 법률에서 정한 수준 이상으로 사회보험을 운영한다는 것이다. 질병이 발생했을 경우 건강보험이 보장해 주지 못하는 부분에 대하여 보조를 해준다거나 연금보험의 경우에 있어서 법률이 정한 최소한도의 범위를 넘어서 추가적으로 사용자가 별도 보험료를 부담해주는 경우 등이다.

둘째, 기업 자체적인 자율 운영이다. 즉, 기업이 별도로 자율적인 의사 하에 설정한 복리후생제도라는 것이다. 따라서 바로 이 부문에서 기업간에 복리후생의 정도가 차이를 나타내고 그 기업의 복리후생이 훌륭한지 그렇지 못한지를 결정한다. 여기에는 주로 생활지원 제도, 보건·위생지원 제도, 문화·체육·오락지원 제도, 공제·금융지원 제도 등의 내용들이 포함된다. 이의 내용을 좀 더 구체적으로 살펴보면 다음과 같다.

① 생활지원 제도

이 제도는 종업원의 소비생활과 밀접하게 관련되어 있으며, 우리나라의 경우에는 낮은 임금수준을 보완하여 생활수준을 안정시키는 역할을 한다. 여기에는 매우 광범위한 종류가 포함되지만 중심적인 것으로는 급식, 구매, 통근, 가족원조 그리고 생활지원 등과 또한 주택관계시설이나 제도 등의 복리후생으로 구성된다. 이러한 생활지원 제도의 세부적인 내용으로는 주거시설(사택, 기숙사, 아파트 분양과 전세집 내지 전세금 대여 알선 등), 생활원조(급식, 통근버스, 피복, 생활물자와 식료품 지급 등), 기타(주차장, 생활상담 등) 등을 지원하는 것이다.

② 보건·위생지원 제도

이 제도는 종업원의 건강한 생활을 보장하기 위한 것으로 질병의 치료와 예방 또는 건강의 유지와 관련된 시설을 만들어 지원하는 것이다. 종업원에게 가장 중요한 것은 건강이며, 또한 건강을 지키고 유지하기 위한 위생시설 등에 대한 지원을 통한 복리후생이라 할 수 있다. 이러한 보건·위생지원 제도의 세부적인 내용으로는 보건·건강시설(병원, 진료소, 의무실, 휴양소, 요양소 등), 위생시설(목욕탕, 빨래방, 이·미용실, 환경위생, 집단위생, 편의실 등), 기타(건강진단, 건강상담, 질병·전염병 예방대책 등) 등을 지원하는 것이다.

③ 문화·체육·오락지원 제도

종업원들의 전반적인 생활수준이 향상됨에 따라 그들의 관심은 점차적으로 근무 이외의 시간을 여가로 활용하는데 관심이 증가하고 있다. 따라서 종업원들은 스트레스를 풀고 피로를 회복할 수 있는 방법으로서 문화·체육·오락시설을 찾아 그들의 여유 시간을 활용하고자 한다. 기업에서 이러한 지원을 위한 세부적인 내용으로는 문화교양시설(학교, 도서관, 문화회관, 전시회, 강연회, 강습회), 체육시설(체육관, 운동장, 수영장, 테니스장), 오락·레크레이션(오락실, 각종 써클활동, 연극·영화활동, 야유회, 각종 취미 동호회) 등을 지원하는 것이다.

④ 공제·금융지원 제도

공제·금융제도는 종업원들의 경제적 안정에 기여하는 복리후생의 중요한 부분이다. 공제제도는 종업원들과 가족들이 경조사나 불시의 재해를 입었을 때, 구제나 부조를 통해 경제적 지원을 해 줌으로서 종업원의 근로의욕을 증진시켜 주는 제도이다. 그리고 금융제도는 종업원의 주택마련, 자녀교육, 재해극복 등을 위해 자금의 융통이 필요할 때를 대비해 기업에서 예금제도나 융자제도를 운영하는 것을 말한다. 이에 관련된 세부적인 내용으로는 구매시설(매점, 협동조합, 생활소비조합, 사내제품 염가판매), 금융제도(주택·전세금대여, 자금대여와 예·적금제도), 공제제도(경조사비, 재해 위로금, 보험료 부담), 기타(보육실, 결혼식장, 장의시설 알선 및 제공) 등을 지원하는 것이다.

2. 복리후생제도의 관리

1) 복리후생관리의 원칙

오늘날 기업에서 제공하고 있는 복리후생은 정부의 규제나 법률에 의해서 뿐만 아니라 산업사회의 발전과 함께 기업의 자발적인 복리후생시설과 제도의 도입으로 인하여 그 비용이 막대하게 증가하고 있다. 미국의 경우에 있어서는 이러한 비용의 지출이 많을 경우 근로자 전체에게 지급하는 총임금의 3-50%에 이르는 경우도 있다. 따라서 이러한 복리후생비용의 증가는 이제 그 운영이나 정책에 있어서 효율적인 관리를 통해서 비용 대비 그 효과성을 극대화시킬 필요가 있는 것이다. 이러한 관점에서 기업의 복리후생관리를 위해 기본적으로 고려되어야 할 원칙들을 살펴보면 다음과 같다.

첫째, 적정성의 원칙이다. 이 원칙은 기업의 모든 종업원들에게 절실히 필요하고, 경비부담에 적정한 수준이며, 동종 산업이나 그 지역 내 산업에 대비하여 크게 차등이 없는 정도의 복리후생을 하는 것이다. 따라서 이러한 원칙을 위해 종업원의 의견조사를 한다든지, 기업의 복지시설에 관한 연차적 확충계획을 세우는 것도 바람직한 일이다. 또한 농종 업종의 동일 지역 내의 시설 등에 관하여 조사를 하고, 그 일반적인 수준을 파악하는 것도 중요한 일이다. 실제로 중소기업의 복리후생이 대기업의 수준에 도달하기는 어렵다고 보아야 하지만, 반대로 대기업이 중소기업의 부족한 복지시설 상태와 동일한 수준을 맞출 필요는 없는 것이다.

둘째, 합리성의 원칙이다. 복리후생에 관한 시설 및 제도는 기업 내에서만이 아니고, 국가나 지역사회에 의해서도 추진되므로 기업으로서는 서로 중복되거나 연관성이 결여되는 일이 없도록 합리적으로 조정·관리하여야 한다. 예를 들면 기업은 국가의 사회보장제도를 활용한다든가, 민간회사의 보험사업을 이용하는 것과 같다. 혹은 지역사회와 협력하여 복시시설을 공동으로 설치·운영할 수도 있다. 요컨대 기업은 그와 같은 합리성을 추구하는 방향에서 복리후생관리를 하지 않으면 안되는 것이다.

셋째, 협력성의 원칙이다. 여기에서 협력성이라는 것은 지역사회와 복지시설을 공동 운영하는 것과 같은 기업 외적 협력관계도 될 수 있지만, 그 보다는 기업 내적인 노·사간의 협력관계를 중점적으로 뜻하고 있다. 복리후생의 유지·향상을 위해서는 기업의 책임이 크지만, 동시에 종업원의 책무도 크다는 것을 명백히 해야 한다. 즉, 종업원들은 자신들을 위한 복리후생임을 인식하여야 한다. 따라서 노사가 협의하여 복리후생의 내용을 충실하게 검토함으로써 알찬 시설이나 제도를 마련할 수 있으며, 그 운영에 있어서는 더 한층 협력적 효과를 발휘할 수 있는 것이다. 기업에 따라서는 복리후생위원회를 설치하여 노사 쌍방의 협조로 운영함으로써 큰 성과를 거두고 있는 경우도 많다.

2) 복리후생제도의 효과적 설계

(1) 설계의 원칙

기업에서 복리후생제도를 도입하여 운영하기 위해서 기업의 경영자는 복리후생제도를 어떻게 관리·운영하여야 할 것인가에 대한 기본적인 설계를 하여야 한다. 복리후생제도의 설계는 종업원의 복리후생을 위한 관리원칙에 크게 벗어나지 않는 범위 내에서 추진되어야 하고, 다음의 세부적인 원칙들에 준수하는 방향에서 이루어져야 한다.

① 종업원 욕구 충족의 원칙

복리후생제도의 기본적인 목적은 임금만으로 충족시킬 수 없는 종업원의 욕구를 충족시켜 주는 보완적 기능을 수행하는데 있다. 이러한 기본적인 목적을 달성하기 위해서는 경영자나 복리후생관리를 담당하는 실무자는 조직 내 종업원들의 충족되지 않은 잠재적 욕구가 무엇인가를 지속적으로 파악하는 것이 중요하다.

종업원들의 욕구는 현재 기업이 처해 있는 기업의 규모나 업종과 같은 특수한 상황에 따라서 다양해진다. 따라서 이러한 종업원들의 욕구를 반영하지 못하는 복리후생제도는 바람직한 효과를 얻을 수 없다. 따라서 복리후생제도의 실시에 앞서 종업원들의 요구사항이 어떠한 것이 있는지에 대한 조사와 분석을 통하여 합리적인 복리후생제도를 설계하고 실시하여야 할 것이다.

② 종업원 참여의 원칙

복리후생제도가 어떻게 실시되고 운영되는가에 대하여 종업원들이 알 수 있어야 하고, 운영상에 있어서 문제점이 발생할 경우에 있어서 이를 합리적으로 해결할 수 있도록 종업원의 참여가 될 수 있는 제도적인 장치가 있어야 한다. 노사 쌍방을 대표하는 사람들이 공동으로 참여하여 복리후생제도의 효율적인 실시를 위한 각종 의견을 교환할 수 있는 위원회제도의 도입 등은 그 좋은 예라 할 수 있다.

③ 다수혜택의 원칙

기업에서는 복리후생의 혜택을 받을 수 있는 종업원들의 범위가 넓은 제도를 우선적으로 채택하는 것이 좋다. 종업원들에게 도움이 될 수 있는 좋은 복리후생제도라 하여도 그러한 제도의 혜택을 누릴 수 있는 종업원의 수가 한정적일 경우에는 효과적인 제도라고 할 수가 없는 것이다. 복리후생에 대하여 종업원들의 수혜범위가 넓어야만 비용절감의 효과가 있을 것이며, 종업원들 상호간의 갈등이나 불만을 해소할 수 있다.

④ 지불능력의 원칙

기업의 수익성을 고려하여 현재와 미래의 복리후생비용을 지불할 수 있는 능력 한도 내에서 제도가 실행되어야 한다. 아무리 좋은 프로그램이라 하더라도 기업이 금전적 지불능력 범위를 벗어난 수준에서 이루어진다면 기업의 비용부담이 가중될 것이다. 따라서 복리후생제도는 기본적으로 기업의 지불능력 범위 내에서 효과적으로 실시되어야 한다.

(2) 카페테리아식 복리후생 프로그램

일반적으로 복리후생제도는 유사한 수준에 있는 종업원들에게 동일한 혜택을 부여하는 것이 일반적인 현상이다. 즉, 같은 직종이나 계층에 있는 종업원들이라면 대개 동일한 내용의 복리후생시설이나 제도를 적용받고 있는 것이 보편화되어 있다. 이 논리는 어떠한 종업원에게 가치있는 복리후생은 다른 종업원에게도 동일하게 가치가 있을 수 있다는 것이다. 그러나 동일한 복리후생으로 종업원에게 제공하게 되면 어떠한 종업원은 만족할 수 있지만, 그 프로그램에 대하여 만족하지 못하는 종업원도 있을 수 있다. 따라서 복리후생제도의 가치는 개별 종업원 각각이 처해 있는 특수한 상황, 즉 결혼여부, 연령대, 부양자녀의 수, 소득수준 등에 따라 달라질 수 있는 것이다. 젊은 근로자들은 직접적 보상인 임금의 상승이나 교육훈련의 보조 등을 선호하는 반면, 연령이 많은 근로자들은 연금보험이나 건강보험 등의 제도를 선호할 수 있다는 것이다.

따라서 이러한 문제점을 해결하기 위한 방법의 일환으로 등장한 제도가 카페테리아(cafeteria)식 복리후생제도이다. 이 제도는 기업 내의 개별 종업원들로 하여금 기업이 제공하는 복리후생제도나 시설 중에서 자신이 원하는 패키지(package)를 선택하게 함으로써 종업원 자신의 복리후생을 원하는 대로 설계하도록 한다는 것을 그 기본 개념으로 하고 있다. 따라서 이 제도는 종업원 개인의 욕구나 선호도를 보다 적절하게 충족시킬 수가 있어 종업원들로 하여금 간접적인 보상의 가치에 대한 인식의 제고와 만족감의 증대를 가져오게 만들며, 이직 및 결근율의 감소로 인한 조직성과의 제고, 종업원 선발시의 유인제공 등과 같은 이점을 갖게 해준다.

이 제도는 1963년 미국 캘리포니아 대학 심리학자였던 닐리(S. M. Nealey)가 General Electrics(GE)사를 대상으로 실시한 연구에서 처음으로 창안하였다. 닐리 교수는 GE사의 종업원들이 임금이나 복리후생의 선호도에 있어 차이가 많이 나고 있음을 밝히면서, 이러한 선호도를 충족시키기 위해서는 비용을 감안한 선택권을 제공하여야 한다고 주장하였다. 닐리의 연구 이후 1974년에는 Educational Testing Services(ETS)와 TRW Systems Group사가 최초로 선택적 복리후생제도를 도입하였다.

카페테리아식 복리후생제도를 도입·운영하고 있는 기업들을 대상으로 한 연구결과에 의하면 카페테리아식 복리후생제도는 그 선택 범위와 선택 수에 있어서 프로그램마다 다소 다르지만, 일반적인 프로그램에 비하여 조직구성원들의 복리후생에 대한 욕구를 잘 충족시켜주는 것으로 나타났다. 그러나 기업에서 이 카페테리아식 복리후생제도를 실시하는데 있어서 다음과 같은 어려운 점이 있다.

첫째, 개별 종업원을 대상으로 복리후생제도를 관리해야 하기 때문에 전산화의 도입이 필요하게 되고, 이에 따른 비용의 증가를 가져올 수 있다.

둘째, 개별 종업원이 이용할 수 있는 복리후생비의 총액을 설정하여 그 한도 내에서 복리후생의 혜택을 가지도록 하여야 하는데, 그 비용의 총액수준을 개별적으로 결정하는 것이 쉬운 일은 아니다.

셋째, 카페테리아식 복리후생제도에서 제공하고 있는 프로그램에 대하여 신청자가 적으면 상대적 비용이 증가되어 다수의 종업원들이 받을 수 있는 다른 제도에서의 수혜의 폭이 좁아질 수 있다는 것이다.

이상과 같은 상황을 종합하여 판단해 보면, 카페테리아식 복리후생제도는 중소기업에서는 그 실시가 용이하지 않으며, 실시가 가능한 대기업에 있어서도 도입 초기에는 많은 비용을 어느 정도 감수하여야 한다. 따라서 이 제도는 종업원들과의 충분한 의사소통으로 노사합의 하에 처음에는 제한된 범위의 복리후생 제도만을 실시하다가 점차적으로 조직 전체에 확대해 나가는 것이 바람직한 방향이라 할 수 있다.

3. 기업제 복리후생비 변화추이 분석

기업규모별 근로자 1인당 월평균 복리후생비 변화추이를 2017년부터 2021년까지 기준으로 살펴보면 다음 〈표 11-2〉와 같다.

표 11-2 기업규모별 복리후생비용 변화추이

구 분		2017년	2018년	2019년	2020년	2021년
법정	전규모	340.1	359.1	381.7	397.8	421.3
	300인 미만	278.2	294.9	313.7	326.0	344.4
	300인 이상	418.7	437.5	467.7	487.9	514.4
비법정	전규모	211.3	219.4	224.0	234.2	249.4
	300인 미만	133.5	137.4	142.1	148.0	155.0
	300인 이상	310.1	319.8	327.8	342.3	363.7

자료: 고용노동부, 기업체노동비용조사, 각년도.

2021년도 기준으로 법정 복리후생비용은 42만원 수준으로 300인 미만의 사업장은 34만원, 300인 이상의 사업장은 51만원 수준으로 나타났다. 법정 복리후생비용은 연도별로 점진적으로 증가하고 있음을 알 수 있다. 반면 비법정 복리후생비용은 24만원 수준으로, 300인 미만의 사업장은 15만원, 300인 이상의 사업장은 36만원의 수준으로 나타났다. 법정 복리후생비용보다는 비법정 복리후생비용에 있어서 규모별 차이가 더 크게 나타났음을 알 수 있다.

기업에서 지출하는 법정 복리후생비용에 대하여 기업 규모별로 20173년부터 2021년까지 기준으로 살펴보면 다음 〈표 11-3〉과 같다.

표 11-3 기업규모별 법정 복리후생비용 변화추이

구 분		2017년	2018년	2019년	2020년	2021년
전 체		340.1	359.1	381.7	397.8	421.3
국민연금	전규모	118.9	122.8	128.3	133.3	138.2
	300인 미만	102.8	107.2	113.5	116.8	119.6
	300인 이상	139.3	141.9	147.0	153.9	160.6
건강보험료	전규모	126.5	133.3	144.6	152.5	165.9
	300인 미만	103.4	110.4	120.9	129.3	140.8
	300인 이상	155.8	161.4	174.5	181.7	196.4
고용보험료	전규모	45.9	47.5	50.5	56.4	59.1
	300인 미만	28.1	29.9	32.2	36.1	38.4
	300인 이상	68.5	69.1	73.6	81.7	84.2
산재보험료	전규모	43.2	48.5	50.4	48.1	51.1
	300인 미만	41.2	43.1	42.2	39.4	41.9
	300인 이상	45.8	55.1	60.7	59.1	62.3
기타*	전규모	5.6	6.9	8.0	7.5	7.0
	300인 미만	2.7	4.3	4.9	4.3	3.7
	300인 이상	9.4	10.1	11.9	11.4	10.9

*** 기타**: 장애인고용부담금, 재해보상비
자료: 고용노동부, 기업체노동비용조사, 각년도.

법정 복리후생비용은 국민연금, 건강보험, 산업, 재해보상보험, 고용보험, 그리고 기타(장애인고용부담금, 재해보상비)로 구성된다. 2021년 기준으로 기업에서 발생하는 법정 복리후생비용의 가장 큰 비중은 건강보험료이며, 가장 적은 비중은 산업재해보상보험료 수준으로 나타났다. 법정 복리후생비용의 모든 구성항목에 있어서 연도별로 점진적으로 증가하고 있는 양상을 보이고 있다.

2013년부터 2017년까지 비법정 복리후생비용을 기업규모별로 살펴보면 다음 〈표 11-4〉와 같다.

법적 강제성이 없는 비법정 복리후생비용을 일반적으로 기업이 복지에 소요되는 비용이라고 할 때, 기업의 복지수준은 사용자의 임의성과 노동자의 교섭력

표 11-4 기업규모별 비법정 복리후생비용

구 분		2017년	2018년	2019년	2020년	2021년
전 체		211.3	219.4	224.0	234.2	249.3
식사비용	전규모	72.5	71.4	75.3	76.4	79.0
	300인 미만	72.6	72.5	79.3	81.3	82.2
	300인 이상	72.3	70.1	70.3	70.4	75.1
자녀학비 보조비용	전규모	22.4	22.5	21.0	19.3	19.1
	300인 미만	6.1	7.2	5.0	4.8	5.0
	300인 이상	43.1	41.1	41.3	37.5	36.2
교통, 통신비용	전규모	23.7	23.9	23.0	25.3	25.4
	300인 미만	16.8	16.8	15.8	17.1	16.6
	300인 이상	32.5	32.7	32.2	35.7	36.1
건강, 보건비용	전규모	15.2	15.7	16.4	17.4	18.6
	300인 미만	4.3	4.8	4.6	5.3	5.4
	300인 이상	29.0	29.1	31.4	32.6	34.6
주거비용	전규모	11.2	11.9	12.5	13.3	14.4
	300인 미만	9.0	9.1	10.9	12.5	13.0
	300인 이상	14.0	15.3	14.6	14.3	16.2
보험료 지원금	전규모	11.4	11.9	13.8	15.6	15.2
	300인 미만	8.2	8.7	7.5	8.5	8.5
	300인 이상	15.4	15.8	21.8	24.5	23.4
휴양,문화,체육,오락비용	전규모	10.3	10.9	10.1	9.1	9.7
	300인 미만	5.1	5.8	5.	2.9	2.6
	300인 이상	16.9	17.1	16.4	16.8	18.4
기타*	전규모	44.7	51.2	51.8	57.7	56.1
	300인 미만	11.4	12.5	14.0	15.6	17.6
	300인 이상	86.9	98.6	99.8	110.5	102.8

* **기타**: 사내복지기금 출연금, 우리사주제도 지원금, 보육지원금, 경조사비, 피복비, 전근이사지원비, 현물지급비용 등

자료: 고용노동부, 기업체노동비용조사, 각년도.

에 의해 결정된다고 할 수 있으며, 이런 점에서 비법정 복리후생비용에 대한 분석은 근로자들의 복지수준을 판단하는데 유효한 자료로 활용된다.

2021년 기준으로 우리나라 기업들의 비법정 복리후생비용 중에서 가장 많은 부분을 차지하는 것은 식사비용이고, 다음으로 교통·통신지원비용, 자녀학비보조비용, 교통·통신지원비용, 건강·보건비용, 보험료지원금, 주거비용, 휴양·문화·체육·오락비용 등의 순으로 나타났다. 비법정 복리후생비용의 내용과 체계는 복리후생의 제도적, 정책적 발전과정과 특성에 따라 변화되는 경향을 보이고 있다.

5년 동안의 비법정 복리후생비용의 추이를 보면, 대다수의 항목에서 증가추세를 보인 반면에, 휴양·문화·체육·오락비용에 있어서 감소추세를 나타내었다.

비법정 복리후생비용의 항목 중에서 식사비용을 제외하고는 대부분의 항목에 있어서 300인 미만의 기업과 300인 이상의 기업에 있어서 크게 차이가 나타남을 알 수 있었다. 그 중에서도 자녀학비보조비용에 있어서 가장 큰 차이를 나타내고 있다. 대부분의 항목에 있어서 대기업과 중소기업간의 비법정 복리후생비용의 격차가 심하게 나타나고 있다.

제2절 안전관리

1. 안전관리의 의의와 조직

1) 안전관리의 의의

안전관리(safety management)란 근로자에 대한 직무수행상의 위험이나 상해로부터 자유롭고 안전한 상태를 유지하게 하는 관리활동의 시책으로, 인간존중의 이념을 토대로 하여 사업장 내 산업재해의 요인을 정확히 파악하고 이를 배제하여 산업재해의 발생을 미연에 방지함은 물론 발생한 재해에 대해서도 적절한 조치와 대책을 강구해 가는 조직적이고 과학적인 관리체계를 의미한다. 즉, 기업의 생산성 향상과 재해로부터 손실을 최소화하기 위한 활동으로서 재해의 원인과 규명 그리고 재해 예방대책의 강구 및 추진 등 일련의 체계적인 관리를 말한다.

또한 안전관리 방침과 목표는 모든 작업 및 관리에 있어 안전제일을 원칙으로 하여야 하며 회사는 재해방지를 위하여 예산, 제도, 인력 면에서 안전 업무를 최우선적으로 하여야 한다.

2) 안전관리의 조직

(1) 안전관리 조직

산업안전보건법상의 안전보건 관리 조직의 체계에 있어서 안전보건 관리 책임자는 안전 관리자와 보건 관리자를 지휘하여 안전 업무 및 보건 업무를 총괄하여 관리한다. 또한 안전 관리자는 안전에 관한 기술적인 사항을 관리 감독하여야 하며, 산업안전보건법 15조에 안전 관리자를 임명하여야 할 사업의 종류, 규모, 안전 관리자 수, 자격, 직무, 권한 및 선임 방법에 대하여 대통령령으로 정하고 있다.

(2) 안전관리 조직형태

① 라인 조직형(안전보건 관리 책임자, 관리 감독자, 안전보건 총괄 책임자)

안전보건 관리의 계획에서부터 실시에 이르기까지 생산 라인을 통하여 이루어지도록 편성된 조직(근로자 100인 미만 사업장에 적합)이다. 이러한 조직형태의 장점으로는 첫째, 명령 보고가 간단하고 명료하며, 둘째, 조직이 신속하고 정확하게 운용된다는 것이다. 단점으로는 첫째, 생산 업무 진행과 동시에 안전 대책이 수립되므로 불충분하며, 둘째, 안전에 대한 정보가 불충분하며, 안전 전문입안이 되어 있지 않아 내용이 빈약하며, 셋째, 라인에 과중한 책임을 지우기가 쉽다는 것이다.

② 스탭 조직형(안전 관리자, 보건 관리자, 산업보건의)

안전보건 업무를 관장하는 스태프를 별도로 구성·주관(근로자 100인 이상~1,000인 미만 사업장에 적합)하는 조직이다. 스탭형 조직형태의 장점으로는 첫째, 사업장의 특수성에 적합한 기술 연구를 전문적으로 할 수 있어 안전 지식 및 기술 축적이 용이하며, 둘째, 경영자의 조언과 자문 역할을 한다는 것이다. 단점으로는 첫째, 생산 부분에 협력하여 안전 명령을 전달 실시하므로 안전

지시가 용이하지 않으며, 안전과 생산을 별개로 취급하기 쉽다는 것이며, 둘째, 생산 부분은 안전에 대한 책임과 권한이 없으며, 셋째, 권한 다툼이나 조정 때문에 통제 수속이 복잡해지며, 시간과 노력이 소모된다는 것이다.

③ 라인-스탭 조직형

라인이 안전보건 업무를 주관·수행하고, 전문 스탭을 별도로 구성, 안전보건 대책 수립 및 라인의 안전보건 업무를 지도·지원(근로자 1,000인 이상 대규모 사업장에 적합)하는 조직이다. 라인-스탭 조직형태의 장점으로는 첫째, 스탭에 의해 입안된 것을 경영자의 지침으로 명령을 추진하므로 정확하고 신속하게 실시되며, 둘째, 안전 입안 계획 평가 조사는 스탭에서 실시하고 생산 기술의 안전 대책은 라인에서 실시하므로 안전 활동과 생산 업무의 균형을 유지할 수 있다는 것이다. 단점으로는 첫째, 명령 계통과 조언 권고적 참여가 혼동되기 쉬우며, 둘째, 라인이 스탭에만 의존하거나 활용치 않는 경우가 있으며, 셋째, 스탭의 월권행위가 발생할 우려가 있다는 것이다.

2. 산업안전보건법

기업이 경제활동을 함에 있어 사업장을 두고 근로자를 사용하여 사업을 영위하며 이익을 창출하고 있다. 이러한 기업활동 과정에서 발생하는 원하지 않는 부산물 중 하나가 산업재해이다. 근대의 산업발달의 과정 속에 산업재해를 예방하기 위하여 사업주 등이 지켜야 할 법적 틀이 필요하게 되었다. 근대 산업사회 후기인 1830년대 이후 공장(탄광) 내 안전보건을 규율하는 법령과 기준이 만들어지게 되었으며, 1970년대 초에 미국, 영국을 중심으로 산업안전보건법이 독립 법으로 제정되었다.

1) 산업안전보건법의 의의

산업안전보건법은 사업장에서 지켜야 할 산업안전보건에 대한 기준과 방법을 규정하고 있다. 즉, 사업장 산업재해를 예방하고 쾌적한 작업환경을 조성하여 근로자의 생명과 신체 안전을 도모하고 질병을 방지하며, 건강을 유지·증진시키기 위한 근로자 보호 제도이다. 이는 근로자의 생명과 신체, 건강 보호를 통한 노동력의 경제적 손실 방지와 생산성 향상과 대외 신뢰도를 제고할 수 있으며, 기업 경영 및 국가 경쟁력 차원에서도 중요한 제도적 장치이다.

2) 산업안전보건법의 목적 및 보호법익

(1) 산업안전보건법의 목적

산업안전보건법은 산업안전보건에 관한 기준을 확립하고 그 책임의 소재를 명확하게 하여 산업재해를 예방하고 쾌적한 작업환경을 조성함으로써 근로자의 안전과 보건을 유지·증진함을 목적으로 하고 있다. 이는 산업안전보건에 관한 기준의 확립 및 책임소재 명확화와 산업재해 예방 및 쾌적한 작업 환경을 조성하고 근로자의 안전과 보건 유지 및 증진을 위한 목적을 지니고 있다.

(2) 산업안전보건법의 보호법익

보호법익이란 법률에 의하여 보호되는 국민생활상의 이익을 말하며, 이는 범죄의 종류를 설정하는 기준이 되는 동시에 범죄의 기수와 미수를 결정하는 기준이 되며, 각종 법률의 목적이 이에 해당한다. 예를 들어 형법상 살인죄는 인간의 생명, 절도죄는 인간의 재산에 대한 권리(재산권), 폭행죄는 신체의 안전보호가 목적이다.

산업현장에서 산업재해를 예방하기 위한 제도적 규범인 산업안전보건법의 주된 보호법익은 사업주의 물적 재산보호나 불특정 다수의 국민적 재산의 이익 또는 대기환경보호 등에 있는 것이 아니라 근로자의 생명보호 또는 신체의 안전성에 있다.

3) 산업안전보건법의 의무주체

사업장에서 안전보건의 확보는 어느 일방의 의무이행만으로 확보될 수 없다. 따라서 산업안전보건법의 의무주체는 사업주, 제조·수입 및 설계·건설하는 자 '누구든지' 및 근로자로 구분하고 있다. 주된 의무주체인 사업주에게는 다음 3가지를 법률상 의무로 열거하고 있다. 첫째, 이 법과 이 법에 따른 명령으로 정하는 산업재해 예방을 위한 기준을 지킬 것, 둘째, 근로자의 신체적 피로와 정신적 스트레스 등을 줄일 수 있는 쾌적한 작업환경을 조성하고 근로조건을 개선할 것, 셋째, 해당 사업장의 안전·보건에 관한 정보를 근로자에게 제공할 것 등이다.

(1) 제조·수입 및 설계·건설하는 자의 의무

설계·제조·수입 또는 건설을 할 때 산업안전보건법과 이 법에 따른 명령으로 정하는 기준을 준수하여야 한다.

(2) '누구든지'란 해당 조항과 관계되는 자가 지켜야 하는 의무

① 중대재해 발생현장 훼손 또는 재해 원인조사 방해행위 금지
② 방호조치가 필요한 유해·위험 기계·기구를 방호조치하지 않고 양도, 대여, 설치 또는 사용에 제공하거나, 양도·대여의 목적으로 진열의 금지
③ 제조금지물질의 제조·수입·양도·제공 또는 사용 금지
④ 건축물이나 설비를 철거하거나 해체하려는 경우에 석면조사, 석면해체·제거 작업기준의 준수

(3) 근로자의 일반적 의무는 다음과 같다.

① 법령에서 규정하고 있는 사항의 준수
② 사업주 또는 근로감독관 등의 산업재해방지조치에 따를 의무

4) 산업안전보건법 특징

산업안전보건법 특징으로는 다음과 같다.

첫째, 복잡·다양성이다. 사업장 기계·설비의 다양화, 유해물질 사용량의 급증, 작업 공정 및 기계장치의 복잡성 등에 따라 유해·위험요소는 더욱 복잡화·다양화·대형화되는 추세이다. 따라서 이렇게 복잡·다양해지는 유해·위험요소를 제거 또는 방지하기 위해서 산업안전보건법은 복잡·다양한 내용을 담을 수밖에 없다.

둘째, 기술성이다. 산업현장에서 사용되는 각종 기계·기구·설비 및 유해물질 등에 의한 유해·위험요소를 제거하기 위해서는 전문기술성이 필요하다. 따라

서 법령에도 전문 기술적 사항들이 많이 포함되어 있으며 특히, 고용노동부령인 '산업안전보건기준에 관한 규칙'에서 전문 기술적 내용들을 규율하고 있다.

셋째, 강행성이다. 산업현장에서 산업재해를 예방하기 위해서는 임의적 규정을 두어 계몽하는 것만으로는 그 실효성을 담보하기 어려움이 있다. 이에 따라 산업안전보건법령은 당사자의 의사에 관계없이 당연 적용되는 등 강행성을 띠고 있다.

넷째, 사업주 규제성이다. 산업안전보건법령은 산업재해에 대해 총체적인 책임을 갖는 사업주에 대하여 안전보건 확보 의무 등 많은 규제를 부과하고 있다.

5) 산업안전보건법상 정부의 의무

산업안전보건법상 정부의 책무로는 다음과 같다.

① 산업안전보건 정책의 수립·집행·조정 및 통제
② 사업장에 대한 재해 예방 지원 및 지도
③ 유해하거나 위험한 기계·기구·설비 및 방호 장치·보호구 등의 안전성 평가 및 개선
④ 유해하거나 위험한 기계·기구·설비 및 물질 등에 대한 안전보건상의 조치 기준 작성 및 지도·감독
⑤ 사업의 자율적인 안전보건 경영 체제 확립을 위한 지원
⑥ 안전보건 의식을 북돋우기 위한 홍보·교육 및 무재해 운동 등 안전문화 추진
⑦ 안전보건을 위한 기술의 연구·개발 및 시설의 설치·운영
⑧ 산업재해에 관한 조사 및 통계의 유지·관리
⑨ 안전보건 관련 단체 등에 대한 지원 및 지도·감독
⑩ 그 밖에 근로자의 안전 및 건강의 보호·증진

6) 산업안전보건법 사업주의 의무

산업안전보건법에서는 산업안전과 보건을 위한 각 주체, 즉 정부, 사업주, 근로자의 책임과 의무를 규정하고 있다. 특히 사업주의 의무에 대해서는 여러 분야에 걸쳐 구체적으로 규정하고 있으며, 노동법의 특징인 '강행규정'의 성격을

띠고 있다.

산업안전보건법상 사업주 의무 중에서 기본적 의무사항으로는 첫째, 사업주는 산업안전보건법령이 정하는 산업재해 예방을 위한 기준의 준수, 근로자의 신체적 피로와 정신적 스트레스를 줄일 수 있는 쾌적한 작업환경의 조성 및 근로조건의 개선, 안전과 보건에 관한 정보를 근로자에게 제공을 통해 근로자의 안전과 건강을 유지·증진시켜야 하는 기본적인 의무를 가지고 있다.

둘째, 기계·기구와 기타 설비를 설계·제조 또는 수입하거나 원재료 등을 제조·수입하거나 건설물을 설계 및 건설하는 사업주가 설계, 제조, 수입 또는 건설을 하는 경우 산업안전보건법령이 정하는 기준을 반드시 준수해야 하며, 해당 물건을 사용함으로써 발생할 수 있는 산업재해를 방지하기 위해 필요한 조치를 해야 한다.

셋째, 근로자가 업무 중 또는 업무에 기인해 발생하는 4일 이상의 질병, 부상 또는 사망이 발생하는 경우에는 반드시 산재 발생일로부터 1개월 이내에 '산업재해 조사표'를 작성해 관할 지방고용노동관서에 제출해야 하며, 만일 이를 위반하거나 은폐하는 경우 최대 1500만 원의 과태료가 부과될 수 있음에 유의해야 한다. 특히, 소위 '공상'처리(산재처리 대신에 건강보험으로 처리하는 경우)를 하는 경우 추후 근로자가 산재를 다시 신청하거나 의무기록 상 산업재해 기록이 적발되는 경우에는 산업재해 보고의무를 위반하는 것으로 간주해 과태료 처분 및 사업장 특별 근로감독을 받을 수 있다는 점에 특별히 유념해야 한다.

넷째, 사업주는 산업안전보건법령의 요지를 항상 사업장 내 근로자가 쉽게 볼 수 있는 장소에 게시하거나 비치해 근로자가 이를 알 수 있게 해야 하며, 산업안전보건위원회(일정 사업 규모에 해당)의 의결사항, 안전보건관리규정의 내용, 도급사업 시의 안전보건 조치, 물질안전보건 자료, 작업환경 측정에 관한 사항 및 안전·보건진단 결과 등을 근로자대표가 요구하는 경우에는 이를 성실히 보고해야 할 의무가 있다.

다섯째, 사업주는 사업장 내에 안전보건 표지 등을 부착할 의무를 가지고 있는데, 이는 사업장 내 유해·위험한 시설이나 장소에 대한 경고, 비상 시 조치에 대한 안내, 기타 안전의식 고취를 위한 안전·보건 표지 등을 근로자가 쉽게 볼 수 있는 장소와 시설 등에 부착해야 하는 것을 말한다. 또한, 사업장에서 외국인 근로자를 고용하고 있는 경우에는 외국어로 된 안전보건 표지와 작업안전 수칙 등을 부착해야 한다.

여섯째, 사업주는 산업안전보건법령이 정하는 바에 따른 안전 및 보건 교육을 실시해야 한다. 특히, 정기교육은 사무직의 경우 분기당 3시간, 비사무직 근로자의 경우 분기당 6시간을 실시해야 하며, 단 50인 미만의 음식점업 및 도소매업 등의 사업장은 해당 기준의 1/2에 해당하는 시간 이상의 교육을 실시해야 한다. 그 외에도 근로자를 신규 채용하는 경우 채용시 교육, 작업 내용이 변경되는 경우 필요한 작업변경 교육, 그리고 사업장 내 관리감독자에 대해는 1년에 16시간 이상의 관리감독자 교육을 이수해야 한다.

일곱째, ① 방호조치가 정상적인 기능을 발휘할 수 있도록 상시 점검과 정비, 그리고 방호장치의 기능이 상실된 경우 발견 즉시 신고하고 적절한 조치를 해야 하는 유해·위험 기계 및 기구 등에 대한 방호조치 의무, ② 발암물질 등 근로자에게 중대한 건강 장해를 유발할 우려가 있는 유해인자로 작업장 내 유해인자의 노출 농도를 산업안전보건법령이 정하는 허용기준 이하로 유지해야 하는 유해인자 허용 기준의 준수 의무, ③ 신규화학물질에 의한 근로자의 건강장해를 예방하고 유해물질의 독성 실험장소로 사용되는 것을 방지하기 위해 신규 화학물질 제조·수입업자에게 유해성 및 위험성 조사보고서를 제출할 의무, ④ 화학물질을 취급하려는 근로자에게 자신이 취급하는 대상 화학물질의 유해·위험성 등을 알려줌으로써 대상 화학물질 취급시 발생될 수 있는 산업재해나 직업병을 사전에 예방하고 불의의 사고에도 신속하게 대응하기 위해 사업주는 화학물질의 명칭, 성분, 함유량, 안전보건상의 취급시 주의사항 등을 포함한 '물질안전보건자료(MSDS)'를 게시 또는 비치할 의무를 가지고 있다.

마지막으로 '사업장 위험성 평가에 관한 지침'에 따른 위험성 평가를 실시할 의무가 사업주에게 부과되어 있으며, 유해 인자로부터 근로자의 건강을 보호하고 쾌적한 작업환경을 조성하기 위해 인체에 해로운 작업을 하는 작업장에 대해 작업환경을 실시하고 그 결과를 기록 및 보존하고 고용노동부에 보고할 의무도 함께 부과하고 있다.

3. 산업재해

1) 산업재해와 산업재해보상

(1) 산업재해의 개념

산업안전보건법에서 정의한 산업재해란 "근로자가 업무에 관계되는 건설물, 설비, 원자재, 가스, 증기, 분진 등에 의하거나, 작업 기타 업무에 기인하여 사망 또는 부상하거나 질병에 이환되는 것"을 말한다. 이는 사람과 외부 에너지가 충돌 작용하여 근로자의 생명 기능 또는 노동 능력을 감쇄시키는 현상을 의미한다.

① 안전사고(accident)

고의성이 없는 어떤 불안전한 행동이나 조건이 선행됨으로써 작업 능률을 저하시키며, 직접 또는 간접적으로 인명이나 재산의 손실을 가져올 수 있는 사건을 말한다.

② 재해(loss, calamity)

안전사고의 결과로 일어난 인명 피해 및 재산의 손실을 말한다.

③ 상해(injury)

인명 피해만을 초래하였을 경우를 말한다.

④ 아차사고(near accident)

인명이나 물적 등 일체의 피해가 없는 사고를 말한다.

⑤ 중대 재해

사망자 1인 이상 발생한 재해, 3월 이상의 요양을 요하는 부상자가 동시에 2인 이상 발생한 재해, 부상자 또는 직업성 질병자가 동시에 10인 이상 발생한 재해를 말한다.

(2) 산업재해보상의 개념

① 업무상의 재해

업무상의 사유에 따른 근로자의 부상·질병·장해 또는 사망 등이 발생한 재해이다.

② 산업재해보상

산재 당연 적용 사업장에서 산재 미가입이나 근로자의 과실과는 상관없이 근로자는 업무상의 사유로 4일 이상의 요양을 요하는 사고나 부상, 질병, 사망한 경우에는 산재법의 재해 보상을 받을 수 있다.

2) 산업재해보상보험법

(1) 산업재해보상법의 목적

산업재해보상보험 사업을 시행하여 근로자의 업무상의 재해를 신속하고 공정하게 보상하며, 재해 근로자의 재활 및 사회 복귀를 촉진하기 위하여 이에 필요한 보험 시설을 설치·운영하고, 재해 예방과 그 밖에 근로자의 복지 증진을 위한 사업을 시행하여 근로자 보호에 이바지하는 것을 목적으로 한다.

(2) 산업재해보상법의 적용 범위

① 근로자를 사용하는 모든 사업 또는 사업장에 적용한다.

② 위험률·규모 및 장소 등을 고려하여 대통령령으로 정하는 사업에 대하여는 이 법을 적용하지 아니한다.

(3) 산업재해보상보험 및 예방심의위원회

① 산업재해보상보험 및 예방에 관한 중요 사항을 심의하게 하기 위하여 고용노동부에 산업재해보상보험 및 예방심의위원회를 둔다.

② 위원회는 근로자를 대표하는 자, 사용자를 대표하는 자 및 공익을 대표하는 자로 구성하되, 그 수는 각각 같은 수로 한다.

③ 위원회는 그 심의 사항을 검토하고, 위원회의 심의를 보조하게 하기 위하여 위원회에 전문위원회를 둘 수 있다.

④ 위원회 및 전문위원회의 조직·기능 및 운영에 필요한 사항은 대통령령으로 정한다. 여기에는 요양 급여의 범위나 비용 등 요양 급여의 산정 기준

에 관한 사항, 산재 보험료율의 결정에 관한 사항, 산업재해보상보험 및 예방 기금의 운용 계획 수립에 관한 사항, 산업안전·보건 업무와 관련되는 주요 정책 및 같은 법 제8조에 따른 산업, 재해예방에 관한 중·장기 기본계획, 그 밖에 고용노동부 장관이 산업재해보상보험 사업 및 산업안전·보건 업무에 관하여 심의에 부치는 사항 등이 포함된다.

사 례 기업경쟁력과 복리후생 프로그램

기업 경쟁력을 높이고자 하는 경영자나 새롭게 창업을 고민 중인 예비 CEO 분들은, 핵심 비즈니스 가치를 높이는 일과 함께 유능한 인재를 발굴하고 이탈을 방지할 수 있는 방법을 고민해야 합니다. 이를 위해서는 기업과 비즈니스 성격에 맞는 특색 있는 직원 복지 제도를 구성하여 경쟁력 있는 조직 문화를 만드는 것이 굉장히 중요합니다.

그래서 오늘은 적절한 보상과 인정을 받을 수 있는 복지 프로그램으로 조직 경쟁력을 높인 직원 복지 우수사례 3곳을 소개드리고, 3곳의 사례를 통해 조직 몰입도를 높이고 인재 이탈을 방지하기 위한 회사 복지 종류도 함께 알려 드리겠습니다.

1. 직원 복지 우수사례 3곳은?

1) 티맥스그룹

첫 번째로 소개할 직원 복지 우수사례는 '한국의 오라클'로 불리는 토종 SW 기업인 티맥스그룹입니다. 이 회사는 독보적인 원천 기술을 가지고 있기 때문에 개발자 중심의 핵심 인재들을 대상으로 특색 있고 다양한 직원 복지 제도를 제공합니다. 티맥스그룹은 개발자들이 일하기 좋은 환경과 성과를 충분히 보상하는 것을 중요시하며, 다양한 복리후생 제도를 마련하여 우수 인재를 확보하고 조직 경쟁력을 높이고 있습니다. 티맥스 룹의 직원 복지 우수사례 구체적인 내용은 아래와 같습니다.

- 주식무상지급제도/성과급 최대 600%지급
- 1인 1실 혹은 2인 1실의 독립적인 연구실 제공
- 사옥 근처 오피스텔에 기숙사 제공
- 운동, 식사 등 다양한 업종에 사용가능한 복지포인트 연100만원 이상 지급
- 임직원 피로회복을 위한 전문가가 상주하는 건강마사지실을 운영
- 건강검진 비용 지원

- 구내식당에서 아침, 점심, 저녁식사를 이용 가능
- 사옥별로 탁구대, 농구게임기, 클라이밍 등 다양한 플레이그라운드 마련
- 여성 임직원들의 휴직과 재충전, 수유를 위한 여성휴게실을 운영

2) 유니테스트

두 번째 직원 복지 우수사례는 메모리 모듈 테스터 등을 국내 최초로 개발한 반도체 검사장비 개발업체인 유니테스트입니다. 유니테스트는 창의적이고 전문적인 인재를 양성하기 위해 다양한 회사 복지 종류를 고안해 운영 중에 있습니다. 기술 개발에는 시간이 많이 소요되는 만큼 인력 이탈을 막고 핵심 인재를 유치하기 위한 다양한 복리후생 제도를 도입하여 특색있는 조직 문화를 구축하고 있습니다. 다음은 유니테스트의 직원 복지 제도 종류입니다.

- 출퇴근 시간을 자유롭게 설정하는 선택적 근무제
- 성과급/인센티브 제도 운영
- 직원들의 안정적 주거 정착을 위한 주택 자금 대출 지원
- 임직원 자녀들에게 학자금 지원
- 효사랑 부담을 통해 부모님 용돈 지급
- 장기근속자/우수사원 포상 프로그램 운영

3) 해치랩스

세 번째 직원 복지 우수사례는 블록체인 전문 IT 기업 해치랩스입니다. 강력한 상호 신뢰의 조직 문화를 바탕으로 자율성과 책임감을 중시하는 특색 있는 직원 복지로, 복지 좋은 회사로 떠오르고 있습니다. 해치랩스는 직원 개개인이 일에 몰입할 수 있는 환경, 동료들과 원활한 의사 소통이 가능한 환경, 그리고 직원의 성장을 독려하는 다양한 복리후생 제도를 제공합니다. 탄력 근무제와 원격 근무제 도입부터, 리프레시 휴가와 휴가비 지원까지 적극적인 회사 복지 제도 종류를 제공합니다.

- 오전 9~11시 사이에 자유롭게 출근하는 탄력근무제 운영
- 오피스가 아닌 집이나 카페 등에서 리모트 근무 가능
- 3년 근속 시 리프레시 휴가 3주 및 휴가 지원금 200만원 제공

- 근속 연수 6개월 이상 직원에게 주거안정지원금 제공
- 월세 30만원 혹은 전월세 보증금 대출 이자(최대 1.5억원) 지원
- 직원 성장을 위한 도서비, 세미나 참석비, 교육비 등 지원

2. 조직 경쟁력 높이는 공통적인 직원 복지 종류 3가지는?

1) 확실한 성과 보장 및 인정 시스템

역량 있는 인재들은 자신의 성과에 대한 확실한 보장을 원하는 경향이 있습니다. 또한 성과 보장형 복리후생 제도를 통해 자신이 열심히 일한 대가를 인정받는 것에 대한 만족도와 선호도가 증가하고 있습니다. 따라서 인재 영입 및 인재 관리를 위해서라도 직원 복지 프로그램을 마련할 때 성과 보장 혹은 인정형 복리후생 제도 도입 및 활성화에 관심을 기울여야 합니다.

2) 일하기 좋은 업무 환경 구축

최근 인기 있는 회사 복지 종류는 재택 근무와 유연근무제 입니다. 직원 개인의 성향과 업무 특성에 따라 일하기 좋은 환경을 지원하는 것이 직원 만족도 향상과 성과 향상 효과가 있다는 점을 시사합니다. 직원 복지 향상을 위해서는 업무 환경 개선, 유연한 업무 시간 설정, 그리고 재택 근무 등 다양한 요소를 고려하여 자유롭고 효율적인 업무 환경을 구축하는 노력을 해야 합니다. 이러한 조건들을 충족한다면 복지 좋은 회사로 인정받을 수 있습니다.

3) 워라벨을 높이는 직원 복지 제도 지원

최근 기업 경쟁력을 이끌어가는 핵심 인력인 MZ세대들은 워라벨을 중시하는 세대입니다. 그러므로 회사 복지 종류로 직원 개개인의 워라벨 가치를 높여주는 복리후생 제도 마련이 필수입니다. 운동 시간 부족으로 고민하는 직원들을 위해 사내 헬스장을 마련하거나 직원 건강을 챙기기 위한 건강 치료실, 또는 인근 기숙사 제공 등의 직원 복지 제도를 마련한 회사들은 복지 좋은 회사로 인기를 끌고 있습니다.

〈자료: https://learningspoons.com/website/blog/detail/company-welfare-system/〉

참고문헌

고용노동부(2018), 산업안전보건교육 가이드북, 진한엠앤비.

고용노동부(각년도), 기업체노동비용조사보고서.

김동재·황유경(2017), 산재에서 보험까지 알기 쉬운 산업재해보상법, 시대의창.

김성수(2019), 제4차 산업혁명시대 신인적자원관리(2판), 탑북스.

양동훈(2022), 인적자원관리, 홍문사.

유규창·박우성(2022), 리더를 위한 인적자원관리, 창민사.

임창희(2020), 인적자원관리, 비앤엠북스.

전상길(2020), 창조경영을 위한 인적자원관리, 길을 묻다, 창명.

최병우(2022), 전략적 인적자원관리의 기초, 탑북스.

한국정책연구원(2018), 산업안전보건법령집(2018), 건설정보사.

H. Precious & M. Tsitsi(2021). Principles of Human Resources Management, LAP Lambert Academic Publishing.

R. A. Noe, J. R. Hollenbeck, B. Gerhart & P.M. Wright(2022), Human Resource Management: Gaining a Competitive Advantage(13th ed.), McGraw Hill.

G. Dessler(2015), Human Resource Management(16th ed), Generic.

S. R. Valentine, P. Meglich, R. L. Mathis & J. H. Jackson(2019), Human Resource Management(16th ed.), Cengage Learning.

R. N. Lussier & J. R. Hendon(2018), Human Resource Management: Functions, Applications, and Skill Development(4th ed.), SAGE Publications, Inc.

제12장

노사관계관리

학습목표

- ▶ 노사관계의 이중성에 대하여 이해한다.
- ▶ 던롭의 노사관계 시스템에 대하여 이해한다.
- ▶ 노사관계의 유형에 대하여 이해한다.
- ▶ 노동조합의 기능과 유형에 대하여 이해한다.
- ▶ 단체교섭과 단체협약의 의의와 기능에 대하여 이해한다.
- ▶ 근로자 쟁의행위의 유형에 대하여 이해한다.
- ▶ 노동쟁의조정제도에 대하여 이해한다.
- ▶ 부당노동행위의 유형에 대하여 이해한다.

제1절 노사관계의 본질

1. 노사관계의 의의

초기 노사관계를 의미하는 용어는 노자관계(labor capital relations)였다. 여기서는 자본의 '資'를 사용하고 있다. 이러한 경향은 당시 학자들 사이에 자본주의를 자본가계급과 무산자계급간의 갈등으로 보는 마르크스주의의 영향이 있었기 때문이다. 노사관계라는 용어는 1950년대 이후부터 점차 일반화되었는데, 이때의 '使'는 사용자를 의미하는 것이다. 현대의 기업은 자본과 경영이 분리되고 규모가 거대화되고 복잡성을 갖게 되는 한편, 급변하는 경영환경에 전문경영자의 역할이 날로 증대된다는 점을 고려하여 노자관계 대신 노사관계라는 용어를 사용하게 된 것이다.

반면 미국과 유럽의 국가에서는 노사간의 문제를 산업화와 더불어 발생한 문제로 파악하여 산업관계(industrial relations)라는 용어를 사용하였다. 일반적으로 노사관계라 하면 사용자와 임금노동자간의 관계(employer-employee relations)를 의미하기도 하고, 때로는 경영자와 노동조합간의 관계(management-union relations)를 가리키기도 한다. 기업경영의 현실 속에서 사용자인 경영자는 임금노동자와 고용관계를 맺으면서 노사관계가 형성된다. 그런데 임금노동자가 노동조합을 결성하거나 또는 조합원이 됨으로써 경영자와 임금노동자와의 관계는 경영자와 노동조합과의 관계로 발전하게 된다. 따라서 기업경영에서의 노사관계는 이렇게 이원성을 갖게 되는 것이다.

기업경영에 있어서 경영자와 임금노동자와의 관계는 단순히 고용관계라는 법률적 관계만이 존재하는 것이 아니라, 생산을 중심으로 협동하겠다는 약속 아래 그 대가로서 임금을 받는 경제적 관계도 존재한다. 그리고 조직의 구성원으로서 인간관계를 맺고 조직활동에 참여하고 있다는 측면에서 인간적 관계도 존재하고 있는 것이다.

그림 12-1 던롭의 노사관계시스템 모형

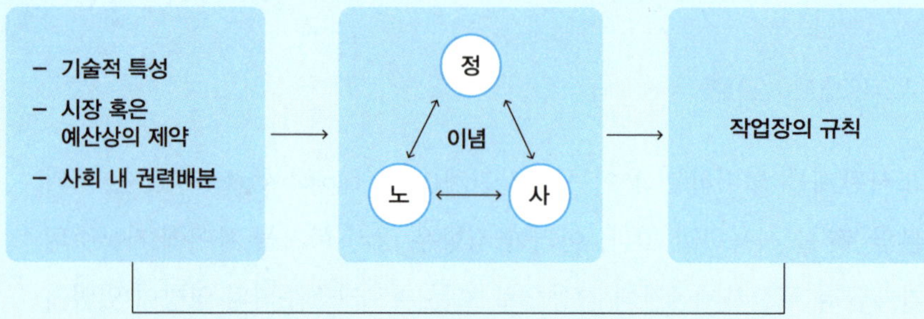

자료: J. T. Dunlop(1993), Industrial Relations System, Rev. Ed., Boston, Mass: Havard Business School Press, pp. 6-19.

그런데 경영자와 노동조합과의 사이에는 본질적으로 고용조건의 결정을 둘러싸고 경제적 이해가 대립되는 대립적 관계가 전제되어 있다. 이와 같이 기업경영의 차원에서 본 노사관계는 경영자와 종업원과의 관계와 경영자와 노동조합과의 관계인 이원적인 양면적 관계를 갖는다. 이를 노사관계의 이중성이라고 한다.

최근에 이르러서는 이러한 노사관계를 단순히 기업경영의 차원에서 경영자와 노동조합과의 관계로만 볼 수 없게 되었다. 그것은 19세기 말엽부터 경영적 노사관계에 정부가 강력히 개입하기 시작했기 때문이다. 첫째 이유는 빈곤의 문제나 실업의 문제가 커다란 사회적 문제로 발전함에 따라 근로자의 사회보장이라는 차원에서 건강보험, 실업보험의 형태로 정부의 개입이 필요하게 되었다. 둘째 이유는 노동조합의 세력이 증대되어 노사의 분쟁이 사회적 문제로 발전함에 따라 국민경제 및 사회안정이란 차원에서 정부의 개입을 필요로 했다.

그리하여 오늘날의 노사관계는 사용자와 노동조합과 정부의 3요체, 즉 세 당사자로 구성되며, 이들 삼자에 의한 삼각관계로 파악해야 할 것이다.

던롭(J. T. Dunlop)은 노사관계를 정의하여, 경영자, 노동조합 그리고 정부의 상호관계의 복합체라고 하였으며, 노사관계 시스템을 사회 시스템의 하위 시스템으로 경제 시스템과 동일하다고 하면서 [그림 12-1]과 같이 제시하였다. 그는 노사관계 시스템을 "노·사·정의 당사자가 기술적 특성, 시장이나 예산상의 제약, 사회 내의 권력배분 및 당사자들이 공유하는 이데올로기에 의해 규정되는 특정환 환경 속에서 작업장과 근로공동체(work community)의 공동규칙을 만드는 시스템"으로 정의내리고 있다.

2. 노사관계의 주요 이슈와 목표

노사 쌍방의 요구조건과 이해관계에 따라, 노사관계의 주요 이슈를 정치적 이슈, 경제적 이슈, 사회·인간적 이슈로 구분할 수 있다.

정치적 이슈로는 노조의 노동권 확립과 사용자측의 경영권 확립이 주요내용이 된다. 즉, 노동조합은 노조의 안정과 부당노동행위의 방지를 위하여, 사용자는 경영의 안정과 노조의 의무와 책임을 강조하는 정치적 이슈가 그 중심이 된다.

경제적 이슈는 노동보상적 측면과 직결된다. 즉, 직접적 보상인 임금과 간접적 보상으로서의 복리후생 및 건강·안전이 한 부분이며, 신분보장으로서의 고용 및 직무안정과 능력개발이 또 다른 부분으로 강조되고 있다. 산업사회 초기에는 경제적 이슈의 중심이 보상의 양적 측면에 있었으나, 최근 산업사회의 성숙기에서는 보상의 질적 측면, 즉 보상의 기준과 방법의 문제가 중심이 되고 있다.

사회·인간적 이슈는 현대 산업사회의 발전에 따른 인간소외의 문제와 근로생활의 질의 향상과 노동문화의 확립 등이 과제가 되고 있다.

산업사회의 변화는 사회적으로 노사관계를 대등한 파트너십의 관계로 발전시켜 근로생활의 질의 향상과 노사공존공영의 문화를 확립시켜 나가고자 하고 있다.

[그림 12-2]에서 보는 바와 같이 사용자와 노동조합은 각자 서로의 목표를 향하여 행동한다. 그러나 지금까지 이들의 관계는 서로 자신의 목표만 관철하고자 함으로써 수많은 갈등과 대립을 유발하여 기업발전에 상당한 저해를 가져왔다. 이러한 경험이 최근 노사가 협력함으로써 성공하고 발전할 수 있는 노사 win-win 전략을 낳고 있다. 이것은 노사 모두의 개별 목표달성은 물론이고, 나아가 산업평화 유지, 생산성 향상과 성과배분의 실현, 노사화합의 정착이라는 노사 모두의 공동목표를 함께 달성해 주는 노사공존공영의 궁극적 목표시스템이 된다.

그림 12-2 산업평화적 노사관계의 목표

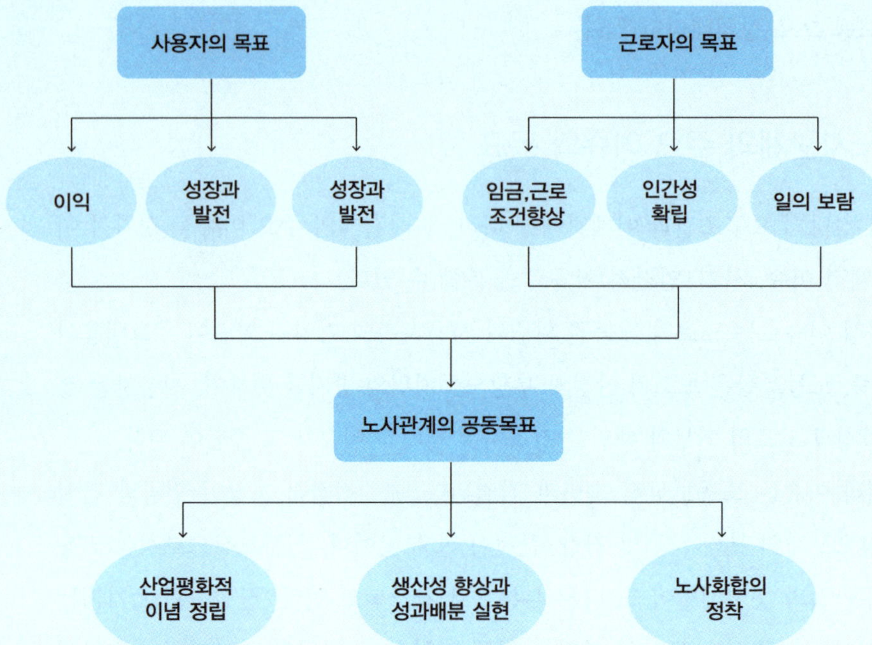

자료: 김성수(2013), 신노사관계론, 탑북스, p.10.

제2절 노사관계의 유형

1. 노사관계의 발전과정에 따른 유형

노사관계는 산업의 발전에 의한 자본주의적 생산양식의 발달로 시작되었다. 그러한 노사관계는 유럽의 사회적 특성 속에서 생성되고 발전되기 시작한 것이다. 따라서 노사관계의 그 역사적 발전과정은 산업화의 과정과 맥을 같이 하고 있다. 노사관계가 어떻게 변화되어 왔는지에 따라 노사관계의 발전과정에 따른 유형을 구분하면 다음과 같다.

1) 전제적 노사관계

전제적 노사관계는 권위주의적 노사관계라고도 하는데 고용주 혹은 자본가에 의해 일방적이고 전제적적인 방식에 의해 운영되었던 노사관계이다. 이것은 18세기 중엽부터 시작된 영국의 산업혁명으로부터 19세기 중엽까지 볼 수 있었던 노사관계의 유형으로서, 출자자가 소유자임과 동시에 경영자인 자본소유자에 의한 경영이 이루어졌으며, 산업의 형태도 소규모의 경공업이 주종을 이루었다. 당시의 노동력은 과잉이었고, 노동자의 대부분은 부녀자와 연소자였으며 노동조합도 결성되어 있지 않았다. 따라서 자본가는 필요에 따라 사람을 채용하고 불필요하면 자의적으로 해고할 수 있었다. 이와 같은 조건 아래서 임금과 노동시간 등에 관한 고용조건의 결정은 거의 전적으로 기업주의 일방적이고 전제적인 방법에 의해 행해졌으며, 감독방법도 폭력과 위협으로 복종만을 강요하였다.

2) 온정적 노사관계

온정적 노사관계는 친권적 노사관계라고도 하는데 경영자의 온정적이고 가부장적인 방식에 의해 운영되었던 노사관계이다. 온정주의적 노사관계의 시기는 19세기 중기에 나타났다. 이 시기는 자본주의적 생산양식이 점차 발전되어가고, 정착근로자도 증대되었으며 근로자의 기본적 욕구는 임금에 있으며, 아울러 주택·음식료·의료 등 복리후생시설을 중요하게 여기게 된 시기이다.

자본과 노동은 여전히 자본가의 손에 좌우되었으며 특히 자본가는 근로자를 마치 봉건영주가 농민에게 충성과 복종을 강요하는 형식으로 자행되었으며 노동은 자본가 지배적 행태에 억눌러 있었다. 그러나 이 시기는 사용자가 기업의 생산성 증대를 요구하였고 그 대가로 근로자는 인간의 기본적 욕구를 어느 정도 임금으로 충족시켜 주어야 한다는 은혜적 보답을 요구한 기간이었다. 즉, 은혜적 보답이라는 온정주의적 사고방식이 지배하는 경영관리방식이 나타나기 시작한 시대였다.

이 이론의 시초는 19세기 초기에서 중기까지 영국의 사회주의자의 한 사람이며, 산업자본가이었고 고임금경제론을 주장하여 실제 기업경영에 실천한 로버트

오웬(R. Owen)에 의해서 비롯되어 거의 일반화되었던 노사관계의 형태이다.

3) 완화적 노사관계

완화적 노사관계는 종래 자본의 전제적 지배방식에서 점차 완화되어 합리주의의 생성이 시작되었으며 노사간의 온정적 가족주의가 토착화되어 가는 시기이다.

산업혁명이 거의 끝나갈 19세기 말기에 나타난 노사관계의 발전형태로서 자본이 집중화되기 시작하여 독점자본주의가 생성된 시기로서, 기업형태는 유한회사와 주식회사가 등장하였다.

노동은 고용의 정착, 전문화 그리고 숙련화 내지 사회화는 직종의 전문화로 직업별 노동조합(craft union)이 생성되기 시작하였다.

여기에서 자본과 노동과의 관계는 필연적으로 종래와 같은 자본의 전제적 성격에서 어느 정도의 변화를 가져오게 되었다. 그러나 노동자의 종속적인 성격은 여전히 강하게 남아 있을 수밖에 없으며, 단체교섭에 있어서도 노동조합의 힘은 여전히 미약하고 종속적, 어용화 등의 형태가 존속되고 있었으며 자본가측은 종래의 전제적 지배체제를 어느 정도 완화하는데 그쳤을 뿐 여전히 자본가 지배가 강력하게 행사되어지고 있었던 시기이다.

이리하여 노사관계는 일면의 합리주의를 발전시키면서도 다른 한편으로는 종래의 온정적·가족주의적인 관계가 다분히 남아 있었던 특색을 지니고 있던 시기이다. 그러나 기업은 과학적 관리법의 도입으로 자본의 전제적 방식이 완화되어 경영합리화의 중요성이 대두된 시기로 의미가 매우 크다.

4) 민주적 노사관계

1930년대 세계적 대공황 이후 세계 각국의 자본주의가 전반적으로 심각한 위기에 처하게 되자 각국정부는 노사관계에 더욱 개입하기 시작하였으며, 노동조합에 대한 적극적인 보호육성정책을 채택하였다. 또한 산업사회학이나 조직사회학 등에서 논의되는 경영협동이론을 강조하고, 조직행동론, 인간관계이론이 도입되어 이른바 건설적 노사관계를 주장하는 시기가 온 것이다.

이러한 형태의 전형적인 예는 단체교섭제도로서 영국이나 미국에서 나타났으며, 단체교섭이야말로 민주적 노사관계를 규정하는 최고의 방법이라 믿기 시작한 시기이다. 이와 같이 민주적 노사관계의 발전은 자본의 집중·독점화가 고도로 진전되고 또 경영규모도 더욱 확대되면서 시작되었다. 여기에서 소유와 경영의 분리가 촉진되어 경영직능의 분권화, 전문화, 표준화, 전문경영자의 등장, 경영자단체의 조직화 등이 일반화되었다.

노사관계는 종래의 종속관계나 주종관계에서 벗어나 1:1의 대등관계로 바뀌게 되고 단체교섭을 통한 고용조건의 결정이라는 산업민주주의(industrial democracy) 이념의 노사관계로 형성된 것이다. 따라서 민주적 노사관계는 산업민주주의의 이념이 바탕이 되어 이루어졌다.

2. 노사관계의 질적 구분에 따른 유형

앞에서 서술한 바와 같이 자본주의가 진전됨에 따라 노사관계는 전제적 노사관계로부터 민주적 노사관계로 발전해 왔으며, 가장 이상적인 노사관계는 민주적 노사관계이다. 그러나 민주적 노사관계라 하더라도 노사 쌍방의 성숙도, 즉 질에 따라 노사관계의 형태가 달라질 수 있는데, 다니엘 밀즈(D. Q. Mills)는 노사관계의 질적인 구분에 따라 다음과 같이 분류하고 있다.

1) 공개갈등형

공개갈등형(open conflict) 노사관계란 경영자들이 노동조합과 정면으로 대결하고 노동조합에게 전혀 양보하려 하지 않는 태도를 의미한다. 오늘날의 노사관계에 있어서는 보기 드문 형태로 후진국가나 개발도상국에서 종종 볼 수 있는 대립적 노사관계의 유형이다. 선진국에서는 제2차 세계대전 이전에 이러한 유형이 흔히 볼 수 있었는데, 경영자들이 노동조합을 근본적으로 불신하거나 노동조합에 대한 경험과 지식이 거의 없었던 시기였다. 한편 노동조합도 경영자들의 경영권(management right)을 근본적으로 무시하려고 하며, 아울러 극단적인 행동을 보이게 되어 노사 쌍방 모두가 피해를 보는 양상이며 기업을 위기상황으로 이끌어가기도 한다.

2) 무장휴전형

무장휴전형(armed truce) 노사관계는 노사 쌍방이 여전히 적대자로 간주하고 있으며 때때로 발생하는 공개갈등형의 양상을 준비하는 태도이다. 그러나 경영자든 노동조합이든 서로 심한 손해를 보지 않기 위하여 적대행위를 제한하려고 한다. 이것은 미국의 대기업에서 가장 많이 볼 수 있는 형태인데, 주된 특징은 다음과 같다.

첫째, 경영자측은 노동조합과의 단체교섭을 근대 산업사회의 필요악이라고 생각하고 있다. 둘째, 노동조합 간부도 노동조합의 주요 임무는 경영자의 활동에 맞서 투쟁하는데 있다고 생각한다. 셋째, 단체교섭의 범위와 공동결정사항에 대한 노사의 의견이 기본적으로 일치되고 있지 않다. 넷째, 근로자들의 협력을 얻으려고 노사 쌍방이 서로 경쟁하고 있다. 다섯째, 단체교섭에서의 의견 불일치에 대한 타결은 노사 쌍방의 협력관계에 의해서 이루어진다는 것을 노사가 솔직하게 인정하고 있다. 여섯째, 단체협약을 준수함으로써 노사분쟁이나 의견 불일치 등을 적절하게 조정하는 방식을 고안하고자 노사 쌍방이 희망하고 있다.

3) 노사조화형

노사조화형(working harmony) 노사관계란 보다 성숙된 단계에서 볼 수 있는 노사관계로 무장휴전형과 노사협력형의 중간적인 형태이다. 노사 쌍방은 상대방을 존중하여 불일치를 해결하기 위해 줄 것은 주고 받을 것을 받으려는, 보다 현실적인 입장을 갖고 있기 때문에 갈등이 제한되는 양상을 보인다. 노사조화형의 특징은 다음과 같다.

첫째, 경영자는 노동조합의 존재가 기업경영상의 채무인 동시에 자산이기도 하다는 것을 믿고 단체교섭을 진지하게 받아들인다. 둘째, 노동조합측은 노동조합의 목적달성이 상대방인 기업의 성장과 발전에 의존한다고 확신한다. 셋째, 노사 쌍방은 노사의 목적이 중요한 문제에서 대립되어도 상호의 이익 증진을 위해서는 양보가 가능한 것을 알고 있다. 넷째, 경영자는 기업경영의 중심적 기능 수행에 있어서 단독적 책임을 지며 노동조합측은 경영자의 활동을 감시하되 생산장애의 제거에 활동범위를 국한하고 있다. 다섯째, 공동토의와 절충범위의 확대를 위해 노사 쌍방이 공동으로 노력한다. 즉, 노사 쌍방이 내부문제의 복잡성을 인정하고 있어 곤란한 문제의 해결에는 서로 협력을 아끼지 않는다.

4) 노사협력형

노사협력형(labor management cooperation) 노사관계란 노사는 상대방을 존중할 뿐만 아니라 공동문제를 해결하는데 도움을 주는 존재로 보는 태도를 말한다. 여기서는 전반적인 협력관계가 손상되지 않도록 갈등이 엄격히 제한된다. 따라서 단체교섭에서 문제가 해결되지 않는 경우 바로 파업이라는 수단에 의존하기보다는 제3자인 중재자에게 의뢰를 하거나 노사공동위원회를 구성하여 상호 관심사에 대한 공동연구를 하는 것이다. 노사협력형의 주요 특징은 다음과 같다.

첫째, 경영자는 노동조합측이 비용인하와 능률증진을 위해 종업원의 적극적인 협력을 조직화할 의욕과 능력을 가진 것으로 확신한다. 둘째, 경영자는 노동조합 대표에게 경영기능의 일부를 분담시킬 의사를 가지고 있다. 셋째, 노동조합측은 유형·부형의 혜택을 받는 대신에 사기앙양을 맡는 기관이 되고자하는 노력을 보인다. 넷째, 노사 쌍방이 생산문제의 해결이나 능률증진의 장애를 제거하는데 공동책임을 진다. 다섯째, 능률증진을 위한 노사협력은 노사 쌍방이 당연히 해야 할 일로 생각한다.

제3절 노동조합

1. 노동조합의 의의

1) 노동조합의 개념

노동조합(trade union, labor union)이란 임금근로자들이 그들의 근로생활의 제조건을 유지하고 개선하기 위하여 조직한 항구적인 단체를 의미하는 것으로 구체적으로 살펴보면 다음과 같다.

첫째, 노동조합은 근로자의 자주적인 단체이다. 즉, 노동조합은 근로자의, 근로자에 의한, 근로자를 위한 조직체인 것이다. 둘째, 노동조합은 어디까지나 근로조건의 유지나 개선을 주 목적으로 해야 한다. 근로자가 주체가 되어 자주적으로 조직된 단체라 하더라도 그 목적하는 바가 순전히 정치적 또는 종교적 이념을 실현하거나 근로자 상호간의 공제만을 목적으로 하는 경우는 노동조합이 될 수 없는 것이다. 셋째, 항구적인 단체라야 한다. 노동조합은 일시적으로 존재해서는 노동조합 본연의 목적을 제대로 달성할 수 없다. 따라서 노동조합은 특별한 일이 없는 한 항구적으로 존재하는 단체라야 한다.

우리나라 노동조합 및 노동관계조정법 제2조 제4호에서 노동조합의 정의를 보면 "노동조합이라 함은 근로자가 주체가 되어 자주적으로 단결하여 근로조건의 유지·개선 기타 근로자의 경제적·사회적 지위의 향상을 도모함을 목적으로 조직하는 단체 또는 그 연합단체를 말한다."라고 규정하고 있다.

이와 같은 법적 정의에서 알 수 있듯이 우리나라의 경우 경제적 노동조합주의를 지지하고 있다. 경제적 노동조합주의는 노동조합을 통한 노동운동의 기본적인 목적으로 사회개혁이나 경제발전에 이념을 두는 혁명적 노동조합주의 대신 임금이나 근로조건 등과 실리적인 조건의 확보에 목적을 두는 것을 의미한다.

우리나라에 있어 노동조합 조직률과 조합원 수를 1989년부터 2020년까지 추이를 살펴보면, 1989년 19.8%를 정점으로 하락세로 반전하여 2010년 9.8%로 계속적인 하락 추세로 한 자리 수치를 보이지만, 2011년 7월 복수노조 허용에 따라 노동조합의 조직률이 10%대로 상승하여 2020년까지 지속적인 상승추세를 나타내고 있다.

2) 노동조합의 설립요건

노동조합은 설립에 있어서 대외적으로 자주성을, 대내적으로는 민주성을 갖추어야 한다. 노동조합의 자주성은 노동조합 설립의 실질적 요건에 관한 것이며, 노동조합의 민주성은 노동조합 설립의 형식적 요건에 관한 것이다. 노동조합이 법의 보호를 받기 위해서는 실질적 요건과 형식적 요건을 모두 갖추어야 한다.

그림 12-3 연도별 노동조합 조직률 및 조합원 수

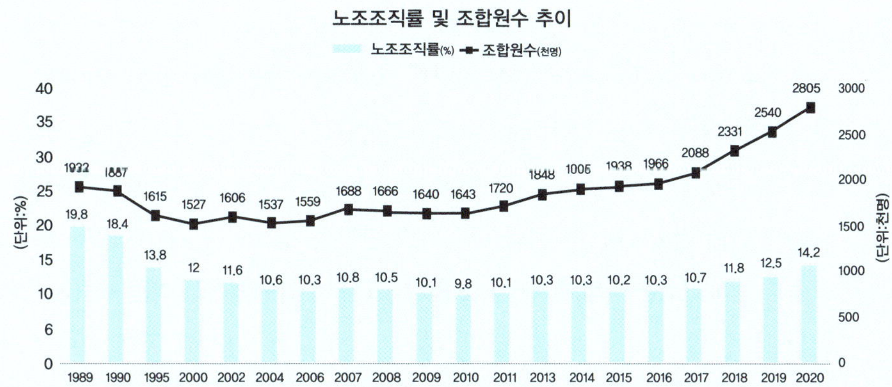

자료: 고용노동부, 고용노동통계, 각년도.

(1) 실질적 요건

우리나라 노동조합 및 노동관계조정법 제2조 제4호에서 "노동조합이라 함은 근로자가 주체가 되어 자주적으로 단결하여 근로조건의 유지·개신 기타 근로자의 경제적·사회적 지위의 향상을 도모함을 목적으로 조직하는 단체 또는 그 연합단체를 말한다."로 정의내리고, 그 단서조항에 사용자 또는 항상 그의 이익을 대표하여 행동하는 자의 참가를 허용하는 경우, 경비의 주된 부분을 사용자로부터 원조받는 경우, 공제·수양 기타 복리사업만을 목적으로 하는 경우, 근로자가 아닌 자의 가입을 허용하는 경우(다만, 해고된 자가 노동위원회에 부당노동행위의 구제신청을 한 경우에는 중앙노동위원회의 재심판정이 있을 때까지는 근로자가 아닌 자로 해석하여서는 아니된다), 주로 정치운동을 목적으로 하는 경우에는 노동조합으로 보지 아니한다라고 규정하고 있다.

(2) 형식적 요건

노동조합이 노동법상의 보호를 받으려면 실질적 요건 이외에 노동조합 및 노동관계조정법 제10조 제1항에 의거하여 명칭, 주된 사무소의 소재지, 조합원 수, 임원의 성명과 주소, 소속된 연합단체가 있는 경우에는 그 명칭, 연합단체인 노동조합에 있어서는 그 구성 노동단체의 명칭, 조합원 수, 주된 사무소의 소재지 및 임원의 성명·주소를 기재한 설립신고서와 동법 제11조에 의거하여 명칭, 목적과 사업, 주된 사무소의 소재지, 조합원에 관한 사항(연합단체인 노동조합에 있어서는 그 구성단체에 관한 사항), 소속된 연합단체가 있는 경우에는 그 명칭, 대의원회를 두는 경우에는 대의원회에 관한 사항, 회의에 관한 사항, 대표자와 임원에 관한 사항, 조합비 기타 회계에 관한 사항, 규약 변경에 관한 사항, 해산에 관한 사항, 쟁의행위와 관련된 찬반투표 결과의 공개, 투표자 명부 및 투표용지 등의 보존·열람에 관한 사항, 대표자와 임원의 규약위반에 대한 탄핵에 관한 사항, 임원 및 대의원의 선거절차에 관한 사항, 규율과 통제에 관한 사항을 기재한 규약을 첨부하여 연합단체인 노동조합과 2 이상의 특별시·광역시·특별자치시·도·특별자치도에 걸치는 단위노동조합은 고용노동부장관에게, 2 이상의 시·군·구(자치구를 말한다)에 걸치는 단위노동조합은 특별시장·광역시장·도지사에게, 그 외의 노동조합은 특별자치시장·특별자치도지사·시장·군수·구청장에게 제출하여야 한다.

우리나라의 노동조합의 설립신고제도는 노동조합의 설립에 있어서 자유설립주의를 취하지 않고, 자유설립주의를 바탕으로 하는 신고주의를 채택하고 있다. 따라서 노동조합의 성립에 있어서의 현행법상 설립신고를 하지 않고서는 무자격 노동조합임을 면할 수 없다.

2. 노동조합의 기능

노동조합은 그 목적달성을 위하여 조직력을 바탕으로 일정한 정책 하에 행동함으로써 기능을 발휘하게 된다. 노동조합의 기능은 경제사회의 발전에 따라 점차 다양화되고 있는데 현대 노동조합의 가장 기본적인 기능은 어디까지나 경제적 기능이며, 공제적 기능이나 정치적 기능은 노동조합의 경제적 기능을 보완하는 성격을 지니고 있다.

1) 경제적 기능

노동조합이 조합원들의 경제적 이익을 위해 추구하는 내용은 주로 노동자들의 전체 임금수준을 높이고, 작업시간을 줄이며, 고용의 지속성과 안정성을 제고시키고, 작업환경을 향상시키며, 기타 노동자에게 불리한 채용·고용 등의 인사를 방지하는 데 있다. 이러한 경제적 이해를 해결함에 있어서 사용자는 경영성과를 제고시키기 위해 차별화와 능률주의를 주장하는 반면, 노동조합은 표준화와 연공주의를 주장하게 된다.

2) 정치적 기능

근로자의 권익은 사용자와의 교섭 뿐만 아니라 정부의 경제정책이나 노동조합에 대한 태도 등에 의하여 영향을 받는데, 노동조합은 이러한 영향 요인에 적극적인 활동을 통해서 궁극적으로 근로자의 권익을 신장시킬 수 있다. 이러한 측면에서 노동조합이 담당하는 일체의 기능을 정치적 기능이라 부른다. 여기서 정치적이라 함은 사용자 또는 사용자단체와의 교섭이나 협의가 아닌, 국가 또는 사회전체에 대하여 노동조합이 영향력을 행사하는 일체의 활동을 의미한다.

3) 공제적 기능

노동조합이 조합원의 생활을 안정시키기 위하여 착수한 활동중에서 중요한 것은 공제활동이다. 근로자는 예기치 못한 질병이나 재난을 당하기도 하고, 직장을 잃고 실업자가 되기도 하며, 불시에 노동능력을 잃게 되는 경우가 있다.

노동조합은 국민연금, 건강보험, 고용보험, 산재보험 등 사회보장제도에 대해 입법활동을 하고, 동시에 단체교섭을 통한 공제·복지적 급여를 경영진으로부터 확보하는 등 노동조합의 공제적 기능을 수행해 가고 있다.

3. 노동조합의 조직형태

노동조합은 근로자들의 근로조건을 유지·개선시키기 위한 조직이지만 그 힘과 효율성은 조직의 기반이나 노동시장을 통제하는 방법 등에 따라 달라질 수 있다. 그러므로 노동조합측에서는 어떤 조직형태를 갖느냐가 영향력을 좌우할 수 있는 중요한 사항이 된다. 이하에서는 노동조합의 유형구분과 노동조합 유형별 특징 중심으로 정리하였다.

1) 직업별 노동조합

직업별 노동조합(craft union)은 동일한 직능을 가진 숙련노동자들이 자신들의 경제적 이익을 확보하기 위하여 만든 조직체로서 가장 일찍 발달한 노동조합 형태이다. 이것은 직능별 또는 직종별 조합이라고도 불리며 예를 들면 인쇄공조합·선반공조합·목공조합 등이 있다. 직업별 조합은 '직업독점'과 '노동력의 공급제한'을 통해서 노동시장을 통제함으로써 숙련노동자들의 경제적 이익을 보장하고자 한다. 즉, 일정한 자격을 가진 조합원들만이 특정 직업을 가질 수 있게 함으로써 그 직업에 관한 노동시장을 독점하게 하고, 도제제도를 엄격하게 시행함으로써 노동력의 공급을 제한하여 숙련노동자들의 과잉으로 인한 임금수준의 하락을 방지하였다. 그러므로 직업별 노동조합은 노동조합의 기득권을 중시하는 조직논리를 가지고 있다.

직업별 노동조합은 동일한 직종을 가지고 있는 피고용자들로 조직되기 때문에 단체교섭 사항과 그 내용이 명확하고, 동직자로서의 유대의식이 강하기 때문에 조직의 단결력이 공고하여 사용자에게 종속될 우려가 없으며, 직장단위가 조직의 중심이 아니므로 실업자라 하더라도 조합의 가입이 가능하고 조합원의 실업을 예방할 수 있는 등의 장점이 있다.

단점으로는 숙련고용자 중심의 배타적이고 독점적인 조직이기 때문에 조직대상이 한정되어 있으며, 미숙련 피고용자 등의 반발을 불러일으켜 전체 피고용자의 분열을 가져올 수 있으며, 기업을 초월한 조직이기 때문에 조합의 자주성을 지킬 수 있으나 사용자와의 관계가 희박하다는 점 등이 지적되고 있다.

대체로 산업화 초기의 노동조합들은 직업별 노동조합의 형태를 띠고 있었다. 그러나 산업이 발전됨에 따라 작업의 기계 대체, 기술의 단순화 및 새로운 직업의 등장 등으로 조합원들의 직능 중요도가 점차 감소하여 전통적인 직업별 조합의 상대적 협상력은 약화되는 추세이다. 그러나 공무원, 교사 등 공공기관의 화

이트칼라노조가 20세기 중·후반부터 등장하면서 화이트칼라 중심의 직업별 노조가 새로이 부상하고 있다. 현재 우리나라의 직업별 노동조합은 초·중등학교의 교원들로만 구성된 전국교직원노동조합과 한국교원노동조합 등을 들 수 있다.

2) 일반 노동조합

일반 노동조합(general union)은 숙련이나 직능, 산업과는 관계없이 모든 피고용자들이 가입자격을 가지고 있으며, 지역이나 전국에 걸쳐 조직하는 단일노동조합을 말한다. 초기단계에서는 직업별 조합에서 배제되었던 미숙련 피고용자들과 잡노동에 종사하는 피고용자들이 중심이 되어 단일조직으로 결성되었으나, 최근에 와서는 특정 대상 집단을 정하지 않고 누구나 가입이 가능한 일반조합이 생겨나고 있다.

일반 노동조합은 주로 미숙련자들이 중심인 조직이므로 지켜야 할 기득권도 없으며, 노동력의 만성적 과잉 때문에 노동력의 공급을 제한한다는 것도 불가능하다. 그러므로 일반 노동조합에서는 최저 노동기준의 준수, 즉 안정된 고용의 확보, 노동시간의 최고한노 규제, 임금의 최저한노 준수 등을 중요한 요구소선으로 한다.

일반 노동조합은 이러한 요구조건의 실현을 위해 입법활동을 중시하는데, 입법을 통해 최저생활을 확보하려고 한 이유는 다양한 조합을 포괄하는 일반 노동조합의 조직성격 상 내적으로 통일과 단결을 꾀하기 어려웠기 때문이다. 일반 노동조합은 광범위한 피고용자들을 조직하므로 노동시장을 효율적으로 통제하기 어렵다. 또한 조직된 훈련을 거치지 않은 수동적이고 미숙련상태인 피고용자를 중심으로 한 조합원들을 결속시키기 위해서는 중앙집권적 관료체제가 불가피해지는데, 이는 조합민주주의의 실현을 저해하는 요인이 될 수 있다. 또한 이해관계가 다른 이질적 피고용자들을 조직하기 때문에 조합원간 의견의 조정 및 통합이 곤란하며 단체교섭기능이 약화될 수 있다.

일반 노동조합은 영국의 경우 직업별 조합에 뒤이어 일찍부터 발달했으며, 미국의 노동기사단(Knights of Labor)을 비롯하여 현재의 AFL-CIO 산하의 일부 노동조합에서도 그 예를 찾아 볼 수 있다. 우리나라의 경우에도 종전의 연합노동조합이나 비정규직 노조인 전국여성노동조합연맹 등이 이에 해당된다고 할 수 있다.

3) 산업별 노동조합

산업별 조합(industrial union)은 직종과 계층에 관계없이 동일산업에 종사하는 모든 근로자가 하나의 노동조합을 구성하는 조직형태이다. 역사적으로 볼 때 산업별 조합은 직업별 노동조합이나 일반 노동조합보다 늦게 발달했으며, 사회적 분업과 기계화의 진전에 따라 철강공장이나 자동차공장 등에서 많은 미숙련 근로자들이 출현함에 따라 결성되었다. 산업별 노동조합은 기업 또는 공장을 넘어선 조직을 결성하고 다수 근로자의 단결력을 바탕으로 단체교섭을 통해 기업 또는 공장을 넘어선 산업단위의 노동조건을 성취하고자 하였다. 산업별 노동조합은 대체로 '1산업 1조합'을 조직원리로 하는데, 이는 산업 내에서는 노동조건의 균일화가 이루어지도록 하여 한 산업 내에서 사용자간의 노동조건악화를 향한 경쟁을 막는 것을 목표로 하고 있다. 일반적으로 산업별 노동조합은 산업 전체의 이슈를 다루는 정부의 산업정책과도 밀접한 관련을 가지게 되므로 압력단체 및 로비단체로서 정치적 성향을 강하게 보인다. 산업별 노동조합의 장점으로는 조합원 수에 있어서 거대한 조직이므로 커다란 압력단체로서의 지위를 확보할 수 있어서 자본의 집중화에 따른 거대 자본의 출현에 대응할 수 있고, 산업 내 근로조건의 통일화를 유지할 수가 있다. 그러나 이와 반대로 각 산업별 조직의 내부에서 직종간의 이해대립과 반목을 초래할 우려가 있다.

우리나라의 대표적인 산업별 노동조합으로는 전국전력노동조합, 전국금융산업노동조합, 전국담배인삼노동조합, 전국우정노동조합, 전국대학노동조합, 전국금속산업노동조합, 보건의료노동조합 등이 있다.

4) 기업별 노동조합

기업별 노동조합(enterprise union)은 동일한 기업에 종사하는 피고용자들로서 조직되는 노동조합을 의미한다. 기업별 노동조합은 일반적으로 피고용자의 의식이 계급의식 등 횡단적 연대의식을 뚜렷이 갖지 않은 환경에서 조직되거나,

동종산업 또는 동일직종이라 하더라도 단위기업간의 시설규모나 지불능력의 차이 등 기업격차가 심한 곳에서 많이 나타난다. 기업별 노동조합은 정부 주도의 경제개발로 거대 기업이 먼저 생성되는 환경에서 발생하며 주로 후발공업국에서 나타난다.

기업별 노동조합은 개별기업을 존립의 기반으로 하기 때문에 노동시장에 대한 지배력은 거의 없고 조직으로서의 역량도 비교적 약하다. 즉, 기업별 노동조합은 당해 기업 내 각 직종간의 요구조건이 상충할 수 있고, 직원만이 노동조합에 가입할 수 있으므로 중소기업의 경우에는 직원의 수가 많지 않아 뚜렷한 자기 기능을 발휘하기 어렵고, 조합원이 모두 사용자와 종속관계에 있는 직원이기 때문에 사용자의 영향력이 강해져 조합이 어용화될 가능성이 있다는 단점이 있다. 기업별 조합은 일본에서 발달하였는데, 이는 일본의 종신고용제와 '家' 중심의 노사화합적 사고방식에 기인하였다고 볼 수 있다.

4. 노동조합의 조직화

노동조합이 조직체로서 갖는 힘은 두 가지 관점에서 찾아볼 수 있다. 하나는 조합원의 구성이고, 다른 하나는 노동조합의 활동에 필요한 자금의 확보이다. 이를 구체적으로 살펴보면 양적인 측면의 노조가입 방법과 질적인 측면의 조합비 징수방법이다.

1) 노조가입방법

근로자가 노동조합에 가입하는 방법은 기본적으로 클로즈드 숍, 오픈 숍, 유니온 숍 등과 같은 기본적인 형태와 이들의 변형적인 형태로 에이전시 숍, 매인티넌스 숍 및 프리퍼렌셜 숍 등이 있다.

클로즈드 숍(closed shop)은 조합원 자격이 있는 근로자만 채용하고 일단 채용된 근로자도 조합원의 자격을 상실하면 종업원이 될 수 없도록 하는 제도이다. 따라서 노동조합은 노동력의 공급권을 장악할 수 있기 때문에 가장 강력한 교섭력을 지닐 수 있다.

오픈 숍(open shop)은 노동조합의 가입여부에 관계없이 채용할 수 있으며, 피고용자는 조합원이 될 의무가 없는 제도이다. 따라서 노조가 노동력의 공급을 독점할 수도 없고, 조합기반을 확보하기 어렵기 때문에 가장 약한 조직화 형태라 할 수 있다. 따라서 오픈 숍은 노조가입 및 탈퇴의 자유가 보장된다는 점에서 가장 민주적인 숍 제도라 할 수 있으나, 비노조원의 경우 노조의 단체교섭에 의한 성과를 같이 향유하는 무임승차의 문제를 발생시킨다. 따라서 경우에 따라서는 단체협약 안에 단체협약의 효력이 노동조합원에게만 미치도록 하는 규정을 두기도 한다.

유니온 숍(union shop)은 기업이 근로자를 채용할 때 조합원이 아닌 자를 근로자로 채용할 수는 있지만 일단 채용된 이후에는 일정기간 내에 자동적으로 노조에 가입하게 되는 제도이다. 클로즈드 숍 제도에 비하여 약간 약한 제도라 할 수 있으나, 이 제도가 실시되면 노조가입 대상이 되는 모든 근로자를 노조에 가입시킬 수 있기 때문에 노조의 교섭력과 재정기반이 튼튼해진다는 장점이 있다. 다만 유니온 숍은 근로자의 선택 자유를 침해할 수도 있으므로 근로자의 2/3 이상을 조직하고 있는 노동조합이 있을 경우에만 이 협정을 둘 수 있도록 노동조합 및 노동관계조정법에서 정하고 있다.

이와 같은 세 가지 기본적인 형태 이외에 종업원들이 노조에 가입하도록 강제되지는 않지만 비조합원들도조합원들의 조합비에 상당하는 금액을 정기적으로 노동조합에 불입하게 하는 에이젼시 숍(agency shop), 사용자측이 비조합원의 고용도 가능하지만 조합원에 대하여는 고용상에 차별적인 우대를 가하는 프리퍼렌셜 숍(preferential shop), 일단 단체협약이 체결되면 기조합원은 물론 협약체결 이후에 가입한 조합원도 단체협약의 유효 기간동안조합원자격을 유지해야 하는 메인티넌스 숍(maintenance shop)제도가 있다.

2) 노동조합비

숍 제도가 양적인 측면에서 조합원의 확보를 위한 정책이라면 질적인 측면에서 노동조합의 안정을 위한 정책은 체크오프 시스템(check-off system)이다. 체크오프 시스템이란 노동조합과 사용자 사이의 협정에 근거하여 사용자가 조합원인 근로자의 임금으로부터 조합비를 공제하고, 그것들을 일괄해서 노동조합에 인도하는 것으로, 조합비의 일괄공제제도를 말한다. 즉, 노동조합이 조합비를 징수하는 경우에 개개인을 찾아다니며 조합비를 걷지 않고, 노동조합을 위하여 조합원인 근로자의 임금으로부터 조합비 기타 노동조합의 징수금을 공제하여 직접 노동조합에 인도하는 방법인 것이다. 여기에서 조합비라는 개념은 조합원이 매월 정기적으로 납부하여야 하는 정상적인 조합비는 물론 조합의 가입비, 성소합원에게 부과되는 벌금 및 특별부과금까지 포함한다. 따라서 이러한 조합비를 사용자와 합의에 의하여 일괄 공제징수한다는 것은 노동조합의 입장에서 노동조합의 재정을 안정시키고 시간과 경비의 절약 뿐만 아니라 조합비 납부를 제도화하여 간접적으로 조합원의 참가의식을 조성하는 단결강화의 기능을 수행한다.

제4절 단체교섭과 단체협약

1. 단체교섭의 의의와 기능

단체교섭(collective bargaining)이란 근로자단체인 노동조합과 사용자 또는 사용자단체의 대표가 근로자의 임금, 근로시간, 기타 근로 제조건과 관련된 사항에 대하여 상호 대등한 입장에서 행하는 교섭을 의미한다. 역사적으로 보았을 때 단체교섭은 노동력의 공급권을 바탕으로 한 직업별 노동조합의 교섭력이 약화된 후 산업별 노동조합이 사용자와의 집단적 근로계약의 형식을 차용하여 조합원의 임금 및 근로조건을 향상시켜 가는 방향으로 운동방향을 바꿈에 따라 출현한데 기인한다. 그러나 오늘날에는 노동조합의 형태를 가리지 않고 노동조합이 근로자의 임금 및 기타 근로조건의 향상을 위해 사용자와 교섭하는 제도로 정착되고 있다.

우리나라에서 단체교섭은 주로 기업별 노동조합과 개별 사용자간의 기업별교섭의 형태로 이루어져 왔으며, 노동조합 및 노동관계조정법 제32조에 따를 경우

단체교섭에 따른 단체협약의 유효기간은 2년을 초과할 수 없도록 되어 있다. 그러나 일반적으로 임금교섭은 매년 이루어지며, 임금교섭을 제외한 단체교섭은 2년을 주기로 이루어지는 것이 일반적이다.

단체교섭은 오늘날 노사관계관리에 있어서 다음과 같은 세 가지 중요한 기능을 지니고 있다. 첫째, 단체교섭은 작업장의 많은 규칙을 제정하고, 수정하고 또한 관리하는 절차로서의 기능을 갖는다. 둘째, 단체교섭은 근로자의 보상의 양을 결정하는 과정으로서의 기능을 갖는다. 셋째, 단체교섭은 협약기간 중 그리고 단체협약의 만료시 또는 재연장시 제기되는 분규를 해결하는 방법으로서의 기능을 갖는다.

2. 단체교섭의 유형

현행 노동조합 및 노동관계조정법은 단체교섭 자체의 방식에 대하여 아무런 규정을 두고 있지 않으나, 대체로 기업별교섭, 통일교섭, 대각선교섭, 공동교섭, 집단교섭 등과 같은 5가지 경우로 분류할 수 있다.

1) 기업별교섭

기업별교섭은 특정 기업 또는 사업장 단위로 조직된 독립된 노동조합이 단체교섭의 당사자가 되어 당해 기업주 또는 사용자와 교섭하는 방식으로서, 우리나라 및 일본과 같이 기업별 노동조합이 전형적인 노동조합 형태를 보이는 경우 가장 대표적인 교섭유형이다. 이러한 방식은 기업간의 격차가 크고 교섭의 대상자인 사용자단체가 구성되어 있지 않거나, 기업별 노동조합이 형성되어 있을 때 활용된다.

기업별교섭을 취할 경우 기업의 경영실적, 지불능력, 근로조건의 특수성 반영이 용이하다는 장점이 있는 반면, 타결내용이 각 기업의 실정에 영향을 받으므로 산업내의 통일된 노동조건의 유지 및 노동자간의 연대가 곤란하며, 타결내용이 좋지 않을 경우 노조의 어용화 매도 가능성 때문에 지불능력이 약한 기업의 경우 타결상의 어려움이 있다는 단점이 있다.

2) 통일교섭

통일교섭이란 전국적·지역적인 산업별 또는 직업별 노동조합과 이에 대응하는 전국적 또는 지역적인 사용자 단체와의 교섭방식을 말하고, 이를 복수사용자 교섭이라고도 하며 주로 영·미를 비롯한 유럽 각국에서 채택되고 있다.

통일교섭이 나타난 배경으로는 하나의 산업별 노동조합이 가장 만만한 사용자와 개별교섭으로 유리한 교섭결과를 이끌어낸 후 다른 사용자들에게도 그 이상의 결과를 강제하는 식으로 각개격파하는 방식에 대처하기 위해 사용자들이 들고 나온 방식이라 할 수 있다.

우리나라의 경우 금융, 철도, 전력, 통신, 담배·인삼, 항운 등에서 그 노동조합의 조직 자체가 산별 노동조합의 성격이 강하므로 산업별 중심의 통일교섭이 이루어지고 있다. 그러나 이 경우에도 기업별 노동조합의 연합체로서 업종별 공동교섭이 아니고 사실상 하나의 노동조합과 하나의 중앙의 사용자 사이에 교섭이 이루어지고 있는 실정이다.

3) 대각선교섭

대각선교섭이란 전국적·지역적인 산업별 또는 직업별 노동조합이 소속된 개별 기업의 사용자 사이에 이루어지는 교섭방식을 말하는데, 이러한 형태는 산업별 노동조합에 대응할 만한 사용자단체가 없거나 또는 있다 하더라도 각 기업이 특수한 사정이 있을 때 사용하는 방식을 말한다. 즉, 대각선교섭이란 산업별 노동조합이 개별기업 사용자와 개별적으로 교섭하는 경우를 의미하며, 이의 법적 근거는 현행 노동조합 및 노동관계조정법 제29조 2항에 마련되어 있다. 우리나라의 경우 산업별 노동조합으로 전환한 전국손해보험노동조합과 개별 손해보험회산간의 교섭, 전국보건의료산업노동조합과 개별 병원들 사이의 교섭이 해당된다.

4) 집단교섭

집단교섭이란 수개의 노동조합지부가 공동으로 이에 대응하는 수 개의 기업들과 집단적으로 교섭을 전개하는 방식을 말한다. 일반적으로 노동조합이 상급단체에 소속되어 있지 않거나 상급단체가 없는 경우에 기업별교섭의 취약함을 보완하기 위하여 이와 같은 교섭방식을 취한다. 통일교섭과 집단교섭의 차이점을 보면 다음과 같다. 우선 통일교섭의 경우 산별노조 및 사용자단체가 단체교섭권의 협약체결권을 지니는 반면, 집단교섭의 경우에는 노사 대표자들이 모여 집단을 구성해 노사 각각 교섭대표권을 위임하여 일정 범위만을 타결하고, 이를 바탕으로 기업수준에서 기업별교섭을 통해 협약을 체결한다는 점에서 차이가 있다. 우리나라의 경우 보건의료노조와 금속노조 등 정규직 중심의 일부 산업별 노조가 집단교섭을 실시하고 있다.

5) 공동교섭

공동교섭이란 상부단체인 산업별·직업별 노동조합이 하부단체인 기업별 노동조합이나 기업 단위의 노조지부와 공동으로 개별기업의 사용자와 교섭하는 방식을 말한다. 바꾸어 말하면 기업별노조나 산업별·직업별노조의 기업단위의 지부가 당해 기업과 단체교섭을 하는 경우 상부단체인 전국 노동조합이 이에 참가하는 것으로 연명교섭이라고도 한다.

우리나라의 경우 현행법상 산업별 연합단체와 단위노조 산하의 지부도 단체교섭 당사자가 될 수 있으므로 단위노조가 참여하는 공동교섭이 가능하다. 우리나라에서는 단위노조가 상급단체에 교섭권을 위임한 후 상급단체의 이름으로 교섭을 행하되 실제로는 상급단체의 간부와 단위노조의 간부가 함께 교섭에 참가하는 경우가 많다. 이 경우 단위노조로서는 자신의 취약한 교섭력을 연합단체의 힘을 빌려 보완할 수 있고 동시에 단위노조도 교섭에 참여하므로 단위기업의 특수한 사정을 반영하는데 어려움이 없을 뿐 아니라 단위노조의 자주성을 지킬 수 있다는 장점을 지니고 있다.

지금까지 살펴본 다양한 교섭유형 가운데 우리나라는 기업별노조와 개별사용자간에 이루어지는 기업별교섭이 중심이 된 분권화된 교섭구조를 가지고 있다. 이는 무엇보다도 우리나라의 가장 대표적인 노조의 형태가 기업별노조를 근간으로 하고 있기 때문이다.

그림 12-4 단체교섭의 유형

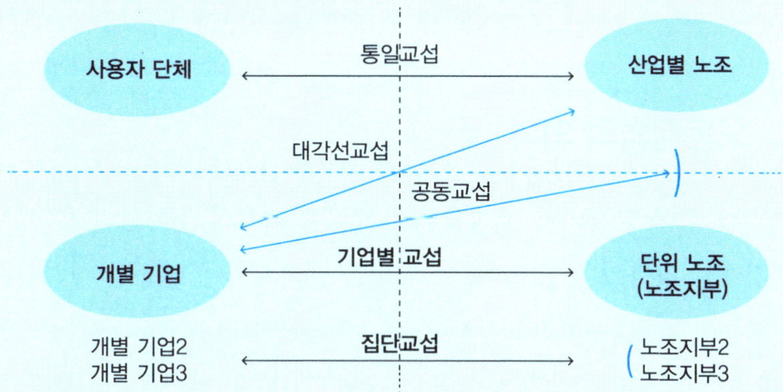

자료: 정종진·이덕로(2017), 최신노사관계론, 법문사, p.170.

3. 단체협약의 체결

단체교섭의 과정을 거쳐서 노동조합과 사용자 단체가 임금 및 근로조건의 기준 및 기타 사항에 관하여 협정을 체결하게 되는데, 그 협정을 단체협약(collective agreement)이라고 한다. 그러므로 단체협약은 협약자유의 원칙에 의하여 법규에 위반되지 않고 공공질서를 깨뜨리지 않은 한 어느 것이나 규정할 수 있다. 이를 통해 일단 결정된 근로조건은 서면화하여 근로자측은 단체협약의 유효기간 중에 단체협약에 정해진 근로조건의 기준에 따른 대우를 보장받게 되고, 사용자측은 단체협약에 정해진 수준 이상의 근로조건을 제공할 의무를 지지 않게 된다. 이러한 점에서 단체협약은 근로조건의 개선, 기업의 민주화, 노조의 조직력 강화, 산업평화의 유지, 기업경영의 안정화 등의 기능을 가지고 있다.

근대 노동법의 중심이라 할 수 있는 노동기본권 중에서도 집단적 노사관계가 중시되고 있는 이유는 노동조합의 활동으로서 단체교섭 또는 단체행동을 통하여 단체교섭이라는 법률행위를 기대하는데 있다. 아무리 국가의 법이 노사관계의 모든 내용을 규제하고 있다 하더라도 노동자의 경제적 지위향상을 지향하기 위해선 노사간의 자치적 법률에 의한 단체적 노동협약의 체결의 중요성을 부인할 수 없다. 노사관계의 실질적 대등을 실현함에는 결국 노동자의 단체교섭권의 보장을 통한 단체협약의 성립에 의존할 수밖에 없는 것이다.

제5절 노동쟁의 및 조정제도

1. 노동쟁의의 의의

단체교섭이 타결되어 단체협약의 체결에 이르지 못하는 경우 서로 상대방에게 경제적 타격을 입힘으로써 상대방을 굴복시키는 일종의 세력다툼이 발생하게 되는데 이를 노동쟁의라 한다. 즉, 노동쟁의(labor disputes)는 노동조합과 사용자 또는 사용자 단체간에 임금, 근로시간, 복지, 해고, 기타 대우 등 근로조건의 결정에 관한 주장의 불일치로 인하여 발생한 분쟁상태를 말한다.

반면에 쟁의행위는 노동쟁의의 결과로 발생하는 것인데, 파업, 태업, 직장폐쇄 등 노사가 주장을 관철할 목적으로 행하는 행위를 의미한다. 즉, 쟁의행위는 노사가 주장을 관철할 목적으로 행하는 행위로 노동자의 쟁의행위와 사용자의 대항행위를 포함하는 개념이다.

노사간의 분쟁은 원인에 따라 크게 두 가지로 구분된다. 법적으로 보장되었거나 이미 권리로 확정된 근로자의 권리를 침해하는 경우 나타난 분쟁을 권리분쟁이라 하고, 새로운 권리를 설정하거나 이익을 배분하는데 따르는 분쟁을 이익분쟁이라고 한다. 우리나라의 노동법규는 이익분쟁만을 노동쟁의의 대상으로 한정시키고 권리분쟁을 노동쟁의의 대상에서 제외하고 있다.

2. 쟁의행위

노동쟁의와 구분되는 쟁의행위란 노사간의 분쟁상태가 실질적 실력행사라는 실제행위로 나타난 경우를 의미한다. 노동조합 및 노동관계조정법 제2조에서는 쟁의행위를 "파업, 태업, 직장폐쇄 기타 노동관계 당사자가 그 주장을 관철할 목적으로 행하는 행위와 이에 대항하는 행위로서 업무의 정상적 운영을 저해하는 행위를 말한다"고 규정하고 있다.

노동조합측의 쟁의행위에는 파업, 태업, 불매운동, 준법투쟁 등이 있고, 이에 대항하는 기업측의 행위로는 직장폐쇄 등이 있다. 이와 같은 쟁의수단 중에서 노사 쌍방이 각각 어떤 방법에 의거할 것이냐 함은 상황 여건에 따라 달리 적용한다.

1) 파업

파업(strike)은 근로자가 단결하여 근로조건의 유지 또는 개선을 목적으로 집단으로 노무의 제공을 거부하는 행위를 의미한다. 우리나라의 경우에 있어서도 최근에 무노동·무임금의 원칙이 사업장에서 일반화되어 있기 때문에 파업에 앞서 노조는 파업에 따른 손익을 면밀히 검토할 필요가 있다. 그러나 파업은 집단적으로 노무의 제공을 거부한다는 측면에서 사용자에게 있어서도 매출손실과 그에 따른 이익감소 및 기업이미지 손실을 감수하지 않으면 안되도록 한다는 점에서 가장 강력한 쟁의행위의 수단으로 활용된다.

2) 태업

태업(soldiering)은 근로사들이 집난적으로 그리고 고의적으로 작업능률을 저하시킴으로써 사용자에게 경제적 손실을 발생시키도록 하는 쟁의행위를 말한다. 작업속도를 늦추거나 불량품을 생산하는 것과 같은 행위가 이에 포함된다. 한편 단순히 사용자의 지시와 명령을 따르지 않는 것에서 벗어나 의식적으로 폭력이나 파괴행위 또는 생산 기타 주요업무에 관련되는 시설을 점거하는 폭력행위는 노동조합 및 노동관계조정법 제42조를 통해 금지하고 있다.

3) 불매운동

일명 보이콧(boycott)이라고도 하는 불매운동은 파업의 대상이 되는 회사의 제품이나 서비스의 구매 또는 사용을 거부함으로써 사용자에게 압력을 가하는 것을 뜻한다(1차적 보이콧). 한편 더 나아가 사용자와 거래관계에 있는 제3자에게 사용자와의 거래관계를 중단하도록 요구하고 이에 응하지 않을 경우 소비자로 하여금 제3자의 제품구입이나 시설이용, 또는 노동력 공급을 중단하도록 유도하는 2차적 보이콧도 있다. 즉, 대상이 되는 회사의 공급자 내지 고객들에게 회사에 물품을 공급하거나 구매하지 못하도록 하는 경우가 이에 해당한다.

4) 피케팅

피켓팅(picketing)은 파업을 효과적으로 수행하기 위하여 근로를 희망하는 근로자들의 사업장 또는 공장의 출입을 저지하고 파업참여에 협력할 것을 호소하는 행위이다. 피켓팅은 원래 파업이나 보이콧 등 주된 쟁의행위의 보조수단으로 사용하기 때문에 파업이나 보이콧 등 주된 쟁의행위가 위법하지 않은 경우에 적법성을 지닌다.

5) 준법투쟁

준법투쟁(law abiding policy)은 법규를 규정대로 지키면서 사용자에게 손해를 주는 쟁의행위로서, 일반적으로 준수하게 되어 있는 안전규정 등을 필요 이상으로 준수하거나 평소와는 다른 양태의 권리행사를 하여 기업운영의 능률을 떨어뜨리는 행위이다. 집단연가의 실시, 초과근무의 거부, 정시출근·정시퇴근, 안전운행을 핑계로 한 운행속도의 지나친 서행 등이 이에 해당한다.

6) 직장폐쇄

직장폐쇄(lockout)는 사용자의 입장에서 취할 수 있는 거의 유일한 쟁의행위라 할 수 있다. 근로자 또는 노동조합이 중심이 되어 집단으로 노무의 제공을 거부하는 파업과는 달리 직장폐쇄는 사용자의 입장에서 노조의 쟁의행위에 대응하기 위하여 근로자의 노무수령을 집단적으로 거부하고 임금을 지급하지 않는 것을 의미한다. 직장폐쇄는 반드시 노조가 쟁의행위를 개시한 이후에만 방어적으로 사용할 수 있다.

3. 노동쟁의조정제도

정부는 노동쟁의에 대하여 일정한 제한을 가하고 있으며, 노동쟁의의 조정을 위하여 관계법을 제정하는 동시에 특별 기관을 설치하여 쟁의의 사전적·평화적 해결을 도모한다. 즉, 우리나라에서는 노동조합 및 노동관계조정법을 통하여 노동쟁의의 평화적 해결을 도모하는 한편 노동위원회로 하여금 그 조정을 담당하도록 하고 있다. 노동쟁의 조정방법에는 크게 조정, 중재, 긴급조정이 있다.

1) 조정

조정(mediation)이란 노사양측이 그들을 위해서 쟁의사건을 결정해 주도록 제3자를 개입시킴으로써 문제를 해결하는 방법이다. 사용자대표, 노동자대표, 그리고 공익대표 등 각 1인에 의해서 구성되는 노동위원회 내의 조정위원회는 조정안을 작성하여 이를 당사자에게 수락하도록 권고하고 또 일반에게 이를 공시함으로써 이를 해결방안을 위한 협조를 구할 수 있다. 우리나라의 경우 조정은 원칙적으로 일반사업에 있어서는 10일, 공익사업은 15일 이내에 종료하여야 하며, 당사자간의 합의로 각각 10일, 15일 이내에서 연장할 수 있다. 한편 조정개시가 이루어지게 되면 조정기간중에는 쟁위행위를 중단하여야 한다.

2) 중재

중재(arbitration)는 조정과정에서 당사자간의 합의가 이루어지지 못할 경우 개시되는 노동쟁의조정절차로 당사자 사이에 놓여 있는 문제점을 해결하기 위하여 결정을 내리는, 노사의 자주적 해결의 원칙과는 가리가 먼 조정제도이다. 중재는 중재안이 당사자를 구속한다는 점에서 당사자가 구속되지 않는 조정과 구별되는 개념이다. 노사의 양 당사자는 제3자인 노동위원회의 결정안을 일단 수용할 의무가 있다. 노동조합 및 노동관계조정법에서는 관계당사자의 쌍방이 함께 중재신청을 한 때, 관계당사자의 일방이 단체협약이 의하여 중재신청을 한 때의 하나에 해당하는 경우에 노동위원회가 중재를 하게 되는데, 중재중에는 쟁의행위가 금지된다.

중재를 하게 된 때에는 지체없이 이를 서면으로 관계당사자에게 각각 통지하여야하며, 노동쟁의가 중재에 회부된 때에는 그 날부터 쟁의행위를 할 수 없다.

3) 긴급조정

쟁의행위가 공익사업에 관한 것이거나 그 규모가 크거나 그 성질이 특별한 것으로서 현저히 국민경제를 해하거나 국민의 일상생활을 위태롭게 할 위험이 현존하는 때에는 노동부장관은 긴급조정 결정을 할 수 있다. 노동부장관이 중앙노동위원회 위원장의 의견을 듣고 긴급조정을 발동하면 모든 쟁의행위는 공포일로부터 최소한 30일 내에는 쟁의행위를 재개할 수 없다. 긴급조정에 의해 조정안이 관계당사자에 의하여 수락되거나 또는 중재결정이 내려지면 조정안과 중재결정은 단체협약과 동일한 효력을 지니게 된다.

제6절 부당노동행위

1. 부당노동행위의 정의

부당노동행위(unfair labor practice)는 사용자가 노동조합의 정당한 권리를 침해하거나 반대로 노동조합이 사용자의 정당한 권리를 침해할 때 나타나는 일체의 행위를 말한다. 사용자가 노조의 단체교섭행위를 방해한다거나 노동조합이 단체교섭을 거부하는 것 등이 그 예가 된다. 사용자나 노동조합 모두 부당노동행위를 보일 수 있지만, 우리나라의 경우에는 현행 노동조합 및 노동관계조정법에서 사용자가 노동조합의 정당한 권리를 침해하는 일체의 행위, 즉 노동조합 및 노동관계조정법 제81조에서 금지되는 행위만을 부당노동행위로 규정하고 있다.

2. 부당노동행위의 유형

노동조합 및 노동관계조정법 제81조에서 부당노동행위로 5가지를 정하고 있다.

1) 불이익대우

불이익대우의 원인이 되는 요건으로는 노동조합 및 노동관계조정법 제81조의 제1호에서는 근로자가 노동조합에 가입 또는 가입하려고 하였거나 노동조합을 조직하려고 하였거나 기타 노동조합의 업무를 위한 정당한 행위를 한 것을 이유로 근로자를 해고하거나 그 근로자에게 불이익을 주는 행위를 들고 있다. 불이익대우의 대표적인 사례는 해고, 전근, 배치전환, 출근정지, 휴직, 복직거부, 계약갱신 거부, 감봉 등이 있다.

2) 황견계약

노동조합 및 노동관계조정법 제81조 제2호에서는 근로자가 노동조합에 가입하지 아니할 것 또는 탈퇴할 것을 고용조건으로 하거나 특정노동조합의 조합원이 될 것을 고용조건으로 하는 행위를 부당노동행위로 금지하고 있다. 이와 같은 행위를 황견계약이라고 한다.

한편 제81조 제2호의 단서조항을 보면 노동조합이 당해 사업장에 종사하는 근로자의 2/3 이상을 대표하고 있을 때에서는 근로자가 그 노동조합의 조합원이 될 것을 고용조건으로 하는 단체협약의 체결을 예외로 하며, 이 경우 사용자는 근로자가 당해 노동조합에서 제명된 것을 이유로 신분상 불이익한 행위를 할 수 없다는 규정을 두고 있다. 이는 단체협약으로 근로자가 그 노동조합에 가입할 것을 고용조건으로 하는 근로계약을 체결할 수 있다는 것으로 유니온 숍의 허용을 고려한 것이다.

3) 단체교섭의 거부

노동조합 및 노동관계조정법 제81조 제3호에서는 노동조합의 대표자 또는 노동조합으로부터 위임을 받은 자와의 단체교섭체결, 기타의 단체교섭을 정당한 이유 없이 거부하거나 해태하는 행위를 부당노동행위로 규정하고 이를 금지하고 있다. 단체교섭은 노동조합의 본래적이고 핵심적인 기능이기 때문에 사용자에게 성실교섭의무를 부담시키는 것이다.

4) 지배·개입 및 경비원조

노동조합 및 노동관계조정법 제81조 제4호에서는 근로자가 노동조합을 조직 또는 운영하는 것을 지배하거나 이에 개입하는 행위와 노동조합의 운영비를 원조하는 행위를 부당노동행위라 하여 이를 금지하고 있다. 이 규정은 노동조합의 자주성과 독립성을 보호하기 위하여 마련된 것이다.

한편 경비원조에는 노조전임자에 대한 임금지급도 포함되는데, 이 경우 관행적으로 이루어져 오던 노조전임자에 대한 임금지급이 보편화되는데 따르는 문제를 고려하여 2010년 7월 1일부터 노동조합 전임자에 대한 급여지급은 원칙적으로 금지되었으며, 다만 근로시간 면제제도(time-off)를 도입하여 일정정도의 노조활동은 보장하도록 하였다. 근로시간 면제제도 대상 활동으로는 단체교섭, 협의, 고충처리, 산업재해 예방, 건전한 노사관계발전을 위한 노동조합의 관리유지 업무를 포함한다.

5) 보복적 불이익대우

노동조합 및 노동관계조정법 제81조 제5호에서 근로자가 정당한 단체행위에 참가한 것을 이유로 하거나 또는 노동위원회에 대하여 사용자가 이 조의 규정에 위반한 것을 신고하거나 그에 관한 증언을 하거나 기타 행정관청에 증거를 제출한 것을 이유로 그 근로자를 해고하거나 그 근로자에게 불이익을 주는 행위를 부당노동행위로 규정하고 있다.

3. 부당노동행위의 구제

사용자의 부당노동행위로 인하여 권리를 침해당한 근로자 또는 노동조합은 노동위원회에 구제신청을 할 수 있도록 법제화되어 있다. 우선 구제의 신청은 부당노동행위가 있은 날로부터 3개월 이내에 노동위원회에 할 수 있도록 되어 있으며, 구제신청을 받은 노동위원회에서는 심사를 통하여 부당노동행위가 성립한다고 판정한 때에는 사용자에게 구제명령을 내리게 된다. 만약 구제명령이나 기각결정에 관계당사자가 불복할 경우 중앙노동위원회에 재심을 신청할 수 있으며, 이에도 불복할 경우에는 행정소송을 제기할 수 있다.

제7절 한국 노사관계의 발전방향

세계화와 지식정보화의 진전, 4차 산업혁명시대의 도래 등으로 특징지워지는 환경변화는 기업으로 하여금 무한경쟁을 통한 기업경쟁력의 강화를 위한 부단한 혁신을 요구하고 있다. 혁신을 통한 글로벌 경쟁력을 갖춘 기업만이 생존한다는 사실을 많은 기업들의 사례에서 알 수 있다. 전통적인 관점에서의 선진국뿐만 아니라 중국경제의 부상 등으로 우리나라의 기업들도 이러한 변화추세를 따르지 않으면 안 되는 시기가 된 것이다. 따라서 우리 경제도 세계적인 큰 흐름이 지니는 긍정적 측면을 극대화하고, 부정적 측면을 극소화하면서 대외적으로는 국경없는 무한경쟁 속에서 지식기반 및 융합경제로 급격히 이행하면서, 대내적으로는 융합 정보기술의 발전을 통한 성장잠재력을 배양하고 시장기능의 활성화를 통하여 현실적 성장동력을 창출하여야 한다. 그러자면 국가와 기업의 경쟁력 향상에 걸림돌이 되고 있는 고비용·저효율의 우리나라 노사관계를 경쟁력 있는 생산적 노사관계로 개편하지 않으면 안된다.

신자유주의적인 대세에 편승하는 과정에서 날로 심화되고 있는 사회계층 사이의 격차와 차별 등 부정적 측면을 최소화해 나가야 한다. 그러자면 경쟁력의 강화를 추구하는 효율성(efficiency)에만 치우치지 않고, 사회계층간의 격차와 차별을 완화하는 공정성(fairness)의 증진에도 보다 큰 정책비중을 두어야 할 것이다. 그러자면 노동시장의 양극화 주체의 분화, 이념의 괴리 등으로 불신과 갈등을 되풀이하고 있는 노사관계 역시 인격존중과 삶의 질 향상을 추구하는 인간적 노사관계로 바꾸지 않으면 안된다.

이러한 당위성을 실현시키기 위해서는 대화와 타협을 바탕으로 하는 합리적 노사관계와 신사적이고 질서있는 합법적 노사관계의 기반이 구축되어야 할 것이다. 생산적, 인간적 노사관계는 목표지향적 성격이 강한 반면에 합리적, 합법적 노사관계는 수단지향적 성격을 더 많이 지니고 있다고 볼 수 있다.

한편으로 기업과 국가의 경쟁력을 강화하면서 다른 한편으로 사회계층간의 격차와 차별을 완화하는 효율성과 공정성의 조화가 21세기 우리 경제의 발전모습이라면, 우리나라 노사관계 역시 효율성과 공정성의 조화가 이루어지는 사회통합의 노사관계가 되지 않으면 안될 것이다.

1. 경쟁력있는 생산적 노사관계

국경없는 무한경쟁 속에서 노사관계의 경쟁력을 높이는 것이 시급하고 중요한 과제임에 틀림없다. 구미 선진국에 비하여 산업화 과정에 진입하는데 수 세기 늦었던 우리나라로서는 탈산업화 과정에서도 지체되면 노사는 물론 국가의 생존에도 위협을 받게 될 것이다. 그러므로 노사관계 역시 생산적인 방향으로 나아가지 않을 수 없는 것이다.

우선, 노동자에 대한 사용자의 신뢰회복 노력이 중요하다. 경제위기를 거치면서 기업의 불투명성, 비도덕성, 비사회성이 수 없이 노출되어 사용자에 대한 신뢰는 더욱 떨어진 바 있다. 구조조정 등의 과정에서 이러한 비리들이 상당히 많이 개선된 것도 사실이지만 사용자의 신뢰회복에 대한 노력이 더욱 지속되어야 할 것이다.

세계의 선진국들이 대립·대결의 노사관계를 벗어던지고 참여·협력의 신노사관계로 전환하고 있는 추세를 감안하면 우리나라에서도 이러한 전환을 거쳐 기업을 고성과조직(high performance organization)으로 바꾸고, 조합원을 포함한 모든 조직구성원에 대한 인적자원개발에 주력해 온 미국 기업의 신노사관계를 벤치마킹해야 할 것이다. 우리나라는 수 년전부터 신노사관계 또는 신노사문화의 도입과 정착에 나섰고 이미 상당한 수준에 이른 바 있지만 노동조합의 보다 적극적인 참여와 협력이 필요한 것도 사실이다. 그러기 위하여 기업단위의 노동조합 뿐만 아니라 노동조합의 상급 단체 등도 기업경쟁력 강화를 위한 통합적 관점이 필요하다.

정부는 생산적 노사관계를 위하여 임금인상이나 단체협약 갱신 등 단체교섭 과정에서 발생해 왔던 분쟁을 예방할 수 있도록 하는 방안을 연구하고 개발하여 정착시키는 노력을 강화해야 할 것이다. 구미 선진국가와 달리 우리나라의 임금교섭은 대부분 작업장 단위의 노사에게 거의 모든 부담을 지우고 있는 형편이다. 전국 단위의 임금교섭을 기반으로 산업별, 지역별 특성을 고려하고 이를 바탕으로 기업 단위의 교섭이 이루어지도록 하여 기업별 교섭에서 발생하는 갈등과 비용을 줄여야 할 것이다.

2. 상호존중의 인간적 노사관계

기업의 경쟁력강화에만 치중하게 되면 자칫 노동자의 인격을 소홀히 할 수도 있으며 효율성의 가치 속에 공정성의 가치가 매몰될 수도 있다. 현재 급격히 진행된 글로벌화는 기본적으로 신자유주의의 논리에 바탕을 두고 있다. 신자유주의는 세계 경제의 활성화라는 긍정적 측면도 있지만 국가간 또는 사회계층간의 격차를 심화시키는 부정적 측면도 지니고 있다. 우리 스스로 글로벌화의 대세를 변경시킬 수 없는 입장이고 보면 긍정적 측면을 극대화하면서 노동시장의 양극화 등 부정적 측면을 극소화해야 한다.

개별 노동자의 인격을 존중하고 상존하는 각종 차별을 제거하는 노력이 있어야 할 것이며 나아가서 인간파괴나 인간소외를 철저히 방지해야 할 것이다. 기업 내에 산업재해의 최소화를 위하여 노동조합과 사용자의 공동위원회를 만들어서 산재의 원인을 철저히 제거해야 할 것이다.

노동시장 유연화로 인하여 급증하고 있는 비정형, 비정규 근로자에 대한 정책들이 많이 나타나고 있지만, 그 실효성에는 의문의 여지가 남아있는 상태이다. 개별 기업단위에서는 이들의 보호방안을 모색하는데 노사가 머리를 맞대고 노력해야 한다. 비정규 근로자의 보호와 함께 실업상태에 빠졌거나 비경제활동인구로 은폐된 경력단절여성, 고령자 및 장애인과 같은 사회적 취약계층의 고용창출에 대한 노력도 사회적 경제의 활성화를 통해 더욱 강화하여야 할 것이다.

3. 대화와 타협의 합리적 노사관계

우리나라 노사관계에 있어서도 노사, 노노, 노정 등의 사이에 사고방식이나 이념 등에 차이를 지니는 것은 당연하며 이에 따른 주장이나 행동이 다른 것도 지극히 당연하다. 수직적 노사관계 시대에는 우위에 있는 정부나 사용자의 주장이 일방적으로 받아들여졌지만 수평적 노사관계가 이루어진 오늘날에는 상호간의 협의나 교섭 또는 정부 등에 의한 조정에 의하여 합리적인 공존의 길을 찾을 수밖에 없다.

합리적 공존의 길은 노동자와 사용자가 진정한 경영의 파트너가 되는 것이다. 신뢰에서 출발하여 상대방을 존중하면서 분쟁을 예방하고 조정하며 그래도 어쩔 수 없이 분쟁이 표출될 때에는 상대방의 주장에 귀 기울이면서 대화와 타협 등 합리적 방법으로 풀어가거나 법에 의존하여 풀어가야 할 것이다.

우선, 노사간에 합리적 공존을 위한 새로운 약속만이라도 이끌어내는 일이 시급하다. 그것은 세계에서 가장 투쟁적으로 비추어지는 전근대적인 부당노동행위와 과격행동만은 하지 말자는 신사협정이면 된다. 아울러 사용자는 부당노동행위를 스스로 근절하겠다는 자세를 내놓고 노동자는 파업 및 시위의 과격한 행동을 스스로 철폐하겠다는 자세를 보여야 한다. 그러한 내용의 신사협정만으로도 우리나라 노사관계에 대한 국제적 평가는 크게 좋아질 것이며 경쟁력도 제고될 것이다.

노사간의 이념적 대립은 교육과 토론의 과정을 거쳐 축소되어야 한다. 서로 다른 사고나 이념이 통용되는 단체나 조직의 최상층 리더로부터 시작하여 의사결정 참여자와 일반 조직원들에게까지 점진적으로 확산되는 것이 효과적일 것이다. 대화와 협의의 장을 복원하여 상호의 주장을 공식적 기구에서 개진하고 논의할 수 있도록 해야 한다.

4. 균형잡힌 합법적 노사관계

집단 노사관계나 개별 노사관계에 있어서 사용자나 노동조합은 철저한 준법자세가 필요하다. 현행 집단 노사관계법이 모든 주체들에게 불완전하거나 불충분한 것은 사실이지만 대등 노사관계의 핵이라고 할 수 있는 노동기본권과 경영권의 범위 및 한계, 단체교섭과 단체행동에 대한 절차 등에 관해서는 상당한 정도를 체계적으로 정하고 있다. 개별 노사관계법 역시 변화를 충분히 수용하고 있지는 않으며 고쳐야 될 부분이 많기도 하지만 근로자의 인권보장과 기본적인 근로조건의 확립에는 크게 무리가 없도록 되어 있다. 그러므로 노사 쌍방은 현행 노사관계법을 지키려는 자세를 가져야 할 것이다.

노사 쌍방이 철저한 준법자세를 갖추도록 하기 위해서도 노사 모두 법질서를 지키지 않을 경우 엄격하게 법적 대응을 할 필요가 있다. 물론 이 경우에는 자기의 권리를 과대평가하면서도 의무를 과소평가하는 편향적 사고가 문제될 수 있으며 노동위원회나 법정의 사건이 더욱 폭증할 우려도 없지 않으나 이러한 과정을 거치면서 준법자세가 차츰 자리를 잡게 될 것이기 때문이다.

정부 역시 노사관계에 있어서의 법 질서유지를 위하여 적극적이고 능동적으로 대응하여야 한다. 정치적 이유로 어느 때는 느슨하게 다루다가 어느 때 갑자기 엄격하게 다루는 부당한 자세는 정부에 대한 불신만 초래하게 된다. 현행 노사관계법이 대등한 노사관계를 위한 국제기준(global standard)에 미달되는 경우, 근로자의 권익보호와 근로조건이 국제수준에 크게 떨어지는 경우, 법 제도가 현실과 동떨어진 경우, 환경변화를 수용할 절실한 필요가 있을 경우 등 보완과 개정이 요구될 때에는 적극적인 자세로 제도를 연구하고 개발하도록 하고 공식, 비공식 기구를 통하여 충분한 대화와 협의를 거친 후 빠른 시일 안에 법질서의 개정에 나서야 할 것이다. 이 경우 법 규정은 대등 노사관계의 틀을 갖추면서 아울러 변화를 동시에 수용해야 하므로 모두에게 적용될 수 있도록 기본사항만을 포괄적으로 정하고 구체적인 사항은 시행령이나 단체교섭에서 정하도록 위임하는 것도 하나의 대안이 될 수 있다.

사 례 코오롱인더스트리 성과지향의 보상과 노사관계 중시

임금은 근로자와 사용자에게 어떤 의미를 갖고 있을까? 근로자에게 임금은 직장을 다니는 이유의 전부는 아니겠지만 직장을 다니는 가장 중요한 이유 중 하나일 것이다. 기업 입장에서는 임금은 비용으로서 임금 안전성없이는 기업 성장이 어렵다.

또한 임금은 노사협력의 결과로 창출되어진 성과가 근로자에게 분배 된 것이라는 점에서 성과배분으로서의 성격을 가진다. 그런가 하면 노동시장의 수요와 공급을 조절하는 수급균형가격이기도 하며, 노사 간의 힘의 우위에 의해 영향을 받는 교섭가격이기도 하다.

국민경제 입장에서는 지나친 임금인상이 수요를 자극하여 초과수요를 유발하게 될 경우 인플레이션을 조장하게 되고, 반면 지나친 임금 자제가 수요를 억제함으로써 초과공급 상태를 초래하여 경기침체의 한 요인이 되기도 한다. 이와 같이 임금을 둘러싼 상반된 견해와 다양한 성격은 기업의 임금조정 과정에도 지대한 영향을 미치고 있다.

기업들의 임금조정 시 고려사항

국내기업에서는 임금을 조정할 때 다양한 지표, 국내외 상황 등을 고려한다. 고려하는 내외부요인으로는 경제성장률, 최저임금 인상률, 소비자물가 인상률, 표준생계비, 전년도 기업의 성과, 협약임금 인상률, 당해년도 노동조합의 요구안 등이 있다.

국내기업은 각 기업의 업종·특색에 따라 고려하는 요인과 요인별 중요도에서 차이가 있겠지만, 임금조정을 할 때 진행되는 흐름과 그 과정에서 고려하는 내용들은 유사할 것이다.

첫 번째는 '임금조정 재원의 산정'이다. 기업의 매출액 등 경영지표 현황 대비 인건비가 차지하는 비중 등을 고려하고, 회사의 지불능력, 대외 경쟁력, 기업의 향후 정책 등을 검토하여 임금조정을 위한 재원규모를 산정하게 된다. 재원산정

없이 임금을 조정하면 기업의 지불능력을 초과하는 임금인상이 이루어질 수 있기 때문에 임금조정을 위한 재원산정은 중요하다.

두 번째는 '책정된 재원의 배분 및 계획의 수립'이다. 기업은 임금 조정 재원을 바탕으로 세부 사항별로 필요한 재원을 배분하고 세부 계획을 수립한다. 기본급 인상, PS(Profit Sharing), PI(Productivity Incentive), 승진·승급 인상, 신규채용, 복리후생, 평가등급에 따른 보상 등 각 세부사항별 적정 인건비의 상승을 감안하여 배분 및 계획을 수립하는 것이다.

노동조합이 있는 경우 기본급, 각종 수당, 복리후생 등이 교섭의 대상이 되는데 경제성장률 등 대외적인 여건과 내부적으로 책정된 재원으로 어느 수준까지 가능한지 그 한도 및 목표치를 정하게 된다.

세 번째는 '세부사항을 조정(협상)하여 확정(반영)하는 것이다. 이 단계에서 종합적인 검토가 이루어지고 기업의 최고의사결정권자의 결정에 의해 확정된다. 노동조합과의 임금조정 협상이 필요한 경우에는 노사의 교섭역량에 의해 기업이 계획한 한도 내에서 확정되기도 할 것이고, 한도를 초과하여 확정되기도 할 것이다.

항상 그렇다고 볼 수 없지만 해당 교섭과정 상의 순탄함은 물론 해당 기간을 통해 기업의 노사관계를 짐작해 볼 수 있다. 안정된 노사관계를 바탕으로 소통이 잘 이루어진다면 생각보다 짧은 교섭기간으로도 충분할 것이다.

임금조정이 이루어지는 과정을 세 단계로 구분해 보았으나 각 단계는 별개의 것이 아니다. 재원을 산정할 때 확정단계를 고려하기도 하고 그 반대가 되기도 한다. 또한 PS 지급여부가 노동조합과 기본급 인상을 위한 협상시 고려되는 등 모든 과정이 유기적으로 연계된다. 다만 이러한 임금조정의 흐름 상에서 어떤 것들이 우선 고려되어야 하는지 생각해 보면 좋을 듯하다.

성과지향의 보상과 노사관계 중시

코오롱인더스트리도 위에서 설명한 과정 속에서 다양한 지표와 내부 상황 등을 고려하여 임금조정이 이루어진다. 다만 다양한 임금조정 고려사항 중 어떤 것에 중점을 두고 임금조정이 이루어지는 지는 기업마다 차이가 있을 수 있다.

코오롱인더스트리는 60년이 넘는 역사를 가진 제조업 기반의 회사이고 일반적인 제조업 기업들과 마찬가지로 대내외 요인들을 고려하여 임금조정을 한다. 내년도의 경영환경을 예측하여 재원을 최소화하기도 하고, 지역 및 동종사의 임금수준, 임금조정 계획을 참고하여 당사의 정책수립에 반영하기도 한다.

그중에서도 코오롱인더스트리가 임금조정 시 중요하게 고려하는 것은 개인을 동기부여 하는 성과지향의 보상과 노사관계이다.

성과지향 보상 | 기업은 기본적으로 이윤추구와 사회적 가치창출을 목적으로 하고 코오롱그룹의 핵심가치(고객으로부터 가장 사랑받는 코오롱, 독특하고 차별화된 우리, 최고의 경쟁력을 갖춘 나) 또한 그러한 목적달성을 포괄하고 있다. 이러한 목적을 달성하기 위해서는 개인의 성과가 보상으로 이어지는 임금조정이 이루어져야 한다.

코오롱인더스트리는 개인의 성과가 임금조정에 반영될 수 있도록 다양한 인사제도를 고민하여 시행하고 있다. 그중에서 대표적인 몇 가지를 설명하면 누적식 성과연봉제와 Role Model Incentive가 있다.

① 누적식 성과연봉제

코오롱인더스트리는 지속적으로 성과를 내는 임직원에 대한 동기부여를 강화하고, 우수인재 채용 및 Retention 기반 마련, 임금제도 유연 성을 확보하고자 2016년부터 과장급 이상을 대상으로 누적식 성과연봉제를 도입했다.

급여테이블이 아닌 평가결과에 따라 당해년도 기본연봉이 결정(당해 년도 기본연봉= 전년도 기본연봉 평가등급별 인상률)되며, 평가결과가 누적되면서 동일직급 내에서 급여격차가 확대되는 방식이다. 이러한 누적식 성과연봉제의 경우 어떻게 설계하느냐에 따라 임금조정액을 예측하기 어려울 수 있지만, 코오롱인더스트리의 경우 평가등급별 인원, 직급별 급여범위 한도를 정하여 예측 가능한 범위에서 제도가 운영될 수 있도록 하고 있다.

② Role Model Incentive(RMI)

RMI는 회사의 성과에 크게 기여한 사람에게 많게는 수 천 만원에서 적게는 수십 만원까지 상시로 선발 및 보상하는 포상제도이다. 기업에는 수십 가지의 다양한 포상제도가 있고, 정해진 절차와 규정 및 한도에 의해서 포상을 하게 된다. 하지만 정해진 포상규정에 의해서는 지급하기 어렵거나 포상시기가 맞지 않는 등 장애요인이 있다.

코오롱인더스트리는 이와 같은 장애요인을 극복하고 개인의 성과를 보상하고자 개인의 성과를 즉각적으로 발굴하여 포상하고 있다. RMI 포상제도는 사전에 예산신청 없이 포상수준을 결정하므로 미리 재원규모를 확정하기는 어려운 부분이 있다.

안정된 노사관계, 소통교섭 | 개인별 성과에 따른 임금조정도 중요하지만 제조업 기반의 기업에게는 모든 직원에게 공통적으로 적용되는 기본급 조정이 산정한 재원규모의 대부분이다. 이러한 임금조정은 노동조합과의 임금교섭을 통해 이루어지므로 노사관계가 매우 중요하다.

우리는 다양한 매체를 통해 기업들의 치열한 임금·단체교섭 결과를 접할 수 있다. 노동조합의 존재이유는 소속 근로자들의 근로조건 향상에 있으므로 노사는 서로 상반된 욕구를 가지고 협상에 임하며, 그 협상과정에서 노동조합은 자신들의 요구조건을 관철시키기 위해 때론 단체행동에 나서기도 하고, 회사도 회사 나름대로 맞서기도 한다. 이러한 협상이 자칫 노사 간에 소모적인 형국으로 흘러버린다면 협상 자체에도 과도한 비용과 에너지가 소모되기도 한다.

코오롱인더스트리는 안정된 노사관계를 바탕으로 소통교섭을 진행한다. 2007년 항구적 무분규를 주요내용으로 하는 '상생동행'과 2016년 노사가 둘이 아니라 한 몸이 되어 앞으로 나아가자는 '상생동체', 그리고 2019년 사내 BP사(Business Parter)까지 더한 '상생합심'을 선언하며 계속하여 더 발전적인 노사상생을 실천하고 있다.

기업과 노동조합은 각각의 목표를 지향하되 그 방법과 수단을 대립과 투쟁이 아닌 협력과 참여를 통한 노사상생의 문화를 이룩한다는 확고한 신념과 의지를 갖고, 단기적 관점에서 소통교섭을 통한 경제위기 극복을 위한 고용유지와 일자리 창출, 장기적 관점에서는 실리적 노사상생을 위한 노사문화의 정착을 이루어가고 있다고 할 것이다.

이러한 소통교섭이 실행되고 효과를 거두기 위해서는 무엇보다 당사자간에 진정성 있는 신뢰 분위기가 조성되어야 한다. 따라서 노사간 서로에 대해서 우호적인 기대와 믿음으로 협조하고 일체감을 가질 수 있는 신뢰의 분위기가 노사관계의 바탕을 이루어야 한다.

코오롱인더스트리는 상호신뢰의 기반 위에 생산성 향상을 추구하고 회사의 성장과 고용조건의 유지·개선을 실현하였다. 신뢰의 구축은 진정성을 갖고 오랜 과정을 거쳐 형성되는 것이기 때문에 한번 구축되었더라도 서로 믿음과 기대에 어긋나지 않도록 꾸준한 노력을 필요로 한다. 또한 기업경영에 관한 정보를 구성원을 대상으로 공개하고 공유하는 것은 보다 상호신뢰를 공고하게 하는 지름길이다. 노사간의 커뮤니케이션 활성화를 위해 일반적 제도인 고충처리제도, 노사협의회뿐만 아니라 사업장의 노·사·BP사 대표를 장으로 하는 상생합심위원회를 만들어 끊임없이 공유하고, 더불어 함께 기업의 문제를 해결해 나가고 있다. 코오롱인더스트리와 노동조합의 임금·단체교섭은 각 사업 단위별로 조금씩 시기의 차이는 있지만 대략 매년 3월에 시작하여 한 달 이내에 마무리가 된다. 매우 짧은 기간에 끝나기 때문에 제대로 된 교섭이 이루어지는지 의문이 생길 수 있겠지만 그렇지 않다. 교섭은 교섭기간에만 하는 것이 아니라 1년 동안 회사와 노동조합이 서로 정보공유와 소통을 통해 의견조율이 이루어지고 임금·단체교섭 기간에 최종적으로 조율하고 확정하는 것이다. 코오롱인더스트리와 노동조합에 있어서 임금·단체교섭 조인식은 끝이자 새로운 시작이기도 하다.

임금조정 시 더 고민할 사항, '사람'

임금조정에 있어서 인사담당자는 속하고 있는 업종, 회사의 특색, 주변환경 등에 따른 주요 고려사항이 무엇인지 알아야 한다.

하지만 더욱 더 놓쳐서는 안되는 것이 있다. 우리 HR부문이 하는 일은 '사람'을 대하는 것이다. 노동조합과의 관계에서 임금조정을 위한 임금·단체교섭시 안정된 노사관계를 활용하여 기업에 이득이 가도록 해야겠다고 생각할 수 있다. 하지만 안정된 노사관계를 수단으로 사용하기 시작하면 그러한 관계는 지속될 수 없다.

상생의 노사문화를 실천해 온 기업에게 주는 노사문화대상 수상 기업들을 살펴보면 10여년이 지난 후에는 상생의 노사문화를 유지하지 못하는 경우를 종종 볼 수 있다. 상생의 노사문화는 그것을 만드는 것도 어렵지만 이를 유지하고 발전시키는 것이 더욱 어렵다. 노사는 서로 만 나고, 듣고, 이야기 나누고, 이해해야 한다.

임금조정을 할 때 재원규모, 숫자에 매몰되기 쉽다. 하지만 우리가 임금조정 시 더욱 고민해야 하는 것은 임금조정 대상이 되는 '사람'이다.

〈자료: 한국인사관리협회, HR Best Practice 100, 2022년 6월〉

참고문헌

김성수(2013), 신노사관계론, 탑북스.

신수식·김동원·이규용(2014), 현대고용관계론, 박영사.

신철우·최찬기·윤정현·김대수(2018), 현대 노사관계론, 탑북스.

신철우·최찬기·윤정현·김대수(2018), 인적자원관리, 탑북스.

이영면(2018), 고용관계론, 경문사.

이학종·영혁승(2012), 전략적 인적자원 관리(개정판), 오래.

정수진·고종식(2019), 실무지식을 위한 인적자원 관리(2판), 정독.

정재훈·김진욱·김현정(2019), 인적자원관리, 북넷.

정종진·이덕로(2017), 최신노사관계론, 법문사.

최종태(2003), 현대노사관계론, 경문사.

한인수·정범구(2020), 현대 인적자원관리(4판), 명경사.

G. Dessler(2015), Human Resource Management(16th ed), Generic.

S. R. Valentine, P. Meglich, R. L. Mathis & J. H. Jackson(2019), Human Resource Management(16th ed.), Cengage Learning.

R. N. Lussier & J. R. Hendon(2018), Human Resource Management: Functions, Applications, and Skill Development(4th ed.), SAGE Publications, Inc.

S. Snell & S. Morris(2022), Managing Human Resources(19th ed.), Cengage Learning.

R. L. Mathis, J. H. Jackson & S. R. Valentine(2015), Human Resource Management: Essential Perspectives, Cengage Learning.

S. L. Verhulst & D. A. DeCenzo(2021), Fundamentals of Human Resource Management(14th ed.), John Wiley.

제13장

인간관계관리

학습목표

- 인간관계론의 성립배경에 대하여 이해한다.
- 인간관계론과 행동과학과의 차이점을 이해한다.
- 동기부여의 내용이론과 과정이론에 대하여 이해한다.
- 리더십 이론의 특성이론, 행동이론, 상황이론의 차이점을 이해한다.
- 변혁적 리더십 이론에 대하여 이해한다.
- 인간관계 개선을 위한 관리기법에 대하여 이해한다.

제1절 인간관계의 개요

1. 인간관계의 의의

인간은 어떠한 형태로든 집단의 구성원으로 소속되어 다른 사람들과 상호작용을 하면서 살아가게 된다. 그 집단이 가족이든, 학교이든, 기업이든 집단의 일원으로서 생활을 하면서 살아간다. 따라서 인간은 사회의 구성원으로서 집단에 소속되어 다양하고 복잡한 인간관계를 가지게 된다. 이러한 의미에서 인간관계는 특수한 연고관계를 기초로 하는 대인관계로부터 인간사회의 모든 영역에 있어서의 인간의 상호관계를 의미하기도 한다.

인간관계는 다양한 환경과 여러 가지 복잡한 사회적 배경 속에서 인간의 상호작용으로 이루어진다. 따라서 인간관계에 대한 이해가 다양하기 때문에 학자에 따라 인간관계를 다양한 형태와 내용으로 정의하고 있다.

하버드 대학의 뢰슬리스버거(F. J. Roethlisberger)는 인간관계를 "협동적 인간행위의 사실을 다루는 적절한 방법론적 기술관점"이라고 정의하고 있으며, 나일즈(H. E. Niles)는 '협동'이라고 요약하고 있다. 그리고 미(J. F. Mee)는 "인간관계란 종업원과 기업이 보다 향상된 생산성과 효율성을 창출하기 위해서 상호 협동하는 수단"이라고 정의내리면서, 경영관리 측면에서 인간관계는 종업원의 근로의욕을 향상시킬 목적으로, 종업원이 높은 사기와 협동정신을 갖고 있으면 기업 전체의 근로의욕이 향상되고, 동시에 집단의 협동체계가 확립되어 노사협력을 통해 집단의 목표를 달성하게 되며, 나아가서 근로자의 수입도 증대된다고 보았다. 종합적으로 보았을 때, 인간관계는 "조직구성원들이 개인의 만족은 물론 조직의 성과를 달성하고 노력하는 집단적인 인간 상호관계"로 정의내릴 수 있다.

이와 같이 인간관계는 인간과 인간과의 관계와 같은 단순한 내용은 아니고, 집단 내에서 인본주의(humanism)에 입각하여 집단의 협동관계를 형성하는 방법 및 기술이라고 할 수 있다. 따라서 인간관계란 오직 현실의 인간들간의 상호관계만을 국한시킨 개념은 아니고, 인간의 집단에 대한 이해를 인본주의적인 관점에서 조명하기 위한 과학이며 동시에 목표지향적인 협동관계의 체계를 확립하는 것이라고 말할 수 있다.

물론 인간관계를 광의로 보면 대인관계이고, 협의로 보면 인간과 관련된 문제를 의미한다. 이는 경영조직의 구성원인 인간의 감정이나 태도, 가치관 그리고 집단행동에 중점을 둔 인적자원관리의 이론이고, 이 중에서도 특히 동기부여(motivation)의 문제가 중심이 된다. 따라서 인간관계는 조직구성원에 대한 적절한 동기부여와 합리적인 조직문화를 조성하여 자발적이고 자생적인 협력체계를 이룩하는 것이라고 할 수 있다.

조직에서의 인간관계가 지닌 기본적인 사상의 근원은 인간에 대한 올바른 이해에서 찾지 않으면 안된다. 인간에 대한 올바른 이해란 조직구성원의 인간성을 솔직히 있는 그대로 인식하는데 있고, 동기유발의 수단은 인간성의 이해에서 탐구되어야 한다는 것이다.

그러므로 경영학 발전단계의 관점에서 볼 때, 독재적이고 전제적인 관리방법, 친권주의적 바탕의 온정주의적 관리방법, 경제적 자극에 의한 능률중시의 과학적 관리방법과는 다른 관리방법인 것이다. 따라서 인간관계 중심의 관리방법은 인간의 자주성과 주체성에 입각하여 근로의욕을 촉진시키고, 조직구성원의 사기앙양과 자발적인 협동을 확보하기 위한 관리방법이기 때문에, 인간관계관리의 기본적인 전제는 조직 내 인간의 본성을 이해하고 일하고자 하는 의욕을 갖게 하려는 인간본위의 관리라고 할 수 있다.

2. 인간관계의 중요성

대부분의 사회는 조직으로 이루어져 있으며, 개인은 조직 내에서 다양한 상호관계를 형성하면서 생활하고 있다. 따라서 많은 사람들은 조직을 중심으로 어떠한 행태로든 인간관계를 형성하며 살아가지 않을 수 없다. 또한 조직이 대규모화됨에 따라 다양하고 많은 조직구성원을 필요로 하게 되고 각기 다른 지식과 능력, 경험과 개성을 가진 사람들을 조직구성원으로 보유하게 되었다. 조직은 다양한 조직구성원들을 그들의 기준에 맞게 조직화하고 조직목표의 달성에 공헌하도록 원만한 인간관계를 가지도록 요구하고 있다. 따라서 인간관계는 조직의 목표 뿐만 아니라 개인적인 그리고 전문적인 목표를 달성하는데 도움을 주게 된다. 성공적인 인간관계가 개인이나 조직에 중요한 이유를 구체적으로 살펴보면 다음과 같다.

첫째, 원활한 인간관계를 가진 조직은 조직목표의 달성이 용이하게 된다. 조직에서 경영자들은 조직의 목표를 달성하기 위하여 물적 자원, 재무적 자원, 그리고 인적자원 등의 세 가지 자원을 활용한다. 여기에서 실질적 직무수행이 인적자원에 의해서 이루어지기 때문에 조직에서는 인적자원이 가장 중요하다. 교육훈련이 잘되어 있고, 동기부여가 높은 조직구성원들의 인간관계는 조직의 중요한 목표인 생산성과 품질향상에 중요한 역할을 하게 되는 것이다.

둘째, 조직구성원들의 경력실패를 예방할 수 있다. 경력실패는 인간관계의 실패로 발생될 수 있다. 특히 초기나 중간 경력단계에서 일어나는 경력실패는 그 원인을 원만하지 못한 인간관계에서 찾을 수 있다. 따라서 조직구성원들은 경력활동에서 성공하기 위해서는 원만한 인간관계를 형성할 수 있는 기술을 배우고 나아가 개선시키기 위한 노력을 하여야 한다.

셋째, 직무수행의 안정성을 가져올 수 있다. 직무수행의 안정성은 인간관계의 기술에 달려 있다. 대부분의 해고자들은 기술적인 지식의 부족이 아닌 조직에서 함께 일하는 조직구성원들간의 상호관계의 실패에 큰 이유가 있기 때문에 직무수행의 안정성은 인간관계에 달려 있음을 알 수 있다.

넷째, 조직의 생상성을 향상시킬 수 있다. 생산성을 향상시키기 위해서 좀 더 효과적으로 조직구성원을 관리할 수 있는 기법들이 개발되어야 한다. 기술혁신과 생산성 향상에서 인적자원 특히 상호 협력적인 종업원 관리기법은 기술이 생산성을 향상시키는 것보다 더 많은 잠재력을 가질 것이다.

다섯째, 물질적인 경제보다 서비스 경제에서 인간관계가 더욱 중요하게 작용한다. 오늘날과 같이 서비스가 중요시되는 사회에서는 서비스 부문 종사자들이 많기 때문에 조직의 목표달성을 위한 양질의 서비스 제공은 조직구성원의 인간관계에 의존될 수밖에 없는 것이다.

여섯째, 조직은 기업에서 활용하는 생산기술, 조직관리 방법이나 조직구조 등도 중요하지만 조직 내 사람들에 의해 만들어진 조직이다. 따라서 조직에서 설정한 목표를 달성하기 위해서는 조직구성원들의 상호관계가 중요한데, 이러한 상호관계가 인간관계인 것이다.

제2절 인간관계론의 생성배경

1. 과학적 관리법의 비판

과학적 관리의 아버지라 불리우는 테일러(F. W. Taylor)의 과학적 관리법은 기업의 생산현장에서 발생하는 근로자의 조직적 태업(systematic soldiering)의 문제를 해결하기 위한 목적으로 주창된 것으로, 주먹구구식의 경영방식 대신에 생산현장에서 관리의 과학화를 주장한 것이다. 테일러는 과학적 관리법을 통하여 생산현장의 능률증진을 위한 방법으로 시간과 동작연구(time and motion study)를 기반으로 불필요한 작업시간과 작업동작의 과학적 설계, 근로자의 과학적인 선발을 통한 교육훈련의 실시, 작업조건과 작업환경의 개선 등을 통하여 생산현장의 능률 증진에 이바지함과 동시에, 다른 한편으로는 계획부의 설치, 직능적 직장제도로 대표되는 전문화, 표준과업량의 결정에 의한 생산성의 향상, 생산성 향상에 따른 차별적 성과급제의 도입 등을 강조함으로써 경영관리와 조직에 혁신적인 원리를 제시하였다.

테일러의 과학적 관리법은 생산현장의 능률개선과 기업의 발전에 엄청난 기여 뿐만 아니라 경영학이라는 학문적 발전에도 그 의의가 높다고 평가되고 있다. 이러한 과학적 관리법의 주장을 구체적으로 살펴보면, 첫째, 과학적 관리법은 종업원은 경제적 동기를 충족하기 위해서 일한다는 '경제인'의 가설에 따라 종업원의 생산성과 사기를 높이기 위한 성과급을 주장하고 있다. 둘째, 과학적 관리법은 종업원의 능률은 그들의 육체적·생리적인 능력에 의존한다는 점을 제시하고 있다. 따라서 능률향상을 위한 방법으로 시간과 동작연구를 실시하고 작업과정의 합리화와 작업의 물리적 환경조건의 개선 및 근로자의 과학적 선택을 중시하였다. 즉, 근로자의 노동능률은 임금·작업조건·작업환경에 의존한다는 가설을 기초로 하고 있다. 셋째, 과학적 관리법에서는 종업원들이 조직에 의해 명령받은 것은 수행하나, 스스로 문제를 발견하고 해결하거나 의사결정을 하는 능력은 없다고 생각했다. 따라서 종업원의 상위계층으로부터의 명령과 통제에 의한 권위주의적인 관리가 능률적인 관리시스템이라고 주장하였다.

과학적 관리법이 실제의 경영관리에 활용되자, 과학적 관리법의 후속 연구도 지속적인 발전을 거듭하게 되었다. 즉, 시간연구 및 동작연구에 의한 작업방식의 과학화, 적성검사와 적정배치, 작업조직의 능률화, 임금형태의 합리화, 작업환경의 검토와 정비, 나아가서는 종업원의 신체적 제 조건에 대한 의학적 측정 및 분석 등으로 연결되기도 하였다.

그러나 생산현장의 합리화와 경영관리방법의 합리성 추구를 위한 방법론적 측면에서의 과학적 방법과 합리성의 추구는 이후에 여러 가지 문제점에 부딪치게 되었다. 즉, 과학적 기법의 지나친 합리성의 추구로 인하여 관리방식이 기계·과업·임금 등을 중심으로 한 노동강화의 방향으로 강조됨으로써 작업의 과학화는 근로자의 기계화, 비인간화(dehumanization), 저임금화 등을 가져오게 하였다. 다시 말하면 노동능률을 향상하기 위한 작업의 과학화를 실시하면 할수록, 여기에 대한 저항이 높아지고, 노동능률이 저하하는 상황에 이르게 된 것이다.

따라서 과학적 관리법은 사실상 능률향상에 기여하였음에도 불구하고, 그 방법의 한계성으로 인하여 산업사회의 저변에 깔려있는 인간성의 문제를 충분히 해결하지 못함으로써 이 점에 대한 근본적인 반성을 하지 않을 수 없게 되었다. 이리하여 경영관리에 있어서의 근로자의 인간성 문제는 새로운 차원에서 조명되기 시작하였다. 즉, 종래의 과학적 관리법의 결함을 보완하고 종업원의 사기앙양과 기업 생산성향상을 위한 협력증진으로 경영의 생산능률을 향상시키기 위한 새로운 노력이 전개되었는데, 이것이 경영학에 있어서의 인간관계의 연구인 것이다. 이제 인간관계관리는 종업원의 작업의욕을 높이고 협력관계를 형성하여 생산능률을 향상시키는 인적자원관리의 중요한 내용이 되었다.

2. 인간관계론

1) 호손실험의 내용

경영학의 학문적 발전에 있어서 인간관계론은 1924년부터 1932년까지 미국의 서부전기회사(Western Electric Company)의 호손공장에서 이루어진 호손실험(Hawthorne Experiment)을 계기로 대두하게 되었다. 호손실험은 초기에 기업 자체적으로 실험을 하다가 초기의 목적과는 다른 결과가 나타나, 1927년 하버드 대학의 메이요(E. Mayo)와 뢰스리스버그(F. I. Roethlisberg) 등의 학자들이 참여하여 완성을 본 실험이다. 서부전기회사는 전화기 제조회사로서 1927년 당시 종업원이 약 3만명으로 종업원의 복지에도 큰 관심을 갖고 있었고 임금이나 노동시간 등의 근로조건이 양호하고 인사관리에 있어서도 우수한 기업 중의 하나였다. 호손실험의 목적은 임금이나 작업시간과 같은 물리적인 작업장의 환경조건이 생산성을 향상시킬 것이라는 가설을 검증하기 위해 이루어졌으나 그 결과가 다르게 나타남으로 인하여 오랫동안의 실험이 이루어지게 되었다. 4차에 걸친 호손실험의 내용을 요약하여 보면 다음과 같다.

(1) 조명실험(1924.11~1927.04)

1924년 11월부터 1927년 4월에 걸쳐 2년 반 동안 서부전기회사에서는 전국학술연구협의회(National Research Council)의 협력으로 조명의 강도와 작업능률과의 관계에 관한 연구를 실시하였다. 일반적으로 조명실험(Illumination experiments)으로 불리우는 실험인데, 이 실험에는 메이요 교수는 참가하지 않았다. 그러나 이 조명실험을 통해서 이후의 실험들이 연속적으로 이루어져 인간관계론이라는 학문분야가 탄생되었기 때문에 조명실험도 호손실험에 포함시키는 것이 일반적인 견해이다. 이 조명실험은 몇 가지 단계를 거쳐 실시되었다.

제1단계에서는 여러 부문에서 인공조명의 강도를 각각 다른 정도로 증가시켜 보았으나, 생산능률에 있어서 모든 부문이 증가한 것으로 나타나 조명의 강도와 생산능률과의 사이에 기대된 것과 같은 일정한 대응관계를 찾아 볼 수 없었다. 실험을 담당한 사람들은 생산능률에 영향을 주는 조명 이외의 요소를 가능한 한 통제 내지 배제하여야 한다고 생각하고, 제2단계의 실험을 계획하게 되었다.

제2단계에서는 세 부문 중 한 부문만을 선택하여 그 가운데의 노동자를 다시 두개 반으로 나누어 한 반을 실험집단(test group)으로 하고 다른 반을 통제집단(control group)으로 하였다. 실험집단에서는 조명의 강도를 3회에 걸쳐 증가시켜 작업을 시켰다. 한편 통제그룹에서는 조명의 강도를 일정하게 유지하면서 작업을 시켰다. 두 집단은 서로 경쟁심을 일으키지 않도록 서로 별개의 건물에서 실시되었다. 실험자들은 두 집단을 비교함으로써 생산능률과 조명강도와의 관계를 발견할 수 있을 것으로 예상하였으나 조명에 변화를 주지 않았던 통제집단도 실험집단과 마찬가지로 생산능률이 상승하였다. 따라서 제2단계의 실험에서도 조명의 강도와 생산능률과의 사이에서 아무런 대응관계를 발견하지 못함에 따라 제3단계의 실험이 시도되었다.

제3단계에는 제2단계까지 자연조명과 인공조명이 병용되어 실패한 것이 아닌가 생각하여 인공조명만을 사용하기로 하였다. 더욱이 통제집단은 조명도를 일정하게 하고 실험집단은 이번에는 조명도를 낮추어 보았다. 그런데 이 경우에도 두 집단의 속도는 느렸지만 역시 생산능률을 증대시켰던 것이다.

이와 같은 제1단계에서 제3단계의 실험결과 그 실험을 담당하고 있던 사람들은 조명효과가 결국 근로자의 심리적인 측면에 영향을 주고 있는 것이 아니라는 것을 예상하고 그 점을 확인하기 위하여 몇 사람의 여공에 대해서 다음과 같은 실험을 하였다. 먼저 매일 조금씩 조명의 강도를 높여 보았더니 밝아지는 것은 기분이 좋다는 의견이었다. 그런데 어느 날 그녀들이 보는 앞에서 전구를 바꾸었는데 실은 그날 똑같은 밝기의 전구였음에도 불구하고 그녀들은 조명이 밝아지니까 기분이 좋다고 하였다. 이번에는 반대로 매일 조금씩 조명을 낮추어 갔는데, 어느 날 앞에서와 똑같이 같은 밝기의 전구를 바꾸었더니 어두워지니까 역시 일하기가 어렵다고 불평을 나타내었다 .

이러한 일련의 조명실험은 조명의 강도와 생산능률과의 관계를 과학적으로 규명하여 공장의 밝기로서 어느 정도가 가장 적합한가를 알아내려고 한 최초의 의도와는 다른 결론을 얻게 되었다. 결론은 생산능률에 영향을 주는 것이 조명의 밝기가 아니고 어느 다른 것인데 그것은 아직 밝혀지지 않았다. 그러나 조명

이외의 어느 심리적 요인이라는 정도는 예상할 수 있었는데 이것이 커다란 발견이라고 할 수 있을 것이다.

(2) 계전기 조립실험(1927.04~1932.05)

제2차 실험은 메이요를 중심으로 한 하버드대학 그룹과 서부전기회사와 합동으로 1927년부터 1932년까지 실시되었다. 계전기조립실험은 조명실험과 같이 주로 작업의 물리적인 환경조건과 생산능률과의 관계를 조사하고자 한 것이었다. 전화기에 사용되는 계전기를 조립하는 6명의 여공을 대상으로 종래의 노동능률증진에 도움이 된다고 생각되는 거의 모든 작업조건(근로시간의 단축, 휴식시간의 삽입, 간식의 제공, 작업환경의 개선 등)을 실험해 보았다.

그 결과 작업조건의 개선에 따라 능률이 급격히 상승하여 종래의 노동과학의 정설이 재확인되었다. 그러나 일정기간 후 이들 작업조건을 환원시켰으나 노동능률은 저하되지 않고 도리어 상승하였다. 이것은 제1차 실험의 경우와 동일한 결과이기는 하나 제2차 실험의 경우는 여러 가지 작업조건에 대한 실험이었으므로 노동능률에 결정적인 영향을 주는 것은 작업조건 이외의 다른 요인이 있다는 것이 확인된 것이다. 여공들은 유쾌한 작업환경, 작업에 대한 자부심, 자기의 가치를 인정받는다는 즐거움, 거기에서 오는 책임감과 같은 그녀들 자신의 마음속에서 생겨난 감정적인 요인의 영향 하에서 근로의욕을 높였던 것이다.

즉, 계전기 조립실험의 결론은 작업능률의 향상은 종업원의 감정 및 태도변화에 의해서 영향을 받는다는 사실이었다. 따라서 많은 연구자들은 근로자의 노동능률의 향상은 작업장의 물리적 작업조건보다도 인간의 인정감·책임감·만족감 등의 감정적·심리적 요인이 노동능률향상에 더욱 중요하다는 사실을 깨닫게 된 것이다.

(3) 면접조사계획(1928.09~1930.09)

메이요 교수를 중심으로 한 연구자들은 계전기 조립실험을 통하여 물리적 조건보다는 인간적·사회적 요소를 중시하여야 한다는 것을 발견하였지만, 그 발견은 실험실 내에서 실시된 것으로 노동자가 일하고 있는 현장에서 과연 적용될 수 있을지 없을지는 아직 증명하지 못하였다. 이것을 증명하기 위하여 오늘날 말하는 태도조사방법에 의해서 많은 종업원에게 면접을 해보기로 했다. 따라서 연구자의 관심은 물리적 작업조건보다도 인간관계의 측면에 있었기 때문에 근로의욕과 감독방법과의 관계를 둘러싸고 노동자의 감정이나 태도를 알려고 한 것이다.

이 실험은 1928년에서 1930년에 걸쳐 약 3년간, 21,126명의 종업원을 대상으로 면접을 실시하였다. 이것은 회사의 감독·지도방법, 작업환경, 업무 등에 대한 종업원의 불만을 면접에 의하여 조사한 것이다. 그 결과 다음과 같은 사실들이 발견되었다. 첫째, 종업원들은 자신의 마음속에 있는 고충을 토로하는 기회가 주어지면 그만큼 불평·불만이 적어진다. 둘째, 종업원의 근로의욕은 자신들의 마음속에 품고 있는 감정(sentiment)을 떠나서는 이해할 수 없다. 셋째, 종업원의 불평·불만은 반드시 객관적인 사실을 얘기하는 것이 아닌 마음속에 잠재되어 있는 불안을 표현하는 것으로 종업원의 감정은 겉으로는 알 수 없다는 것이다. 넷째, 종업원이 가지고 있는 감정과 욕구는 각각 과거의 경험과 현재 직장의 상황에 좌우되고 있다. 다섯째, 종업원의 만족과 불평·불만은 객관적인 판단보다는 오히려 회사 내의 자신의 지위를 스스로 생각하는 주관적 판단에 따라 좌우된다는 것이었다.

면접조사계획은 현장 속에서 인간적·사회적 요소의 중요성을 인식시켰다. 한 사람의 개인은 감정에 지배되고, 더욱이 개인으로서 분리되어 존재하는 것이 아니고 언제나 일정한 인간관계 가운데서 존재하고 있다. 특히 직장에서의 인간관계나 동료집단의 특성을 배제하고 종업원의 태도나 감정을 이해할 수 없다는 것을 인식시켰다.

(4) 배전기 권선실험(1931.11~1932.05)

이 실험은 1931년부터 1932년에 이르기까지 배전기 권선작업실에서 전화교환기의 일부인 뱅크(bank)의 권선작업에 종사하는 14명의 남자공원을 대상으로 관찰과 면접을 병행하였다. 작업집단 내의 인간관계의 구조나 비공식적 조직이 어떻게 형성되며 유지되는가, 그리고 그것이 사람들의 태도나 행동에 어떠한 작용을 미치는가를 연구하였다.

이 실험의 결과, 작업장에는 공식조직(formal organization)과는 별도로 자생적인 비공식조직(informal organization)이 형성된다는 사실을 파악하게 되었다. 그리고 이 비공식조직에는 그들만의 불문화된 도덕률을 만들고 있었는데, 너무 지나치게 일해도 안되고, 너무 일에 태만해서도 안된다는 것이다. 그리고 동료의 이야기를 상위자에게 고자질해서는 안된다는 것과 너무 자기자랑을 해서도 안된다는 것이었다. 따라서 이러한 비공식조직에서는 그들만의 특유한 행동기준이 적용되고 있으며 또한 집단적 압력에 의하여 구성원의 행동이 규제되고 있다는 것을 파악하게 되었다.

즉, 노동자는 회사가 정한 공식집단의 규율뿐 아니라 그 이상으로 자연적으로 발생한 비공식집단의 통제력에 따라 움직이는 사회적 존재라는 점을 찾아낸 것이다. 따라서 인간은 단순한 경제인이 아니고, 심리적 존재이며, 동시에 사회적 존재라는 인식을 하게 됨으로써 이전의 관점에서 파악되지 못한 경영상의 문제를 해결해나가는 관점으로 발전하게 되었다.

2) 호손실험의 결론

메이요 교수를 중심으로 한 호손실험을 통하여 발견된 제 사실들을 기초로 하여 인간관계론이 성립되었던바, 호손실험의 결론을 요약해 보면 다음과 같다.

첫째, 작업능률을 좌우하는 것은 단지 임금·근로시간 등의 근로조건과 조명, 환기, 기타의 작업환경과 같은 물리적 작업조건만은 아니다. 작업능률을 향상시키는 것은 종업원들의 태도와 감정의 측면이 보다 더 중요한 것이다.

둘째, 작업조건과 작업환경 등 물리적 조건의 개선도 노동능률의 향상에 효과를 가져올 수 있으나, 그것보다는 오히려 종업원들의 심리적 요소가 더 중요하다는 것이다.

셋째, 종업원의 태도나 감정을 좌우하는 것은 개인적·사회적 환경, 조직 내의 세력관계 및 소속된 비공식적 조직(informal organization)의 규율 등이다. 따라서 종업원의 귀속의식과 종업원의 행동을 규제하는 것은 공식조직이라기보다는 인간의 상호작용에 의하여 자연발생적으로 형성되는 비공식조직이라는 사실이 입증되었다. 또한 비공식조직은 비용의 논리와 능률의 논리에 의하여 지배되는 공식조직과는 달리 감정의 논리에 의하여 지배된다는 것이다.

호손실험을 계기로 하여 활발하게 전개된 인간관계론은 인간행동을 과학적이고 종합적으로 연구하는 행동과학(behavioral science)의 방향으로 발전하게 되었다.

3) 호손실험의 비판

호손실험의 결과는 인간을 단순한 노동력의 제공자가 아니라 심리적·사회적 욕구를 추구하는 인격적 존재로 파악하고, 인간행동의 심리 또는 인간집단의 사회이론을 규명하는 데 크게 기여하게 되었다. 그러나 호손실험이 기존의 경영관리이론과 전혀 다른 각도에서 종업원의 능률문제에 접근하고 새로운 견해를 제시한 점에 대하여 다음과 같은 비판이 제기되었다.

첫째, 지나치게 인간의 감정과 인간관계를 강조하기 때문에 공식적인 조직목표나 경영성과적인 측면을 경시하는 경향이 있다.

둘째, 과학적 관리법에서는 조직의 합리성을 강조하는 능률의 논리(logic of efficiency)를 강조하고 있으나, 호손실험에서는 종업원의 감정의 논리(logic of emotion)를 강조하였다. 따라서 합리성을 소홀히 함으로써 능률 및 성과의 저하를 가져오게 되었다.

셋째, 호손실험에서는 인간은 집단에 대한 소속감 및 심리적 안정감과 같은 사회적 욕구를 중시하는 사회인 가설을 주장하여, 인간의 경제적 욕구를 강조하는 경제인 가설을 부정하였다.

넷째, 조직 내 비공식조직에 대한 중요성을 지나치게 강조하고 조직의 공식적 측면을 경시함으로서 조직의 전체적인 면을 파악하는데 한계성을 가지고 있다.

마지막으로 호손실험은 종업원에 대한 동기부여를 직무수행의 관점에서 보지 않고, 인간과 인간의 상호관계로만 보는 것은 종업원의 동기부여를 설명하는데 있어서 이론적인 측면에서 한계를 지닌다는 것이다.

하지만, 이와 같은 호손실험의 비판에도 불구하고 호손실험을 계기로 탄생한 인간관계론은 산업사회에 있어서 인간행동의 원리에 커다란 공헌을 했으며, 그

후 행동과학의 발전에 기여하였다. 또한 종래의 과학적 관리의 인사관리 방식에서 인간관계적 인사관리 및 행동과학적 인사관리 발전에 크게 기여하게 되었다는 것이다.

제3절 인간관계론의 발전과 동기부여 이론

1. 행동과학의 출현과 동기부여

호손실험을 통하여 기업의 생산성 향상은 작업의 물리적 조건보다는 종업원 개인의 심리적 요인이 중요함을 제시하게 되었다. 따라서 인간관계론의 업적이나 성과는 종업원 개인적인 심리적 요인의 중요성을 인식하고, 비공식집단의 존재와 인간의 사회적·심리적 욕구의 중요성을 발견하였으나 그것만으로 인간행동을 종합적으로 설명하기에는 한계가 있었다. 이에 따라 인간관계론을 포함하여 종업원 행동의 연구에 있어서 관련된 인접과학을 종합적으로 접근하는 학제적 접근방법(interdisciplinary approach)에 의한 행동과학 연구로 발전하게 된다.

행동과학이란 인간의 행동을 과학적으로 규명하기 위한 학문이다. 행동과학의 명칭은 1940년대 말 심리학자 밀러(J. G. Miller)를 중심으로 한 시카고대학의 연구팀이 처음으로 사용하였고, 이후 1951년 포드(Ford)재단이 행동과학 프로그램(behavioral sciences program)이라는 연구자금 원조계획을 발족시키면서 활성화되기 시작하였다. 행동과학 프로그램은 심리학, 사회학, 문화인류학, 정신분석학, 수학, 생물학 등 서로 다른 학문분야에서 인간행동이라는 하나의 과제에 집중하여 그 성과를 모아 하나의 행동과학이라는 사회과학을 만들어 내려고 시도한 것이었다. 연구자들의 관심은 개인의 성격, 태도, 인지 등과 같은 개인의 심리적 특성에 대한 연구, 집단행동에 대한 연구 등의 연구성과를 산출하였다.

조직 내 인간행동에 관한 연구에 초점을 둔 행동과학적 연구는 경영학과 조직론에서 동기부여 이론(motivation theory)으로 구체화되었다. 나아가서 리더십 이론에도 많은 영향을 끼치게 되었다. 조직 내 인간행동에 대한 과학적인 분석을 근거로 개인행동의 원인이 무엇인지, 그러한 인간행동을 어떻게 성과와 연결시킬 것인지에 대한 해결방안으로 조직구성원의 동기부여 이론들이 개발되었다. 이하에서는 동기부여의 구성요소와 동기부여 이론에서 내용이론과 과정이론에 대하여 고찰하고자 한다.

2. 동기부여 이론

1) 동기부여의 기본 이해

경영자나 조직구성원이 조직생활을 하는 데 있어 중요한 것은 조직성과의 향상을 위하여 자발적인 노력을 경주하는 것이다. 조직성과의 향상을 위하여 아무리 능력이 있어도 의욕이 없으면 성과향상을 기대할 수 없게 된다.

조직의 성과향상을 위해 조직구성원의 능력 뿐만 아니라 주어진 직무수행을 위한 자발적인 노력을 위한 동기부여가 잘 되어야 한다. 직무성과(job performance)는 능력과 환경, 그리고 동기부여에 의해 영향을 받게 된다. 이들 요소들의 관계를 수식으로 나타내면 다음과 같다.

$$\text{성과} = f(\text{동기부여} \times \text{능력} \times \text{환경})$$

즉, 조직이 높은 수준의 성과를 내기 위해서 조직구성원은 자발적이며 지속적으로 동기가 부여되어야 하며, 능력을 높이기 위해 교육환경 시스템을 갖추고 끊임없이 새로운 것을 배우는 학습조직이 되어야 하며, 바람직한 내·외부 환경을 적절하게 구축해야 한다.

동기(motive)란 어떤 것을 하고자 하는 의욕이며, 사람들은 어떤 욕구를 충족시키기 위해 동기가 유발된다. 사람들의 동기를 이해하기 위해서는 그들이 어떤 욕구를 갖고 있으며 이러한 욕구를 어떻게 충족시키는가에 대한 이해가 필요하다.

조직행동론에서의 동기부여란 조직목표 달성을 위하여 조직구성원의 행동을 자극하고, 방향을 설정하고, 유지하는 일련의 과정이며, 개인의 목표지향적 행위에 영향을 주는 심리적인 과정으로 정의할 수 있다.

(1) 동기부여의 구성요소

동기부여가 광범위하고 복잡한 개념이지만, 기본적으로 공통적인 특징을 지니게 된다.

첫째, 동기부여는 인간행동을 자극하는 것이다. 자극은 인간행동 뒤에 숨어 있는 에너지를 가동하고 동력화하는 것이다. 예를 들어, 인간은 다른 사람에게 좋은 인상을 주고, 좋아하는 일을 수행하고, 수행하는 일을 성공하는 것에 흥미를 보인다. 자극은 인간이 목표달성을 향해 행동하도록 동기부여하는 것이다,

둘째, 동기부여는 인간의 행동에 대해 방향설정을 하는 것이다. 어떻게 동기를 유발하게 할 것인가? 예를 들어, 어떤 종업원이 상사에게 좋은 인상을 심는 것에 관심이 있다고 하자. 그러나 좋은 인상 심기의 양상은 각각 다르게 나타날 수 있다. 일을 잘해 칭찬을 받는 것, 상사에게 특별히 호의적으로 대하는 것, 또는 주요 프로젝트에서 눈에 띄게 열심히 일을 하는 것 등이다. 이러한 여러 양상들은 개인목표 달성경로를 인식하게 된다.

셋째, 동기부여는 인간행동을 유지하는 것이다. 얼마나 오랫동안 목표달성을 위한 시도를 할 것인가의 문제이다. 목표달성을 포기한다는 것은 처음의 인간행동에 자극을 주었던 욕구충족에 실패한 것을 의미한다. 목표에 도달하지 못한 사람은 높게 동기유발되었다고 말할 수 없는 것이다.

결론적으로 동기부여란 세 가지 구성요소로, 목표지향적 행동을 자극하고, 방향설정하고, 유지하는 것을 요구한다.

동기부여는 내재적 동기부여와 외재적 동기부여의 두 종류로 나눌 수 있다. 내재적 동기부여(intrinsic motivation)는 내재적 보상에 의해 동기유발되는 것을 말한다. 대부분 직무 자체와 직접 관계되는 것으로, 일을 하면서 느끼는 성취감·도전감·자기효능감 등을 예로 들 수 있다.

외재적 동기부여(extrinsic motivation)는 외재적 보상에 의해 동기유발되는 것

을 말한다. 대부분 직무환경과 관련이 있으며, 급여·승진·권한위양 등을 예로 들 수 있다.

(2) 동기부여이론의 분류

동기부여에 관한 여러 이론들은 연구 초점에 따라 크게 동기부여의 내용이론(content theory)과 과정이론(process theory)으로 구분한다.

내용이론은 동기부여를 일으키는 요인이 '무엇'인가에 관한 이론이다. 즉, 사람들이 무엇을 원하고 필요로 하는지를 연구한 것으로 주로 인간 내부에 존재하는 욕구의 종류와 욕구충족 여부에 초점을 맞추며 과정이론에 비해 단순하고 정태적인 특징을 지닌다.

과정이론은 동기부여가 '어떤 과정'을 통해 일어나는가에 관한 이론이다. 내용이론이 개인행동의 원동력인 욕구에 초점을 두었다면 과정이론은 행동이 어떻게 동기화되고 어떤 과정을 통해 이루어지는가에 관심이 있으며, 개인의 행위와 환경과의 상호작용을 이해해야 하는 점에서 내용이론에 비해 복잡하고 동태적인 특징을 지닌다.

2) 동기부여의 내용이론

(1) 욕구단계이론

인간의 욕구나 동기부여에 대해 가장 잘 알려진 이론은 심리학자 매슬로우(A. Maslow)가 제안한 욕구단계이론(need hierarchy theory)이다. 그는 1943년에 그때까지의 임상 결과를 바탕으로 인간의 욕구를 구분·서열화하고 각 단계로의 이동을 결정하는 요소를 분석한 욕구단계이론을 발표하였다. 1954년에 그의 욕구단계이론이 유명해지는 결정적 역할을 한 저서 『동기와 성격(motivation and personality)』을 출판하였는데, 여기서 인간 내부에는 다섯 가지 욕구가 있으며, 이 욕구들은 계층을 이룬다는 욕구단계설을 발표하였다.

매슬로우의 욕구단계이론은 다음과 같은 가정을 갖고 있다. 첫째, 인간은 다섯 가지 욕구단계를 가지며 둘째, 하위단계의 욕구가 충족되면 상위단계의 욕구가 지배적으로 작용하고 셋째, 한순간 개인의 의식을 지배하는 욕구는 하나이며 넷째, 어느 정도 충족된 욕구는 더 이상 동기부여의 효과가 없고 다섯째, 하위수준보다 상위수준 욕구에 더 다양한 충족방법이 있다는 것이다. 이를 도식화하면 다음 [그림 13-1]과 같다.

그림 13-1 Maslow의 욕구단계이론

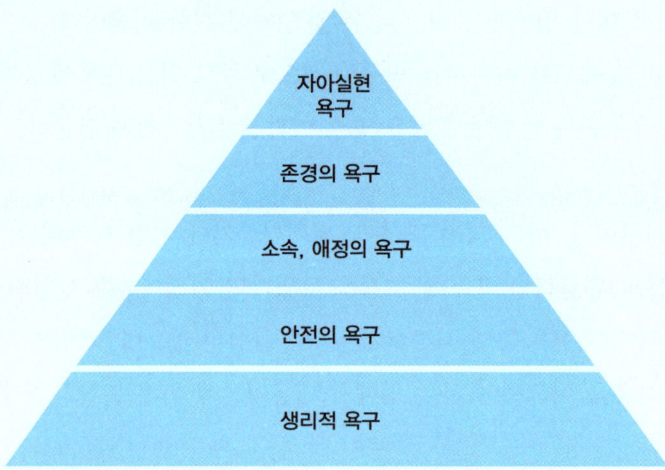

자료: A. H. Maslow(1943), "A Theory of Human Motivation," Psychological Review, 50(4), pp. 370-396.

매슬로우가 주장하는 다섯 가지 욕구에 대하여 자세히 설명하면 다음과 같다.

① 생리적 욕구

생리적 욕구(physiological needs)는 삶을 유지하기 위한 인간의 기초적 욕구로 최하위 단계의 욕구이다. 음식·성·호흡·목마름·추위나 더위로부터의 보호 등 주로 신체적 욕구이며 생리적 욕구가 만족될 때까지 다른 수준의 욕구는 거의 자극을 받지 못하는 경향이 있다. 조직에서 고려해야 할 생리적 욕구와 관련된 요소로는 기본임금·휴식·작업환경 등이다.

② 안전·안정욕구

안전·안정욕구(safety & security needs)는 신체적 안전과 심리적 안정을 추구하는 욕구이다. 자기방위욕구라고도 하며 신체적·정신적 위험에 대한 두려움으로부터 멀어지려는 욕구이다. 일단 생리적 욕구가 어느 정도 충족되면 집을 사서 안정된 생활을 영위하려 하고, 연금계획을 세워 노후를 대비하는 행위, 각종 보험에 가입하려는 행위가 이에 속한다. 조직에서 고려해야 할 안전·안정욕구와 관련된 요소로는 물가 상승에 따른 임금 인상·직무안정·직업보장·작업환경의 안전·부가급부에 대한 것이다.

③ 소속·애정욕구

소속·애정욕구(belongingness and love needs)는 사회적 욕구(social needs)라고도 하며 사회적 일환으로서 어딘가에 소속하려는 욕구이며, 동료나 이성간의 교제를 갈구하는 것과 결혼을 원하게 되는 것도 이와 관련된 욕구이다. 개인은 고독감·소외·배타감을 느끼게 되면, 친구나 친척·배우자한테 소속하고자 하는 욕구를 가지게 되며, 한 집단 안에서 인식되기를 소망하게 된다. 대학 입학 후 동아리활동을 하는 것도 소속욕구의 예라 할 수 있다. 조직에서 소속과 애정욕구는 작업집단의 분위기를 조성하는 것과 각종 단체(골프회, 산악회, 신우회, 봉사단체 등)를 통하여 소속감과 동료애를 높이는 방법을 통해 충족될 수 있다.

④ 존경욕구

존경욕구(esteem needs)는 자존심을 갖고, 자신을 존중하며, 타인으로부터 존경받기를 바라는 욕구이다. 존경의 욕구는 두 가지 측면에서 발현되는데 일차적으로 본인 스스로를 중요하게 느끼며, 다음으로 타인에게 인정을 받아야 진정한 의미의 자기존중의 욕구가 충족된다. 자기존중욕구가 충족되면 자기확신과 자기유능감을 느끼며, 충족되지 않으면 신경이 과민해지거나 무기력하거나 열등감에 사로잡혀 자신감이 결여된다. 개인적으로 전문직의 타이틀을 갖고자 하는 것이 이에 속한다. 조직에서의 존경욕구는 직위상승, 어려운 업무의 성공적 완수, 동료보다 높은 성과급, 승진 등을 통해 충족될 수 있다.

⑤ 자아실현욕구

자이실현욕구(self-actualization needs)는 자신의 잠재적 능력을 최대한 실현하고자 하는 욕구이다. 매슬로우의 욕구단계 중 최고단계로 그는 자아실현의 욕구를 될 수 있는 것에 반드시 도달하려는 욕구라 주장하였다. 자아실현 욕구단계에 있는 사람이 자아완성을 한 구체적 모습은 개인에 따라 다르게 나타난다. 예를 들어, 국내 운동선수가 세계적 선수의 모습이 될 수도 있고, 빌 게이츠처럼 한 기업을 이끄는 훌륭한 CEO일 수도 있으며, 개인적으로 박사학위를 취득하는 것일 수도 있다. 조직에서의 자아실현욕구는 도전적 직무를 제공하는 것, 개인의 기술 향상, 창조적 활동 등을 통해 충족할 수 있다.

매슬로우는 인간의 다섯 가지 욕구단계를 저차원 욕구와 고차원 욕구로 구분하였다. 생리적 욕구와 안전·안정의 욕구는 저차원 욕구로, 소속·애정의 욕구와 자기존중의 욕구 그리고 자아실현의 욕구는 고차원 욕구로 표현했다. 저차원 욕구는 주로 외부적 요인(임금, 고용기간)에 의해, 고차원 욕구는 내재적 요인에 의해 충족되는 차이점을 주장하였다.

욕구단계이론의 특징을 살펴보면 다음과 같다. 첫째, 이론 자체가 선구적이고 인간욕구에 대한 체계적 인식을 가능하게 했다. 둘째, 다섯 욕구를 저차원 욕구(생리적 욕구와 안전·안정욕구)와 고차원 욕구(소속·애정욕구, 존경욕구, 자아실현욕구)로 구분하였다. 셋째, 다섯 가지 욕구는 동시에 발생하는 것이 아니라 순서에 따라 하위욕구가 충족되면 상위욕구가 발생한다. 넷째, 만족-진행의 특성을 지닌다. 즉, 미충족된 욕구가 동기요인이 되며, 낮은 수준의 욕구가 만족된 후에 다음의 높은 수준으로 진행된다. 다섯째, 동기부여는 결핍의 원리를 따른다. 즉, 욕구가 충족되지 않은 상태에서 충족시키고자 할 때 동기가 부여된다.

매슬로우의 욕구단계설은 동기부여의 이론으로 선구적인 연구로 인정받고 있지만, 다음과 같은 비판을 받고 있다. 첫째, 욕구가 과연 매슬로우의 주장처럼 5단계로 세분화되어 있는가의 문제이다. 둘째, 저차원의 욕구가 충족되고 나서야 다음 단계 욕구충족을 위한 동기유발이 된다는 가설은 타당한 것인가의 문제이다. 이는 실증적으로 검증된 바 없으며, 상위 욕구로의 진행은 사람마다 다양한 패턴을 보이는 것으로 밝혀졌다. 셋째, 매슬로우는 인간행동이 항상 하나의 욕구충족을 위해 하나의 행동이 일어난다고 보았으나, 인간은 두 가지 이상의 복합적 욕구에 의해 하나의 행동을 유발한다고 보는 것이 타당하다. 넷째, 다섯 가지 욕구 이외의 욕구는 존재하지 않는가의 문제이다. 다섯째, 욕구단계설은 미국의 개인주의 문화를 전제로 하고 있어, 집단문화가 발달된 국가에서는 적용이 어렵다는 것이다.

(2) ERG이론

알더퍼(C. P. Alderfer)가 1969년 제시한 ERG이론은 매슬로우의 욕구단계이론의 한계점과 비판점을 근거로 제시된 이론이다. 욕구단계이론에 기초하여 다섯 가지 욕구를 세 가지 욕구로 줄였지만, 욕구단계간 이동을 한다는 점에서 더욱 유연한 이론으로 받아들이고 있다. 알더퍼는 욕구를 존재(E: existence), 관계(R: relatedness), 성장(G: growth) 등 세 범주로 분류하였으며, 각 욕구를 설명하면 다음과 같다.

① 존재욕구(E: existence needs)

존재욕구는 인간이 존재하기 위한 필요한 생리적 및 안전과 관련된 욕구이다. 매슬로우의 생리적 욕구와 물질적 측면의 안전욕구가 이에 속한다.

② 관계욕구(R: relatedness needs)

관계욕구는 인간이 타인과의 만족스러운 대인관계에 대한 욕구이다. 가족, 동료나 친구, 감독자와 의미있는 관계를 갖고 싶은 욕구이나. 매슬로우의 소속·애정욕구와 존경욕구 일부가 이에 속한다.

③ 성장욕구(G: growth needs)

성장욕구는 자신의 잠재력 개발과 관련된 욕구이다. 이 욕구는 대인관계에 있어서 타인과 비교하여 얻은 자존심이 아니라 스스로 얻게 되는 자신감과 자기완성의 욕구이다. 매슬로우의 존경욕구 일부와 자아실현욕구가 이에 속한다.

ERG이론과 매슬로우의 욕구단계이론과 비교할 때 다음과 같은 차이점이 있다. 첫째, 매슬로우의 5단계 욕구를 세 가지로 단순화하였지만 각 개념은 포괄적이다. 둘째, 단계적·계층적 개념이 아니라 구체성 정도에 따라 분류해 놓은 것이기 때문에 어떤 순서가 있는 것이 아니다. 셋째, 동시에 둘 또는 세 가지 욕구가 작용하여 동기유발할 수 있다. 넷째, 고차원적 욕구가 만족되지 않거나 좌절되면 저차원적 욕구가 더 커져 하위욕구로 돌아가는 좌절-퇴행(frustration-regression) 개념을 도입했다.

그림 13-2 ERG이론의 기본 원칙

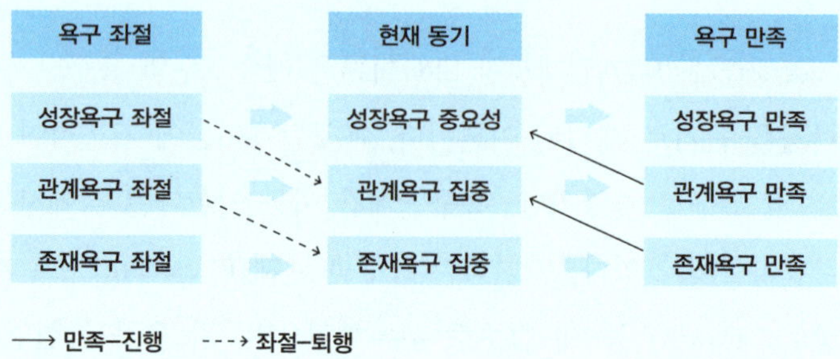

자료: F. J. Land & D. A. Thumb(1989), Psychokogy of Work Behavior, Home Wood, Dorsey Press, p. 301.

매슬로우가 만족-진행의 상향일변도 원리를 적용했다면, 알더퍼는 만족-진행관계와 좌절-퇴행관계의 양방향 원리를 적용했다.

첫째, 존재욕구가 충족되지 않으면(좌절) 존재욕구에 집중하게 된다. 예를 들어, 너무 배가 고프면 아무것도 머리에 들어오지 않고 먹을 것만 생각하게 된다. 관계욕구가 좌절되면 관계욕구에 집중하며, 성장욕구가 좌절되면 성장욕구에 집중하게 되는 것도 같은 원리이다.

둘째, 하위욕구가 충족되면 상위욕구에 집중하게 된다. 존재욕구가 충족되면 관계욕구에 집중하게 된다. 직장에서 임금을 충분히 받게 되면 동료들과 서로 어울리며 좋은 관계를 맺으려고 한다. 관계욕구가 충족되면 성장욕구에 집중하는 것도 같은 원리이다.

셋째, 상위욕구가 충족되지 않으면 하위욕구에 집중한다. 관계욕구가 충족되지 않으면 존재욕구에 집중하게 된다. 예를 들어, 조직에서 동료들과 우호적 관계를 맺는 것에 한계를 느끼면 임금이나 직무안정 등에 의미를 부여하게 된다. 성장욕구가 좌절되면 관계욕구에 집중하는 것도 같은 원리이다.

넷째, 성장욕구는 충족될수록 더욱 강해진다. 이 원칙은 매슬로우의 자아실현욕구와 같은 완전히 충족시킬 수 없는 특징을 갖는다.

ERG이론의 특징을 살펴보면 다음과 같다. 첫째, ERG이론은 매슬로우 이론보다 탄력적이며 현실적일 가능성이 있다. 인간이 어떤 욕구에 대해 충족하게 되면 상위욕구에 집중하고 동기유발된다는 점에서 매슬로우의 이론과 공통점이 있다. 둘째, 그러나 상위욕구에 좌절되면 하위단계로 퇴행한다는 좌절-퇴행원리는 인간이 상위욕구와 하위욕구에 대해 동시에 동기유발된다는 가능성을 제시하고 있다. 셋째, 욕구구조의 개인차를 인정하고 있다.

ERG이론의 비판점은 나음과 같다. 첫째, 정확성이나 유용성면에서 실증자료가 별로 없다. 둘째, 주장하는 원리 중 일부는 타당성이 입증되었으나 일부 경로(존재욕구 충족·관계욕구 집중)는 타당성이 입증되지 않았다. 셋째, 욕구중심이론이 갖는 한계점에서 완전히 벗어날 수 없다.

(3) 성취동기이론

성취동기이론(achievement motivation theory)은 미국의 심리사회학자 맥클리랜드(D. C. McClelland)가 제시한 이론이다. 성취동기란 중요 목표에 대해 능력을 발휘하고 어려운 문제해결에 도전하며 과거보다 혁신적이고 효율적 목표를 달성하려는 동기를 말한다. 하버드대학 교수인 머레이(H. Murray)로부터 시작하여 맥클리랜드의 연구로 이어졌다.

머레이는 인간이 환경과 작용하면서 획득한 매우 다양한 욕구(성취욕구, 친화욕구, 공격욕구, 자율욕구, 방어욕구, 지배욕구, 인내욕구 등 20가지)를 밝혀냈으며, 그 중 조직관리와 관련된 욕구들은 성취욕구, 친화욕구, 권력욕구 등이라고 설명하며, 성취동기의 중요성에 대해 주장하였다.

이를 바탕으로 맥클리랜드는 욕구를 측정하기 위해 주제통각검사(thematic apperception test: TAT)를 사용하여 작업과 관련하여 조직구성원에게 중요시되는 다음의 세 가지 욕구를 규명하였다.

① 성취욕구

성취욕구(need for achievement)는 우수한 결과를 얻기 위해 높은 기준을 설정하고 이를 달성하고자 하는 욕구이다. 맥클리랜드는 권력욕구와 친화욕구보다 성취욕구에 대해 많은 연구를 하였으며 성취욕구가 동기부여와 직결된다는 결과를 발견하였다. 따라서 성취욕구가 강한 사람은 다음과 같은 특징을 보인다고 주장하였다.

첫째, 노력이나 능력을 통해 무엇인가를 성취할 수 있는 상황을 선호한다. 결과에 대해 기꺼이 책임지려 한다.

둘째, 목표달성 가능성이 중간 정도일 때 가장 잘 동기유발된다. 아주 쉽거나 어려운 목표를 피하고 달성 가능한 중간 목표를 선호한다.

셋째, 노력의 결과에 대한 즉각적이며 효율적 피드백을 원한다. 즉, 성공이나 실패를 분명하게 알 수 있는 상황을 선호하며 이에 대한 적당한 보상을 기대한다.

이러한 성향을 근거로 조직구성원들의 성취욕구 수준을 측정하여 이에 적합한 목표를 설정하고, 알맞은 작업 상황을 제공하며, 적당한 피드백을 제공한다면 성과도 높이고 개인의 성취욕구도 향상시킬 수 있게 된다.

맥클리랜드는 성취욕구를 개별적으로 고려해야 함은 물론 사회 전체에도 적용할 수 있다고 주장하였다. 후진국 국민이 선진국 국민에 비해 성취욕구가 낮다는 점을 제시한 맥클리랜드는 그 이유를 후천적 교육제도·열악한 환경·비도전적 적응력·종교문화의 차이 등에서 찾고 있다. 성취욕구는 선천적이라기보다는 후천적 특성이 있으므로 학습을 통해 습득되어야 하며 성취동기 제고를 위한 훈련이 필요하다는 점을 지적하고 있다.

② 친화욕구

친화욕구(need for affiliation)는 다른 사람과 친하고 밀접한 관계를 맺으려는 욕구이다. 매슬로우의 욕구단계설과 비교하면 소속과 애정의 욕구와 유사하다. 인간은 강한 권력획득이나 성취욕구보다는 타인과 호의적인 관계를 유지하는 것에 많은 시간과 노력을 할애한다.

친화욕구가 강한 사람은 어려운 상황에 있는 사람을 위로하고 도와주고, 다른 사람으로부터 인정을 받으려 하며, 타인의 흥미와 감정을 존중하는 특성이 있다.

친화욕구가 높은 사람을 동기부여하려면 친화적 상호작용이 높은 과업을 수행하도록 하며, 적당한 피드백을 제공해야 한다. 즉, 구성원의 친화욕구 수준을 평가하여 이에 알맞은 직무배치를 하는 것이 중요하다.

③ 권력욕구

권력욕구(need for power)는 타인에게 영향을 미치고 통제하며 타인을 변화시키려는 욕구이다. 이러한 사람들은 리더가 되기를 원하며 강압적이며 거침없이 말하는 특징이 있다. 업무의 효율성보다는 명성을 얻는 데 더욱 관심을 갖는다.

성취동기이론의 특징을 살펴보면 다음과 같다. 첫째, 성취동기이론에서 욕구는 학습되는 것이고, 욕구 서열에도 개인차가 있다고 가정한다. 둘째, 기업가정신을 정립하였다. 성취욕구가 높은 사람은 기업가적 행동을 통하여 창업이나 사업운영 등에서 성공할 확률이 높다. 셋째, 완전한 경제발전 이론은 아니지만 경제발전의 변수로서 성취욕구를 언급한다. 넷째, 동기부여이론의 영역을 거시경제 이론까지 확대시킨 점이 두드러진다.

성취동기이론의 비판점은 다음과 같다. 첫째, 성취욕구가 학습되는 것이라는 주장에 대한 비판이다. 비판자들은 성취욕구가 어려서 결정되며 성인이 되어서는 쉽게 변하지 않는다고 주장한다. 둘째, 습득된 욕구가 지속되는가에 대한 의문점도 제기된다. 셋째, 동기측정 사용법인 TAT기법이 과학적으로 문제가 있는 것으로 나타났다.

(4) 2요인이론

동기-위생이론으로도 불리는 2요인이론(two-factor theory)은 심리학자인 허쯔버그(F. Herzberg)가 제시한 이론이다. 그는 200여 명의 회계사와 기술자를 대상으로 12회에 걸친 면접을 통한 결과를 정리하여 2요인이론을 발표하였다.

허쯔버그는 사람들이 직장에서 만족하는 상황과 불만을 느끼는 상황이 확실히 구분된다는 것을 발견하였다. 어떤 특성은 일관되게 직무만족과 관계를 보였으며, 어떤 특성은 직무불만족과 밀접한 관계를 보였다. 그가 제시한 2요인의 구체적인 내용은 다음과 같다.

① 위생요인

불만족요인(dissatisfiers)으로도 부르는 위생요인(hygiene factors)은 불만족을 초래하는 요인이다. 대표적인 불만족요인으로는 회사정책과 관리·감독·상사와의 관계·근무조건·임금·동료와의 관계·지위 등을 들 수 있다. 주로 직무 외재적 요소(환경, 직무상황)가 이에 속하는데, 이들 요인이 적당하면 사람들은 불만을 느끼지 않지만 불만이 해소되었다 하여서 만족한다는 뜻은 아니다.

예를 들어, 생계비에 미달되는 저임금을 받으면 불만을 갖지만 임금이 기대치 이상으로 상승해도 불만만 없어지는 것이지, 직무에 대해 만족감을 갖고 적극적으로 동기유발되는 것은 아니다.

② 동기요인

만족요인(satisfiers)이라고도 하는 동기요인(motivators)은 사람들에게 만족감을 주게끔 동기부여하는 요인들을 말한다. 만족요인으로는 성취감·인정·직무자체·책임감·도전감·발전·성장 등의 내재적 요인을 들 수 있다. 동기요인은 충족되지 않아도 불만은 없지만 충족되면 만족감을 주고 동기부여의 역할을 할 수 있다는 데 특징이 있다.

이 두 가지 요인을 정리하면 〈표 13-1〉과 같다.

사람들은 직무와 관련하여 좋게 느끼는 것은 직무 내적인 요인에서 찾는 반면, 불만족을 느끼는 근로자들은 외적 요인 때문에 불평하는 것으로 나타났다. 이 이론에 따르면 직무만족에 영향을 주는 요인과 직무불만족에 영향을 주는 요인은 상관이 없는 것으로 나타났다. 즉, 불만족을 초래하는 요인을 제거하면 불만족은 사라지지만, 동기유발이 되는 것은 아니다. 2요인이론은 만족과 불만족을 동일선상에 요소로 파악하여 불만해소가 곧 만족이라고 가정하였던 과거와는 달리, 불만족과 만족은 별개의 차원이며 각 차원에 영향을 주는 요인 또한 별개라

표 13-1 위생요인과 동기요인

위생요인(불만요인):주로 직무환경과 관련	동기요인(만족요인):주로 직무와 관련
회사정책 및 관리	성취감
감독	인정
상사와의 관계	직무자체
근무조건	책임감
임금	도전감
동료와의 관계	발전
지위	성장

고 설명하였다. 즉, 허쯔버그는 그의 연구에서 '불만'의 반대는 '불만이 없는 것'이며, '만족'의 반대는 '만족이 없는 것'이라는 이중연속체의 실체를 주장하였다.

2요인이론은 동기부여의 원천으로서 내재적 요인을 주목하였다는 공헌이 인정된다. 경영자들은 근로자의 내적 욕구를 충족시키는 동기요인이 일 자체와 연관되어 있기 때문에 직무내용을 개선·향상시키며 직무를 과학적으로 설계하여 내재적 동기부여를 시킬 수 있는 방안을 제시하였다. 그중 대표적인 방법이 직무확대(job enlargement)와 직무충실화(job enrichment)이다. 직무확대는 현재 하고 있는 과업에 같은 수준의 과업의 수를 증가시키는 방법으로서 다른 과업을 추가하여 보다 많고 다양한 과업을 하도록 직무의 양적 확대를 하는 것이다. 직무의 수평적 확대라고도 불리는 이 접근은 미국에서 1940년대 후반부터 1950년대까지 계속되었다. 직무확대는 한 가지 직무를 할 때보다 단조로움에서 벗어나고 자신이 여러 기능을 사용하고 전체 업무에 보다 많이 관여하고 있다는 만족감을 줄 수 있다.

직무충실화란 직무에 보다 많은 책임감·인정감·성장·발전 기회를 제공하도록 재설계하여 직무를 풍요롭게 하는 것이다. 미국에서 1960년대 주로 관심을 가졌던 이 운동은 직무의 수직적 확대라고도 불린다. 직무확대가 직무의 양적·수평적 확대라면 직무충실화는 직무의 질적·수직적 확대라고 말할 수 있다.

2요인이론의 특징은 다음과 같다. 첫째, 매슬로우의 이론이 보편적 인간욕구에 대한 이론임에 비해, 2요인이론은 경영을 고려한 구성원의 동기유발에 관한 이론이다. 둘째, 종업원들이 불만을 갖지 않도록 위생요인을 적절히 관리하고, 매슬로우의 하위욕구처럼 적절히 충족시켜야 한다는 점을 제시하고 있다. 셋째, 동기요인은 동기부여의 중요 요인이다. 동기요인이 종업원 만족을 가져오고 동기를 유발하기 때문에 관리자는 직무내용을 개선 향상시키는데 주의를 기울여야 할 것이다.

2요인이론에 대한 비판은 다음과 같다. 첫째, 방법론의 한계성이다. 사람들은 잘되면 자기 탓, 못되면 환경 탓을 한다는 점이다. 둘째, 방법론의 신뢰성도 문제이다. 평가과정에서 유사한 반응을 서로 다르게 해석하였다는 점이다. 셋째,

전반적 만족도를 측정하지 못했다. 한 사람이 직무의 일부분에 불만족하더라도 전반적으로는 수용 가능하다는 점을 간과했다. 넷째, 연령과 성별과 같은 인구통계학적 변수를 고려한 상황변수를 간과하였다. 다섯째, 허쯔버그는 만족-생산성간 관련성에 대한 가설을 세웠으나, 연구방법론에서 생산성은 고려하지 않고 오직 만족에만 집중하였다.

3) 동기부여 과정이론

내용이론이 인간행동의 원동력은 '무엇'이며, 사람들이 무엇을 원하고 필요로 하는지를 연구한 것이라면, 과정이론은 동기부여가 '어떤 과정'을 통해 일어나는가에 관한 이론이다. 내용이론이 개인행동의 원동력인 인간의 욕구·본능 등에 초점을 두었다면, 과정이론은 행동이 어떻게 동기화되고 어떤 과정을 통해 이루어지는가에 관심이 있다. 또한 개인의 행위와 환경과의 상호작용을 이해해야 하는 점에서 내용이론에 비해 복잡하고 동태적이다.

(1) 기대이론

브룸(V. H. Vroom)의 기대이론(expectancy theory)은 동기부여이론 중에서 가장 널리 수용되는 과정이론의 하나이다. 브룸은 모티베이션의 정도는 행위의 결과에 대한 매력의 정도(유의성)와 결과의 가능성(기대) 그리고 성과에 대한 보상 가능성(수단성)의 함수에 의해 결정된다고 주장하였다.

즉, 인간은 자신의 행동과정에서 여러 대안 중 자신이 원하는 결과를 가져올 행동을 선택한다는 것이다. 물론 기대이론은 이렇게 간단히 설명할 수 있는 이론이 아니라 고려해야 할 점이 많은 동태적인 이론이다.

우선 기대이론은 다음의 내용을 믿는 신념이 있을 때 동기부여가 잘 될 것이라고 설명하고 있다. 첫째, 노력하면 좋은 성과를 낼 수 있을 것이다. 둘째, 좋은 성과는 조직에서의 보상(보너스, 임금인상 또는 승진)을 가져올 것이다. 셋째, 보상은 종업원들의 개인목표를 충족시킬 것이다.

위의 세 가지 신념은 다음의 세 가지 관계에 초점을 두고 있다.

① 노력-성과 관계(기대, expectancy)

기대감은 일정수준의 노력을 하면 성과향상이 되리라고 생각하는 개인의 주관적 확률을 의미한다. 이는 목표달성을 위해 자신이 가지고 있는 능력과 가능성에 대해 인식하는 정도를 말한다.

② 성과-보상 관계(수단성, instrumentality)

수단성은 일정수준의 성과가 원하는 보상을 가져오리라고 생각하는 개인의 믿음 정도를 의미한다.

③ 보상-개인목표 관계(유의성, valence)

유의성은 조직의 보상이 개인목표나 욕구를 충족시키는 정도 그리고 잠재적 매력 정도를 나타낸다.

브룸의 기대이론에서 어떤 한 개인의 동기부여 정도는 최종보상에 대한 개인의 매력 정도(최종보상에 대한 유의성), 그것을 얻기 위해 요구되는 성과수준에 대한 개인의 매력 정도(성과수준에 대한 유의성), 성과수준에 따라 어떤 최종보상이 주어질 것이라고 생각하는 양자의 관계에 대한 개인의 주관적 확률(수단성), 개인이 노력을 기울이면 필요한 성과수준을 달성할 수 있을 가능성에 대한 개인의 주관적 확률 또는 믿음(기대)에 의해 결정된다는 것이다.

동기부여는 다음 공식으로 표시할 수 있다. 즉, 기대이론은 기대감, 수단성, 유의성에 의해 노력의 강도가 결정된다는 것이다. 어떤 직무를 하기 위한 동기유발수준은 개인이 노력해서 직무를 성공적으로 달성할 수 있는가라는 기대감과 성과에 따르는 보상이 확실한 것에 대한 수단성, 그리고 보상이 개인에게 얼마나 매력적인가에 대한 유의성에 의해 결정된다는 것이다. 이들이 모두 높으면 개인의 동기부여는 높아지지만, 기대·수단성·유의성 중 하나라도 0이면 동기부여가 안된다는 것을 의미한다.

$$\text{동기부여}(M) = \text{기대감} \times \sum(\text{수단성} \times \text{유의성})$$

기대이론이 경영자에게 주는 의미는 위의 세 가지 요소가 높도록 노력해야 한다는 점이다. 즉, 경영자는 종업원의 기대값을 높여야 하며(노력-성과), 수단성을 증대해야하고(성과-보상), 유의성을 높여야 한다(보상-개인목표의 합치).

첫째, 기대값을 높이는 것(노력하면 성과를 낼 수 있는가)은 종업원 능력과 역량에 관한 문제이다. 능력과 자신감이 있어야 가능한 일이다. 이러한 능력을 높이기 위해서 교육·훈련프로그램, 코칭, 능력 높은 종업원의 선발, 목표의 명확화, 직무설계 등에 유의해야 한다.

둘째, 수단성을 증대시키기 위해서(성과를 내면 보상이 주어질 것인가)는 경영층과 종업원 사이에 신뢰가 있어야 한다. 보너스나 승진이 지켜지지 않을 때, 종업원들은 경영층에 대한 신뢰도가 낮아지며 동기 유발되지 않을 것이다. 한 조사에 따르면 단지 구성원의 25%만이 성과와 보상 사이에 관계를 인식한다고 한다. 신뢰를 높이기 위해서는 보상에 대한 약속을 정확히 지키며, 직무수행의 성과를 정확하고 공정하게 측정해야 한다.

셋째, 유의성을 높이는 것(보상이 개인목표나 욕구를 충족시킴)은 종업원이 갖고 있는 욕구체계와 깊은 관련이 있다. 결과를 얼마나 매력적으로 받아들이는가는 개인의 태도·성격·욕구에 의해 결정된다. 유의성을 높이기 위해서는 종업원 욕구체계를 명확히 파악하며, 보상내역이 개인목표와 합치하는가를 파악해야 한다.

브룸의 기대이론에 대한 평가는 대부분의 연구결과들이 그의 이론에 대한 유효성을 지지하고 있다. 사람들의 선택행위를 예측하고, 개인의 욕구와 목표가 어떻게 노력과 연결되는가에 대해 체계적으로 설명한 점에 우수한 연구로 지지한다. 기업은 조직구성원이 일정한 노력을 기울이면 달성될 수 있는 합리적 성과수준을 제시해야 하고, 성과수준에 따라 주어지는 보상이 무엇인가를 명확히 할 필요가 있다. 좋은 감독자는 종업원에게 감독자가 기대하는 것이 무엇인지 명시할 뿐 아니라 종업원의 성과수준을 높이는 데 도움을 주어야 한다는 점을 시사하고 있다.

기대이론의 특징을 제시하면 다음과 같다. 첫째, 개인의 목표와 욕구가 어떻게 행동으로 연결되는가를 설명하고 있다. 둘째, 인간의 인지를 중요시한다. 개인의 직무에 대한 동기부여는 노력-성과 관계, 성과-보상 관계, 보상-개인목표관계에 대한 인지에 의해 결정된다고 주장한다. 셋째, 동기부여는 기대감, 수단성, 유의성을 곱하여 결정되는데, 세 가지 요소 중 한 가지 요소라도 0이면 전체가 0이 된다는 것이다. 넷째, 개인은 동기부여의 값이 가장 큰 대안을 선택한다고 설명하고 있다.

그러나 기대이론은 다음과 같은 비판을 받고 있다. 첫째, 과연 인간이 행동할 때 그렇게 복잡한 과정을 거치는가의 문제이다. 누구나 합리성에 근거하여 결과와 과정에 대한 확률 적용을 하며 행동하는 것에는 한계가 있다. 인간은 완전한 합리성이 아닌 제한된 합리성(bounded rationality)에 따라 의사결정을 한다는 점을 고려해야 한다. 둘째, 변수에 대한 정의가 모호하며 연구자들간에 일치성이 적다. 셋째, 유의성과 기대감의 곱셈공식으로 효과가 과장될 수 있다. 넷째, 가장 만족이 큰 쪽으로 동기부여된다는 쾌락주의 가정의 문제이다. 가치부여는 매우 주관적이라 사람마다 다르기 때문이다.

(2) 공성성이론

공정성이론(equity theory)은 형평성이론으로도 불리는데 이는 사회적 비교이론의 하나이다. 아담스(J. S. Adams)는 페스팅거(L. Festinger)의 인지부조화 이론을 동기유발과 연관시켜서 공정성이론을 체계화하였다. 1960년 아담스에 의해 제시된 공정성이론은 종업원들이 직무와 조직에 공헌한 투입과 거기에서 얻은 산출의 관계를 인식하는 것을 전제로 하였다. 공정성이론의 핵심은 자신의 산출/투입의 비율이 타인, 특히 준거집단(reference group)이나 준거인물(reference person)과 비교하여 비율의 형평성을 유지하는 방향으로 동기부여된다는 것이다.

공정성이론은 조직 내 종업원들이 자신의 투입(inputs)과 산출(outputs)을 준거집단이나 준거인물의 그것과 비교한다는 것이다. 아담스는 투입과 산출의 비교가 동기부여에 영향을 미친다고 제안하였다. 자신의 투입 대 산출의 비율이 타인의 그것과 비교하여 같으면 공정하다고 느껴 조직과 공정한 관계가 이루어졌다고 생각하지만, 작거나 크면 불공정성을 지각하게 되어 불쾌감과 긴장감을 느끼며 불공정성 회복을 위해 노력하게 된다는 것이다.

공정성이론을 보다 잘 이해하기 위해서는 투입·산출의 구체적 내용, 준거기

표 13-2 공정성이론에서 투입과 산출 요인

투입		산출	
시간	지적 능력	급여	성취감
노력	나이	부가급부	인정
교육·훈련	건강	승진	근무환경
경험	창의성	성장 및 개발 기회	직무안정
기술	충성심	도전감	의사결정 참여

준에 대해 알아야 한다. 공정성 정도를 판단하는 데 기준이 되는 투입·산출요인들은 〈표 13-2〉와 같이 정리할 수 있다.

조직구성원들이 비교대상으로 생각하는 준거가 공정성이론을 더욱 복잡하게 한다. 종업원들은 자신의 다른 조직의 이웃·동료와 비교하거나 산업추세·직업표준과 비교한다. 또한 그들이 일했던 과거와 더불어 현재 직무를 비교하곤 한다. 어떤 준거를 선택할 것인지는 주로 다음의 네 가지 조절변수, 즉 성(gender)·근무기간·조직에서의 지위계층·교육 정도의 전문성 정도이다.

어떤 투입·산출 요인이 개인에 의해 인지되고 공정성 인지에 영향을 미치는가는 각 사람에 따라 다르다. 또한 어떤 준거기준을 선택하는가의 문제도 개인차가 있다. 공정성이론에서 불공정하다고 느끼는 경우는 과소보상의 경우와 과다보상의 경우이다. 불공정성을 인지하게 된 후 불공정성 회복을 위해 취하는 방식은 과다보상과 과소보상에서 차이가 나지만, 주로 다음의 다섯 가지 대안 중에서 선택하는 것으로 알려져 있다.

① 자신의 투입·산출을 변경한다.

과소보상시 지각을 하거나 휴식시간을 길게 하고 결근 등을 하며, 과다보상시 직무노력을 증가시킨다.

② 준거인물의 투입·산출 변화를 유도한다.

과소보상시 비교대상에게 좀 더 노력하라고 요구하거나, 과다보상시 비교대상에게 투입을 줄이라고 압력을 행사하는 경우이다.

③ 자기 자신 또는 타인의 투입·산출을 왜곡한다(인지적 왜곡)

과다보상의 경우 인지적으로 투입·산출의 비율을 왜곡하여 심리적으로 공정하다고 합리화하는 것이다. 주로 과다보상시 많이 사용하며 이러한 이유는 과다보상에 의한 죄책감이 오래가지 않는 이유를 설명할 수 있다.

④ 준거대상을 변경한다.

준거인물이나 준거그룹을 변경하여 불공정성을 회복하는 방법이다. 예를 들어, 비교대상이 자신이 다니는 회사의 사장 아들이라면 적합한 비교대상이 아니란 결론에 도달한다. 계속 그와 비교한다면 상황갈등을 겪게 되므로 비슷한 사람으로 변경함으로써 공정성을 회복하려 시도할 것이다.

⑤ 현장을 떠난다(이직)

불공정성을 느낀 현장을 떠남으로써 문제를 해결한다. 다른 부서로 이동을 하거나 이직을 시도한다. 이 방법은 극단적 방법으로 불공정성의 정도가 심각하거나 다른 해결방안이 없을 때 사용한다.

이러한 대안 선택의 결과로 생산성이 높아지거나 낮아지며, 품질이 향상되거나 저하되기도 하고, 결근과 이직이 증가하기도 한다. 이러한 점은 종업원의 동기부여에 대하여 중요한 시사점을 제공해 주고 있다.

아담스의 공정성이론의 특징을 제시하면 다음과 같다. 첫째, 사회적 비교이론이다. 둘째, 많은 실증적 연구가 진행되었고, 강한 지지를 받고 있다. 셋째, 종업원의 동기수준은 절대적 보상뿐 아니라 상대적 보상에 더욱 영향을 받는다. 넷째, 불공정성을 지각하면 공정성을 회복하기 위해 노력하며, 회복방식은 과다보상과 과소보상에서 차이가 난다.

공정성이론에 대한 비판은 다음과 같다. 첫째, 비교대상 선정에 어려움이 있다. 사람들이 준거대상을 어떻게 선택하는가에 대해서 분명한 설명이 없다. 둘째, 또한 공정성 정도를 판단하는 기준이 되는 투입과 산출요인을 어떻게 정의하는가의 문제도 지극히 개인적이다. 어떤 사람은 투입을 시간과 노력으로 생각할 수 있고 어떤 사람은 교육 정도·지적 능력으로 생각할 수 있다. 셋째, 투입과 산출을 구성하는 각 항목의 가중치를 어떤 방식으로 조합하여 전체 비율을 만들어내는가의 문제도 공정성이론의 한계라 할 수 있다.

산출물에 대한 공평한 분배를 기초로 한 아담스의 공정성이론은 종업원들에게 높은 수준의 동기유발을 자극하며, 분배적 정의이론으로 연결되었다. 분배적 정의(distributive justice)는 조직에서 산출(임금, 승진, 원하는 작업환경, 배당 등)의 분배에 대한 인지된 공정성을 말한다. 사회적 교환을 평가할 때 투입(inputs)과 산출(outputs)을 어떻게 생각하는지 설명하는 개념이다. 투입과 결과를 비교하여 두 요소간 분배적 정의를 느끼면 만족을, 분배적 정의를 느끼지 못하면 정의를 느끼는 방향으로 회복을 하게 된다. 그러나 공정성에 대한 지각은 결과의 공정성뿐 아니라 의사결정의 과정에 대한 공정성에 의해서도 영향을 받는다. 산출을 배분하는 데 사용한 절차에 대한 인지된 공정성을 절차적 정의(procedural justice)라 한다. 절차적 정의는 실제적 산출분배에 대하여 집중하는 것이 아니다. 오히려 어떻게 성과수준을 평가하고, 불평과 논쟁점을 취급하는가의 문제이다. 절차적 정의는 법체계에서도 오랫동안 관심의 대상이었다. 결과의 공정성뿐만 아니라 판결에 이르는 과정 또한 공정해야 하기 때문이다.

(3) 목표설정이론

1968년 로크(E. A. Locke)에 의해 제시된 목표설정이론(goal-setting theory)은 동기부여의 과정이론 중에서 많은 연구로 인해 그 타당성이 입증된 이론이다. 이 이론의 요점은 목표달성 의도가 동기부여의 원천이 된다는 것이다. 개인적 목표는 과거 성과에 대한 기억·상황에 대한 판단·자신의 능력 등을 고려하여 설정되는 것이 일반적이다. 목표를 설정하는 사람이 그 목표가 중요하거나 추구할 가치가 있다고 생각하면 목표지향적 행동을 하게 되는 것이다.

목표설정이론의 기본전제는 목표가 설정되어 행위에 영향을 미치는 인지적 과정(cognitive process)을 이해해야 한다는 점이다. 사람은 자신을 둘러싼 환경 가운데서 발생하는 사건을 지각하고 평가하며 발생한 사건을 인지하며 반응하게 된다는 것이다.

그러면 어떠한 목표가 종업원들의 동기유발에 도움이 될 것인가? 목표설정이론에서는 막연한 목표보다 구체적 목표가, 쉬운 목표보다 어려운 목표라도 일단 수용되면 높은 성과가 나타나며, 또한 피드백(feedback)이 주어지지 않을 경우보다 피드백이 주어질 때 성과가 높다고 설명한다.

① 목표 구체성

막연한 목표보다는 구체적 목표를 제시할 때 더욱 높은 성과를 달성한다. '최선을 다하라'라는 막연한 목표보다는 '올해 시장점유율 목표는 작년 대비 10% 이상의 목표달성'이라는 구체적 목표가 성과에 긍정적 영향을 미친다는 것이다. 구체적 목표는 인간에게 노력의 방향을 제시해주고 심리적 불확실성을 제거해 준다는 점을 강조한다. 그러나 목표가 구체적이면서 더불어 적절해야 한다는 점도 중요하다. 너무 생산량 증대만 강조한 나머지 불량률이 높아지거나 직무불만족의 결과가 나타난다면 성과향상은 아무 의미도 없게 되는 것이다.

② 목표 난이도

로크가 연구한 실증연구 중 많은 연구에서 어려운 목표가 성과에 긍정적 영향을 준다는 점을 주장하였다. 능력이 동일하고 목표를 수용하기만 한다면 어려운 목표일수록 성과가 높다고 예측할 수 있다. 쉬운 목표가 어려운 목표보다 더 잘 수용되지만 어려운 목표일지라도 일단 수용되면 목표달성을 위해 더욱 노력하게 된다는 것이다.

③ 피드백

사람들은 자신들의 일이 어떻게 진행되고 있는지 피드백을 받을 때 일을 더 잘하게 된다. 피드백을 통해 지금까지 진행된 과정 상 문제점을 확인하고, 행동을 안내하기 때문이다. 그러나 모든 피드백이 다 효과적인 것은 아니다. 종업원 자신이 진척 상황을 점검할 수 있는 자신 스스로의 점검에 의한 피드백이 외부에서 형성된 피드백보다 훨씬 강력하게 동기부여된다는 것이다.

④ 목표 참여도

종업원이 목표를 설정하는 과정에 참여하게 되는 경우에 그에 대한 결과는 일정하지 않다. 참여적 목표가 지시적 목표에 비해 목표 몰입이나 성과면에서 우월하다고 주장하는 한편, 지시적 목표가 우월하다는 결과를 낸 경우도 있다. 이러한 상반된 연구 결과에 대해 로크는 추가 연구를 한 결과, 목표 몰입이나 성과에 있어 참여의 효과가 거의 없는 것으로 나타났다. 목표 난이도에서 살펴보았듯이 어려운 목표일 때 목표수용 가능성은 낮아진다. 그러나 어려운 목표라도 목표설정 과정에 종업원을 참여시킨다면 수용 가능성이 높아진다. 인간은 자신이 참여한 결정사항에 더욱 애착을 갖는 경향이 있다. 그러므로 참여적 목표보다 높은 성과는 올리지 못하더라도 참여를 통해 더 어려운 목표를 수용하도록 한다는 점은 명확하다.

⑤ 목표 몰입 및 자기효능감

목표수용이 목표에 대한 일시적 합의라면 목표 몰입은 지속적으로 목표를 달성하려는 결심과 심리적 애착을 포함하고 있다. 목표 몰입은 일단 수용한 목표를 달성하기 위해 헌신하는 정도를 의미한다. 또한 자기효능감은 과업을 완수할 수 있다고 생각하는 믿음으로 자신감으로도 부른다.

로크가 초기 연구에서 목표의 속성과 성과의 직접적 관계에 대해 집중적으로 연구했다면 확장모형에서는 다수의 상황요인을 포함시키고 있다. 목표 구체성, 목표 난이도, 목표 몰입, 목표 참여도 등의 목표속성은 목표지향적 노력에 직접적 영향을 미치게 되지만, 노력이 실제로 성과로 이어지는가의 문제는 상황요인인 조직적 지원과 개인능력에 달려 있다.

⑥ 조직적 지원

조직은 목표지향적 노력을 성과로 연결지을 수 있는 계획을 명확히 세우고, 계획달성을 위해 조직구성원들에게 아낌없는 지원을 해야 한다. 시간, 설비투자, 재무적 지원, 훈련뿐 아니라 정보의 제공도 이에 속한다.

⑦ 개인능력

개인능력도 목표지향적 노력이 실제로 성과를 달성하는가에 영향을 미친다. 능력이 부족하면 아무리 노력을 하여도 성과를 높이는 것이 어려워진다. 따라서 조직이 능력 있는 사람을 선발해야 하며, 능력향상을 위해 지속적으로 교육·훈련을 시켜야 하는 이유가 여기에 있다.

이외에도 보상조건과 경쟁상황도 목표달성에 영향을 줄 수 있다. 보상조건은 내·외재적 보상으로 나눌 수 있는데, 특히 기업의 경우 인센티브를 제공할 때

그림 13-3 목표설정이론의 확장 모형

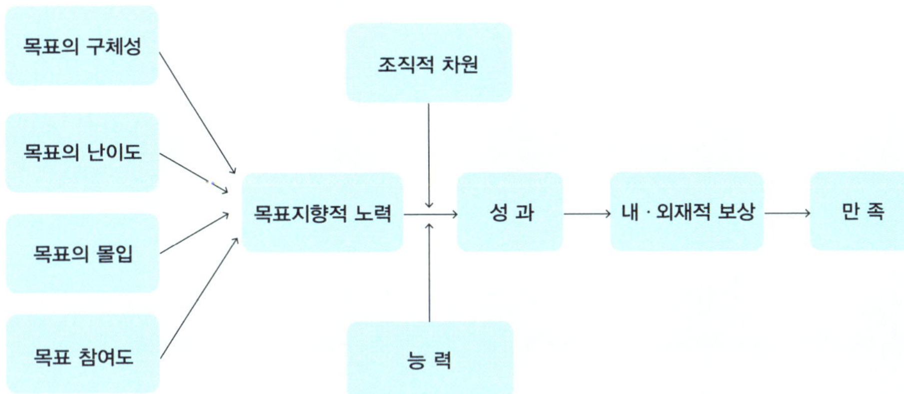

자료 : G. P. Latham & E. A. Locke(1979), "Goal Setting-A Motivational Technique That Works," Organizational Dynamics, 8(2), pp. 768-801.

제공방식이 구성원 성과에 크게 영향을 미침을 유의해야 한다. 인센티브 제공에 가장 널리 쓰이는 방식이 능률급과 보너스인데, 쉬운 목표에 대해서는 보너스가 효과적인 반면 어려운 목표에 대해서는 능률급이 더욱 효과적이다.

경쟁상황은 개인뿐 아니라 조직 전체에 효과적 동기부여를 가능하게 한다. 경쟁은 심한 경우 갈등을 일으키지만 적절한 수준의 경쟁은 조직목표에 대한 구성원들의 집중도를 높여 결과적으로 조직 전체의 높은 성과로 이어진다.

연구의 초기에는 목표의 구체성·난이도·참여도 등 목표 자체의 특성연구에 집중하였으며 그러한 목표 특성이 노력에 어떠한 영향을 주었는가에 집중하였다. 그러나 이후에는 이러한 노력이 실제로 성과와 연결되는 조직적 지원·보상조건·경쟁상황 등의 상황요인 등을 연구하게 되었다.

목표이론의 특징을 제시하면 다음과 같다. 첫째, 목표달성 의도가 동기부여의 원천이 된다는 점이다. 둘째, 구체적 목표가 막연한 목표보다 높은 성과를 달성하는데 도움이 된다. 셋째, 일단 수용되면 어려운 목표일수록 성과 향상의 경향이 있다. 넷째, 피드백이 주어지지 않을 경우보다 피드백이 주어질 때 성과가 높다. 다섯째, 개념이 쉽고 간단하므로 직무분석, 인사고과, 교육훈련, 리더십 등 다양한 분야에서 적용되고 있다.

반면, 목표설정 이론의 한계점을 제시하면 다음과 같다. 첫째, 복수목표의 경우 중요도와 우선순위를 조율하는 문제가 있다. 둘째, 목표설정의 효과를 유지하는 문제이다. 목표설정 초기에는 성과가 높다가 수개월이 지나면 이전 수준으로 성과가 낮아진다는 사실이다.

제4절 인간관계 개선을 위한 관리기법

1. 리더십

1) 리더십의 본질

리더십은 오랫동안 많은 사람들의 깊은 관심을 끌어온 연구 주제중의 하나이다. 그 용어 속에는 무적의 군대를 지휘하거나, 대제국을 통치하거나, 또는 한 국가의 운명을 좌우하는 강력하고 활동적인 인물의 이미지가 담겨 있으며, 역사적으로 조명하면, 대부분 군사적, 정치적, 종교적 및 사회적인 리더들의 일화로 구성되어 있고, 문화의 사상적 근원을 설명해 주는 많은 전설이나 신화의 내용도 대부분 용감하고 지혜로운 리더의 업적으로 점철되어 있다. 많은 사람들이 오래전부터 이처럼 리더십에 매혹되어 온 것은 그것이 흥미롭고 신비스런 과정 때문이기도 하지만, 그 이상으로 우리의 생활에 직접, 간접의 영향을 미치는 것이기 때문이다.

리더십에 관한 연구는 지난 수 십년간 경영관리와 조직행동분야의 문헌에서 가장 중요하고 중심적인 연구부분이 되어 왔다. 그러나 연구자들은 항상 리더십을 그들의 개인적 관점에 의해서 그들에게 가장 흥미있는 현상의 측면만을 강조하여 정의를 내리고 있다. 스톡딜(R. M. Stogdill)은 리더십 문헌들을 포괄적으로 검토한 후, 리더십의 정의가 리더십 연구에 관여한 사람의 수만큼 많다는 지적을 하였다. 리더십에 대한 제 학자들의 정의를 정리하면 다음 〈표 13-3〉과 같다.

이와 같이 리더십에 관한 정의는 개인적 특성, 리더행동, 상호작용 형태, 부하의 지각, 그리고 부하, 과업목표, 조직문화에 미치는 영향력에 관한 측면으로 정의되어져 왔다. 지금까지 제안되어 온 많은 리더십의 정의들은 영향력 행사의 주체가 누구이며, 영향력 행사의 목적은 무엇이고, 영향력 행사 방법은 어떤 것인가 등의 면에서 여러 가지 개념적인 차이를 보이고 있으며, 이러한 개념상의 차이는 학문적인 문제만을 야기시키는 것은 아니다. 리더들과 리더십 과정들을 확인하는데 있어서도 커다란 괴리를 야기시킬 수 있는 것이다. 리더십 개념에 대한 연구자들간의 차이는 연구하고자 하는 현상의 선택에서의 차이와 얻어진 자료의 해석에서의 차이도 유발할 수 있는 것이다.

표 13-3 리더십의 정의

학자	동기요인(만족요인):주로 직무와 관련
Hemphill & Coons	리더십이란 조직구성원들에 의하여 공유된 목표를 향하여 집단을 지도하는 과정에서 나타난 개인의 행위이다.
Tannenbaum, Weschler & Massarik	리더십이란 주어진 상황에서 구체화된 목표를 달성하고자 하는 노력으로서, 효과적인 커뮤니케이션을 활용하여 이루어지는 대인간의 영향력이다.
Jacobs	리더십이란 한 사람이 어떤 종류의 정보를 제공하고, 다른 사람이 그에 따라 행동하면 그 결과(비용-효익의 비율)가 개선될 것이라는 확신을 갖게 하는 사람들간의 상호작용이다.
Stogdill	리더십이란 기대와 상호작용 속에서 조직을 주도하고, 유지하는 것이다.
Kochan, Schmidt & De Cotis	리더십은 상사가 부하의 행동을 변화시킬 수 있는 영향력의 행사과정이며, 부하가 상사의 영향력을 합법적이라고 받아들이면서 자기의 목표와 일치된다고 믿을 때 가장 효과적이다.
Katz & Kahn	리더십이란 조직의 일상적 지시에 기계적으로 순종하는 것 이상의 영향력의 증대를 말한다.
Szilagyi & Wallace	리더십이란 특정목표를 달성하기 위하여 특정인물이 다른 사람들에게 영향력을 행사하는 과정이다.
Dunnette & Hough	리더십이란 과업의 목표나, 집단과 조직의 전략에 영향을 미치는 과정으로, 전략을 실행하고, 목표달성을 위한 과업행동에 있어서 몰입이나 동조를 발휘하도록 조직의 구성원들에게 영향력을 미치는 과정으로, 집단의 유지나 동질성에 영향을 미치는 과정으로, 조직의 문화에 영향을 미치는 과정이다.

자료 : 이용탁(1996), 거래적·변혁적 리더십이 리더십 유효성에 미치는 영향에 관한 연구, 부산대학교 박사학위논문, p. 7.

이렇게 리더십의 정의에 대한 다양성에도 불구하고 일반적인 공통의 의미를 보여주는 하나의 현상은 리더십이란 한 집단 내에서 두 사람 이상이 상호작용하는 과정에서 나타나는 것이며, 리더는 부하들이 열성적으로 목표달성에 참여할 수 있도록 의도적으로 영향력을 행사하려고 하는 과정에서 그 본질을 찾아보아야 할 것이다.

2) 리더십 이론의 제 접근방법

리더십은 연구자들의 리더십에 대한 개념과 방법적 선호에 따라 여러가지로 다르게 연구되어 왔다. 대부분의 리더십 연구들은 리더십 현상의 한 좁은 국면만을 연구해온 것은 사실이다. 따라서 리더십에 관한 연구의 발전과정은 성공적 리더가 가지고 있는 특성에 초점을 둔 리더십 특성이론, 조직성과가 리더의 행동에 따라 달라진다는 리더십 행동이론, 리더십 성과는 주어진 상황에 따라 달라진다는 리더십 상황이론으로 대별되어진다. 1980년 대 이후 리더십 이론이 리더십 상황이론으로 수렴되었지만 1985년 이후 새로운 리더십 이론으로 변혁적 리더십 이론이 제시되었다. 이하에서 리더십 이론들에 대한 내용을 서술하고자 한다.

(1) 리더십 특성이론

리더십 특성이론은 성공적인 리더들이 가지고 있는 공통적인 특성들이 무엇인가에 초점을 두고 이루어진 연구이다. 따라서 리더십 특성이론은 리더들의 개인적 특성이나 기술을 강조하고 있다. 즉, 성공적인 리더의 특성으로 지칠줄 모르는 힘, 직관력, 통찰력, 그리고 압도할 수 있는 설득력과 같은 비범한 능력이 있다고 보았다.

특성이론에 관한 대표적인 연구로 1974년 스톡딜(R. M. Stogdill)의 연구를 들 수 있는데, 그는 성공적인 리더에게서 자주 발견되는 리더의 특성과 기술들을 정리한 바 있으며, 그에 따라 유클(G. A. Yukl)은 〈표 13-4〉와 같이 정리하였다.

특성이론에 관한 초기의 연구들은 성공적인 리더의 개인적 특성이나 보편적인 지능에 초점을 두고 있는 반면에, 후기의 연구들은 리더의 직위가 달라짐에

그림 13-4 리더십 이론의 접근방법 비교

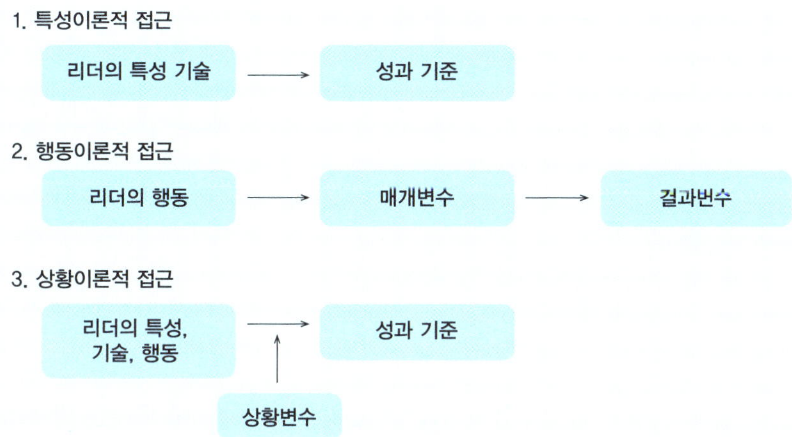

자료: G.A. Yukl(1989), Leadership in Organizations, 2nd ed., Englewood Cliffs, N.J., Prentice-Hall, p. 7.

따라 요구되어지는 리더의 관리적 동기와 기술(managerial motivation & skill)의 연구에 초점을 두고 있다.

후기이론 중의 하나인 마이너(J. B. Miner)는 관리자로서 성공하기 위해서 요구되는 동기특성에 관해 연구하였다. 그는 리더의 관리적 동기를 권위있는 인물에 대한 긍정적 태도, 동료들과 경쟁하려는 욕구, 자신감있게 적극적으로 행동하려는 욕구, 타인에게 권력을 행사하려는 욕구, 집단을 대표하려는 욕구, 일상적인 관리활동들을 수행하려는 의지로 언급하였다. 그는 위의 6가지 동기의 정도와 승진 사이의 관계를 검증하였는데, 리더의 전체적 관리적 동기의 점수와 승진 사이에 정적인 상관관계가 있음을 보고하였다.

이후 관리적 동기에 관한 연구들은 주로 마이너(J. B. Miner)와 그의 동료들에 의해 지속적으로 이루어졌으며, 관리적 동기와 가장 관련높은 구성요인들로서는 권력을 행사하려는 욕구, 동료들과의 경쟁욕구, 권위있는 인물에 대한 긍정적 태도라고 주장하였다.

리더의 관리적 동기와는 달리 맥콜과 롬바르도(M. W. McCall, Jr., & M. M. Lombardo)는 미국 내 기업의 최고경영자로 회사를 이끌어 나갔던 사람 가운데

표 13-4 성공적인 리더의 특성 및 기술

특 성		기 술	
- 상황적응력 - 환경에 대한 민감성 - 성취지향성 - 결단성 - 협동성 - 자립성 - 믿음성	- 타인보다 우위성 - 활동성 - 끈기 - 자신감 - 스트레스에 대한 지구력 - 책임수행력	- 영리함(지능) - 개념파악력 - 창의력 - 재치력 - 화술	- 과업에 대한 지식 - 관리적 능력 - 설득력 - 대인관계 능력

성공한 자와 실패해서 물러난 자들을 대상으로 이들의 특성을 비교하였는데, 다음의 네 가지 측면, 즉 정서적 안정감 및 침착성, 실패에 대한 방어성, 대인관계 능력, 전문지식 및 인지적 능력에서 다른 점들을 발견하였다.

또한 스탤(M. J. Stahl)은 대체적으로 계층적 조직에 있어서의 효과적인 리더들은 강한 권력욕구와 성취욕구, 그리고 비교적 낮은 친화욕구를 보이는 경향이 있다고 주장하였다.

이상에서 살펴본 특성이론은 여러 장점에도 불구하고 여러 문제점이 지적될 있는데, 가장 보편적으로 지적되고 있는 점을 살펴보면, 특성 수의 증가와 연구결과 해석의 문제, 특성의 예언성 결여, 상황적 요소와 리더역할에 대한 설명부족 등이 지적될 수 있으며, 유클(G. A. Yukl)은 특성이론의 문제점으로, 먼저 특성 자체가 추상적인 개념이라는 점과 대부분의 특성연구들이 이론의 뒷받침이 없다는 점을 지적하였다. 또한 단순히 어떤 특성들이 리더십 유효성과 관련되어 있다고만 보고하는 연구들이 대부분이며, 많은 특성연구들이 부하의 동기나 리더의 행동과 같은 매개 변인을 포함시키지 않았다는 점을 지적하고 있다.

(2) 리더십 행동이론

행동이론적 접근방법은 리더나 관리자들이 실제로 직무수행에 있어서 어떠한 행동을 하는지, 그리고 이러한 행동과 관리적 유효성간에는 어떠한 관련성이 있는가를 파악하는데 초점을 두고 있다. 행동이론의 주요 연구분야는 주로 리더의 행동을 유형화하는데 중점을 둔 연구들과, 이러한 리더의 행동유형과 리더십 효과간의 관계에 중점을 둔 연구의 흐름이 있다.

① 아이오와(Iowa) 대학 연구

아이오와 대학의 리더십 행동이론은 리더의 행동유형을 권위주의적 리더(authoritarian leader), 민주적 리더(democratic leader), 자유방임적 리더(laissez-faire leader)로 구분하였다. 권위주의적 리더는 의사결정을 일방적으로 행하며, 명령을 내리고 보상이나 처벌을 행사할 수 있는 권한을 이용하여 부하를 지휘하는 리더의 유형이다. 민주적 리더는 의사결정에 부하를 참여시키고, 목표를 투명하게 밝히며 부하의 의견을 반영하면서 지휘하는 리더의 유형이다. 자유방임적 리더는 부하에게 권력이나 영향력을 거의 사용하지 않고 부하 스스로 의사결정을 내리도록 방치하는 리더의 유형이다.

이러한 리더의 행동유형에서 부하들의 만족도는 민주적 리더십에서 가장 높았고, 직무수행 성과는 권위주의적 리더십에서 가장 높았으며, 자유방임형령 리더십에서는 부하들의 만족도와 직무성과가 가장 낮게 나타났다.

② 오하이오(Ohio) 주립대학의 연구

오하이오 주립대학의 리더십 연구에서는 리더의 행동유형을 구조주도형(initiating structure) 리더와 배려형(consideration) 리더로 구분하였다. 구조주도형 리더는 리더가 부하들의 역할을 명확히 정해 주고 그들에게 기대하는 것이 무엇인지 알려주는 리더의 행동유형을 의미하는 것으로, 구조주도가 높은 리더는 과업중심의 성향을 보이며, 과업에 의해 부하를 평가하고 성과수준을 정하는 경향을 보인다. 배려형 리더는 부하들의 복지와 행복, 공헌 등에 관심을 가져주는 리더의 행동유형으로, 배려가 높은 리더는 부하의 의견을 존중하고 대화와 참여를 지원하는 경향을 보인다.

오하이오 주립대학의 리더십 행동이론에서는 구조주도와 배려의 두 가지 차원에 따라 구조주도와 배려가 낮은 리더 행동유형, 구조주도가 높고 배려가 낮은 리더 행동유형, 구조주도가 낮고 배려가 높은 리더 행동유형, 구조주도가 높고 배려도 높은 리더 행동유형의 4가지 리더 행동유형으로 구분하였다.

두 가지 차원의 리더행동요인, 즉 배려적 행동과 구조주도적 행동에 따라 작업집단의 과업수행결과와 조직구성원의 직무만족에 어떤 영향을 미치는가를 파악하기 위한 분석이었다. 이 연구에 의하면, 처음에는 구조주도적 행동과 배려적 행동을 보다 높게 갖춘 리더십이 효과적일 것이라는 기대 하에 연구가 진행되었으나, 어느 유형이 가장 좋다는 결론을 내리기가 매우 어려웠다. 일반적으로 높은 구조주도적 그리고 높은 배려적 리더행동이 높은 집단성과와 높은 만족감을 가져오는 결과를 보였지만, 높은 결근율과 고충처리율 등의 역기능적 효과도 나타내었다.

오하이오의 주립대학의 연구를 바탕으로 한 후레이쉬먼과 해리스(E. A. Fleishman & E. F. Harris)의 연구에서는 트럭제조공장에서 일하는 57명의 생산라인 감독자들의 리더십행동유형과 부하들의 불만 및 이직간의 관계를 연구하였다. 감독자들이 배려적 행동을 많이 보일수록 부하들의 이직률과 불만은 작아졌으며, 과업주도적 행동을 많이 보일수록 이직률과 불만은 높아졌다.

③ 미시건(Michigan) 대학의 연구

미시간 대학 리더십연구의 경우에는 리더의 행동과 집단성과간의 관계를 파악하는데 초점을 두고 연구되었으며, 연구결과 2개의 리더십 유형, 즉 직무중심적(job centered) 리더유형과 부하중심적(employee centered) 리더유형이 구분되었다. 직무중심적 리더는 생산과업을 중요시하고 생산방법과 절차 등 세부적인 사항에 관심을 가지며 공식적 권한과 권력에 비교적 많이 의존하면서 부하들을 치밀하게 감독하는 행동스타일의 리더를 의미한다. 반면 부하중심적 리더는 부하와의 관계를 중요시하고 권한을 위임하며 지원적 업무환경을 조성하여 부하의 개인적 발전과 성장, 성취 등에 관심을 가지며 부하에게 자유재량권을 많이 주는 관리행동 스타일의 리더를 말한다.

이 연구에 의하면, 생산성이 높은 집단일수록 관리자들이 부하중심적인 리더스타일을 사용하는 경우가 높게 나타났고, 생산성이 낮은 집단일수록 관리자들이 과업중심적 리더 스타일을 사용한다는 것이었다.

④ 관리격자이론

블레이크와 모튼(R. R. Blake & J. S. Mouton)이 개발한 관리격자(managerial

grid)이론은 오하이오 주립대학의 구조주도형, 배려형 리더십 연구를 발전시켜 어떠한 리더의 행동유형이 가장 효과적인가 하는 것을 제시한 이론이다. 관리격자이론은 리더의 행동을 생산에 대한 관심(concern for production)과 인간에 대한 관심(concern for people) 두 영역으로 나누고 이를 격자로 계량화하여 리더의 행동유형을 다섯 가지로 구분하였다. 이를 도식화하면 [그림 13-5]와 같다.

블레이크와 모튼은 인간에 대한 관심과 생산에 대한 관심이 모두 낮은 리더의 유형을 무관심형(1.1형) 리더, 생산에 대한 관심은 낮지만 인간에 대한 관심이 높은 리더의 유형을 인기형(1.9형) 리더, 인간에 대한 관심은 낮으나 생산에 대한 관심이 높은 리더의 유형을 과업형(9.1형), 생산과 인간에 대한 관심이 중간 정도인 유형을 중도형(5.5형), 생산과 인간에 대한 관심이 모두 높은 리더의 유형을 팀형(9.9형)으로 유형화하였다.

이들은 가장 효율적인 리더는 생산에 대한 관심과 인간에 대한 관심이 높은 리더인 팀형의 리더라고 주장하였다. 즉, 과업목표와 인간관계를 동시에 고려하

그림 13-5 Blake & Mouton의 관리격자

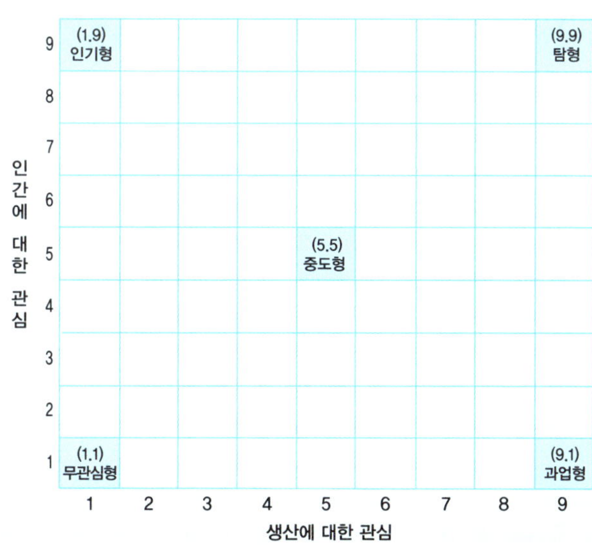

자료: R. R. Blake & J. S. Mouton(1969), Building a Dynamic Corporation through Grid Organizational Development, Reading, MA: Addison Wesley.

는 팀형 리더는 구성원들과 조직체의 공동목표 및 상호의존관계를 강조하고, 상호 신뢰적이고 상호존경적인 관계에서 구성원들의 몰입을 통하여 과업을 달성하려는 것이다.

리더십 행동이론의 공통된 문제점으로는 리더십 행동유형을 측정하는데 있어서 객관적이고 정확한 측정방법의 결여, 설문지에 대한 지나친 의존도, 연구대상이 주로 감독자나 중간관리자들을 대상으로 하였다는 점, 그리고 상황변수를 고려하지 않는 점 등이 일반적으로 지적되고 있다.

(3) 리더십 상황이론

리더십 상황이론은 특성이론과 행동이론과는 달리 리더십의 효율성은 리더의 특성이나 행동에 의해서가 아니라 작업단위에서 수행되는 작업의 성격, 외부환경의 성격과 같은 상황적 요인에 따라 결정된다는 것이다. 즉, 상황이론에서는 주어진 상황 하에서 리더에게 가장 효과적일 수 있는 특성, 기능, 행동을 결정해주는 상황의 여러 측면을 확인하는데 관심을 두고 있다. 상황이론적 접근에서의 제 연구들은 크게 두 가지 연구방향을 가지고 있다. 첫째는 리더행동을 종속변수로 보고, 상황요인들이 리더의 행동에 어떻게 영향을 미치는가에 초점을 두고, 관리적 지위에 따라 리더의 관리적 행동이 얼마만큼 달라지는가를 분석하고자 하는 것이다. 둘째는 리더십의 유효성을 종속변수로 보고, 리더의 특성이나 행동과 리더의 유효성간의 관계가 상황변수에 의해 어떻게 조절되는 가를 분석하고자 하는 것이다.

① 상황적합적 이론

피들러(F. E. Fiedler)의 상황적합적 이론(contingency theory)에서는 리더의 유형, 리더십이 발휘되는 상황, 리더십의 유효성간의 관련성을 규명한 연구이다. 먼저 리더의 유형은 과업지향적 리더와 관계지향적 리더로 구분하고 이러한 리더의 행동스타일을 파악하기 위해서는 LPC(Least Preferred Coworker)척도를 활용하였다. 이 척도는 18개 항목으로 구성되어 1점에서 8점까지 가장 싫어하는 동료에 대한 평가를 토대로 낮은 점수(57점 이하)를 받은 리더는 과업지향적 리더로, 높은 점수(64점이상)를 받은 사람은 관계지향적 리더로 구분된다. 그는 LPC

점수가 높은 리더는 우선적으로 부하를 포함한 다른 사람들과 친밀한 관계를 유지하려 하며, LPC점수가 낮은 리더는 일차적으로 과업목표달성에 중점을 둔다는 것이다. 즉, 이들은 과업목표가 달성되었을 때 무엇보다도 큰 만족을 얻게 된다는 것이다.

피들러는 상황변수로써, 리더와 부하의 관계, 과업의 구조화 정도, 리더의 직위권력으로 분류하고 이 세 가지 차원이 조합되어 8가지의 리더십 상황으로 분류하였다. 리더와 부하의 관계는 리더에 대해 부하가 가지고 있는 신뢰나 존경의 정도로서, 부하가 리더를 받아들이는 정도를 말한다. 과업의 구조화 정도는 부하가 과업을 수행하는데 있어서 얼마나 정형화되어 있느냐의 정도를 말하는 것으로 업무수행의 방법과 절차가 명확하게 주어져 있으면 과업의 구조화 정도가 높은 것이다. 리더의 직위권력은 부하에게 영향력을 미칠 수 있는 리더의 공식적이고 합법적이며 강압적인 권력이 얼마만큼 주어져 있는가의 정도를 말한다. 부하에 대한 보상과 처벌을 줄 수 있는 권한이 높으면 리더의 직위권력이 높은 것이다. 이 3가지 상황적 요소를 조합하면 8가지 리더십 상황이 나타나게 된다.

연구결과를 보면, 리더의 행동은 리더십 상황에 따라서 다르다는 결론을 도출하였다. 즉, 리더십 상황이 리더에게 유리하거나 불리한 경우에는 과업지향적 리더가 효율적이고, 리더십 상황이 리더에게 유리하지도 않고 불리하지도 않은 상황에서는 관계지향적 리더가 효과적이라는 결론을 얻었다.

유클(G. A. Yukl)은 이 모델에 대한 비판으로, 척도상의 부족, 변수의 혼동, 설문지 분석과 같은 타당성 연구에서의 방법론적인 문제가 여러 연구에서 지적되어 왔다고 언급하였다. 또 이 모델은 리더의 단일 특성에 초점을 두어 그 연구 초점이 좁고, LPC 척도가 실제로 무엇을 측정하는지가 모호하고 설명과정이 없으며 중간 LPC 점수의 리더를 포함하지 못하고 있는 등 리더의 효과성을 설명하는 유용성을 제한하는 심각한 개념의 결함을 가지고 있다.

또한 피들러와 그의 동료들은 실험실 연구에서 이론의 타당성을 입증하였으나, 현장연구에서는 부분적으로만 지지되었다. 이외에도 연구자들이 비판하고 있는 점들은 몇 가지 살펴보면, 먼저 LPC 점수가 일관성이 없다는 점이며, 둘째, 세 가지 상황차원 가운데 어떠한 근거로 리더와 부하간의 관계가 가장 중요하고 리더의 직위권력이 마지막인지 명확하지 않다는 점이다. 셋째, LPC 점수가 높거나 낮은 리더만을 중점적으로 다루고 중간점수를 얻은 리더에 대해서는 언급이 없는 점, 마지막으로 리더와 부하간의 관계는 일정기간 동안 서로의 상호작용을 통해서 나타난 결과라고 볼 수 있다. 따라서 새로운 리더를 배치할 때 처음부터 그 리더와 맞는 상황을 찾는다는 것은 어려운 일이다.

② 경로목표 이론

리더십에 대한 경로-목표이론(path-goal theory)은 리더의 행동이 부하의 직무만족과 동기유발에 어떠한 영향을 미치는 가를 설명하기 위하여 하우스(R. J. House)가 개발한 이론이다. 그에 의하면 효율적인 리더가 되기 위해서는 부하들에게 그들이 원하는 목표를 제시함과 동시에 어떤 방법을 통해서 얻을 수 있는지에 대한 경로를 제시해야 된다는 것이다. 리더의 행동은 리더행동의 결과에서

그림 13-6 Fiedler의 상황적합적 이론

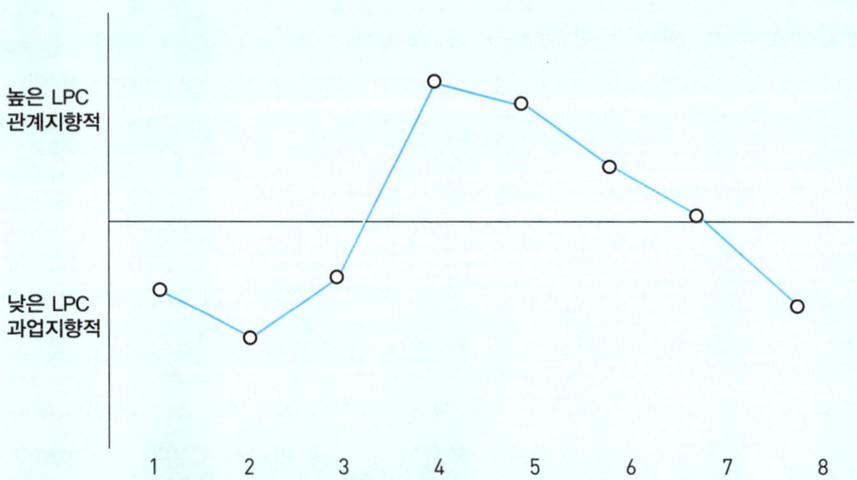

리더-부하 관계	좋음	좋음	좋음	좋음	나쁨	나쁨	나쁨	나쁨
과업의 구조화	구조적	구조적	비구조적	비구조적	구조적	구조적	비구조적	비구조적
리더 직위권력	강함	약함	강함	약함	강함	약함	강함	약함

자료: F.E. Fiedler(1971), "Validation and Extension of the Contingency Model of Leadership Effectiveness: A Review of Empirical Findings," Psychological Bulletin, Vol. 76, p. 131.

기대되는 만족감에 따라서 결정된다는 전제 하에, 경로-목표이론은 리더의 기대감과 리더행동에 작용하는 상황적 요소들을 연구하는 데 초점을 두고 있다.

하우스는 리더행동유형으로 지시적 리더십, 설득적 리더십, 참여적 리더십, 위양적 리더십으로 분류하였다. 지시적 리더십은 부하에게 기준을 제시하고 지도하며 일방적인 커뮤니케이션과 리더 중시심의 의사결정을 하는 유형이다. 설득적 리더십은 리더는 결정사항을 부하에세 설명하고 부하가 의견을 제시할 기회를 제공하는 등 쌍방의 커뮤니케이션과 공동 의사결정을 지향하는 유형이다. 참여적 리더십은 아이디어를 부하와 함께 공유하고 의사결정 과정을 촉진하며 부하들과의 인간관계를 중시하고 부하들을 의사결정에 많이 참여시키는 유형이다. 위양적 리더십은 의사결정과 과업수행에 대한 책임을 부하에게 위양하여 부하들이 스스로 자율적 행동과 자기통제 하에 과업을 수행하도록 시키는 유형을 말한다.

상황적 요소로서는 작업환경의 특성과 부하의 특성을 제시하고 있다. 부하의 특성으로는 부하의 능력과 통제위치로써, 자신들의 능력이 부족하다고 생각하는 부하는 지시적인 리더행동을 선호할 것이다. 그리고 어떠한 결과가 자신때문에 일어났다고 생각하는 내적 통제성향을 갖는 부하들은 참여적 리더행동을 더 선호하게 된다. 반대로 어떠한 결과가 자신과는 무관한 외부요인 때문에 일어났다고 생각하는 부하들은 지시적 리더들을 더 선호하게 된다. 작업환경의 특성으로는 과업과 공식적 권위체계 및 작업단위의 세 가지가 있다. 만약 부하의 과업이 구조화되어 있고 단순하며, 권위체계가 잘 잡혀 있어서 부하의 행동을 쉽게 제한하며, 작업집단이 성과를 강조하는 명확한 규범을 갖고 있다면, 지시적이거나 위양적 리더행동은 부하들에게 불필요한 것으로 지각될 수 있다. 따라서 이러한 리더행동을 보고 부하들은 리더가 상황을 잘 이해하지 못한다고 생각하거나 리더가 필요이상으로 통제를 하려 한다고 지각하면, 리더의 행동을 수용하려들지 않을 것이다.

하우스의 경로-목표이론을 도식화하면 [그림 13-7]과 같다.

경로-목표이론을 입증하기 위해서 시도된 많은 연구의 결과는 이 이론을 부분적으로 지지하고 있다. 그러나 유클(G. A. Yukl)은 경로-목표이론의 타당성을 검증하기 위해서 시행된 연구들의 대부분이 방법론상의 문제점을 갖고 있다고 주장하였다. 그는 거의 모든 연구들이 리더행동을 부하들이 평가하도록 하였고, 한 시점에서만 측정하였으며, 이론의 일부만을 검증하였고, 기대감과 유의성 등의 매개변인들을 포함시키지 않았다는 점들을 지적하였다. 그럼에도 불구하고, 경로-목표이론은 관련되는 상황변인들을 파악하는데 필요한 개념적 틀을 제공했다는 점에서 리더십 연구에 이바지한 바가 크다고 하겠다.

그림 13-7 House의 경로목표이론

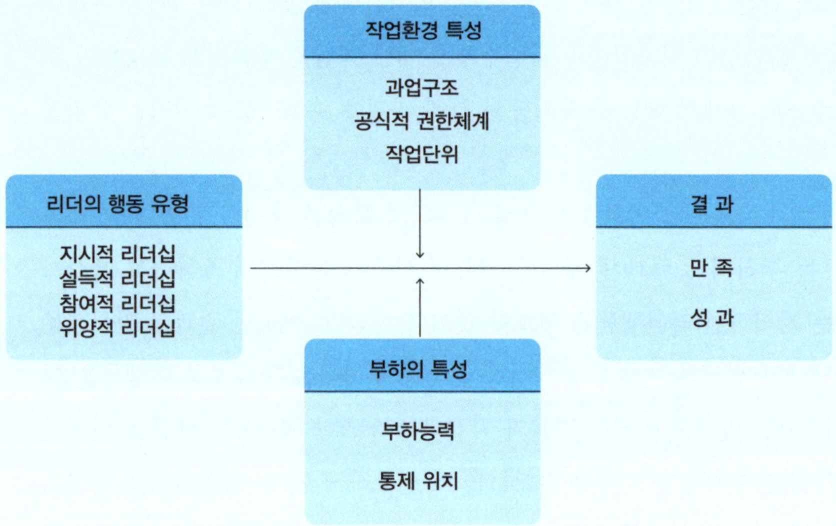

자료: S. P. Robbins(2001), Organizational Behavior, 9th ed., Prentice-Hall, p. 324.

③ 수명주기이론

허쉬와 블랜챠드(P. Hersey & K. H. Blanchard)의 수명주기이론에서는 효과적인 리더십은 부하의 욕구를 얼마나 잘 충족시키느냐에 달렸다는 전제 하에 리더와 부하간의 상호조화관계를 중요시하고, 부하들의 성숙도에 따른 리더십 행동을 분석하였다. 즉, 바람직한 리더행동이란 부하의 성숙도에 의존한다는 것에 중점을 두고 있다. 이러한 부하의 성숙도는 직무에 대한 성숙과 심리적 성숙의 두 가지 차원으로 구성된다고 하였다. 직무에 대한 성숙이란 부하가 가지고 있는 일과 관련된 지식, 경험 및 능력 등의 정도를 의미하며, 심리적 성숙이란 부하가 일과 관련해서 갖고 있는 자신감, 몰입, 동기 및 자기존중감 등의 정도를 뜻한다.

이 이론에 따르면, 부하의 성숙수준이 가장 낮은 상황에서는 리더는 과업지향적인 행동을 취하고, 부하의 성숙수준이 중간 정도인 상황에서는 관계지향적인 행동을 취해야 하며, 부하의 성숙수준이 가장 높은 상황 하에서 리더는 부하들이 스스로 동기유발되며, 외부의 지시없이도 과업을 수행할 수 있는 능력을 지니고 있기 때문에 의사결정 권한을 부하에게 대폭 위양을 해주어야 한다는 것이다.

이 이론은 리더십 연구자에게서가 아니라 관리자 워크샵에서 유행하고 있다. 그러나 몇몇 연구만이 이 이론을 검증하고 있고 그것에 대해 부분적으로 혹은 약하게 지지됨을 발견했을 뿐이다.

따라서 수명주기이론은 다른 상황이론에 비해서, 상황요인이 간단하고, 리더의 행동범주를 단순하게 제시한 점, 그리고 이해가 용이하다는 점에서는 장점을 가지고 있다. 그러나 불행히도 이 이론의 타당성을 입증하는 현장연구가 충분하게 이루어지지 못했으며, 또한 부하의 성숙도 수준에 대한 정의가 명확하지 않다.

그랩(C. L. Graeff)은 이 이론의 평가에 있어서 모호한 구조나 과도한 단순화, 매개변수가 없다는 등 이 이론의 개념적 취약성을 지적하고 있다. 그리고 부하의 각 성숙수준에 따라 특정 리더행동유형이 적합한지에 대한 이론적 설명이 부족하다. 더욱이 실제적으로 부하의 성과달성이나 만족수준이 증가했다는 경험적 연구를 제시하지 못했다는 단점을 가지고 있다.

④ 리더십 대체이론

케르와 제르미어(S.Kerr & J.M.Jermier)의 리더십 대체이론(leadership substitutes theory)은 리더십이 부하의 만족, 동기유발 및 성과에 전혀 실질적인 영향을 미치지 못하는 상황이 존재할 수 있다고 하였으며, 리더십의 중요성을 감소시키는 상황적 측면들을 찾아내는 리더십 모델을 정립하였다.

그들은 리더십의 중요성을 약화시키는 다양한 상황측면들이 무엇인지를 밝히려고 하였다. 또한 리더의 행동과 부하의 성과와 만족 사이의 관계를 조사하면서, 동시에 다양한 상황적 특성과 부하의 성과 및 만족 사이의 관계도 조사하였다. 그 결과 상황특성과 부하의 성과 및 만족간의 관계가 더 크게 나타났다. 이러한 이유 때문에 리더의 특정 행동은 불필요하거나 오히려 효율성을 낮추는 것으로 지각될 수 있다고 주장하였다. 리더행동을 불필요하거나 중복되게 만드는 상황적 특성을 대체물(substitute)이라 명명하고, 리더행동의 효율성을 감소시키거나 제한하는 상황적 특성을 중화물(neutralizers)이라 명명하였다. 리더의 행동은 지원적 행동과 수단적 행동으로 나누었으며, 상황특성은 부하의 특성, 과업의 특성 및 조직의 특성으로 나누었다. 리더의 지원적 행동은 배려적 행동과 유사하며, 수단적 행동은 과업중심적 행동과 유사하다. 케르와 제르미어의 리더십 행동유형에 따른 대체물과 중화물의 목록을 정리하여 유클(G. A. Yukl)은 다음 〈표 13-5〉와 같이 제시하고 있다.

이 모델은 많은 개념적 한계를 지니고 있다. 이 이론은 보편적인 관계를 설명하는 것만으로는 각 대체물과 중화요인에 대한 세부적인 합리적 근거를 제공하지 못했다. 이 이론의 또 다른 한계점은 너무 광범하게 정의되어 상황적 조건과

표 13-5 리더행동의 대체물과 중화물

대체물 또는 중화물	지원적 리더십	수단적 리더십
A. 부하의 특성		
1. 경험, 능력, 훈련		대체물
2. 전문적 성향	대체물	대체물
3. 조직에서 제공하는 보상에 대해 무관심	중화물	중화물
B. 과업의 특성		
1. 구조화된 일상적인 명확한 과업		대체물
2. 과업에 의한 피드백		대체물
3. 내재적인 만족을 주는 과업	대체물	
C. 조직의 특성		
1. 응집력이 높은 작업집단	대체물	대체물
2. 낮은 직위권력	중화물	중화물
3. 공식화		대체물
4. 경직성(엄격한 규칙이나 절차)		중화물
5. 리더와 부하간의 의사소통의 단절	중화물	중화물

자료 : G.A. Yukl(1994), Leadership in Organizations, 3rd ed., Englewood Cliffs, N.J., Prentice-Hall, p. 291.

밀접히 관련될 수 없는 리더의 행동 카테고리에 과도하게 의존한다는 것이다. 지금까지 이 이론의 타당성을 입증하기 위해서 시도된 연구는 많지 않다. 몇몇 시도된 연구들은 이 이론의 주장을 어느 정도 뒷받침하고 있다.

⑤ 규범적 의사결정 이론

브룸과 예튼(V. H. Vroom & P. W Yetton)의 규범적 의사결정이론(normative decision theory)에서의 리더행동은 부하들을 어느 정도나 의사결정과정에 참여시킬 것인지에 초점을 두고 있으며, 즉, 특정 상황에서 가장 효과적인 의사결정을 가져올 것 같은 리더의 의사결정 절차를 주장하였다. 그들은 크게 다섯 가지 의사결정과정을 기술하였으며, 이러한 의사결정과정은 완전히 독재적인 방식에서부터 점차적으로 완전히 민주적인 방식으로 연결된다. 즉, 리더의 의사결정행동은 의사결정상황에 따라서 바람직한 행동이 모두 다르고, 따라서 리더는 주어진 상황에 적합한 리더십 행동을 취할 수 있는 융통성을 길러야 한다는 것을 강조하고 있다.

그들은 여러 상황에서 어떠한 의사결정과정이 가장 효과적인지를 결정하기 위한 기준으로 의사결정의 질과 의사결정의 수용을 매개변수로 들고 있다. 따라서 매개변수는 특정 의사결정절차가 의사결정의 질과 수용을 증가시키는지 혹은 감소시킬 것인지를 결정하는 직접적인 상황의 특성이다. 의사결정의 질은 최종 의사결정이 여러 가지 대안을 가지고 있다면, 리더는 최선의 대안을 선택해야 함을 의미한다. 의사결정의 수용은 부하들이 최종결정에 단순히 따르는 것이 아니라 그 결정을 자신들의 결정으로 기꺼이 받아들이는 것을 의미한다.

브룸과 야고(V. H. Vroom & A. G. Jago)는 이 모델을 검토하여 초기연구의 단점을 일부 수정하였다. 브룸과 예튼의 모델은 관리자에게 무엇을 하지 말아야 할 것인지는 제시해 주지만 최적의 의사결정절차는 제시하지 못했다. 수정된 연구는 의사결정의 기준을 통합하여, 관리자에게 상이한 의사결정의 기준의 상대적 우선순위를 결정하게 하여 우선순위에 따라 단일의 최적절차를 결정을 내릴 수 있도록 제시하고 있다. 그러나 개정모델의 타당성이나 유용성을 평가하기에는 너무 성급한 것 같다. 추가된 복잡성은 이 모델의 이용과 이해를 어렵게 하였다. 최초의 모델이 불필요할 정도로 복잡했고, 새로운 수정 연구모델은 연구의 본질을 너무 세분화시킴으로써 관리자들에게 호소력있게 받아들이지 못했다.

다른 리더십 이론에 비해서 이들의 이론을 지지하는 경험적 연구는 많은 편이다. 이 연구들은 모형이 제시하는대로 의사결정을 했을 경우, 그렇지 않은 경우보다 더 효과적임을 보여 주었다.

규범적 의사결정모형에 대한 문제점은 그 적용 폭이 의사결정에만 국한된다는 점이다. 따라서 어떠한 리더가 이 모형을 사용해서 효율적인 의사결정을 한다고 하여도 그가 전반적으로 더 효율적인 리더임을 입증하지는 못한다. 다른 문제점은 모든 리더들이 다섯 가지 의사결정과정을 사용할 수 있는 능력이 동일하다고 가정하는 점이다. 마지막으로, 이 모형은 의사결정이 연속적으로 일어난다는 것이 아니라 주어진 한 시점에서 동시에 모든 상황을 고려해서 일어난다고 가정한다는 점이다. 이러한 문제점에도 불구하고 이 모형은 상황이론 가운데 가장 지지를 받는 이론중의 하나라고 결론지을 수 있다.

⑥ 인지자원이론

피들러와 가르시아(F. E. Fiedler & J. E. Garcia)는 리더의 지능 및 경험과 같은 인지자원이 집단의 성과와 깊은 관련성을 가지고 있다는 인지자원이론(cognitive resource theory)을 개발하였다. 따라서 이러한 인지자원 가운데 어떠한 자원이 어떠한 상황에서 가장 효과적으로 리더십의 발휘가 이루어지는가에 초점을 두고 있다. 즉, 어떠한 상황에서는 지적능력이 우수한 리더가 더 효과적이나, 다른 상황에서는 경험이 풍부한 리더가 더 효과적일 수 있다는 것이다.

이 이론은 리더의 인지 자원(지능, 경험, 기술적 경험 등)이 집단의 성과와 관련되는 상황에 초점을 두고 있다. 스트레스를 받는 상황과 집단의 지원, 과업 복잡성과 같은 상황변수는 리더의 지식과 경험이 집단의 성과를 좌우한다는 것이다. 이 이론에 따르면 리더의 인지자원이 과업이 구조화되어 있지 않을 때만 집단성과에 영향을 미치는 것으로 주장한다. 또한 리더의 인지자원 가운데 지능은 스트레스를 적게 받는 상황에서 집단성과를 높일 수 있으며, 이는 높은 스트레스가 문제를 해결하고 의사결정을 하기 위한 지식의 사용을 방해하기 때문이다.

리더의 인지자원 가운데 경험은 낮은 스트레스 하에서가 아니라 높은 스트레스 하에서 집단성과와 관련된다. 이는 경험이 풍부한 리더는 높은 스트레스 하에서는 문제를 해결하기 위해 경험에 주로 의존하는 반면 낮은 스트레스 하에서는 지식에 주로 의존하기 때문으로 가정할 수 있다.

인지자원이론은 새로운 분야이며 그것을 평가할 만한 연구가 수행되지 않고 있다. 외재적 변수에 의해 목삽해 실 수 있는 경험에 과도하게 의존한다든지 의사결정과정과 의사결정의 질과 같은 매개과정을 측정하지 못하는 등 타당성검증에 많은 연구가 방법론적 한계를 지니고 있다.

또 다른 문제점으로는 연속적 변인인 지능과 경험을 높고 낮은 두 수준의 변인으로 분류했다는 점과 지능이 높고 경험이 많은 리더에 관해서는 언급이 없었다는 점이다.

⑦ 다중연결모델

유클(G. A. Yukl)은 리더십 유효성을 설명하기 위한 아주 포괄적인 리더십 이론을 구축하기 위해 리더십 유효성의 다중연결모형(multiple linkage model)을 개발하였다. 이 다중연결모형에서는 여러 개의 매개변수를 통합하고 있으며, 보다 구체적이고 광범한 리더 행동을 다루고 있다. 이 모형에 있어서의 매개변수란 집단의 성과에 영향을 미치는 집단특성과 개인적 특성을 들 수 있다. 다중연결모형에서는 집단의 성과에 미치는 리더 행동의 단기적 영향력이 매개변수에 의해 중개되어진다고 설명하고 있다. 즉, 리더 행동이 먼저 매개변수에 영향을 미치고 매개변수의 작용을 거쳐 다시 집단의 성과에 영향을 미치게 된다는 것이다. 따라서 작업단위의 성과는 주로 여섯 가지 매개변수, 즉 구성원의 노력, 구성원의 능력, 작업조직, 팀워과 협동, 본질적인 자원의 이용가능성, 조직의 다른 부분과의 외부협동에 의존한다는 것이다. 몇몇 상황변수는 매개변수에 직접적인 영향을 미치고 다른 상황변수는 특정 상황에서 각 매개변수의 상대적인 중요성을 결정한다. 리더는 리더 행동의 영향이 상황에 따른다지만 여러 가지 방식으로 이들 매개변수에 영향을 미칠 수 있다.

다중연결모형은 경로-목표이론보다 다양한 매개변수를 제시하고 있으며, 상

표 13-6 상황이론의 요약

리더십 상황이론	모델에 포함된 변수명				타당성 연구	
	리더의 특성	리더 행동	상황변수	매개변수	실증적 연구	결과
피들러의 상황적합적 이론	LPC	없음	과업구조, 리더-부하관계, 리더 직위권력	없음	많음	일부 지지
하우스의 경로-목표 이론	없음	지시적, 설득적, 참여적, 위양적	여러 측면	기대감,유의성, 역할 모호성	많음	일부 지지
허쉬와 블랜챠드의 수명주기이론	없음	과업 지향적, 인간 지향적	부하의 성숙도	없음	거의 없음	
케르와 제르미어의 리더십대체이론	없음	지원적 수단적	여러 측면	없음	거의 없음	결론 없음
브룸과 예튼의 규범적 의사결정이론	없음	의사결정 스타일	의사결정과 관련된 측면	의사결정의 질, 의사결정의 수용	많음	거의 지지
피들러와 가르시아의 인지자원이론	지능, 경험	지시적	스트레스, 집단의 지원	없음	거의 없음	일부 지지
유클의 다중연결모형	없음	여러 측면	여러 측면	여러 측면	거의 없음	결론 없음

자료: G. A. Yukl(1994), Leadership in Organizations, 3rd ed., Prentice Hall, Inc., p. 311.

황변수도 더 넓게, 그리고 더 구체적으로 제시하고 있다. 그리고 원인변수인 리더 행동에 있어서도 경로-목표이론보다는 더 광범위하고 다양한 리더행동을 제시하고 있으며, 단기적인 리더 행동은 물론 장기적인 리더 행동의 개념을 도입하고 있다. 그리고 이 두 이론이 모두 리더 행동의 결과변수에 미치는 영향은 상황변수에 관련된다는 것을 기본적 전제로 하고 있지만, 경로-목표이론에 있어서는 리더 행동이 부하의 과업수행에 미치는 영향보다는 부하의 직무만족과 동기부여에 미치는 영향을 강조하고 있다. 그리고 다중연결모형은 부하의 과업수행을 설명하는데 두고 있고, 종업원의 동기부여나 직무만족은 결과변수가 아니라 매개변수로 보고 있다.

이 모델의 주요한 개념적 약점은 리더행동이 어떤 상황에서 어떤 매개변수에 영향을 미치는지에 대한 가정이 결여되어 있다는 것이다. 또 명확한 가정에 의한 공식적인 이론이라기보다는 일련의 변수들간의 인과적인 관계를 기술하는 일반적인 프레임웍에 가까운 것이라는 비판을 받고 있다. 따라서 이 이론이 적절하게 평가되려면 더 많은 추가적인 연구가 필요하다.

지금까지 대표적인 7개의 상황이론을 간략하게 살펴보았다. 이러한 리더십 상황이론을 요약하면, 다음 〈표 13-6〉과 같다.

피들러의 상황이론을 제외하고는 모두가 주어진 상황 하에서 리더의 유효성을 결정하는 1차적인 결정요인으로서 리더의 행동에 초점을 두고 있다. 단지 3개의 이론만이 리더 행동이 집단성과에 대해 어떻게 영향을 미치는지에 대해 설명하고자 매개변수를 도입하고 있다. 물론 상황적 변수는 모든 이론에 포함되어 있으나, 상황변수의 다양성에 있어서 차이를 보이고 있다. 상황이론에서 변수간의 복잡한 인과관계를 명확히 검증할 만한 연구설계를 한다는 것은 어려운 일이다. 여러 학자들이 상황이론의 한계점에 대해 지적해 왔는데 예를 들면, 제 연구간의 상황측정의 비교가 안된다거나 리더의 행동과 매개변수의 정확한 측정이 어려운 점, 그리고 변수간의 인과관계의 방향을 정확히 제시해 주지 못하는 상관관계분석에 지나치게 의존하고 있다는 점이다. 상황이론이 아직까지 일치된 결론을 내리고 있지 못함은 이론 자체의 개념적 결함 때문이다. 대부분의 상황이론이 대단히 애매모호하게 기술되어 있어서 구체적이고도 검증가능한 가설을 추출하기가 어렵다는 것이다.

1980년대 들어서 미국의 기업들은 일본 기업들과의 경쟁에서 우위를 점하기 위해 조직을 새롭게 변화시키는 작업이 필요함을 인식하였다. 이러한 방법의 일환으로 리더의 능력에 초점을 두고 어떻게 하면 리더가 조직을 변화시킬 수 있는지에 관심을 갖게 되었다. 따라서 조직을 변화 또는 변혁시킨다는 의미에서 변혁적 리더십이란 새로운 리더십 이론이 등장하게 되었다.

(4) 변혁적 리더십

지금까지 언급한 리더십 이론의 다양한 접근방법들은 거의 통합이 안된 채 한 단면만을 보여주고 있다. 특성이론의 경우 리더가 얼마만큼의 특정 자질을 가지고 있어야 한다는 것을 제시하지 못하고 있다. 또한 행동이론의 경우, 리더십 행동중 어떤 측면이 가장 중요한 지의 여부가 상황에 따라 달라지는 한계를 보이고 있다. 그러나 상황이론 역시 리더행동의 범주가 너무 개괄적이며 상황변수를 너무 단순화시킴으로써 리더의 유효성을 설명하는데 미흡하다 할 수 있다. 이와 같이 각 이론들이 통합보다는 한 가지 단면에 관심을 집중시키고 있는 편이다.

따라서 리더십 이론에 관한 전통적 연구의 기본적인 틀은 리더십 성과를 제고시키기 위한 리더와 부하의 계약적인 거래관계로써 특징지울 수 있다. 그러나 이러한 거래관계로서는 부하의 자발적인 문제해결능력이나 창의성의 증진 등과 같은 부하들의 고차적인 질적인 변화를 위해서는 부족한 면이 존재하였다.

부하구성원들의 질적인 변화를 추구하기 위해 새로운 리더십 패러다임으로써 번즈(J. M. Burns)에 의해 변혁적 리더십(transformational leadership) 이론이 제기되었다. 번즈는 처음으로 거래에 중점적으로 관심을 둠으로써 부하들의 현재욕구를 만족시키려고 시도하는 거래적 리더와 부하들의 욕구를 끌어올리고 개인, 집단, 조직의 성과를 극적으로 향상시키려고 시도하는 변혁적 리더 사이의 구별을 구체화하였다. 종업원이 제공한 서비스에 대한 대가로 보상을 해주는 거래적 교환(transactional exchange)은 얼마만큼의 노력이 종업원으로부터 나올 것인지, 종업원이 협상에 어느 정도 만족하는지, 그리고 종업원들이 얼마나 효과적으로 조직목표에 도달할 것인 지에 초점을 두고 있다. 그에 따르면, 변혁적 리더들은 자유, 정의, 평등, 평화, 그리고 인본주의 등과 같은 보다 높은 이상과 가치에 호소함으로써 부하들의 의식을 높이도록 추구하는 리더로 규정하였다.

거래적 리더십(transactional leadership)이 리더나 부하간의 상호작용관계에서 상호간의 가치있는 자원의 교환과정으로 설명된다면 이러한 교환의 대상은 크게 두 가지 유형으로 구분할 수 있다. 첫째, 고차원적 거래(high-quality transaction)와 둘째, 저차원적 거래(low-quality transaction)이다. 저차원적 거래는 가시적인 물품, 보수, 권리 등의 거래를 의미하고, 고차원적 거래란 리더와 부하를 결합할 수 있는 믿음, 신념, 존경심 등의 상징적 가치의 거래를 뜻한다. 사회학습이론에서는 리더-부하간에 있어서 저차원적이고 단순한 거래를 초월하는 고차원적 거래관계는 부하들의 욕구에 대한 자기활성화를 촉진하고, 이는 곧 부하들의 자기강화를 가능하게 만들어 줌으로써 동기부여가 이루어진다고 주장한다. 변혁적 리더십의 개념은 거래적 리더십의 고차원적 자원의 교환과 유사한 개념이다.

쿠널트와 루이스(K. W. Kuhnert & P. Lewis)는 변혁적 리더십이란 리더의 개인적 가치와 리더에 대한 부하들의 확고한 믿음이나 신념을 유발시키고, 리더가 부하들에게 확실한 목표를 설정해주고 모범을 보이며, 부하들의 욕구에 대한 세심한 배려와 석설한 사극을 통하여 조직 및 구성원들의 성과와 만족도를 제고할 수 있는 방향으로 이끌 수 있는 리더십을 뜻한다고 언급하였다.

거래적 리더들은 그러한 욕구나 자신감에 대하여 부하에게 요구되어지는 성과가 무엇인지, 그리고 그 결과로 욕구만족이 부하들에게 어떻게 이루어질지를 명확히 하는데 관심을 가지고 있다. 그러나 변혁적 리더는 부하들의 자신감을 증대시키거나 결과들에 대한 가치를 증대시킴으로써 부하들로 하여금 추가적인 노력을 이끌도록 만든다.

① 거래적 리더십

많은 연구자들에 의해 주장된 대부분의 리더십 모델들은 일반적으로 공통된 한 가지를 나타내고 있다. 그것은 리더십 모델들 각각이 어떻세 하면 리더가 부하들을 복종하게 하고 그들의 협력을 얻을 수 있을 것인가 하는데 도움을 주는 것이었다.

사실 많은 연구자들이나 저자들에 의해서 리더십은 한 개인(리더)이 어떤 행위나 보상, 인센티브를 사용해서 다른 사람들(부하들)로부터 바람직한 행동을 일으키는 과정으로 알려져 왔다. 이 과정의 핵심은 리더와 부하 사이에 교환(exchange)이나 거래(transaction)가 일어난다는 것이다. 이때 리더의 거래적인 역할을 거래적 리더십(transactional leadership)이라고 한다.

거래적 리더들은 부하들로 하여금 조직에서 요구되는 필수적인 노력을 경주하도록 자신감을 만들어 주기 위해 부하들의 역할과 과업의 요구조건을 명확하게 만들어 준다. 거래적 리더들은 또한 부하들의 욕구나 그들이 원하는 바를 인식하고 있으며, 부하들의 노력에 대한 댓가로 어떻게 만족을 시켜주어야 할지를 명백하게 알고 있다. 이러한 거래적 리더들이 성공하기 위해서는 리더들에 대한 리더십훈련이 행해져야 한다고 주장하였다.

리더와 부하간의 교환관계를 근간으로 하는 거래적 리더십은 한 사람이 가치 있는 무엇인가를 교환할 목적으로 다른 사람과 상호관계를 유지할 때 발생한다. 즉, 리더는 부하들이 원하는 보상을 제공하고 그 댓가로 부하들로부터 리더가 원하는 업무성과를 제공받는 관계를 뜻한다. 이는 리더와 부하의 상호종속에 기인하는 교환관계로 정의할 수 있다. 리더와 부하의 교환대상은 일반적으로 가시적이고 수량화가 가능한 특정물(보상, 성과)이고, 이러한 거래적 관계는 리더와 부하가 모두 교환과정에 대하여 만족할 때까지만 지속된다. 거래적 리더십을 발휘하는 리더는 성과의 양 혹은 질을 개선할 수 있는 방안, 집단이나 조직의 목표를 달성하는 방법, 부하들의 저항감소방안, 특정 행위의 이행방안에 초점을 맞춘다.

이러한 리더-부하의 관계를 정리하면 상호적이며 계획된 것 이상의 높은 수준의 성과를 기대하기에는 한계점을 지닌다. 따라서 거래적 리더들은 인정감, 임금인상, 그리고 승진과 같은 상황적 보상을 제시해 줌으로써 종업원들을 관리하는 것이다. 직무를 수행하지 못하는 종업원들에게는 처벌을 주게 된다. 거래적 리더들은 종업원들의 성과를 검토하여 그에 따른 적절한 보상을 제시하며, 성과가 조직의 목표에 이탈되었을 때는 수정활동을 취해주는 예외에 의한 관리 원칙을 자주 사용한다.

② 변혁적 리더십

거래적 리더십과는 달리 변혁적 리더십은 리더의 가장 주된 관심사로 부하들의 신념, 가치, 욕구의 변화를 도모하는 것이다. 따라서 리더의 직접적인 영향력행사로 인한 부하의 순응을 추구하는 거래적 리더십과는 구분된다. 변혁적 리더십은 부하의 가치체계와 신념체계를 변화시킴으로써 조직이나 집단의 성과를 제고하려는 리더의 유형을 의미한다.

변혁적 리더십을 주관하는 변혁적 리더는 조직의 구성원들이 조직의 결과에 대한 문제점들에 대하여 보다 큰 인식을 지니도록 하기 위하여 동료, 부하, 고객들을 규합하고 고무시키는 역할을 시도한다. 또한 변혁적 리더는 부하들의 고

표 13-7 변혁적 리더십과 거래적 리더십의 특성들

리더십 유형	구성요인	특 성
변혁적 리더십	카리스마 (charisma)	부하들에게 비전과 사명감을 제공하고, 자긍심을 고취시키며, 부하들로부터 존경과 신뢰를 받음
	개인적 배려 (individual consideration)	부하들에게 개별적 관심을 보여주고, 부하들을 독립적인 존재로 대우하며, 시노하고 조언해 줌
	지적 자극 (intellectual stimulation)	이해력과 합리성을 드높이고, 사려깊은 문제해결을 하도록 촉진시킴
거래적 리더십	상황적 보상 (contingent reward)	노력에 대한 보상의 교환조건으로 계약, 높은 성과에 대한 보상을 약속함
	예외에 의한 관리 (management by exception)	규칙이나 기준을 이탈하는가를 관찰하여 수정조치를 취하거나, 기준에 부합되지 않을 경우에만 개입함

자료: B. M. Bass(1990), "From Transactional to Transformational Leadership : Learning to Share the Vision," Organizational Dynamics, Vol. 18, Winter, p.22.

무적 인식을 향상시키기 위하여 미래에 대해 분명한 통찰력을 제시할 수 있어야 하고, 강한 자신감을 소유하며, 자신의 견해가 옳고, 또한 정당하다는 결단력을 부하들에게 증명할 수 있는 내적인 힘을 지니고 있어야 한다. 변혁적 리더들은 자신의 개인적 기준을 제시함으로서 부하들을 규합하고, 부하들의 목표와 신념을 높은 수준으로 향상시키며, 나아가 조직의 전체적인 진행방향도 전환시킬 수 있어야 한다.

변혁적 리더십은 부하들이 가지고 있는 욕구수준에 대한 자신감이나 계획된 결과를 위한 욕구에 기초하여 발휘된다. 변혁적 리더는 부하들이 할 수 있는 것으로 기대된 것 이상으로 수행하도록 동기부여시킨다. 그러한 변혁과정은 다음과 같은 방식으로 이루어질 수 있다. 계획된 결과의 가치나 그러한 결과에 도달하기 위한 방식의 중요성에 대한 부하들의 의식수준을 고양시키거나, 조직의 팀이나 조직체, 그리고 보다 큰 정책을 위해 부하들로 하여금 자기자신에 대한 이익을 희생하도록 하거나, 부하들의 욕구수준을 보다 높은 욕구수준으로 올리거나 또는 욕구 포트폴리오를 확장시키는 것이다.

변혁적 리더십은 간단하게 말해서 종업원들의 동기부여를 통해 지휘하는 것이다. 변혁적 리더들은 팀 구성원들에게 보다 높은 이상과 도덕적 가치를 심어줌으로써 또한 종업원들에게 보다 새로운 방식으로 문제를 생각하도록 동기부여시키는 것이다. 따라서 부하들은 리더에 대하여 신뢰감, 인정감, 충성심, 존경심을 가지고 있고, 그들이 할 수 있는 것 이상으로 사고하고 행동하도록 동기부여된다. 따라서 부하들에게 그들의 과업에 대한 중요성과 가치에 대한 인식을 높여주거나, 그들 자신의 이익보다는 그들이 속한 팀이나 조직을 먼저 생각하도록 동기부여시킨다.

변혁적 리더십은 종업원들의 태도나 공유가정을 변화시키고, 조직의 사명이나 목표, 그리고 전략을 위한 종업원들의 몰입을 구축하는데 초점을 맞추고 있다. 이러한 유형의 리더십은 종업원들의 관심을 확대시키고자 할 때, 집단의 목표나 사명을 인식시키고 수용시키려 할 때, 그리고 집단의 이익을 위해 개인의 이익을 양보하도록 종업원들을 이끌려고 할 때 발생한다.

변혁적 리더십은 부하들에게 권한을 위양함으로써 부하들이 책임을 지고 그들의 창의력을 발휘하도록 만든다. 권한위양은 작업수행에서의 몰입도를 증가시키도록 부하들을 자극시킬 수 있는 여러 조건들을 제공하게 된다. 이러한 권한위양과 연관있는 조건들로서는 관련된 사실적 정보를 제공하는 것, 시간, 공간, 그리고 자금과 같은 자원을 제공하는 것, 그리고 금융, 승인, 합법성에 대하여 지원을 해주는 것 등이다. 권한을 부여받은 부하들은 상세한 업무보고나 관리적 승인을 받지 않고도 일을 수행할 수 있는 것이다.

변혁적 리더십의 중요성에 관한 실증적 연구는 배쓰(B. M. Bass)의 연구에 의해 이루어졌는데, 그는 변혁적 리더십과 거래적 리더십 행위의 측정을 위한 다요인리더십설문지(multifactor leadership questionnaire : MLQ)를 개발하였다. 배쓰에 따르면, 변혁적 리더십은 세 가지 과정의 함수로 표시되는데, 그 과정으로는 〈표 13-7〉과 같이 카리스마적이어야 하고, 개인적인 배려를 보여주어야 하고, 지적으로 자극시켜야 한다고 주장하였다.

카리스마적으로 된다는 것은 종업원들에게 비젼과 사명감을 제시하거나, 성과에 관한 자부심을 주입시켜 주거나, 그리고 부하들의 존경과 신뢰를 획득하는 것이다. 개인적 배려를 보여준다는 것은 종업원들을 개별적으로 다룸으로써 종업원들에게 개인적 관심을 보여주고, 그들이 가지고 있는 기술수준이 향상될 수 있도록 도와주고, 그들의 경력관리에 대하여 조언을 해주는 것이다. 지적자극을 시키는 것은 합리성과 세심한 문제해결을 촉진시키고, 새로운 견해와 개인적 학습에 대해 공유하는 것이다.

배쓰는 변혁적 리더십이 거래적 리더십보다는 우월하다고 주장하였다. 또한 그는 변혁적 리더십은 학습될 수 있으며, 조직의 최고 리더들에 의해 모델화되었던 리더십 행동의 유형에 의해 영향을 크게 받을 수 있다고 주장하였다. 그의 연구는 조직의 모든 계층에 있는 리더들이 보다 카리스마적으로, 보다 지적자극을 줄 수 있는 방향으로, 그리고 보다 개인적 배려를 보여줄 수 있는 쪽으로 훈련이 되어질 수 있다는 것이다.

배쓰는 변혁적 리더십을 발휘함으로써 부하들이 기대이상의 성과를 산출하도록 분위기를 활성화시키고 고무시킬 수 있다는 점을 강조한다. 또한 배쓰는 부하들에게 예정된 성과에 대한 이해도를 높이고, 팀을 위하여 개인적인 이익을 초월할 수 있도록 하며, 부하들의 동기수준을 보다 높은 수준으로 전환시키는 리더의 역할을 중시하였고, 또한 부하들로부터 변혁적 리더라고 지칭받을 수 있는, 리더의 세 가지 행위적 차원(카리스마, 개인적 배려, 지적 자극)을 실증적으로 밝혔다.

2. 커뮤니케이션

1) 커뮤니케이션의 의의

경영관리의 모든 과정에 조직에서 설정한 목표달성을 위하여 조직구성원들간의 직접적이고 간접적인 커뮤니케이션(communication)이 발생하게 된다. 조직목표달성을 위한 계획을 수립하거나 조직을 구성할 때 그리고 조직목표 달성을 위하여 업무지시를 하거나 통제를 할 때 커뮤니케이션이 기본이 된다. 조직목표 달성을 위하여 이루어지는 커뮤니케이션이 조직구성원 상호간에 정확하게 전달되지 않는다면 조직에서 추구하는 목표달성은 힘들 것이다. 따라서 효과적인 커뮤니케이션은 경영관리활동의 기본이 될 뿐만 아니라 조직발전을 위한 시발점이 된다.

커뮤니케이션이 중요시 되는 것은 기업 경영에 있어서 그것이 사실 전달의 수단이면서 동시에 의미전달의 수단이기 때문이다. 즉, 커뮤니케이션은 사실적 정보를 전달하는 역할을 할 뿐만 아니라, 조직구성원들이 가지고 있는 정보해석의 결과나 의미, 그리고 문화적 가치관 등을 조직내부의 모든 부문에 전달하는 역할을 한다. 커뮤니케이션은 공식적인 경로만을 통하는 것이 아니라 비공식적인 경로를 통하는 경우도 많지만 의미와 가치, 그리고 문화의 확산이야말로 커뮤니케이션의 핵심적 역할로서 그 중요성을 인정하지 않을 수 없다.

커뮤니케이션은 의사소통, 의사전달, 정보전달이라고도 하는데, 넓은 의미로 보면 사람과 사람, 사람과 기계, 기계와 기계 사이에 이루어지는 정보의 이전과정을 말하기도 하나, 좁은 의미에서 보면 사람과 사람 사이의 정보 및 의사 또는 감정이 교환되는 것을 의미한다. 인간이 사회적 집단을 형성하고 있을 때에는 그 집단이 어떠한 것이든 그 내부에는 커뮤니케이션이 행해지며, 그것에 의해서 집단이 유지되는 것이다. 그것은 경영조직에 있어서도 마찬가지이다. 따라서 커뮤니케이션이라 함은 조직의 구성원이 서로 의견을 교환하고 경영조직 내에 일어나는 각종의 정보를 그 구성원에게 주지시키는 과정을 말한다.

이 같은 커뮤니케이션이 인간관계에 있어 중요시되는 이유는 인간상호간에 일반적 이해 또는 동의를 이룩하는 유일한 수단이 되기 때문이다. 즉, 효율적인 커뮤니케이션은 조직의 불평균을 시정하고, 사기를 앙양시키고, 협동을 강화하고, 생산능률을 향상시킨다. 따라서 커뮤니케이션은 조직유효성과 성과를 달성하는 데 결정적인 요인으로 작용하고 있다.

2) 커뮤니케이션의 기능

기업경영의 전반적인 활동은 의사결정을 통해서 이루어진다. 그런데 경영활동의 전제가 되는 의사결정을 하기 위해서는 정보가 필요하고, 그 정보들은 커뮤니케이션을 통해서 얻게 된다. 인간의 조직활동은 거미줄 같은 커뮤니케이션 네트워크로 얽혀져 있다. 그러므로 그것을 잘 활용하면 계획된 목적을 향하여 집단의 구성원을 움직여 갈 수 있는 것이다. 커뮤니케이션은 구성원의 활동을 통합시켜서 협력체계를 이룩하는 데 중요한 기능을 하기 때문이다.

조직에 있어서 커뮤니케이션 기능은 조직의 규모나 성격 그리고 환경적 조건에 따라 달라지지만, 일반적으로 경영조직에 있어서 커뮤니케이션은 다음과 같은 네 가지 기능을 하게 된다.

첫째, 정보전달의 기능이다. 즉, 커뮤니케이션은 개인과 집단에게 정보를 전달해 주는 기능을 함으로써 의사결정의 촉매제 역할을 한다. 다시 말하면 커뮤니케이션은 선택과 가치가 있는 여러 가지 대안을 파악하고 평가하는데 필요한 자료를 제공해 줌으로써 의사결정이 원활하게 이루어지도록 한다.

둘째, 감정전달의 기능이다. 즉, 커뮤니케이션은 구성원들의 감정을 전달하고 사회적 욕구를 충족시키는 창구역할을 한다. 커뮤니케이션의 네트워크상에 있는 많은 사람들은 다른 사람들과 상호작용을 하려는 욕구를 항상 가지고 있다. 그러므로 사람들은 자신이 속한 집단 내에서 이루어지는 커뮤니케이션을 통하여 자신의 고충이나 기쁨, 만족감 등을 토로하게 된다. 즉, 커뮤니케이션을 통하여 자신의 감성을 표현하고 다른 사람과의 교류를 넓혀 나가는 것이다. 그러므로 공식적·비공식적 커뮤니케이션은 구성원의 감정을 전달하고 이들 욕구를 만족시키는 중요한 기능을 한다.

셋째, 동기유발의 기능이다. 즉, 커뮤니케이션은 조직구성원들의 동기유발을 촉진시키는 작용을 한다. 커뮤니케이션은 조직구성원들이 해야 할 일이 무엇이고, 자기에게 기대하고 있는 일을 잘 하고 있는지를 알려 줄 뿐만 아니라 자신의 직무성과를 개선하기 위해서 어떻게 해야만 하는지 등을 구체적으로 알려 주는 매개체 역할을 한다. 조직구성원들에게 구체적이고 명료한 목표를 설정해 주고, 그러한 목표달성의 진보상황을 피드백 해주면서 바람직한 행동을 계속적으로 강화시키는 것은 동기부여의 기본적인 과정이라고 할 수 있다.

넷째, 통제수단의 기능이다. 즉, 커뮤니케이션은 조직구성원의 행동을 통제하는 기능을 한다. 조직에는 구성원들이 준수하지 않으면 안되는 여러 가지 공식적인 규범과 규율 등이 있다. 이러한 것들은 조직구성원들의 행동을 특정한 방향으로 통제하게 되는데, 그 내용은 커뮤니케이션의 수단을 통해서 업무의 담당자에게 전달된다. 또한 업무상의 의사결정과 활동은 공식적인 커뮤니케이션 경로를 통해서 지시·전달되고, 마찬가지로 공식적인 커뮤니케이션을 거쳐 보고하도록 요구되고 있다. 그러므로 커뮤니케이션은 조직 내부에서 구성원의 행동을 통제하는 수단이 되고 있다.

3) 커뮤니케이션 프로세스

커뮤니케이션은 조직구성원의 의사결정이나 행동에 영향을 미치게 하는 하나의 수단이기는 하나, 단순히 정보전달만 하는 것이 아니라 그 정보가 상대방에 수용되어 이해되어야 한다. 전달하고자 하는 정보가 상대방에게 수용되어도 전달자가 의도한 내용과 동일하게 상대방으로 정확한 의미로 해석되지 않는다면 커뮤니케이션의 왜곡현상이 발생하게 된다. 따라서 커뮤니케이션의 과정은 [그림 13-8]과 같이 정보의 전달자(senders)→부호화(encoding)→메시지(message)→매체경로(channel)→해석(decoding)→수신자(receivers)의 일련의 과정을 거치며 이것은 다시 피드백되는 과정을 거치며, 모든 과정에 잡음이 발생하여 정보가 정확하게 전달되지 않는 현상도 발생하게 된다.

(1) 전달자(sender)

커뮤니케이션의 전달자는 아이디어를 제공한다든지 정보를 전하는 등의 의사전달을 시도하는 사람을 말한다. 전달자의 전달의도가 커뮤니케이션의 시발점이 된다.

(2) 부호화(encoding)

부호화 과정에서는 의사전달자의 의도를 반영해 줄 수 있는 적절한 상징물의 매개수단이 필요한데 대개가 언어를 사용하고 있으나 신호, 제스처, 그림, 숫자 등과 같은 비언어적인 상징물도 사용되고 있다.

(3) 메시지 및 매체(message and channel)

메시지란 전달자가 수신자에게 전하려는 내용이며 부호화의 결과이고, 커뮤

그림 13-8 커뮤니케이션 프로세스

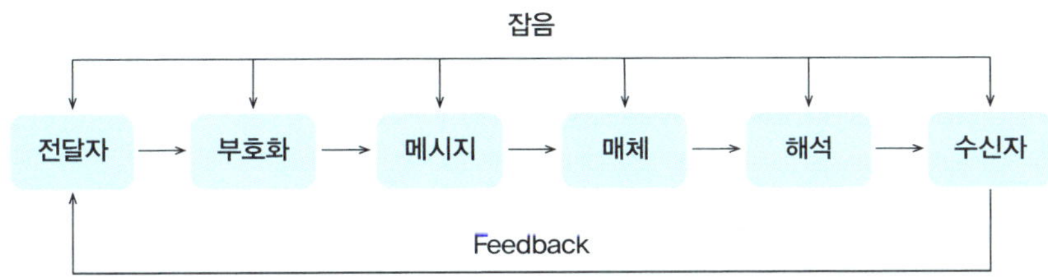

니케이션의 결과이다. 즉, 부호화된 의사가 특정한 경로를 거쳐서 수신자에게 전달되는 것으로, 여기에는 대면, 전화, 집단토의, 메모 등의 방법이 활용된다.

매체의 중요성은 전달내용과의 적합성에서 찾아볼 수 있다. 즉, 전달내용이 무엇이냐에 따라 매체선정을 달리해야만 정확하고 효과적인 커뮤니케이션이 이루어질 수 있다. 중요한 정보인 경우에는 직접 대면을 통하여 전달하는 것이 정보의 정확성 측면에서 보다 효과적일 것이다. 이와 같이 커뮤니케이션 경로와 전달내용이 조화를 이룰 때 정확하고 효과적인 커뮤니케이션이 이루어질 수 있다.

(4) 해석 및 수신자(decoding and receiver)

커뮤니케이션이 완성되려면 메시지가 수신자에 의해서 해석되고 그 의미가 제대로 받아들여져야 한다. 해석이란 어느 정도 기술적인 문제로서 수신자의 해석능력과 관련된다. 수신자는 자신의 과거 경험이나, 준거체계 등에 근거하여 부호화된 메시지를 해석한다. 이때 해석된 메시지가 전달자의 의도와 일치하면 할수록 커뮤니케이션의 효과는 증진된다고 볼 수 있다.

(5) 피드백(feedback)

이는 전달자의 의도대로 전달되었는가를 확인하는 과정이다. 일방적인 커뮤니케이션에서는 전달하려는 내용과 수신자가 받아들이는 내용 사이에 왜곡의 가능성이 높다. 그리고 수신자의 반응이 없다면 내용전달이 올바로 이루어졌는지에 대하여 확인할 수 없게 된다. 그러므로 커뮤니케이션에서는 반드시 피드백이 있어야 하기 때문에 쌍방적인 커뮤니케이션의 필요성이 대두되는 것이다.

(6) 잡음(noise)

커뮤니케이션의 각 단계마다 잡음이 존재한다. 잡음이란 원활한 커뮤니케이션을 방해하는 요소로서 이를 제거하지 않으면 원활한 커뮤니케이션이 이루어지지 못한다. 이러한 잡음에는 물리적 잡음뿐만 아니라 심리적 잡음도 포함된다.

4) 커뮤니케이션의 유형

조직의 커뮤니케이션에는 정보의 흐름이 공식적인 관계를 바탕으로 하느냐 아니냐에 따라 공식적 커뮤니케이션과 비공식적 커뮤니케이션으로 나누어진다. 공식적 커뮤니케이션은 상향적 커뮤니케이션과 하향적 커뮤니케이션, 수평적 커뮤니케이션 그리고 대각적 커뮤니케이션으로 구분된다.

(1) 공식적 커뮤니케이션

공식적인 커뮤니케이션(formal communication)에는 조직구성원간의 공식적 업무관계를 방탕으로 한 커뮤니케이션을 의미한다. 공식적 의사소통이 조직 내에서 이루어지는 결재행위나 문서 전달, 공식회의, 보고 등의 행위에서 나타나며, 공식적 커뮤니케이션은 둘러싼 권한을 중심으로 다시 상향적 커뮤니케이션, 하향적 커뮤니케이션, 수평적 커뮤니케이션, 그리고 대각적 커뮤니케이션의 형태로 분류된다.

① 하향적 커뮤니케이션

하향적 커뮤니케이션(downward communication)은 상위자에게서 하위자에게 정보가 전달되는 흐름이다. 이 커뮤니케이션의 가장 보편적인 목적은 직무수행상 필요한 정보를 전달하고 지시함에 있다. 전형적인 수단으로서 서면지시, 대면적 대화, 공공우편 시스템의 활용, 게시판, 그리고 사내보(company newspaper) 등이 활용된다.

② 상향적 커뮤니케이션

상향적 커뮤니케이션(upward communication)은 하위자에게서 상위자에게 정보가 전달되는 흐름이다. 이 정보흐름의 보편적인 목적은 일이 어떻게 잘 진행되고 있는지에 관한 피드백을 제공하는데 있다. 이것은 상사에게 부하를 대표할 기회를 제공하기도 한다.

③ 수평적 커뮤니케이션

수평적 커뮤니케이션(horizontal communication)은 조직계층의 동일한 수준의 계층의 동료 사이에서 일어나는 정보의 흐름이다. 이 커뮤니케이션 흐름의 보편적인 목적은 조정과 팀웍을 향상시키기 위함에 있다.

④ 대각적 커뮤니케이션

대각적 커뮤니케이션(diagonal communication)은 같은 부서도 아니고 조직계층의 같은 레벨도 아닌 구성원간의 정보의 흐름이다. 즉, 조직 내 서로 다른 계층과 기능을 가로질러 이루어지는 라인부서와 스탭 부서간에 일어나는 정보의 흐름같은 것이 해당된다. 이러한 정보흐름은 직무수행상 필요에 의해서 그 관계를 규정함으로써 예외적으로 정보의 흐름이 인정되는 경우이다.

(2) 비공식적 커뮤니케이션

비공식적인 커뮤니케이션(informal communication)은 조직의 규성이나 구성원의 위치에 관계없이 이해관계, 개인적 친분이나 업무적 협조 등의 공통적 유대관계로 비공식적으로 이루어진 그룹들과의 커뮤니케이션을 말한다. 프로젝트 관리자는 개방적인 커뮤니케이션의 분위기에서 이슈에 대해 비공식 리더들로부터 피드백을 받을 수 있으며, 중요한 의사결정을 위한 사전조정이 가능하고 메모와 같은 비공식 문서를 사용하기도 한다.

일반적으로 비공식 커뮤니케이션은 자생적이고 비계획적이며 대부분 소문(grapevine)의 형태와 같은 정보의 흐름이며, 다양한 필요성으로 인하여 직종과 계층을 넘어서 인간적 유대를 가지고 커뮤니케이션을 유지하려는 것을 말한다. 소문과 같은 정보도 경영자에게는 중요한 정보원의 하나가 된다. 비공식 의사소통은 조직에서 부여된 업무를 수행하기보다는 조직구성원에게 일체감이나 만족감을 주고, 조직 내의 갈등을 해소시켜 주는 역할을 한다.

5) 커뮤니케이션의 방해요인

커뮤니케이션을 성공적으로 수행하기 위한 커뮤니케이션 과정 중에 발생하는 방해되는 요인을 파악하여야 한다. 이러한 방해요인들은 정보전달을 왜곡(distorting)시킴으로써 정보의 전달과 수신을 방해하든지 아니면 완전히 차단시키는 경우도 있다. 이러한 방해요인을 조직상의 방해요인과 개인적인 방해요인으로 나누어 고찰하여 본다.

(1) 조직구조상의 방해요인

커뮤니케이션은 공식적이든 비공식적이든간에 대개 조직구조에 의해 크게 영향을 받는다. 예를 들면, 조직에서 전문화의 정도가 커뮤니케이션의 유효성을 방해하기도 한다. 커뮤니케이션을 방해하는 조직구조상의 원인을 살펴보면 다음과 같다.

첫째, 조직구조상의 특성이다. 어느 한 사람이 다른 사람보다 직위가 높을 때 커뮤니케이션 과정에서 문제가 발생하기 쉽다. 특히 조직의 계층이 많으면 많을수록 수신자는 발신자로부터 멀리 떨어져 있기 때문에 메시지를 효과적으로 전달받기 어려워진다.

둘째, 전문화의 정도이다. 지식과 기능이 전문화됨에 따라 각 분야의 전문가들은 자기 자신들의 전문용어를 개발하며, 때로는 그들 사이의 커뮤니케이션을 간결하게 하기 위하여 약식화된 용어를 개발하기도 한다. 따라서 이러한 이유로 다른 부서의 사람과의 커뮤니케이션을 어렵게 한다.

셋째, 목표의 수정이다. 기업의 방침이 바뀌어 다른 목표가 설정될 수 있는데, 이러한 목표의 수정으로 인하여 관련된 부서나 업무담당자는 예상하지 못한 어려움에 처할 수 있다. 근무지의 이동, 임금의 감소, 베니핏의 상실 등이 커뮤니케이션을 어렵게 한다.

넷째, 지위의 개입이다. 지위(status)란 조직 속의 사회적 위치를 의미한다. 직위가 높은 사람은 그 지위를 상징하는 여건이 달라진다. 넓은 방을 사용한다든지, 비서를 둔다든지, 여러 가지 특권을 누린다. 이런 것이 상사와 부하간의 거리를 두는 원인이 되어 커뮤니케이션이 어려워진다.

(2) 개인적인 방해요인

커뮤니케이션을 방해하는 개인적인 방해요인을 살펴보면 다음과 같다.

첫째, 모순된 가정이다. 발신자는 수신자가 발신자의 의도대로 메시지를 해석할 것으로 가정한다. 그러나 반드시 수신자가 발신자의 뜻대로 받아들인다는 보장이 없다. 잘못된 가정으로 커뮤니케이션에 방해가 발생한다.

둘째, 의미학(semantics)의 존재이다. 단어의 사용방식과 단어가 전달하는 의미를 연구하는 것이 의미학이다. 단어가 갖고 있는 의미가 반드시 뜻하는 대로 전달된다는 보장이 없다. 같은 단어를 다르게 해석하면 커다란 방해가 발생한다. 사람들은 자기의 사회적 준거틀(frame of reference)에 따라 같은 단어라도 방해가 발생한다.

셋째, 감정(emotion)의 개입이다. 감정이란 주관적인 느낌이나 반응을 의미한다. 발신자의 감정이 메시지에 개입되면 수신자는 그 메시지의 해석을 발신자의 의도와 다르게 받아들일 수 있다.

넷째, 커뮤니케이션 능력의 차이이다. 커뮤니케이션 능력은 사람마다 다르다. 어떤 사람은 퍼스낼리티의 특성에 기인하는 경우도 있지만 문화, 교육, 훈련에 따라 그 능력에 차이가 발생한다.

6) 커뮤니케이션의 효과적 관리

커뮤니케이션을 방해하는 요인들을 제거하고 효과적으로 커뮤니케이션을 하기 위한 관리방법은 다음과 같다.

(1) 정보량의 규제

정보를 너무 많이 수신하는 경영자는 정보과중으로 업무를 효율적으로 처리할 수 없다. 완급을 요하는 메시지를 잘 선별하는 시스템이 되어 있어야 한다. 계획대로 순조롭게 진행되고 있을 때는 별도의 보고가 필요없다. 그러나 목표와 계획에서 크게 차질이 생겼을 때는 보고를 하도록 하는 것이다. 그리고 모든 정보는 간결하게 정리하여 보고하여야 한다.

(2) 사후검토와 피드백의 활용

커뮤니케이션의 왜곡에서 오는 오해와 부정확성을 줄이기 위하여 발신자는 사후검토와 피드백을 이용하여 메시지의 내용이 실제로 어떻게 해석되고 있는가를 검토할 수 있다.

얼굴을 맞대고 하는 커뮤니케이션에서는 이러한 사후검토나 피드백은 용이한 방법인데, 직접 말로서 물어볼 수도 있고 아니면 얼굴표정이나 기타 표시로서 정확한 반응을 얻을 수 있다.

(3) 언어의 단순화

메시지를 구성할 때 사용되는 언어를 보다 명확하고 이해 가능한 것으로 하여야 한다. 즉, 메시지의 수신자를 고려하여 어휘들을 주의하여 선택하여야 한다.

예를 들면, 반도체 부서의 엔지니어가 그들 부서의 구성원들에게 전문용어를 사용하여 정보를 전달하여도 커뮤니케이션이 가능하지만, 일반 회계나 행정 업무를 수행하는 구성원들에게 그들의 전문용어로 커뮤니케이션하면 정확하게 이해 못하는 경우가 발생할 수 있는 것이다. 전문용어는 그 언어를 사용될 때에는 이해를 촉진시키지만 그 집단 밖의 사람들에게 사용하였을 때에는 의외의 문제를 야기시키는 경우가 생기게 된다.

(4) 적극적인 경청

단순히 듣는 것과 경청하는 것과의 의미는 다르다. 듣는 것은 수동적인데 비하여 경청은 능동적 의미의 탐색이다. 따라서 경청의 의미는 발신자와 수신자 모두가 생각을 하고 있다는 것이다.

경청은 지적인 노력을 요구하며, 정신력의 집중을 필요로 한다. 적극적인 경청은 수신자가 발신자의 감정을 이입할 때 더욱 증진된다. 즉, 수신자가 발신자의 입장에서 생각하려고 노력하면 적극적 경청이 용이해진다. 감정이입을 통하여 경청하는 사람들은 판단의 근거를 메시지의 실질적 내용에 두고 있으며 무엇이 이야기되고 있는가를 주의깊게 경청한다.

(5) 감정의 억제

경영자들이 언제나 이성적인 방법으로 커뮤니케이션을 하지는 않는다. 감정적으로 혼란한 상태에 있을 때 어떤 문제에 대하여 받아들이는 메시지는 곡해하기 쉽고 전달하는 메시지는 명확하고 정확하게 표현되지 못하는 경우가 많다. 경영자나 종업원이 모두 감정적으로 흥분되어 있으면 정확한 전달은 커녕 왜곡된 결과만 초래할 것이다. 이런 상황에서 가장 좋은 방법은 침착성을 되찾아 마음을 비울 때까지 커뮤니케이션을 연기시키는 것이다.

3. 사기조사

1) 사기조사의 의의

사기(morale)는 종업원들의 직무수행을 위한 의욕 또는 동기를 뜻하며 조직의 목적달성에 기여하려는 개인과 집단의 정신적 상태라고도 할 수 있다. 이러한 사기라는 개념에 내포된 주요 특징으로, 사기는 조직에서 요구하는 직무를 수행하려는 동기이며, 개인적 현상일 뿐 아니라 집단적인 현상으로도 나타난다. 또한 사기의 수준의 연속선(continuum) 상에 표시될 수 있어 높은 사기(high of good morale)와 낮은 사기(low or bad morale)를 구별할 수 있으며, 사기의 심리적 기초는 인간의 욕구에 기반을 두고 있다. 아울러 사기는 정신적 상태이므로 사기를 측정하고 그것을 의식적으로 개선하려는 사기에 대한 관리활동이 가능하다는 것이다. 그리고 종업원의 높은 사기는 조직의 생산성 향상에 기여하는 요인으로 작용하며, 반대로 저하된 사기는 종업원으로 하여금 근무의욕을 잃게 만들고 노동능률이 오르지 않고 경영활동에 있어서 여러 가지 병폐를 발생시킨다.

종업원의 사기를 고양시켜 근무의욕을 높이고 조직을 건전하게 유지하기 위하여 종업원의 사기가 저하된 원인과 그 기업체의 건전성을 저해하는 요인이 무엇인가를 파악할 필요가 있는데, 그 수단으로서 사기조사(morale survey)가 이용된다. 사기조사를 통하여 종업원의 사기 또는 근무의욕을 저하시키는 요인과 그들의 불평·불만의 원인 및 조직의 불건전성의 원인이 밝혀지고 그 원인을 제거할 수 있는 대책을 수립하는 데 필요한 기초자료를 얻을 수 있는 것이다.

2) 사기조사의 효과

사기조사는 종업원의 사기수준의 파악과 사기저하의 원인에 관한 정보를 수집하여 종업원들의 사기를 고양시킬 수 있는 방법을 모색하는데 그 목적이 있다. 이러한 목적으로 실시되는 사기조사는 그 자체가 사기향상에 기여할 뿐만 아니라 다음과 같은 부수적 효과를 수반한다.

첫째, 사기조사는 상향적 커뮤니케이션을 촉진한다.

둘째, 종업원들의 태도변화, 즉 사기향상에 기여할 수 있다. 사기를 조사한다는 것은 경영자가 종업원들에게 관심을 기울이고 있다는 증거로 보여지기 때문에 경영자에 대한 종업원들의 태도를 긍정적으로 변화시킬 수 있다.

셋째, 사기조사를 주관하는 경영자의 태도변화에도 기여할 수 있다. 즉, 사기조사를 계기로 하여 경영자는 종업원의 사기문제에 더 큰 관심을 기울이게 될 것이다.

넷째, 교육훈련의 필요성을 측정하는 데 기여할 수 있다. 사기조사에 응답하는 종업원들은 감독자들의 지휘, 감독능력에 대해 의사를 표현할 기회를 갖게 된다. 이는 감독자들에게 요구되는 훈련의 종류를 간접적으로 알려주는 역할을 한다.

3) 사기조사의 방법

사기조사를 위한 방법으로는 크게 태도조사와 통계적 기법을 활용하는 방법이 있다.

(1) 태도조사

종업원의 사기를 조사하는 가장 일반적이고 대표적인 방법이 태도조사(attitude survey)이다. 이것은 종업원의 심리적·감정적 상태를 조사하여 그들의 의견과 희망사항을 듣고, 불평·불만의 제 요인과 그 원인을 파악하는 방법이다. 이러한 태도조사를 위하여 설문지 방법과 면접 방법 등을 활용한다.

설문지 방법(questionnaire method)은 파악하고자 하는 사항을 설문지의 형태로 종업원에게 배부하여 종업원의 의견 및 태도를 조사하는 방법이다. 설문지에 포함되는 사항은 개별 기업의 특수성에 따라 달라지지만, 일반적으로는 회사정책, 직무 및 근로조건·작업환경, 임금·승진, 직속 상사를 포함한 상위 계층, 동료관계 및 작업 이외의 대인관계, 노동조합 등과 같은 제 항목에 대해 희망 및 의견을 조사한다. 답변은 자유스럽게 의견을 진술하게 하는 자유응답(free answer)법과 미리 몇 개의 답을 준비하고, 그 중에서 가장 자기의 생각과 알맞은 것을 선택하게 하는 선택응답(choice answer)법이 있다. 설문지 방법의 신뢰성을 높이기 위해서는 무기명으로 실시하는 것이 좋은 방법이지만, 결과분석을 통하여 종업원의 사기진작을 위해서는 인구통계학적인 변수들, 즉 성별·학력별·부서별·근속년수별 등의 사항은 기입하게 하는 것이 바람직할 것이다.

면접 방법(interviewing method)은 종업원의 사기조사를 위하여 심도있는 의견 및 태도를 찾고자 하는 경우에 활용된다. 면접 방법의 유형은 지시적(directive) 면접 방법과 비지시적(non-directive) 면접 방법이 있다. 지시적 면접 방법은 설문지와 같은 정형화된 질문항목을 미리 정하여 두고 각 종업원에게 같은 순서로 같은 질문을 하여, 그 응답을 기록하는 방법이다. 비지시적 면접 방법은 종업원에게 특징한 양식없이 자유롭게 의사를 표현하게 만드는 방범이다. 호손실험에서 사용한 지시적 면접은 이것의 좋은 예이다. 이와 같은 면접에 의한 사기조사는 종업원의 태도를 측정하는 가장 효율적인 방법이라는 장점이 있다. 그러나 면접은 일반적으로 근무시간에 이루어지기 때문에 작업의 흐름을 방해하거나 면접에 소요되는 시간이 많이 걸린다는 단점이 있다. 일반적으로 설문지 방법과 면접 방법을 병행하여 수행하게 되면 적절한 시간 내에 깊이있는 의견과 태도를 파악할 수 있다.

(2) 통계적 기법

사기조사를 위한 통계적 기법은 사기와 관련이 깊은 있는 계량적 지표들을 분석하여 종업원들의 사기를 파악하는 방법이다. 종업원의 사기와 관련된 지표들로는 이직률, 생산성, 결근 및 지각률, 사고율, 고충·불편의 빈도 등이 해당된다. 많은 연구들에서 이러한 지표들이 종업원의 사기와 상관관계가 높은 것으로 제시되고 있다.

이직률(separation rate)은 직장의 종업원 사기와 밀접한 관련성을 가지고 있어 조직의 안전성, 사기의 정도를 파악하는 지표로서 널리 이용된다. 그러나 실업자가 많아 자유로이 이동할 수 없는 상태에서는 이직률이 반드시 사기의 고저를 정확히 반영한다고 할 수는 없다. 이직률이 높은 경우에는 종업원의 사기가 저하되었다는 유력한 경고가 될 수 있는 것이다.

직장에서 종업원의 사기가 높은 경우에는 높은 생산성(productivity)으로 나타나기 때문에 부서별·품종별의 생산성 및 품질의 통계는 사기진단에 대한 유력한 자료가 된다.

결근 및 지각률 또한 종업원의 사기를 반영하는 지표로 활용되고 있는데, 사기가 저하된 종업원일수록 결근과 지각을 하는 비율이 높다는 것을 많은 연구들에서 보여지고 있다.

사고율 역시 직장사기와 밀접한 관련성을 가지는데, 종업원의 불평·불만 요인이 누적되어 이를 해소할 수 있는 기회를 부여하지 않으면 심리적으로 불평·불만의 포화상태를 형성하고 작업의욕과 주의력이 감소되어 자연발생적으로 재해율이 증대된다. 이는 노동시간에 비례한 재해발생건수로 계산이 가능하다.

고충과 불평의 빈도 또한 사기를 측정하는 변수로 활용되고 있는데, 고충과 불평의 빈도가 많다는 것은 종업원의 직장사기가 저하되었다는 것을 의미한다. 따라서 고충과 불평의 빈도는 직장의 사기조사에 있어 중요한 요소로 작용한다.

4. 제안제도

1) 제안제도의 의의

조직의 인간관계관리에서 가장 중요한 것은 종업원의 창의성을 경영에 반영하고, 조직성과를 향상시키려는 의식을 높이고, 그들이 경영에 직접·간접적으로 참여하고 있다는 의식을 심어 줌으로써 직장사기를 고양시키는 것이다.

제안제도(suggestion system)는 조직체의 운영이나 작업의 수행에 필요한 여러 가지 개선안을 종업원으로 하여금 제안하도록 하고, 그것을 심사하여 우수한 제안에 대해서는 적절한 보상을 하는 제도를 말한다.

제안제도는 1880년 스코틀랜드의 조선업자 데니(W. Denny)가 종업원들로부터 작업기술에 관한 유익한 의견을 수집하기 위하여 제한함(suggestion box)을 설치한 것에서 유래하였고, 기업경영의 인간관계관리에 적용된 것은 1930년대부터이다.

제안제도는 종업원으로 하여금 경영발전을 위한 자유로운 제안의 기회를 부여하고 우수한 제안에 대하여 채택과 실행을 통하여 경영개선을 위한 방법이다. 따라서 경영개선에 기여한 제안에 대해서는 그에 상응한 인센티브를 제공하여야 한다. 종업원은 제안을 통하여 자아실현의 욕구를 충족하여 스스로의 창의성을 신장하며 자기성장을 촉진할 수 있게 된다.

2) 제안제도의 전제조건

성공적인 제안제도가 이루어지기 위해서 다음과 같은 조건들이 구비되어야 한다.

첫째, 자유제안제도의 확립이다. 제안제도는 종업원들에게 경영발전을 위한 의견을 제안하게 하는 것이 직접적인 목적이기 때문에 종업원들이 제안을 하는데 있어서의 부담감을 느낀다거나 또는 자발적인 제안을 기대할 수 없는 분위기가 조성되어서는 안된다. 따라서 종업원들이 자유롭고 쉽게 제안할 수 있는 절차와 체계의 확립이 무엇보다도 중요하다.

둘째, 신속·공정한 관리제도의 확립이다. 제출된 제안은 가능한 한 신속하고 공정한 심사가 진행되어야 하고, 적절한 처리를 보장하는 것은 이 제도를 운영하는 필수조건이다. 즉, 심사위원회의 설치, 심사기준의 설정, 제안의 공정한 심사가 이루어져야 한다.

셋째, 합리적인 보상제도의 확립이다. 제안제도는 종업원에게 제안할 수 있는 통로를 열어 주어 유익한 제안에 대해서는 경제적인 보상이 수반되어야 한다. 제출된 제안이 경영발전에 공헌이 되었다면 제안한 종업원에게 보상을 제공하는 것은 종업원에게 만족감을 부여하게 된다. 따라서 제안에 대한 충분한 보상은 그들의 사기를 고양시켜 보다 많은, 그리고 우수한 제안을 기대할 수 있다. 따라서 제안에 대한 적절한 보상은 제안제도의 성공 여부를 좌우한다고 하여도 과언이 아니다.

넷째, 명확한 제도화와 주지와 인식이다. 제안의 제출이나 처리에 관한 절차가 명확하게 제도화되어 있지 않거나 또는 제안의 처리절차에 대하여 명확하게 인식되지 못하면 종업원들은 모처럼의 제안이 정당하게 처리되는가의 여부에 관하여 불안하게 생각할 수 있다. 따라서 제안제도의 제도화에 대한 지속적인 주지와 인식은 제안제도의 성공적 운영을 위한 중요한 요소로 작용한다.

3) 제안제도의 효율적 운영방법

제안제도를 효율적으로 운영하기 위해서는 앞에서 말한 전제조건들이 선행되어야 하지만 종업원들이 쉽게 제안할 수 있는 절차 및 체계가 갖추어져야 한다. 일반적인 제안의 절차는 제안의 제출, 제안의 심사, 채택된 제안의 공표로 이루어진다.

(1) 제안의 제출

종업원이 제안을 제출하는 방법으로는 다음과 같은 방법이 있다.

첫째, 직제를 통하는 방법이다. 제안의 제출은 조직의 직제를 통하여 이루어지도록 하는 방법으로서 제안은 종업원이 직접 상사에게 제출하면 된다. 이 방법은 상사가 부하의 제안내용 및 기타 사항을 파악하게 함으로써 필요한 지도와 조언을 할 수 있어 상하의 인간관계를 좋게 할 수 있다는 장점이 있다. 그러나 종업원들의 자유로운 제안을 제약할 수도 있다는 단점도 있다.

둘째, 제안함을 이용하는 방법이다. 제안함을 직장의 정해진 장소에 설치하여 두고 제안을 하고자 하는 종업원이 제안함에 자신들의 제안 내용을 기재한 용지를 넣어 제안하는 방법이다. 이 방법은 종업원이 상사에게 신경 쓸 필요없이 자유스럽게 제안을 하며, 또한 좋은 아이디어나 착상이 생겼을 때 가까운 제안함에 투입할 수 있어 기회를 잃지 않는 이점을 지닌다.

셋째, 주관 부서에 직접 제안하는 방법이다. 종업원으로 하여금 제안업무를 관리하는 부서에 제안을 직접 제출하게 하는 방법이다. 이 방법은 사소한 제안의 제출을 방지할 수 있다는 장점은 있으나, 제안하기 위해서 담당 부서에 일부러 가야 한다든가 혹은 전달해야 하는 불편이 있어 제안자에게는 다소 부담감을 준다

넷째, 제안회의를 통해 제안하는 방법이다. 정기 또는 부정기로 제안회의를 개최하고, 회의석상에서 참석한 종업원에게 직접 제안하게 하는 방법이다. 이 방법은 제안자로부터 제안의 내용을 직접 자세하게 들을 수 있으며, 다른 참석자들의 제안의욕을 자극할 수 있다는 장점이 있지만, 제안회의의 개최횟수 및 출석인원에 한계가 있으며 또 참석자의 선정방법 등에 한계를 지니고 있다.

제안제출을 위한 각각의 방법들은 나름대로의 장·단점이 있기 때문에 기업경영의 특수성에 가장 적합한 방법을 선택하여야 한다. 기업체에서 주로 활용되는 제안제출의 방법으로는 제안함의 이용방법과 직접제출방법이 많이 이용되고 있다.

(2) 제안의 심사

제출된 제안은 기업에서 일정한 날을 정하여 제안심사위원회를 개최하여 그 동안 수집된 제안을 심사하게 된다. 제안을 심사하는 경우에 가능한 한 제안자의 성명을 공개하지 말고, 번호로써 처리하는 것이 좋다. 심사위원은 그 제안을 평가하여 채택 여부를 결정한다. 주로 활용되는 평가의 요소로서는 독창성, 실현가능성, 능률향상도, 비용절약액 등이 고려된다.

제안에 대한 심사의 결과는 채택 여부를 불문하고 모든 제안자에게 통지하여야 한다. 그리고 채택되지 못한 제안에 대해서는 향후 개선의욕을 상실하지 않도록 하기 위해서 그 이유를 명확하게 밝히고 제안자가 납득할 수 있도록 하여야 하며, 또한 창의성 개발에 도움이 되도록 지도하여야 한다.

(3) 채택된 제안의 공표

제안제도는 종업원의 제안에 보상을 해줌으로써 많은 종업원의 참여를 유도하기 위하여 이용되는 조직 내 커뮤니케이션의 한 방법으로 작용한다. 따라서 제출한 제안 중에서 채택된 제안은 사보나 공개 게시판, 인트라넷 등에 개선내용과 소속, 직위 및 성명 그리고 보상의 정도 등을 공고하여 제안한 종업원에게는 만족감을, 다른 종업원에게는 경영에 대한 참여의식을 자극하도록 해야 한다.

4) 제안제도의 효과

제안제도의 효율적 운영은 조직적 관점에서는 경영개선을 가져오게 만들고, 개별 종업원 관점에서는 경영참여를 통한 만족감과 사기진작의 효과를 기대할 수 있다. 따라서 제안제도의 기본적 효과는 대체로 업무개선과 사기진작으로 요약될 수 있는데, 구체적으로 살펴보면 다음과 같다.

첫째, 커뮤니케이션의 촉진효과이다. 제안제도를 통해서 종업원들은 그들의 창의성을 기초로 한 아이디어와 의견을 직접 경영자에게 전달할 수 있게 되므로 상호간의 사회적·심리적 장벽을 쉽게 제거할 수 있다. 따라서 제안제도는 상향적 커뮤니케이션을 촉진할 수 있는 수단으로서의 기능을 하게 된다.

둘째, 종업원 사기앙양의 효과이다. 제안제도에 의하여 종업원이 제출한 제안이 채택되고 실시되는 경우에는 그 제안을 제출한 종업원의 아이디어와 의견이 직접 경영자에 의하여 인정을 받게 되는 것이다. 그러므로 종업원의 사기가 향상된다.

셋째, 일체감과 신뢰감의 증진효과이다. 제안이 채택된 경우에는 제안자의 가치가 인정되는 것이므로 제안자는 경영자나 관리자에게 호의와 신뢰감을 갖게 된다. 이것은 종업원들로 하여금 조직과의 일체감을 형성하고 소속감을 향상시킬 수 있는 계기로 작용하게 된다.

넷째, 경제적 효과이다. 종업원에게 기대하는 제안은 직무수행방법에 관한 개선안이 주된 과제가 된다. 제출된 제안이 채택이 되어 실행이 된다면 그 결과로 생산성의 향상이나 비용절감이 이루어지는 것이기 때문에 기업은 제안에 의해서 경제적 이익을 가져올 수 있는 것이다.

다섯째, 합리적이고 능률적인 경영관리의 효과이다. 제출된 제안이 경제적 이익을 가져오지 못한 경우라도 제안에 의해 작업방법의 개선이나 사무절차의 간소화, 작업의 안전성 강화 등의 근로조건을 개선할 수 있기 때문에 경영의 합리적이고 능률적인 관리에 공헌을 할 수가 있다.

여섯째, 직무에 대한 관심유발의 효과이다. 제안제도를 실시하게 되면 종업원들은 각자의 직무에 대하여 관심과 흥미를 갖게 된다. 이것은 개인의 창의성과 아이디어를 자극하게 되며 독창적으로 직무를 수행하는 창조적 인간을 육성할 수가 있다.

5. 인사상담제도

1) 인사상담의 의의

종업원은 직장 내에서 여러 가지 불평이나 불만을 가지고 있거나, 개인적으로 그리고 가정적으로 복잡한 고민에 빠지는 경우가 있을 수 있다. 종업원의 불평이나 불만과 부적응이 장기간 계속되는 경우에는 근로의욕이 상실되거나 협동이 안될 경우가 있으며 또한 생상성의 저하와 산업평화의 붕괴를 초래할 수 있다. 그러므로 조기에 부적응적인 상황을 발견하고, 문제가 있는 개인을 조직에 적응시키는 방법으로써 인사상담제도가 활용되고 있다.

인사상담(personal counselling)이란 기업경영에 있어 인간이기에 가질 수 있는 업무상 또는 종업원의 일신상의 문제를 상담해 줌으로써, 종업원들의 불평·불만 또는 고민 등을 미연에 방지하고 나아가 업무를 성실하게 수행하도록 함과 동시에 사기와 생산성 향상에 기여하도록 하는데 그 의의가 있다.

이 인사상담제도는 종업원 상담제도 또는 산업 상담제도(industrial counselling system)라고도 하며, 이것은 호손실험의 면접 프로그램에 그 근원을 두고 있다.

인사상담은 인간의 창조성을 개발하거나, 인간성 회복을 위한 진단 내지 치료의 목적을 위하여 수행되는 면접의 한 방법이다. 그러나 이것이 일반적인 면접과 다른 것은 조직 내 일반관리자가 상담을 하는 것이 아닌 전문적인 훈련과 풍부한 경험을 가진 전문가(counselor)에 의하여 실시된다는 것이다. 또한 그것은 상담을 요청한 종업원 자신의 심경변화에 의하여 문제를 올바르게 인식하고 해결책을 발견한다는 데에 그 특색이 있다.

오늘날과 같이 복잡하고 변화가 큰 사회에 있어서 인간은 정서적 혼란을 일으키기 쉽고, 자신의 기분과 감정을 자유스럽게 얘기할 수 있는 기회를 갖고자 한다. 그렇게 함으로써 인간은 자기의 심리를 억압하는 장애물을 제거하고 심리적 긴장을 완화시킴으로써 정서적 안정을 유지해 갈 수 있게 된다. 일반적으로 기업에서 실시되는 인사상담의 특징은 다음과 같다.

첫째, 상담자와의 피상담자가 필요하며, 보통 비밀로 진행된다. 둘째, 조직을 인간화하는 과정이며, 커뮤니케이션이 이루어지는 행위이다. 셋째, 조직의 성과를 향상시키고, 종업원들이 조직상황에 어떻게 대처할 것인가에 도움이 된다. 넷째, 종업원이 당면하고 있는 직무와 인사문제 및 정서적인 불안을 감소시켜 준다.

2) 인사상담의 기능

인사상담은 다음과 같은 기능을 수행함으로써 인사상담 본래의 목적을 달성할 수가 있다.

(1) 조언(advice)

상담을 하는 과정에서 상담자는 종업원의 정서적 문제를 판단하고 행동경로에 관한 조언을 할 수 있다. 따라서 상담은 종업원이 상담자에게 정서적으로 의존하고 있는 관계를 형성한다.

(2) 재확신(reassurance)

상담은 종업원에게 문제에 도전할 수 있는 용기나, 적합한 행동경로를 따르고 있다는 믿음과 용기를 주는 것이다. 그러나 종업원이 상담자보다 더 뛰어난 경우가 있는데, 이런 경우에 재확신은 발생하지는 않는다.

(3) 커뮤니케이션(communication)

상담은 수직적 커뮤니케이션의 상향적·하향적 커뮤니케이션을 활성화시킨다. 인사상담을 통하여 조직 내 상, 하위자들간의 커뮤니케이션에 대한 거부감을 즐여주는 기능을 한다.

(4) 정서적 긴장의 이완(release of emotional tension)

사람들은 타인과 이야기할 기회를 가질 때 긴장, 불안, 좌절로부터 정서적으로 이완될 수 있다. 따라서 인사상담을 통하여 조직 내 다른 사람들과의 커뮤니케이션을 편안하고 자유스럽게 할 수 있는 분위기를 조성시킬 수 있다.

(5) 사고의 명료화(clarified thinking)

유능한 상담자는 종업원이 생각하는 사고를 명료화하는 촉진자로서의 역할을 하게 된다. 사고가 명료화되면 종업원은 자신의 정서적 문제에 대한 책임을 지고 보다 현실적으로 문제를 해결하려고 노력하게 된다.

(6) 재교육(reeducation)

상담은 종업원이 가지고 있는 문제를 해결해 줌으로써 심리적 자아의 변화를 가져오게 만든다. 따라서 상담을 통하여 종업원이 지니고 있는 기대수준과 달성수준을 일치하도록 변화시키는 재교육의 의미를 지닐 수 있다.

3) 인사상담의 방법

인사상담은 상담의 형식 또는 성격에 따라 지시적 상담, 비지시적 상담, 협조적 상담으로 구분될 수 있다.

(1) 지시적 상담

지시적 상담(directive counselling)은 종업원의 과거경력은 현재의 행동을 이해하는데 도움이 된다는 사고에 기초를 둔 것으로, 상담자는 종업원의 상담요청사항을 경청하고 그들이 무엇을 해야 할 것인가를 결정하도록 조언과 지시를 하는 것이다. 그러므로 상담자는 종업원이 가진 문제의 원인을 규명하고 해결책을 마련하기 위하여 필요한 자료를 조사하고 분석해야 한다. 지시적 상담은 상담자가 주도적인 역할을 하므로 상담자중심의 상담이라고도 부른다. 그러나 이 방법은 상담자가 실제로 종업원의 문제를 올바르게 이해하고 있는가, 또한 상담자가 올바른 결정을 내리기 위한 지식과 판단력을 가지고 있는가에 따라 그 성공여부가 좌우된다.

(2) 비지시적 상담

비지시적 상담(non-directive counselling)은 상담자가 종업원의 이야기를 동정적으로 그리고 중립적인 태도로 들어주는 소극적 상담으로서, 피상담자중심의 상담이라고도 부른다. 피상담자인 종업원은 상담자에게 자신의 문제에 관하여 이야기함으로써 정서적 긴장을 완화시킬 수 있고 문제에 대한 해결책을 스스로 찾게 된다. 따라서 상담자는 종업원 자신의 문제를 자연스럽게 이야기할 수 있는 대화의 분위기를 조성하는 것이 중요하다. 또 상담자는 종업원의 이야기를 평가하거나 그들의 행동방향을 제시하기보다는 그들 스스로 적응해 가도록 하는데 역점을 두는 것이 좋은 방법이다.

(3) 협조적 상담

일반적으로 인사상담은 순수한 형태의 지시적 상담 또는 비지시적 상담보다는 양자를 절충한 협조적 상담이 더욱 효과적인 방법으로 활용되고 있다. 협조적 상담(cooperative counselling)은 종업원의 문제해결에 도움이 되는 아이디어를 협조적으로 교환하는 상담자 대 피상담자의 상호대등관계에서 이루어지는 상담의 형태이다. 그러므로 어느 한편이 주도적인 역할을 하는 것이 아니고 두 사람이 서로 협력하여 해결방안을 모색하게 된다. 즉, 상담초기에는 비지시적 상담의 경우처럼 상담자가 듣기만 하는 소극적 역할을 하게 된다. 상담이 진행됨에 따라 상담자는 조언 및 문제의 해결을 위한 선택적 대안을 제시하는 적극적인 역할을 수행한다.

4) 인사상담자의 지위

인사상담이라는 중요한 역할을 담당하는 상담자(counsellor)의 기업경영 내의 지위를 어느 위치에 두어야 하는가의 문제는 인사상담제도 그 자체의 성패와 중요한 관련성을 가지게 된다. 일반적으로 인사상담제도의 성공은 다음과 같은 조건 하에서 이루어지는데, 첫째, 상담자는 조직에서 '스탭(staff)'과 유사한 지위에 위치하여야 한다. 둘째, 상담자는 조직 내의 제반 직무로부터 해방되어 인사상담에만 전념할 수 있어야 한다. 이는 인사상담의 직무를 수행하는 데에는 많은 노력과 시간을 필요로 하기 때문이다. 셋째, 상담자는 그들 자신의 문제에 대해 자유로이 상담할 수 있고 또 직제상의 압박이 있는 경우에는 자기의 방어자(defender)가 되어 줄 수 있는 상급자를 가질 필요가 있다. 이는 그들의 업무상 또는 관리감독자와의 관계에 이상이 있다면 효과적인 상담을 할 수 없기 때문이다.

6. 고충처리제도

1) 고충의 의의

일반적으로 고충(grievance)이란 종업원 스스로 통제할 수 없는 근로조건이나 기타 직장생활관계에 대하여 종업원이 가지고 있는 불만을 의미한다. 따라서 고충은 표시된 불만으로서 불만의 원인 자체가 고충으로 나타나는 것은 아니고, 불공평하거나 부당하다고 느끼는 데서 발생하므로 객관적으로 보아 타당한 고충이 있을 수도 있고 부당하고 근거 없는 고충도 있을 수 있다. 고충처리에서는 이러한 고충을 모두 그 대상으로 한다. 종업원의 고충이 발생하는 원인으로는 인간관계의 부조화로 인한 동료간의 불화, 경영자의 정실·기타에 의한 불공평한 처우나 불리한 대우, 이유 불명이거나 또는 불공평한 해고 및 좌천, 성과를 무시한 승진 또는 휴가제도, 작업의 과중한 부과 및 휴식시간과 복리시설의 부족, 불량한 작업환경(통풍, 채광, 난방 등)과 안전보건시설의 미비, 부당하거나, 과도한 감독, 특히 자격 또는 인격이 부족한 감독자들에 대한 불만, 종업원의 고충제출에 대한 상급지의 압박 등이 작용한다.

이러한 고충의 원인이 시정되지 않으면 종업원들은 일에 대한 흥미를 잃고 사기가 저하될 가능성이 있다. 그러므로 적절한 고충처리절차에 의하여 고충을 해소하고 또는 그 원인을 제거하지 않으면 안된다.

2) 고충처리의 방법

조직에서의 고충처리란 직장생활과 관련하여 종업원들이 제기하는 고충의 해결책을 모색하는 활동을 말한다. 종업원은 작업과정에서 불평·불만이 있을 때에는 언제나 감독자에게 이야기하고, 감독자들은 종업원들의 고충을 신속하게 파악하여 그것이 악화되기 전에 비공식적으로 해결하도록 노력해야 한다. 그렇게 함으로써 고충의 정식제출이나 노사분쟁에 이르지 않고 문제를 해결할 수 있다. 또한 종업원의 고충이 있으면 감독자 자신이 상사 또는 인적자원관리 부서와 논의하여 적극적으로 해결하도록 노력하여야 한다.

일반적으로 감독자는 종업원의 불평·불만이 있을 때에는 다음과 같은 세 가지 법을 택할 수 있다. 첫째, 고충이 있는 종업원과 서로 의견을 교환하고 협의하여 정해진 규칙에 따라 적절한 처리를 한다. 둘째, 상부 또는 인적자원관리 부서에서 정보를 수집·검토하여 그 결과를 기초로 처리한다. 셋째, 고충이 있는 종업원과 상부 또는 인적자원관리 부서로 하여금 직접 만나 상의하고 해결하도록 중간적인 역할을 한다. 여기에서 해결되지 않을 경우에는 결국 최고경영자에게 제의하여 해결하도록 한다.

이러한 종업원들의 고충은 감독자가 해결하는 것이 가장 바람직하나 종업원의 고충이 감독자 자신과 관련된 경우에는 감독자에게 맡기는 것은 적당하지 못하다. 따라서 별도의 고충처리절차와 기구가 필요한 것이다.

사 례 글로벌 리더십 트렌드

요즘 글로벌 기업에서는 비전보다는 존재목적이나 사명을 중심으로 이끄는 리더가 대세이다. 큰 목표에다 멋진 옷을 입힌 것을 비전으로 생각하던 신자유주의 시대가 저물고, 기업의 본질적 업(業)에 치중하는 시대로 전환된 것을 반영한다. L자 경기로 경기가 어려운 지금과 같은 시대에 양적으로 큰 목표를 세우고 목표의 초과달성을 독려하는 신자유주의 행동이 리더십의 갑질이나 탈선으로 이어져 사회의 공분을 불러왔기 때문이다.

존재목적 중심 리더십 (Purpose Driven Leadership)

최근 「Havard Business Review」에서는 발간 100주년을 기념하여 세계적 기업에서 추앙을 받는 8분의 CEO를 선정해서 대담한 기사를 실었다. 시대를 대표하는 리더로 초청된 CEO는 Moderna의 Stephane Bancel, Mahindra의 Anish Shah, Walgreens Boots Alliance의 Roz Brewer, L[Oreal의 Nicholas Hieronimus, Yum China의 Joey Wat, Celtel의 Mo Ibrahim, Iberdrola의 Ignacio Galan, PepsiCo의 Indra Nooyi였다. 이들이 공통으로 강조하는 두 가지가 자신들의 정신모형이나 비즈니스 모형 속에서 탈출해 만들어내는 지속적인 혁신과 주주를 포함한 모든 이해관계자에게 가치충격을 줄 수 있는 목적중심의 리더십이었다.

우리는 길을 잃었을 때 길을 잃은 마지막 지점으로 되돌아가서 다시 찾기 시작한다. 나델라가 MS를 살려낸 전략인 Hit Refresh를 통해 착안한 전략이다. 코더는 코딩에서 잘못을 발견했을 때 마지막 작동하던 시점으로 돌아가도록 Hit Refresh한다.

나델라는 MS가 길을 잃었다는 것을 성찰하고 MS을 Hit Refresh해서 살려냈다. 나델라가 길을 잃음을 인정하고 길을 찾기 위해 사용한 것은 "우리는 지구의 구성원인 개인과 조직이 자신과 지구를 위해 조금 더 성취하는 것을 돕기 위해 존재한다" 는 MS가 벽장 속에 묻어두었던 존재목적의 나침반이었다. 나델라가 CEO에 임명되자 가장 먼저 한 일이 나침반을 다시 꺼내 먼지를 털어내고 회사가 길을 잃었을 때 사용할 수 있는 나침반으로 살려낸 전략이 MS를 기사회생 시켰다.

자기이해(Self Awareness)와 자기규제(Self Regulation)

그린피크파트너스(Green Peak Partners)와 코넬대는 「FORTUNE」 500대 기업에서 CEO가 될 개연성이 있는 임원을 연구한 결과 이들의 공통점이 자기이해 능력이라는 사실을 발견했다. 실제로 글로벌 기업의 CEO를 영입할 때 이들의 경험과 전문성을 넘어서 가장 공들여 점검하는 영역이 '자기 이해 능력'이다.

자기이해 능력은 주변 피드백을 자기성찰로 연결하는 능력이다. 리더는 변모하는 세상에 민첩하게 대응하면서도 나침반과 같은 역할을 하는 자신과 조직에 대한 정체성을 놓치지 않아야 한다.

지금과 같은 변화와 위기가 상수인 시대에 경영자가 자기이해력이 떨어지면 아무리 경험이 많고, 능력이 뛰어나도 시대적 맥락을 제대로 읽어가며 성찰적으로 의사결정을 내리지 못한다. 최근에 무너진 기업의 공통점은 리더가 시대적 맥락을 읽지 못하고 정체성에서 벗어난 의사결정을 내려 조직을 참사에 이르게 했다.

자기이해 역량이 C-Level의 경영자에게 요구되는 리더십 역량이라면, MZ세대가 대세인 매니저급에서 강조되는 리더십 역량은 '자기규제력'이다. 팀을 이끄는 팀장은 끊임없이 변화에 적응하기 위해 수시로 애자일하게 방향을 바꾸게 되고, 방향이 바뀌었을 때 길을 잃은 구성원을 신속하게 추스려 다시 팀이 가동되게 만들어야 한다. 이런 롤러코스터처럼 변화무쌍한 상황에서 설사 팀이 쓰러져도 오뚜기처럼 다시 일어서는 회복탄력성(Resilience)이 팀장에게 가장 중요한 리더십 역량으로 주목받고 있다. 회복탄력성은 리더가 존재목적으로 약속한 바를 사업을 통해 실행할 수 있는 근력인 자기규제를 통해 형성한다.

협업기반의 분배 리더십 (Collaboration Based Distributed Leadership)

초뷰카(VUCA) 시대 기업의 거버넌스는 피라미드 구조에서 점점 더 수평화되는 형태를 띠고 있다. 경기가 L자 불경기로 굳어지자 수목형 비즈니스 생태계

모형을 탈피하고 리좀형 비즈니스 생태계 모형으로 전환하는 기업이 늘었다. 수목형 비즈니스 모형은 진화론의 적자생존과 자연도태의 원리가 작동되는 숲을 모형으로 한다. 수목형 생태계에서는 한 숲에서 큰 나무가 성장하면 이 나무의 뿌리가 토양의 양분을 모두 빨아들여 주변이 산성화된다.

리좀 생태계는 수목형 생태계와 달리 숲을 구성하고 있는 나무의 뿌리가 서로 연결되어 있다. 공동의 생존과 빈성을 위해 연결이 부기되고 연결된 것 사이에 상호의존성이 생성된다. 리좀형 생태계 모형에서 서로는 경쟁을 넘어서 성장을 격려하기 위한 스파링 파트너다. 스파링 파트너십을 통해 서로의 성공을 돕는 일에 어느 정도의 크기로 성공할 수 있는지가 성공의 정의다. 리좀 생태계의 존재이유는 공동 운명체로서의 번성과 지속가능성이다.

이런 리좀 생태계와 ESG의 원리를 반영해서 리더십도 CEO를 정점으로 일사불란하게 명령체계가 전달되는 형태에서 실무자이자 전문가가 리더로 직접 리더십을 행사하고 관리자는 리더들이 즐겁게 몰입해서 뛸 수 있는 운동장을 설계해주는 역할을 한다. 현업의 전문가가 목적을 실현하는 일에 리더십을 분배하고 공유한다는 의미로 분배 혹은 공유 리더십이라고 부른다. 리더십을 현업 전문가에게 분배하고 분배 받은 리더들은 목적실현을 염두에 두고 리더십을 공유한다.

Southwest Airlines, UPS, IDEO, Costco Container Store, Patagoia, IKEA, J&J, Trader Joe's, IBM, BASF, BOSCH, GORE TEX, 3M, Corning, Atomy에서는 실무자급 리더가 조직의 목적을 실현하기 위해 자신의 전문성을 기반으로 리더십을 공유하는 형태가 대세다. 이들 기업은 신자유주의 기업이 공멸의 가능성에 쫓겨 ESG 운동을 시작하기 오래 전부터 더 존재 목적을 기반으로 높은 곳에 더 평평한 전문가의 놀이터라는 리좀 생태계를 회사의 거버넌스와 문화로 만들었다.

온전성을 지향하는 리더십 (Wholesomeness Leadership)

최근 글로벌 선진기업 인재관리에서 부각된 모형은 분절된 자신이 아니라 온전성 모형(Wholesomeness Model)이다. 실제 글로벌 초우량 기업에서는 직원에게 하루에 8시간을 몸만 가지고 와서 일하기보다는 1시간을 일해도 좋으니

몸·마음·정신이 통합된 온전한 자신(Wholesome yourself or Fully yourself)을 가져와서 온전하게 충만한 상태로 일해 줄 것을 주문한다. 재택근무가 일상화된 상황에서 직원이 9 to 5로 일하는 것을 관리하는 것은 이제 더 이상 불가능해진 이유가 큰 몫을 했다.

이런 관점에서 회사는 직원에게 생각이나 정신은 회사 오기 전에 회사 문에 걸어 놓고 회사에는 몸만 가지고 와서 일하다가 퇴근할 때 다시 찾아가라고 요구했다. 답이 정해져 있었기 때문에 다른 생각을 가지고 회사에 들어오는 것은 리더에게 최고의 장애요소였다.

초뷰카 디지털 세상은 기업의 가치를 창출할 수 있는 답안이 정해지지 않은 시대이다. 스스로 답을 만들어 상품과 서비스에 가치로 반영해야 한다. 이런 상황에서 지속가능한 생산성을 도모할 수 있는 유일한 방법은 구성원의 정신·마음·몸을 통합시키는 온전성 모형(Wholesomeness Model)을 통해서다.

글로벌 기업은 사람에게 몸과 정신 사이에서 생기는 지행격차는 마음을 매개로 정신과 몸을 통합시킬 수 있을 때라는 것을 이해하기 시작하고, 이것을 리더십의 과제에 반영하기 시작했다.

온전성을 도모할 수 있는 조직문화와 분위기를 설계해 구성원에게 주인이 되는 체험을 제공하는 것이 리더가 해결해야 할 중요한 책무로 설정되었다. 주인됨을 구성원 체험의 본질이라 규정하고 몸과 정신을 통합해 온전하게 주인이 되어 회사에 기여할 수 있는 환경을 제공해주는 것이 리더의 책무다.

〈자료: 한국인사관리협회, 월간 인사관리, 2023년 6월호〉

참고문헌

강유정·장기덕·신연희·최상열(2023), 인간관계론,장지사.

김효창(2018), 인간관계론, 휴먼북스.

박내회(2006), 조직행동론, 박영사.

신형재·권용만(2009), 조직행동론, 무역경영사.

안범희(2015), 인간관계론, 태영출판사.

오종석·김종관(2014), 인적자원관리(3판), 탑북스.

이덕로·서향희(2017), 인간관계론, 피앤씨미디어.

조직행동론, 창목출판사.

주석진(2023), 인간관계론, 공동체.

홍용기(2017), 인간관계론, 한울.

A. D. Szilaggi, Jr. & M. J. Wallace, Jr(1987), Organizational Behavior and Performance, Scott Foresman and Company.

B.M. Bass(1985), Leadership and Performance Beyond Expectations, Free Press.

B.M. Bass(1990), "From Transactional to Transformational Leadership: Learning to Share the Vision," Organizational Dynamics, 18, 19-31.

F. J. Land & D. A. Thumb(1989), Psychology of Work Behavior, Home Wood, Dorsey Press.

G.A. Yukl(2010), Leadership in Organizations(7th ed.), Prentice-Hall.

G. A. Yukl(1994), Leadership in Organizations(3rd ed.), Prentice Hal.l.

J. M. Burns(1978), Leadership, New York: Harper & Row.

M.J. Stahl(1983), "Achievement, Power, and Managerial Motivation: Selecting Managerial Talent With The Job Choice Exercise," Personnel Psychology, 36, 775-789.

M. Dalton, D. G. Hoyle & M. W. Watt(2000), Human Relations(2nd ed.), South-Weatern.

R.M. Stogdill(1974), Handbook of Leadership: A Survey of The Literature, New York: Free Press.

S. P. Robbins(2001), Organizational Behavior, 9th ed., Prentice-Hall.

찾아보기

ㄱ

ㄴ

【저자약력】

이용탁

[학력 및 경력]
동서대학교 경영학부 교수(현)
부산대학교 경영학박사(1996.02)
사회적기업학회 부회장(2018.03 ~ 현 재)
(사)사회적기업연구원 이사(2006.09 ~ 현 재)
한국인적자원관리학회 외 다수 학회 평생회원(1998.12 ~ 현 재)
동서대학교 대학원 교학부장(2014.01 ~ 2014.08)
부산시 사회적기업 육성위원회(2012.09 ~ 2014.08)
동서대학교 기획평가처 기획부처장(2007.03 ~ 2008.01)
동서대학교 대학원 교학부장(2006.08 ~ 2007.02)
(재)부산인적자원개발원 운영위원(2006.07 ~ 2008.06)
부산광역시 지역혁신협의회 인재개발분과협의회 위원(2006.03 ~ 2008.02)
(재)부산인적자원개발원 연구위원(2004.07 ~ 2006.02)

[주요 논문실적]
사회적 경제조직의 비즈니스 모델혁신에 관한 연구(2023.05)
한국 사회적기업 현황과 사회적기업 비즈니스 모델 고찰(2023.02)
ICT 재활용 사회적기업의 사회적 프랜차이징 해외사례 분석(2022.09)
사회적 프랜차이징의 사회적 가치측정: SROI의 적용(2021.04)
임팩트 투자에 있어서 임팩트 측정에 관한 탐색적 고찰(2020.05)
사회적 프랜차이징의 활성화 방안에 대한 연구(2019.06)
사회적 기업의 경제적 · 사회적 성과에 관한 연구(2018.06)
사회적 경제조직의 현황분석(2018.06)
ICT 기업의 조직문화가 조직구성원 직무만족과 조직몰입에 미치는 영향에 관한 연구(2017.11)
Revitalization Method of Social Enterprise Through Support for Social Venture(2016.03)
사회적 기업가정신이 고객지향성과 직무만족에 미치는 영향(2015.06)
사회적기업 조직구성원의 조직몰입이 조직성과에 미치는 영향(2014.09) 외 다수

[주요 연구 프로젝트 수행실적]
울산광역시 교육청 조직진단 및 재설계 연구(울산광역시 교육청,2019)
SROI를 활용한 사회적 프랜차이징의 사회적 가치창출의 측정(한국연구재단, 2017~2018)
소셜벤처 지원을 통한 사회적기업 활성화 방안(동서대학교. 2014)
"사회적기업의 창업" 교육과정 개설을 위한 연구(한국사회적기업진흥원, 2014)
사회적기업 조직구성원의 심리적 자본이 성과에 미치는 영향(사회적기업연구원, 2013)
경력단계별 학교경영리더십 연수 프로그램 개발(강원도 교육청, 2011)
교육감 소속 각급기관 인력관리 운영실태 분석(교육과학기술부, 2011)
부산광역시 교육청 조직진단(부산광역시교육청, 2010)
단위학교의 교육역량 강화를 위한 학교디자인(한국연구재단, 2010)
사회적 기업가정신과 조직성과와의 관련성에 관한 연구(한국연구재단, 2010) 외 다수

제2판
인적자원관리

초판 발행 2018년 12월 28일
제2판 발행 2024년 1월 31일

지은이 이용탁
펴낸이 박노일

총괄기획 최준규
편 집 이상민

펴낸곳 pnc publishing and culture 피앤씨미디어
경기도 고양시 일산동구 강송로 153 310-1501
등록 제396-2012-000203호
전 화 070)7550-3758 팩 스 02)718-8554
홈페이지 www.pnccmedia.co.kr 이메일 pnc@pnccmedia.co.kr
ISBN 979-11-5730-907-8 93320

정 가 28,000원